INSIGHT GUIDES

异域风情丛书

欧洲大陆

（第二版）

Project Editor: Roger Williams

Editorial Director: Brian Bell

APA PUBLICATIONS

刘列励　翻译

尤　舒

中国水利水电出版社

www.waterpub.com.cn

编者寄语

导言

"异域风情丛书"是一套集历史、文化、地理于一体的旅游知识丛书。原版由德国 APA 出版公司策划，已出版英语、法语、德语等多种文本，中国水利水电出版社拥有其简体中文版权。

"异域风情丛书"构成庞大，系统全面。其每一集以国家、地区或城市名称为书名，不仅详尽介绍了当地的风光名胜、历史背景、文化渊源，而且还提供了住宿、饭店等最新旅游资讯。内容新颖独特，信息丰富完整，文笔生动流畅，图文并茂，方便实用。

这本旅游指南是世界上最著名的两家资讯服务商合力打造的经典之作。"异域风情丛书"自 1970 年以来便成为旅游观光书籍的典范；"探索频道"则是世界上纪实性电视节目内容的首要提供者。

"异域风情丛书"的编辑不仅提供切实可用的经验指导，而且帮助游客了解旅游地的历史、文化、政府机构以及风土人情。"探索频道"及其网站 www.discovery.com 不仅使数百万人可以在家中舒适地纵览世界风光，而且也鼓励他们亲自到世界各地去探险揽胜。

这本新版的

《异域风情丛书·欧洲大陆》构思严谨，使您能更好地了解欧洲大陆及其文化，并帮助您尽揽其优美风光。

◆ 特色部分，页眉用黄色横条标注，通过 26 条短文，向读者介绍欧洲的历史和文化。

◆ 欧洲名胜部分，以蓝色页眉标注，全面介绍了所有值得参观的景点和地区。每个国家都从其首都开始介绍，然后是这个国家中所有值得参观的景点和地方。某些特殊的名胜古迹还在地图上作了标号。

◆ 旅行指南部分，为您在欧洲大陆旅行提供信息参考，您可快速找到

上图　划船进入希腊桑托林火山区

有关宾馆、商店、餐馆等方面的信息。

撰稿人

尽管对本书已进行了大量修改和增补，但其整体仍建立在前几版的基础之上。本书针对假日旅行作了大量修改，着重介绍了越来越受到周末旅游者欢迎的欧洲大陆的主要城市。关于西班牙和希腊的章节都有很大扩充，新内容由 Shaun Sheehan 撰写，增添了介绍斯洛伐克、克罗地亚海岸、前南斯拉夫的一些受旅游者欢迎地区的内容。

新版书仍受益于以前版本的编辑和作者打下的良好基础，特别是哥伦比亚大学新闻学院的毕业生 Rolf Steinberg，他有多年从事"现代欧洲大旅游"国外组织工作的经验。还有 Rowlinson Carter、Uli Schmetzer、Petra Dubulski、Oliver Henderson、 Tan Chung Lee、 West J. Perry、Sarah Béhar、Lee Foster、 Thomas C. Lucey、 Linda White、 Wilhelm Klein、 F. Lisa Beebe 以及 Paul Sullivan 等。

本书由以前版的编辑 Roger Williams 进行审阅。 Helen Partington 编写了最新版的《异域风情丛书·西班牙》，她对本书进行了编辑加工。欧洲历史一章的作者 Pam Barrett 是一位历史学家，他已经成为撰写"异域风情丛书"的专家。历史部分的 26 篇短文由 Brian Bell 进行汇编，Williams 撰写了这一章的简介——古老世纪的心脏。

Siân Lezard 编写了旅行指南部分。本版由 Bryony Coleman 校订，Elizabeth Cook 负责编写索引。

正如"异域风情丛书"其他分册一样，本书穿插了大量精美的图片，这不仅是对原文的说明，而且再现了欧洲大陆日常生活的精髓。这些图片来自"异域风情丛书"图片体以及 Bodo Bonzio、 Guglielmo Galvin、 Michael Jenner、 Catherine Karnow、Lyle Lawson 以及 Bill Wassman 等拍摄的作品。

书中地图均为示意性质，不具任何法律效力。书中文字和图片受《著作权法》保护，未经许可，不得用于商业目的的翻印、摘抄或出版、出售。

图例

▬▬	国界
▬▬	区界
▬▬	省界
⊖	入境口岸
▬▬	国家公园自然保护区
▬▬	渡船航线
Ⓜ	地铁
Ⓢ	城市轻轨线
Ⓤ	地铁线
✈ ✈	国际/国内机场
🚌	汽车站
Ⓟ	停车场
ⓘ	游客信息
✉	邮局
✝ ✝	教堂/古迹
✝	修道院
☾	清真寺
✡	犹太教堂
🏰 🏯	城堡/古迹 考古地点
∴	洞穴
∩	洞穴
⚐	雕塑/纪念碑
★	名胜

本书配有彩色地图，景点部分的主要名胜古迹都标有字母或数字(如❶)，以供前后对照。单页右上角的小方框告诉您地图在哪一页。

书中地图均为示意性质，不具任何法律效力。书中文字和图片受《著作权法》保护，未经许可，不得用于商业目的的翻印、摘抄或出版、出售。

目　　录

地图

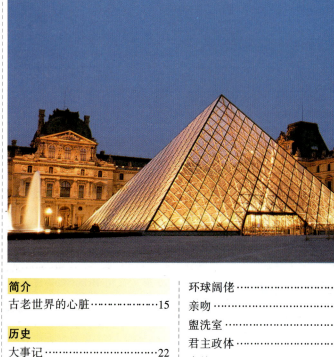

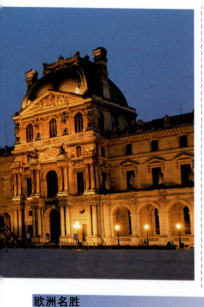

巴黎卢浮宫

旅行指南

古老世界的心脏

从太空俯视,欧洲大陆只是很小的一块地方,但是许多世纪以来,她孕育了地球上最博大精深的文化

这儿是城堡和香槟酒的世界,有拉斯卡拉歌剧院和赌城蒙特卡罗(Monte Carlo),有在威尼斯运河悠然摇曳的凤尾轻舟,还有吉普赛人演奏小提琴的优美琴声。欧洲是民主政治的发祥地,基督教文明的摇篮,曾放射出文艺复兴的光彩,弥漫着皇室的高贵;天才米开朗基罗诞生于此,奔驰汽车、贝多芬、超级影星碧姬·芭铎、意大利面、菜烹牛肉等莫不由欧洲大陆培育而出。它的艺术为世人赞叹,它的美酒为世人享饮,它的时装被世人模仿,它的各种语言则在世界各个角落被人使用。

欧洲人对他们的洲界向来有些困惑。对于法国政治家而言,欧陆疆界以内的版图是所有为了自我利益必须团结起来的那些西方国家的集合体。对前苏联的各加盟共和国而言,欧洲是可以回归的家园。浪漫主义者视巴黎为其中心,官僚们奉布鲁塞尔为其圣地,时尚领潮人以米兰为舞台,古典主义者去雅典觅根,天主教徒将梵蒂冈尊为心灵的故乡,银行家对金融重镇波恩顶礼膜拜;至于中欧,人们将目光进一步东移,朝向更加烟雾缥缈而神秘的某些地方。

欧洲大陆西起大西洋岸,向东延伸至乌拉尔山脉之后的一马平川之地,其真正的地理中心位于立陶宛境内维尔纽斯河北岸一块未作标记的地区,对此仅立陶宛人心知肚明。然而,有关立陶宛的介绍,如同其巴尔干诸邻以及包括斯堪的纳维亚半岛上北欧诸国的有关情况,却未能"挤入"本书,但它们及如下地区都在《异域风情丛书·波罗的海诸国》和《异域

风情丛书·东欧》中有所介绍,保加利亚、罗马尼亚、摩尔达瓦、白俄罗斯、乌克兰、格鲁吉亚、亚美尼亚、阿塞拜疆,以及俄罗斯境内一大片区域等。的确,上述各地皆理应划归世界倒数第二大陆的欧洲疆域。

对于一本介绍欧洲大陆的书来说,马尔

他、塞浦路斯、爱尔兰及大不列颠诸岛国亦只能割爱。尽管大西洋的波涛流经不列颠西岸,然英国人或许对于英伦三岛未被涵纳于欧陆范围以内而仍以一贯的高傲对此不屑一顾。相反,"英伦海峡浓雾弥漫,欧洲大陆与世隔绝"这条曾经赫然载于伦敦《泰晤士报》的头条标题至今仍令人记忆犹新。当然,英法海底隧道已将这种倨傲态度变为历史陈迹。

分权而治

虽然欧陆各国在地理上紧密相连,但是整

前数页图　从木栅外内窥巴黎杜伊勒利宫;瑞士巴塞尔的狂欢节盛典;攀登奥地利山峰;法国布列塔尼渔民

左图　科隆狂欢节庆典

右图　布尔戈尼葡萄酒同业公会以酒会友

个欧洲大陆的情况绝非同质同种，欲将各具特色的诸多民族熔于一炉已证明为枉费心机。古罗马查理曼大帝以及拿破仑相继失败，而欧共体的官员们也难竟全功。

事实上，尽管欧洲各国领导人频频握手签约，但是欧洲人根本不将他们自己视为一个单一的整体。的确，欧洲人甚至还常认为自己不是其所属国家的一员。巴斯克人、布列塔尼人、卡塔兰人、佛兰芒人、伦巴底

罗马统治

罗马帝国的许多统治者都来自于意大利以外的各个种族，其中，戴克里先皇帝（284年～305年）就出生在克罗地亚的达尔马提亚。

则加深了其他人对那些地方的民族特色的印象。从工作勤奋的北方条顿民族到南方乐天奔放的拉丁民族，从激烈喧嚣的巴伐利亚人和易动感情的波兰人到骄傲自大的法兰西人和惯好左道旁门的希腊人，以及令人厌烦的比利时人等等，如此这般的卡通角色很容易描绘，无不都是漫画家笔下栩栩如生的人物。

南北方的区别是最为明显的：居住在北方

人、普鲁士人，以及昔日各个帝国和城邦的子民后裔，迄今仍梦想着有朝一日能获得独立。欧洲境内各少数民族后裔亦不容小觑，他们能投票参与政治，或许偶尔还扔出一颗炸弹。现在若有某位要人对马其顿问题出言不当，仍有可能令其所在的希腊政府下台。

彼此之间不信任感根深蒂固，各国主要报纸仍进行陈规老套的刻板报道，不时激发民族宿怨。一旦局势发生令人忧虑的突变，报刊杂志也会报道其他欧洲人对他们的观感。欧洲每个国家、每个地区、每个城市都有不少警句可以概括各自特色，而这些民俗谚语式的概括

较寒冷地带中的勤奋人民对沐浴着明媚阳光、贪图享乐的南方懒散农民嗤之以鼻。就外观而言，高大魁梧、身体健康、皮肤白皙乃北方人种的特点，越往南人种的肤色越黑，个性越懒惰，说话嗓门越大，而个头则越小。即使是在一国之内，也能截然区别出这种呆板的成见：譬如在德国，北方的普鲁士人对南方拥有啤酒桶身材的巴伐利亚人从来就没有什么好脸色。法国及意大利北部的富裕居民也瞧不起

上图　大力招揽游客的瑞士旅游专车
右图　波兰农村地区拉干草的马车

住在南部阳光地带（如法国的米迪和意大利的梅佐乔尔诺地区）的那些比较贫穷、比较质朴的"乡巴佬"。在西班牙，终日忙碌的北方人是无暇与"懒惰"的安达鲁西亚人去跳吉普赛弗拉曼柯舞的。

到了假期，北方人向阳光地带蜂拥而至时，这种偏见便被抛弃一旁。据说向来持重的德国人驱车途经阿尔卑斯山，随山势缓降而南下进入意大利时，欢呼之声也时有所闻！似乎只有对足球的热爱才能统一欧洲人，尽管在球场上的厮拼仿佛是昔日敌意的重演。

罗马统治

几乎完全统一欧洲的壮举并非由某个国家完成，而是由一个城市竟毕其功，它就是古代罗马。罗马帝国的强权和平盛世触及整个地中海周边地区，并向北延伸至多瑙河，统治了欧洲大陆的所有国家。

除了公共浴场、公路、西班牙冷菜汤、露趾凉鞋以及基督教殉道者外，罗马人真正遗传后世的是一种成文语言，欧洲拉丁语族的"罗曼语"诸语言即由此演化而来，故语出同源的法国人、意大利人、西班牙人、葡萄牙人往往能大

欧洲各国共享文化遗产

欧洲独具风格的建筑表明，建筑理念向来随意风靡全欧。建筑家、商人、朝圣客以及外籍雇佣兵，还有形形色色的幻想家经常往来各地。

罗马人特有的陶瓦屋顶建筑构成了地中海高级度假胜地一道亮丽的景观。意大利人为波兰人修建了许多教堂，罗马人在希腊北部地区及意大利南方大兴土木建造城堡，日尔曼木雕师则在西班牙教堂内唱诗班座椅上留下艺术痕迹。荷兰的建筑大师跟随中世纪汉莎商业行会的贸易商人，沿北海上溯至波罗的海开疆辟土，而当今的游客一定很难分辨出17世纪在格丹斯克、不来梅和阿姆斯特丹所建房舍的差异。

罗马式、哥特式、文艺复兴式、巴罗克式以及新古典主义式等各种建筑风格在欧洲各地交相辉映。19世纪在法国大行其道的所谓"新艺术"，其实无非与德国和奥地利的青年风格、意大利的自由风格以及西班牙的现代主义风格同出一辙。

欧洲人非常重视他们的文化遗产，并将这种对文化的重视看成是一项社会责任。法国在艺术方面的公共支出是美国的20倍，而法国电影制片商每年可获得20亿法郎的政府补贴。任何国家的剧院舞台都无法与由国家资助修建的德国剧院相媲美。意大利主办的威尼斯双年艺展在欧洲最负盛名。

致听懂彼此所说的话。当然,他们讲话时生动的手势可能也为其相互沟通帮了不少忙。

条顿民族在北方演变出了几种语言,往东影响及于斯拉夫人,往西则几乎推至临海地区,唯有仅操凯尔特语的布列塔尼人除外。介于其中间呈口袋形分布的是极少一部人使用的语言区,如瑞士东部居民所说的罗曼斯语、法国西部比邻西班牙边境地区居民所操用的巴斯克语,这种语言与匈牙利语相去不远。

语言可谓不分国界,即使划分也很难维持一成不变。20 世纪初,只有少数国家的疆域和

今天的相近。意大利和德国的形成并不久远。阿尔巴尼亚、保加利亚和南斯拉夫那时还没有定型。普鲁士消失了,奥地利和匈牙利也一蹶不振。自此,德国由分裂而统一,捷克斯洛伐克由统一而分裂,波兰再度建国,南斯拉夫一度拼凑一体随后又分崩离析。

可以肯定的是,汉斯·亚当二世王子或雷尼尔王子如今仍在列支敦士登及摩纳哥,过着宁静的王室生活,而这两个袖珍公国不可更改的古老国界线早在 20 世纪 40 年代的一部好莱坞电影剧本中就被明白无误地提及。该剧本所描绘的那两位翩翩王子大概由貌似斯图

尔特·格兰杰这样的帅哥所饰,以满足臣民对王室生活的幻想。

欧洲有一些有趣而奇异的特色,但它们还谈不上是褊狭心态的反映而应受到指责。这是因为受到邻近文化的影响。

现代交通

快捷完善的公路系统使欧陆各国间的交通空前便利。德国的高速公路是全世界密度最高的公路系统。欧洲的铁路系统也十分完备,高速火车定时发车。特别是在法国,铁路交通部门还仿照航空公司班机订票方式为旅客服务。由于欧洲航空交通网络已过于拥挤,机场数量趋于饱和,故搭火车往往比乘飞机更为迅速,而且交通风险也更小。

今天,在这个无论从长度计还是从宽度计都是世界第二小的大陆(最小的是南极洲)上旅行不会有任何困难,而且其感受是无与伦比的。在过去的 500 年中,这个大陆上的人们试图占领整个世界,但这种辉煌留给今天的主要是各种风味的餐馆,从法国的阿尔及利亚蒸粗麦粉到荷兰的印尼米饭以及里斯本的巴西餐厅,各种美食应有尽有。

角色转换

近年来,欧洲的角色已转换为被占领地,被多种民族和美国、日本的商业占领。麦当劳的汉堡餐厅无处不在,没有哪个城市里没有寿司屋。在法国巴黎,甚至建起了迪斯尼乐园,日本人的工作方式已渗透到了欧洲劳动市场的各个方面。 ❑

左图　柏林布莱茨帅德广场上的艺术表演
右图　法国境内最大的美国进口产品——迪斯尼乐园

大事记

公元前 1450 ~ 前 100 年：以希腊伯罗奔尼撒岛迈锡尼为基地的迈锡尼文化兴起。

公元前 800 ~ 前 500 年：古代时期。雅典和斯巴达成为两大主要城邦。

公元前 509 年：罗马成为共和国。

公元前 490 ~ 前 450 年：希腊与波斯交战。

公元前 450 ~ 前 338 年：帕台农神殿建立。希腊文学及哲学蓬勃发展。罗马逐渐占领整个意大利。

公元前 338 ~ 前 323 年：马其顿的菲利普和亚

力山大大帝创立了前所未有的帝国。

公元前 323 ~ 前 146 年：希腊文化时期。

公元前 218 年：迦太基军队进攻罗马，但无功而返。

公元前 146 年：罗马吞并希腊。

公元前 48 年：罗马大将军庞培在与罗马独裁者尤里乌斯·凯撒进行国内战争时身亡。

公元前 48 年：罗马帝国统治下的和平在奥古斯都时期向全欧洲及地中海沿岸扩展，但延续不到 200 年便开始衰亡。

公元 330 年：第一个信奉基督教的罗马皇帝康斯坦丁大帝在君士坦丁堡建立罗马帝国东部首都。

6 ~ 7 世纪：斯拉夫民族在巴尔干半岛定居。

714 年：北非穆斯林人征服西班牙。

800 年：法兰克裔领袖查理曼在罗马被封为神圣罗马帝国之大帝。

11 世纪：罗马式建筑鼎盛时期。这种建筑是以其简单的拱形屋顶和圆柱为特色。罗马帝国覆灭后，这种建筑风格亦不断变化。意大利的比萨大教堂和德国科隆的基督教教堂便是最佳例证。

1072 年：法国诺曼底人征服了西西里岛。

1096 年：十字军和穆斯林教徒首次在圣地巴勒斯坦交锋。共有 50 万大军卷入战争。

12 世纪：哥特式建筑开始引领风骚。其建筑风格为尖形拱顶和拱壁拱架。

1150 ~ 1170 年：最早的大学建立。

1283 年：但丁开始在佛罗伦萨写作并以此奠定了意大利语言基础。

1286 年：教廷从罗马移至阿维尼翁。

1325 ~ 1495 年：文艺复兴运动在意大利蓬勃发展，兴起一场重新挖掘古典艺术观点并赞美人体的艺术运动。

1347 ~ 1351 年：黑死病席卷欧洲大陆，欧洲 2/3 人口因此丧生。

1337 ~ 1453 年：英、法间百年大战导致圣女贞德殉道牺牲。英国失去了对法国的所有领土权。

1415 年：捷克异教徒尚·胡斯被处以火刑。

1450 年：德国人古登堡（Gutenberg）发明了活版印刷，5 年以后印行圣经。

1453 年：奥斯曼土耳其人占领君士坦丁堡，拜占庭帝国灭亡。

1478 年：天主教审判异端的宗教法庭在西班牙成立。

1492 年：穆尔人被驱逐出西班牙。犹太人亦被驱逐。哥伦布抵达美洲大陆。

1503 年：达·芬奇创作"蒙娜·丽莎"。

1506 ~ 1626 年：圣彼德大教堂在罗马建造。米开朗基罗、达·芬奇、拉斐尔和贝尼尼都参与了这一建造工程。

1519 年：葡萄牙航海家麦哲伦绕行地球一周。

1543 年：波兰人哥白尼发表"日心说"，即地球环绕太阳运转的理论。

16 世纪:宗教改革。这是一场对抗罗马教会的腐败而掀起的改革运动。

1579 年:荷兰北部七省成立防御同盟,并创建荷兰。

1618 ~ 1646 年:30 年战争。最初是由新教徒反抗天主教而引起。

1633 年:宗教法庭迫使科学家伽利略放弃哥白尼的"日心说"。

1643 ~ 1715 年:法国"太阳神"路易十四(凡尔赛宫的创造者)创立了君主政体以及"君权神授"的学说。

1755 年:大地震摧毁里斯本。

17 ~ 18 世纪:巴罗克建筑是一种具有华丽风格的建筑艺术。它利用黄金、大理石和玻璃装饰以炫耀财富和权力。

18 世纪:启蒙时代。法国作家伏尔泰及其他学者力主应具有宽容之心。奥匈帝国女皇"国家之母"玛丽亚·特雷莎宣扬这种主张,莫扎特曾在她宫廷内演奏。

1792 年:法国大革命。路易十六和皇后玛丽·安托瓦妮特被送上断头台。

1796 ~ 1815 年:法国拿破仑入侵奥地利、意大利、西班牙、葡萄牙和俄罗斯,最后在当今比利时的滑铁卢战败。

18 ~ 19 世纪晚期:浪漫主义者缅怀更为纯朴的田园时代,激发民族主义,鼓励应用地方语言和保持地方风俗习惯。

1822 年:希腊宣告独立。

1848 年:欧洲爆发人民革命。

1861 年:意大利人在驱逐了北部的奥地利人和南部的西班牙人后成立了意大利王国。

1870 ~ 1871 年:普法战争,巴黎被围攻。

1912 ~ 1913 年:巴尔干半岛战争导致欧洲土耳其人遭到四分五裂的命运。

1914 ~ 1918 年:第一次世界大战。在法国北部和比利时境内进行消耗战,导致奥斯曼帝国

和奥匈帝国解体,并且形成了包括南斯拉夫和捷克斯洛伐克在内的新国家。

1922 年:墨索里尼和 2.5 万名法西斯黑衫军进军罗马。

1936 ~ 1939 年:西班牙内战。开调动空中力量参战之先河。佛朗哥成为独裁者。

1938 年:希特勒入侵奥地利。

1939 ~ 1945 年:第二次世界大战。

1958 年:欧洲共同市场成立(后称欧盟)。

1961 年:柏林围墙建立。

1971 年:瑞士女性取得投票权。

1974 ~ 1975 年:希腊、西班牙和葡萄牙的极权统治告终。

1978 年:波兰的红衣主教沃伊蒂瓦成为罗马教皇保罗二世,为 400 年来首位非意大利籍教皇。

1992 年:梵蒂冈教廷宣布恢复伽利略的地位。欧盟各国边境管制理论上被取消。

1994 年:连接法国和英国的海底隧道建成。

1998 ~ 1999 年:数千阿尔巴尼亚族人被赶出科索沃的塞尔维亚省。

2000 年:欧洲各地纷纷举行庆祝新千年的活动。

2002 年:除丹麦、瑞典和英国外,欧洲各国开始使用欧元。 ❏

前数页图　法国拉斯科洞穴内的史前绘画
左图　佛罗伦萨的文学天才但丁
上图　凡尔赛宫的"太阳王"路易十四

欧 洲 起 源

许多世纪以来，整个欧洲受到希腊和罗马的统治，终于向古老的基督教势力低头

在希腊神话传说中，欧罗巴（Europa）是腓尼基国王亚基诺的掌上明珠，被主神宙斯（Zeus）化作白牛劫至希腊南部的克里特岛（Crete）。欧罗巴在此为宙斯生了 3 个儿子，其中一个名叫弥诺斯（Minos），弥诺斯文明就是根据他的名字命名的。

欧洲的名字——Europe 来自于亚述语"ereb"，意思是黑暗和太阳落山之地（与之对应的是"asu"，即亚洲是太阳升起之地）。但事实并非如此浪漫。

早期文明

将弥诺斯文明取而代之的是迈锡尼人，但弥诺斯人如何和为何被灭，现在仍不得而知。希腊岛上的迈锡尼文明遗迹也是直到 19 世纪晚期才被发掘出来。迈锡尼人的统治大约维持了 300 年光景。公元前 1100 年，如此繁荣强盛的文明居然也重蹈弥诺斯人的覆辙，未能逃脱灭亡的厄运，毫无疑问，当时的外敌进攻、内部分裂系其主要原因。无论究竟何故，迈锡尼文明的覆灭使古希腊时代沦入黑暗，直至后世历史学家所称之古代时期（公元前 800 ~ 前 500 年）开始，黑暗中才露出一线曙光。*Homa*

新的历史阶段属于希腊城邦时期，诸城邦中以雅典和斯巴达最为强大，它们给后人留下了当今常用的两个词汇：其一是专制君主，指以武力手段向贵族统治阶层夺权的领袖；其二是寡头统治集团，指一种紧密连接的团体，它获得统治权力是因为拥有财富而非其成员出身高贵。

波斯帝国是对希腊安定的最大威胁，这一威胁由在公元前 490 ~ 前 450 年爆发的波希战争而到达登峰造极的程度。后人对那场战争的主要印象是雅典人在马拉松的重大胜利，以及在希腊东部平原塞莫皮莱战役中的悲壮性失败。虽然雅典人与斯巴达人最终联手击败了波斯人，但是在随后而来的古典时期，斯巴达人却一度不得不向最强大的雅典人俯首称臣。雅典的全盛时代是伯里克利（Pericles，公元前

495 ~ 前 429 年）统治时期，此时柏拉图仍坐在苏格拉底跟前聆听和雄辩，尚未写出他那部成为后世西方哲学基础的巨著《共和国》。

在那段时期，供奉雅典娜女神的帕台农神庙竣工，贵族民主政治得以发展，希腊三大悲剧诗人之一的索福克勒斯完成了传世剧作《奥狄浦斯王》，另一位悲剧作家欧里庇得斯（Euripides）则创作出对罗马和后世欧洲戏剧有深远影响的悲剧《美狄亚》。

随着雅典与斯巴达在旷日持久的伯罗奔尼撒战争中为争夺权力而进行的长期消耗战

左图　早期基克拉迪文化的希腊雕像
右图　希腊桑托林一幅壁画之局部

的结束，海上强国雅典的黄金时代遂告终结。两败俱伤的结果，使得亚历山大大帝之父、马其顿国王腓力二世有机可乘，坐收渔翁之利。公元前338年腓力二世统一希腊城邦，成为各城邦霸主。两年后准备进军波斯时遇刺身亡，其子亚历山大（大帝）随即继位。虽然亚历山大当时不过20岁，但他已身经百战，并且因受教于希腊先哲及科学大师亚里士多德而身怀雄才大略。

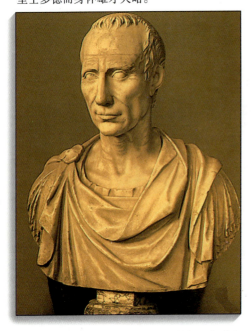

正如通常政治强人死后，国家会因为潜在的权力继承者之间激烈的明争暗斗而陷入四分五裂分崩离析的局面一样，亚历山大于32岁英年早逝后其帝国就此一分为三：埃及、小亚细亚和马其顿－希腊。这3个王国及其他小国莫不将亚历山大奉若神明，对他崇敬有加。这段时期史称希腊化时代。Hellenistic 语出希腊词 Hellennistes，意即希腊人的模仿者，模仿希腊人正是当时趋之若鹜的时髦风尚。其中广为后人仿效或继承的一项内容，便是"将城市建成政治、商业和社会生活的中心"这一主

张。亚历山大生前足迹所至之地均随后建立城市，并以他的名字命名。在希腊化势力范围以内，至少有7座以亚历山大冠名的城市，座座皆称亚历山大城，还有一座城市布塞弗拉，此名取自亚历山大钟爱的坐骑——战马布塞弗勒斯。希腊化时期的贸易及农业兴旺发达，然而各王国彼此间激烈的竞争与战争，导致它们元气大伤，最后罗马人便趁势而起，将它们各个击破。马其顿王国于公元前167年首先被罗马人灭亡，其后希腊于公元前146年亦遭罗马鲸吞，最后埃及在公元前31年落入罗马人之手。

每一个意大利人都知道希腊神话中关于罗穆卢斯和瑞摩斯的故事。战神玛耳斯的这对孪生子被遗弃河边，由一条母狼抚养长大，后来罗穆卢斯在与其胞弟瑞摩斯的一次争吵中杀死了后者，并于公元前约750年在意大利中部的台伯河沿岸建立了罗马城。考古学家都同意这样的说法，即当时那个地方确有一个屯垦区，约莫在随后一个世纪的光景中，其发展为一座繁荣的城市。不过，最接近历史真相的一种可能是：具有高度文明水平的伊特鲁里亚人到此地建立了一个贸易据点，这便是罗马城的雏形。伊特鲁里亚人个个都是技艺娴熟的能工巧匠，罗马在他们的经营下欣欣向荣。公元前509年，罗马第七代国王、高傲的塔奎尼乌斯在罗马元老院议员发动政变后遭到驱逐，罗马完成共和制度之后，伊特鲁里亚人的统治方告结束。

罗马统治

在接下来的200年间，罗马征服了意大利半岛上的其他地区，并于公元前241年结束的第一次布尼克战争（Punic War）中，从以北非为根据地的迦太基人手中夺得西西里岛。第二次布尼克战争始于公元前218年，当时迦太基将军汉尼拔（Hannibal）统率大军南讨北伐，攻占

了今天的西班牙及法国等地。他率领千军万马以及许多大象翻越阿尔卑斯山的壮举，使他成为家喻户晓的人物。然而汉尼拔将军最终仍不敌骁勇的罗马军团，击败汉尼拔军队后的罗马人建立罗马帝国的雄心和力量更加坚定强大，无人能够阻挡。不到100年，罗马人便征服了迦太基和希腊，无可争议地控制了地中海地区。

这个年代中的罗马社会贫富悬殊。穷人因战乱而无法从事劳役，又被迫离乡背井，这些穷人本应在其赖以生存的土地上进行的劳作由罗马"主人"从征服地中所俘获的奴隶取

次点燃。庞培在法萨卢斯被凯撒打败逃到埃及后遇害，于是凯撒大军凯旋，荣归罗马。

好景如昙花一现。一伙元老院议员密谋推翻凯撒，而凯撒又不顾占卜士事先为他预测出有关3月15日前后为其凶日的警告，果然他于公元前44年在元老院会堂遇刺身亡。行刺凯撒的两名阴谋者布鲁特斯和卡修斯也没苟活多时，他俩在马其顿战败之后便双双自尽。古罗马"后三头政治同盟"成员之一、另一位罗马统师马克·安东尼（Mark Antony）在艾克兴战役（Battle of Actium）中与凯撒的继承

而代之，因此贫苦阶层日益不满。社会不安，加之帝国四方八面均面临武力威胁，统治阶级又腐败无能，终于导致内战爆发。罗马军团统帅、大将军庞培（Pompey）试图恢复帝国秩序，与克拉苏（Crassus）、凯撒（恺撒）（Caesar）结成"前三头政治同盟"。但克拉苏在率军出征战败被杀后，庞培与凯撒互相倾轧，内战之火再

左图　尤里乌斯·凯撒的大理石塑像（公元前100～前44年）

上图　西塞罗要求罗马人团结起来反抗"人民公敌"喀提林（Cata line）

查理曼（742～814年）

公元800年，教皇在罗马为查理曼加冕，正式册封他为西罗马帝国皇帝。查理曼在爱克斯拉沙佩勒（Aix-la-Chapelle，即今日德国亚琛／Aachen）的宫廷成为当时学术与文化的中心。"神圣罗马帝国"的封号后来由奥匈帝国的哈布斯堡家族继承。但是，正如法国作家伏尔泰（Voltaire）指出的那样，空虚封号全然名不副实，它既非神圣，也不是罗马，又不是帝国，最后被拿破仑废止。查理曼的卡洛林王朝也未能在其后嗣虔诚者路易一世（Louis I）手中免于土崩瓦解，而其统治大权则旁落于日耳曼贵族之手。

者屋大维（Octavian）交锋失利之后，在妻子埃及托勒密王朝末代女王克莉奥佩特拉（Cleopatra）身旁气绝身亡。莎士比亚在其剧作《凯撒大帝》中有一段针对安东尼的著名葬礼祭文，开头是"朋友们，罗马人民，同胞们啊！"

所幸的是，获得元老院封称"奥古斯都"（Augustus，意即受尊敬的人）的屋大维（Octavian）既是睿智之士，也是强硬统治者。他善用权术与上层阶级周旋，并以面包和竞技场取悦大众，他执政的这段时期被史学家称为罗马和平时期，其间贸易和农业的发展带来社会繁荣，

艺术与文学的勃兴孕育出诸如维吉尔（Virgil）和贺拉斯（Horace）等对欧洲文艺复兴与西方古典文学产生巨大影响的伟大诗人和作家。

奥古斯都于公元 14 年逝世后，一连串的继位者皆无甚建树，将他开创的伟业毁于一旦。提比略（Tiberius）、卡利古拉（Caligula）和尼禄（Nero）是臭名昭彰、行为古怪的几位恶君，之后又有许多昏庸无能或邪恶残暴的君王。随着帝国衰颓，无政府思潮泛滥，各地纷乱渐起。公元 286 年，戴克里先皇帝（Diocletian）把罗马帝国这个庞然大物一分为二：东罗马帝国和西罗马帝国。随后继位的君士坦丁大帝一世（Constantine I）是罗马王国历史上的第一位基督徒，他于公元 330 年在君士坦丁堡（Constantinople），即当今的伊斯坦布尔（Istanbul）建立东帝国首都。自此东西两个罗马帝国各自发展，东罗马帝国远较西罗马帝国强盛。公元 410 年西哥特人（Visigoths）占领罗马城，最后一名罗马皇帝于公元 476 年被废黜，而又名拜占庭帝国的东罗马帝国则一直延续了 1000 多年才遭灭亡。

基督教的传播

公元 4 世纪结束之前，基督教已在整个罗马帝国传播，并逐渐普及到全欧洲。公元 6 世纪末，教皇格列高利一世（Pope Gregory I）派传教士到达北欧，劝说异教徒皈依基督教，而其他人随后便群起而效仿之。

中 世 纪 教 堂 建 筑

教堂建筑风格迅速风靡欧洲各地，部分原因是朝圣客朝圣旅行时将新的建筑思想顺便向各地推广，另外也由于一些规模宏大的隐修院，如法国中东部布尔戈尼（Burgundy）地区的克鲁尼（Cluny）教堂——其下辖许多规模较小的修道院——随后不断在欧陆各处设立分支教堂所至。拜占庭建筑风格从君士坦丁堡向外传播，在希腊便可看到许多穹顶教堂。罗马式建筑风格由 19 世纪的一名法国艺术史学家提出，他认为这种风格以圆形古典式拱弧结构为特点，既稳健雄浑又宏伟辉煌，有如罗马帝国的壮丽业绩。具有罗马式建筑风格的教堂开始于 11、12 世纪在欧洲各地出现，现仍有不少典型的罗马式教堂昂然屹立在法国、意大利和西班牙等国境内。

继罗马式风格之后为哥特式风格，以这类风格建筑的教堂及教区大教堂其特点为高耸的尖角拱门、肋形拱顶、飞檐扶壁及花格玻璃窗。约在 12 世纪中叶于法国巴黎西南方萨尔特尔修建的大教堂便是早期哥特式建筑风格的代表作。

然而，当时西罗马帝国正在土崩瓦解，日尔曼民族趁虚而入，西哥特人占领西班牙，东哥特人占领意大利，法兰克人（"法国"和"法兰克堡"便是他们民族传下来的印记）则统治了高卢地区，历史证明其中法兰克人最为强悍。法兰克人的领袖查理曼（Charlemagne，即查理大帝）建立了卡洛林王朝，征服了当今意大利、匈牙利、德国和苏格兰低地地区。

探索航海

在费迪南德和西班牙的伊莎贝拉的资助下，哥伦布（1451～1506年）进行了几次航海探索，期望能到达印度。结果他发现了南美洲。

教强加于俄罗斯人和保加利亚人头上。直到11世纪，当土耳其人浅吞了小亚细亚之大部、诺曼人占领了意大利南部之后，东罗马帝国的国威才告衰微。

诺曼人是北欧斯堪的纳维亚半岛维京人（Vikings）的后裔，自10世纪初便不断入侵法兰克王国，后来终将法兰西北部领土据为己有。他们很快便与法兰西贵族融为一体，且力量随即强大到足以征服英格兰。诺曼人向南迅速扩张，占

种族大熔炉

欧洲各地人民在这段时间中开始了大规模的迁徙。伦巴底人于6~7世纪大举迁入意大利，斯拉夫人在巴尔干半岛定居，来自北非的穆斯林进逼西班牙，于公元714年之前征服了西班牙所在的伊比利亚半岛大部，阿拉伯人对君士坦丁堡的袭击则威胁到东罗马帝国的安全。即使如此，东罗马帝国仍然十分强盛，足以将东正

左图　阿拉伯宫廷绘画
上图　教皇乌尔班于1095年在法国克鲁尼奉献一座高台祭坛

领意大利南部，并从阿拉伯人手中夺下西西里岛。诺曼人罗杰（Roger）于1130年在西西里岛首府巴勒莫（Palermo）受封为王。虽然诺曼人的统治时期不过60年上下，但阿拉伯风格和诺曼风格却巧夺天工般地浑然一体，在西西里岛上留下不少独具特色的建筑典范。

十字军东征

奥斯曼土耳其人（the Ottoman Turks）自公元7世纪以来便一直占据着耶路撒冷，到11世纪末，在整个基督教王国内盛传奥斯曼土耳其人迫害前往圣地朝圣的基督教朝圣客，

1096 年基督教十字军缘此首次发兵东征以期解放圣城。但是尽管十字军初战告捷,然而圣城仍掌握在穆斯林手中。在其后的 300 年期间,十字军屡次东征,纵然偶有所获,但仍以失败告终。后来有很多神话围绕着这段时期中有关保卫圣墓及保护朝圣客的圣殿骑士 (the Knights Templars) 和十字军医护人员等的英勇事迹而被人绘声绘色加以渲染,至于十字军战败于穆斯林苏丹萨拉丁 (Saladin) 和狮心王查理一世 (Richard Ⅰ, the Lion Heart) 在第三次东征班师之际被俘的记载,均成为英雄传奇故事中鲜活的素材。事实上,这场战争起初的确发轫于宗教狂热,但也有不少人是因为贪婪与一己私利,而参与这场基督十字大军讨伐新月穆斯林的战争的。

由基督教徒主要在西班牙所在的伊比利亚半岛从穆斯林手中夺回被占领土地的"复地运动"虽然进展缓慢,但回教徒在西班牙的力量显然不及它在东部的威力。位于西班牙中北部的卡斯蒂利亚 (Castile) 王国和阿拉贡王国 (Aragon) 皆为天主教地区,它们于公元 11 世纪收复失地,赫赫有名的传奇英雄埃尔·锡德 (埃尔·锡德·坎佩亚多,EI Cid Campeador) 于 1094 年攻克摩尔人 (Moors) 即穆斯林人占领的巴伦西亚 (Valencia)。另外一支十字军则另起炉灶,于 1139 年建立同属天主教王国的葡萄牙,不过天主教将穆斯林悉数逐出伊比利亚半岛,却又花费了 100 余年。至于在西班牙南部穆尔人的拉纳达埃米尔国,则一直到信奉天主教的菲迪南德与伊莎贝拉共结连理并于 1492 年统一西班牙君主王国之后,才终于脱离穆斯林统治。同年哥伦布航海探险抵达美洲新大陆。

黑死病

1346 年,黑死病由远东传入欧洲,这种医学名为"腹股沟淋巴结腺鼠疫"的可怕传染瘟疫飞快地在全欧蔓延。仅在 1348～1349 年的一年间,欧洲人大约死亡了 1/3。

中世纪壮丽的诗歌

12 世纪、13 世纪一种崭新的、民间风格的文学为满足新出现的阅读群体之渴望便应运而生。这类文学大多描写宫廷爱情故事,诸如出身显赫门第的骑士如何向窈窕淑女殷勤献媚、如何向她们吐露爱慕之情等。这种文学形式可追溯到始于 11 世纪的吟游诗人传统。这类传统文学形式中最伟大的代表作当推但丁 (Dante) 的史诗《神曲》 (Divina Commedia)。史诗般的文学作品往往在歌颂真实的或神话传说中的英雄及其事迹,而中世纪的故事可被搬上舞台予以演出,故能获得更多观众的青睐。

传播学习

过分强调基督教会的重要性可能有些困难。然而,随着基督教传播全欧,传教区在各地纷纷建立,成为宗教徒敛心默祷、刻苦学习的中心。圣本尼迪克斯 (St Benedict,即圣本笃) 于 527 年在意大利卡西诺山 (Monte Cassino) 隐修院制定隐修道规章。西罗马帝国崩溃后,接踵而至的欧洲中世纪早期黑暗时代中,唯一幸存下来的文化遗产均保藏在隐修院内。

时至 12 世纪,隐修院的教育垄断不再,世俗学校纷纷建立。12 世纪末,在英国牛津、法国巴黎和博洛那均创办大学,但那绝非普及性教育，只有富家男性才准予入学。即使如此，到了13世纪，上流社会的男女即便不能写作，也大都具有阅读能力了。

14世纪大多数欧洲人最关心的既非宫廷爱情故事，亦非人文主义思想，而是在比以往任何时候都更加可怕的灾难性环境中如何求得生存。

反抗的浪潮

起初由于缺乏劳力，田地无人耕种而荒芜，粮食匮缺，粮价猛涨。后来劳力不足成为

底层，仅有小块土地的卑微佃农除耕种自家土地外，还必须为其所附庸的领主耕作。鼠疫横扫欧洲后，这种封建土地制度逐渐崩塌，佃农可以接收一些无人看管的土地。

这些情况的变化绝非从天而降，而是人民经过斗争使然。当时到处爆发农民起义和市民暴动，以反抗不愿让民众享有权力的统治当局。引发暴乱的另一个原因是当时贵族向民众课以重税，以承担因百年战争等系列战事而长期耗损的财政费用。百年战争系由英、法两国君王为争夺在法国的领土而爆发，战火于1337

幸存下来的佃农向地主讨价还价的筹码，农奴制度难以维持，佃农更借此要求提高酬劳，改善生活条件。在封建制度下，大地主向来都享受无地少地者向其提供的劳役，附庸者必须为其领主尽义务。从地位至高无上的君主到最低层的佃农，地位分明，井然有序。在社会最上层，骑士须向领主竭尽骑士义务，一旦领主征召，骑士便要披挂上阵为领主作战。在社会

左图　圣女贞德画像
上左图　约翰·加尔文
上右图　30年战争中的候补军官

年点燃，一直持续到1453年，其间仅有28年的休战期。这场旷日持久的战争留有许多脍炙人口的战斗故事及英雄事迹传诵于世。其中最为人熟知的便是圣女贞德（Joan of Arc）的故事。她登高振臂一呼，率领6000法军抗击英军，后不幸被俘，于1431年被英军以异教徒的罪名在鲁昂（Rouen）处以火刑壮烈殉国，这位法国民族英雄后来被追奉为圣女。英国人最终还是败北，法兰西国王"勇敢者查理"（Charles ）恰如其名地成为法国无可争议的统治者。 ❑

世界征服者

欧洲帝国的衰退和民族主义运动的兴起，为文艺复兴运动创造了条件

自15世纪起，向海外扩张的目标替代了原来的宗教使命。西班牙与荷兰再度争战不休，瑞典国王入侵德国，法国则奋力抵抗其宿敌哈布斯堡帝国。1648年签订的威斯特伐利亚和约 (Peace of Westphalia) 使这些重大冲突得以结束，确认新教徒获得信仰自由，然而当时惨烈的战事、肆虐的疾病和普遍的饥荒，却使若干日尔曼城邦的人口锐减1/3。

一个帝国的衰落

西班牙与法国之间的战争又绵延了10年之久，但此时西班牙国力已日落西山。西班牙和葡萄牙航海探险家伽马 (Vasco da Gama) 和哥伦布 (Christopher Columbus) 率先远航探险，在此基础上西班牙和葡萄牙最早建立起殖民大帝国。菲迪南德与伊莎贝拉 (Ferdinand and Isabella) 再次征服并统一西班牙，其后哈布斯堡王朝家族的奥地利大公查理五世 (the Habsburg Charles V) 继承西班牙王位，并于1519年获封神圣罗马帝国皇帝，遂使西班牙成为当时的欧洲超级强权霸主，使其北方近邻法国波旁家族 (House of Bourbon) 终日诚惶诚恐。

查理五世宣称，他的帝国幅员如此巨大，以致在其版图内"永不落日"。哈布斯堡王朝的所有王室成员墓碑上均铭刻"AEIOU"，意思是"整个世界皆臣服于奥地利"(Austria est emperare orbi universo)，这句话大概少有人反对，至少在公开场合下如此。查理五世退位时，他把除奥地利本土以外的所有哈布斯堡家族的土地全部赐给了其子西班牙国王菲利普二世。1578年葡萄牙国王在战争中丧生，菲利普二世遂将葡萄牙帝国的疆域一浅并入自己的版图，从美洲新大陆弄来的金银财宝源源不断地流入国库，在许多西班牙人看来，当时他们的国家实力的确强大无比，如日中天。

蔚为壮观的辉煌却紧跟着悲惨的失败。西班牙与法国战事频仍，信奉新教的荷兰为了争取独立也与西班牙争战不休，而号称"无敌舰队"(Armada) 的西班牙海军又被英国海军击

溃 (1588年)，所有这些战争使西班牙付出了极其巨大的代价。17世纪初美洲遭到经济衰退的打击，加上从美洲流入西班牙的白银也因水枯竭而变为涓滴之流，西班牙自此肯定明白它的黄金时代已经完结了。东北地区的加泰罗尼亚 (Catalonia) 因不满哈布斯堡王朝中央要求它分摊帝国的经费开销，起而造反，葡萄牙随即跟进。虽然加泰罗尼亚地区的造反旋即得以平息——这给居住在当地的民众带去了永久性的绝望——但葡萄牙却从此脱离西班牙而获独立，争夺对荷兰的最高统治权而与荷兰人进行的战役也归于失败。

左图　日本屏风画细部（大约1593年），描绘葡萄牙商人抵达的情形

右图　荷兰画家维尔德·德·琼杰创作的《炮轰图》

值得庆幸的是,在人类进步的历史过程中,发动血腥战争和争权夺利并不是任何一个国家历史上令人遗憾的唯一行为。多少世纪以来,在人类艺术领域内仍然有着许多可歌可泣的事情值得大书特书。文艺复兴发源于佛罗伦萨,进而扩展至意大利其他城市如威尼斯和罗马,而后又向北延伸至整个欧洲。人文主义者对古典艺术形式的着迷,促使艺术家们追溯欧洲过去的文化,而当时还有不少

梅迪奇时代

科西莫·梅迪奇(1389～1464年)和他的孙子洛伦佐(1449～1492年)都是图斯卡尼的大公。从这个家族中还产生了4位天主教皇和2位法国皇后。

富有的赞助者愿意出资支持这些艺术家实现他们的梦想,推动古老的欧洲艺术获得再生。

艺术品的赞助者

实力雄厚的美第奇(Medici)银行家族几乎完全控制了佛罗伦萨的一切,当然在推动艺术繁荣方面也功不可没。此外,我们还得感激当地的羊毛业发展曾为保护和创作一些鲜为世人所知的伟大绘画、雕塑及建筑艺术珍品作出的极大贡献。佛罗伦萨因发展羊毛业而变得富裕,此地最富有的股商都是羊毛行会的会员,他们不仅提供资金,使佛罗伦萨成为14世

纪末欧洲的金融中心,同时还资助艺术发展,为后世留下了许多珍贵的艺术宝藏。

这些羊毛商人的动机一方面或许是真正出于欣赏艺术的雅兴,一方面也借此炫耀他们的财富,或者他们虔诚希望通过资助艺术发展和装饰教堂以减轻他们牟取暴利的罪恶感。但无论何故,结果总是为人类留下了艺术瑰宝。写实主义雕塑艺术奠基人多纳太罗(Do－natello)承建了许多佛罗伦萨的市政工程,画家、雕塑家出身的建筑师乔托(Giotto)负责为新的大教堂设计钟楼,画家乌切洛(Uccello)在绘画中大胆运用透视法技巧,调和晚期哥特式风格与新兴文艺复兴风格,为绘画艺术开创新猷。文艺复兴的代表人物达·芬奇(Leona－rdo da Vinci)自威尼斯崭露头角,他既是科学家、数学家,又是哲学家、艺术家,博学多能,才华横溢。欧洲北部的杜勒(Albrecht Durer)将木刻石雕等从低层次的手工艺形式推进到高雅而重要的艺术形式。荷兰画家博斯(Hiero－nymus Bosch)的绘画多以神话怪物为主题,而佛兰德斯画家勃鲁盖尔(Pieter Bruegel)所描绘的乡村景致,则将绘画主题由宗教及寓言传说拓展到世俗题材,成为艺术史上绘画题材世俗化的里程碑人物。

15世纪末至16世纪初,意大利文艺复兴的重镇由佛罗伦萨移至罗马,当时罗马教皇正大兴土木,积极重建和美化罗马城。在此过程中产生了许多艺术杰作,其中广为人知的如收藏在梵蒂冈西斯廷教堂(Sistine Chapel)内米开朗基罗(Michelangelo)的《圣母怜子图》和《最后的审判》,还有拉斐尔(Raphael)为西斯廷教堂所绘的壁画草图,及布拉曼特(Donato Bramante)的古典派建筑设计。16世纪晚期帕

左图　佛罗伦萨维奇欧宫天花板上由瓦萨里所绘的《科西莫一世》

右图　佛罗伦萨乌飞齐美术馆收藏的波提切利所绘作品《犹滴》

拉弟奥（Andrea Palladio）以古代罗马宏伟的公共建筑为蓝本，设计出独具风格的新古典主义建筑，一时广为全欧建筑师仿效。

矫饰主义也是文艺复兴的产物，这种艺术风格的大师当推金匠及雕塑家切利尼（Benv-enuto Cellini），威尼斯艺术家提香（Titian）和丁托列托（Tintoretto）等，还有擅长戏剧性艺术作品的西班牙画家格列柯（El Greco）。矫饰主义风格深受法兰索瓦一世国王偏爱，他在枫丹白露（Fontainebleau）的城堡就是依照这种风格而建造的。

巴罗克艺术

所有的艺术风潮迟早都会引起反动，17世纪绚丽的巴罗克风格就是对矫饰主义风格的反动。这类风格以意大利的雷尼（Guido Reni）和雕塑家贝尔尼尼（Giovanni Bernini）及西班牙的委拉斯盖茨（Velásquez）为代表，其中委拉斯盖茨获得菲利普四世国王的终身资助，不过最具代表性的巴罗克艺术家则为佛兰芒（Flemish）画家鲁本斯（Rubens）。

荷兰画派于17世纪蓬勃兴旺。脱离西班牙统治获得独立后的荷兰极大地提高了民

路 易 十 四 的 绝 对 权 威

17世纪的欧洲是盛行"君权神授说"的专制君主时代。国王独揽大权，言出法随，统管一切行政，鼓吹其统治芸芸众生的权力由上帝神授。法王路易十四广为传诵的一句话"朕即国家"（L' état c' est moi）为这一观念作了最适当的注脚。路易十四是最著名最奢华的专制君主，他关于个人独裁的一系列主张大概是受了当时的红衣主教尼塞留（Cardinal Richelieu）和马扎林（Cardinal Mazarin）玩弄权势左右政局的影响所致，因为在他父亲统治时期及父亲死后他本人仍在襁褓之中的摄政期间，法国即饱受政教权力斗争的倾轧。

路易十四正式登基后声明他的权威凌驾于教会之上，并成立了一支常备军以加强他的非宗教性政治权力，还依靠这支军队与西班牙及神圣罗马帝国大动干戈。在这一威慑力量之下，法国贵族都必须到附近落成、彰显王威的凡尔赛宫朝晋法王，而法王则借机在此监督他们。路易十四最得力的朝臣柯尔贝尔（Colbert）（有人甚至揣测他才是真正大权在握的幕后人物）建立了一支强大的海军，并且重新制定和完善赋税制度，创办科学与艺术研究院，并将难以驾驭的官僚体系全面中央集权化。尽管当时粮食歉收，战事连绵不断，加上宫廷挥霍无度，大大抵消了路易十四的业绩，然而一直到1715年路易十四逝世，法国在他的治理下国势强大，令欧洲其他国家为之震慑。

族自信心。作为一个传统贸易国家，独立后的荷兰贸易更是得到极大发展，这一切导致荷兰画派蔚然成风。维米尔(Vermeer)描绘的荷兰风景画及瑞布兰特的作品就是荷兰画派中出类拔萃的代表作，成为后世同类画风的典范。

启蒙运动

启蒙运动也衍生出一些矛盾的、开明的专制概念，俄罗斯的叶卡捷琳娜·凯瑟琳大帝(Catherine the Great)在她改革之初就深受这种概念的影响。而奥地利皇帝约瑟夫二世试图废除

农奴制度，看来也具有人道主义思想基础，尽管就这一点而言，他母亲玛丽亚·特丽莎(Maria Theresa) 1717～1780 年的言行榜样对他的影响更大。享有"国母"之称的特丽莎据传对臣民关怀备至，她反对不公不义之举，并曾宣称："我从无任何奴仆，我有的只是朋友。"不过她的侍从(或朋友)对她的有关评价却未曾记载。

玛丽亚·特丽莎宫廷曾欢迎音乐神童莫扎特前往表演。在她逝世后一年，25 岁的莫扎特离开家乡萨尔茨堡赴维也纳寻求发展。数年之后，已届中年颇孚声望的海顿也抵达维也纳，1790 年代

风华正茂的贝多芬亦到此地寻觅知音，使维也纳成为欧洲文化意识日臻浓重的音乐荟萃之地。

法国大革命

18 世纪晚期法国人至为关切的并非美妙的音乐，而是国内的政治形势。由于为干涉美国独立战争而付出了巨大的财政开支，法国政府面临垮台。贫穷阶层对必须负担的不合理税赋义愤填膺，中产阶级对享有种种特权者深恶痛绝，举国上下对专制制度群起鞭挞。路易十六企图提高税赋和限制特权，导致成立国民议会和巴黎公社，农民也纷纷揭竿而起，废除了封建制

启 蒙 者

在路易十五统治时期，有一群法国的思想家被称为哲学家，他们受到牛顿科学发现和英国经验主义哲学家约翰·洛克的鼓舞，开始传播启蒙思想。

伏尔泰是启蒙运动的化身，他除了宣扬牛顿和洛克的思想，并认为宇宙是受自然法则支配的，理性与具体经验是人类唯一可靠的指南针。

度。以自由、平等、博爱为主旨的法国《人权宣言》于1789年向世人宣告，崭新的宪政制度在法国诞生。1791年路易十六企图逃离法国未遂，他只好接受宪法，一场不流血革命似乎大功告成。

即便这是徒有其表的成功，但欧洲其他强国仍对此惊恐万状，他们害怕革命思潮会蔓延到他们的国家，决定发兵干预。奥地利和普鲁士于1792年入侵法国，英国于次年出兵进攻。这些军事行动使法国当局风声鹤唳，草木皆兵，1000名有反革命嫌疑的人士被处以极刑，法国宣布成立共和国。法王路易十六和皇后玛丽·安托瓦妮特被送上断头台。据历史记载，安托瓦妮特曾说："没面包可吃的人，为什么不吃蛋糕。"这句话使其成为历史笑柄和谴责对象，不过这可能是一则误传。

反对法国大革命的人在法国国内掀起暴乱，新政府中的温和派吉伦特派（the Girond-ins）被雅各宾派（The Jacobins）推翻，由罗伯斯庇尔（Robespierre）领导的公共安全委员会成立。雅各宾专政时期的"恐怖统治"使成千上万人丧命，最后在连罗伯斯庇尔也成为恐怖统治的牺牲品时才结束这场暴乱。新的权力集团"督政府"中止了流血恐怖，但必须借助军队才能维持和平，结果军队干政日趋严重，最后导致1799年"雾月十八日政变"（法国大革命改变了历法，"雾月"就是十一月的新说法）。雾月十八日政变由波拿巴·拿破仑领导，他担任了4年的第一执政官后宣布废止共和体制，自立为皇帝，从此实行军事独裁统治，推翻了大革命时期所完成的多项改革措施。

波拿巴·拿破仑

拿破仑在意大利与奥地利军队作战时崭露头角，虽然后来在尼罗河战役中受挫，但他仍然是法国举国上下崇拜有加的英雄人物，将奥地利人从意大利赶走，强迫意大利向法国俯

左图　德拉克洛瓦创作的《自由女神带领人民》生动地描绘了法国革命的精神

右图　拿破仑策马翻越阿尔卑斯山的英姿

首称臣。1802年签订的"亚眠和约"（the Peace of Amiens）使他获得了一场真正的胜利。但换来的和平一闪即逝。翌年英国重新宣战，并于1805年击败这位新皇帝在直布罗陀海峡特拉法尔加角（Cape Trafalgar）的法国舰队。然而从此之后，拿破仑却在数年内再未打过败仗，他所向披靡，击溃了英国、奥地利、俄罗斯和那不勒斯的联军，拿破仑此时战无不胜攻无不克，使神圣罗马帝国土崩瓦解，而且还在他与奥地利公主结婚后赢得奥地利支持。可怜的约瑟芬（Josephine）是拿破仑的第一任妻子，她似乎

是这场战争的牺牲品。

拿破仑个头不高，称得上欧洲有史以来最杰出的军事将领之一，但过度的贪婪却最终毁灭了他自己。1812年拿破仑在莫斯科的冰天雪地遭到毁灭性打击而一败涂地，仅剩十分之一的法军幸存，尔后在与西班牙争取独立的半岛战争（the Peninsular War）中，经过长期对峙，再度遭遇重大挫折。由于拿破仑于1808年将西班牙王位传给他自己的胞兄，随后5年内他便不断地与对此耿耿于怀的西班牙军队及英国联军作战，1813年分别在维多利亚被威灵顿公爵击败，在莱比锡（Leipzig）被联军击

败。后来巴黎沦陷,拿破仑被流放到地中海的厄尔巴岛(Island of Elba)。次年,拿破仑卷土重来,但普鲁士和英国的盟军在当今比利时的滑铁卢(Waterloo)彻底打击拿破仑,这次他被放逐到大西洋南部的圣海伦娜岛(St. Helen – a)。路易十八复辟,登上法王宝座。

大获全胜的盟军在维也纳议会厅中环桌而坐,他们的主要目的是阻止法国东山再起,当然也是为了从中牟取尽可能多的利益。奥地利占领原先独立的威尼斯,俄罗斯获得波兰大部,荷兰则成为一个新王国。

民主主义运动的兴起

在维也纳会议谈判桌上唱主角的是奥地利王子及政治家梅特涅(Metternich),他在其后30年间持续不断地企图遏止奥地利境内及国外风起云涌的民族主义风潮。但是民族主义的情感之火不但没有被扑灭,反而愈演愈烈,1848年人民革命此起彼伏,席卷全欧。巴黎人率先揭竿而起,极大地激励了意大利人,而在整个奥地利帝国版图内的克罗地亚人,捷克人和匈牙利人也纷纷要求成为独立的民族国家。当时各国看好民族革命,且革命之初确有收获,但法国奥尔良王族(Orléan monarchy)的君主政权尽管被推翻,法国又宣布成立第二共和,然而却并未带来民主或自由,而是建立了第二帝国。意大利北部的奥地利统治者以及西班牙南方的波旁家族虽然一度被废黜,但旋即又卷土重来,奥匈帝国其他地区中追求独立的民族运动也很快遭到弹压。

东部势力

再往东,奥斯曼帝国在要求民族自决的呼声中并非安然无恙,民族主义首先在此开花结果。1822年新成立的希腊国会宣布国家独立,比较保守的欧洲各国政府企图遏制希腊的独立,但俄罗斯因土耳其对民众滥施暴行而出兵干预,改变了这些政府的想法。英法两国对土耳其发动攻击,在纳瓦瑞诺湾(Navarino Bay)击沉土耳其舰队,然后又与俄军携手,于1830年确保希腊独立。希腊君主政权仿照巴伐利

浪漫主义运动

在欧洲其他地方,由于1848年革命遭到打击,民族主义潮流趋缓,但其斗争绝非结束,保存下来的实力反而因与浪漫主义思潮相结合而于18世纪末至19世纪中席卷欧洲大陆。一方面,浪漫主义者试图在美国独立战争和法国大革命之后于社会混乱中寻求出路,另一方面,浪漫主义也是对工业革命所衍生出来的社会丑陋现象的反思。有些浪漫主义者缅怀以往美好的黄金时代,有些则沉醉于中世纪宫廷爱情与骑士精神的浪漫情趣。

在法国,卢梭(Rousseau)崇尚"高贵的野蛮人";在德国,歌德和席勒歌颂精神自由和自然之美;西班牙加泰罗尼亚及法国普罗旺斯的地方文学和方言受到人们的重视和赞美。贝多芬的《田园交响曲》是具有深刻浪漫主义色彩的作品,而不少作曲家诸如捷克的德沃夏克(Dvorak)及俄罗斯的柴可夫斯基(Tchaikovs – ky),均深受地方音乐及民间传说的影响。艺术家们把以往的理想主义思想与寻求民族根源的渴望,融入人民反抗外国列强的政治期望,交织成丰富深刻的文化艺术素材。

亚（Bavaria）奥托王朝的模式，赋予日耳曼贵族族裔以适当的地位，欧洲其他许多有民主意识的国家也纷纷仿效。

19世纪中叶欧洲各国政府真正担心的是俄国的势力日将壮大，唯恐俄国将其触角延伸到所谓"温水港"的黑海地区。欧洲各国缺乏政治敏感难以洞察俄国"泛斯拉夫主义"背后隐藏的政治野心。在泛斯拉夫地区的其他地方如波兰，民族主义运动很快遭到镇压，俄国还于

俾斯麦

俾斯麦以他的冷酷无情而著名，他的一句名言是："除了给被攻击者留下双眼让其哭泣外，什么也别留给他们。"

是奥匈帝国，其君王梅特涅也是奥匈帝国的头号政治家，他曾称"意大利只不过是一种地理表述罢了。"虽然在这个半岛上尚未建立任何国家，但此时一场复活意大利的民族统一运动正如火如荼地展开，为建立一个统一的独立国家而不懈斗争。像烧炭党（Carbonari）这类其名称充满浪漫主义色彩的革命组织力图将13个分裂的城邦统一起来，虽然功亏一篑，但皮埃蒙特（Piedmont）的撒丁王国首相加富尔

1848年匈牙利爆发革命之际出兵予以干涉，1853年又出兵占领巴尔干国家领土，引发克里米亚战争。这场战争在该地区造成极大动乱，近50万人丧生。

复活意大利运动

掌管意大利半岛大部分地区的外国政权

左图　歌德（1749～1832年），德国古典主义的倡导者
上图　意大利民族解放领袖加里波第于1849年率部与法军作战

（Ca－millo Cavour）则于1859年将意大利北部的奥地利人驱逐出境。

至高无上的普鲁士人

德国的情况更加诡谲复杂。1871年39个分裂的城邦统一为一个完整的国家，主要仰仗于普鲁士宰相俾斯麦（Bismarch）政治手腕和阴谋诡计。在他制定的"铁血政策"中，包括联合奥地利以对抗丹麦在石勒苏益格（Schles－wig）和霍斯坦（Holstein）这两个公国中的统治。长期以来这个地区的情况复杂寻常，以至于英国首相帕默斯顿勋爵（Load

Palmerston) 曾经说过:"世界上只有 3 个人了解个中的复杂,其一为阿尔贝特王子,但他已不在人世;其二为一名德国教授,但他已经发疯了;我是第三人,可是我对此却忘得一干二净。"

俾斯麦后来向昔日的盟友发动了一场猛烈的速决战,战事以奥地利于 1866 年在萨多瓦败北而告终。最后俾斯麦又向法国宣战,普法战争开始于 1870 年,普军轻松取胜,此役使俾斯麦掠得阿尔萨斯 (Alsace) 和洛林 (Lorraine) 的广大土地,并且将整个日尔曼地区统一并入普鲁士的控制范围。

在巴黎,战败的法国人除了深感奇耻大辱以外别无所有。羞辱促使法国人根据 1793 年雅各宾领导的国民议会模式建立起以社会主义为宗旨的巴黎公社。然而巴黎公社惨遭血腥镇压,死难者众,幸存的革命分子后来要么被投入监狱,要么遭到流放,法国社会主义运动遭到沉重打击,陷入低潮。即便如此,卡尔·马克思认为这是"新时代来临的黎明"的看法看来是正确的,因为不少社会主义政党随后便在欧洲各地迅速发展壮大。

新 艺 术 运 动

杰出的写生画家以 1860 年代涌现出来的法国印象主义画派为代表,然而他们却受到明显的冷淡,官方的"巴黎沙龙"对他们冷嘲热讽。艺术家如莫奈 (Monet)、雷诺阿 (Renoir)、德加 (Degas) 以及毕加索 (Pissarro) 等均于 1874 年举行个展,而当时一位艺术评论家首次使用"印象派画家"时完全是把它用作一个贬义词的。在后来的 10 来年中,上述画家陆续举办了 8 次与传统分道扬镳的画展。

此时一场新的运动已经来临,而且事实或许可以证明这场运动已蔚然成风。

最优秀的后印象主义画家当推塞尚 (Cézanne)、高更 (Gauguin) 和凡·高 (Van Gogh),他们在作品中注重运用浓烈鲜艳的色彩以表达强烈的思想情感。印象主义画风后来的追随者是另一个激进的表现主义画派——"野兽派"画家。"野兽派"当然又是一个贬义词,其代表人物为法国的马蒂斯 (Matisse) 和德朗 (Derain)。

在奥地利,由克里姆 (Klimt) 领导的维也纳分离派是另一波反叛传统艺术形式的新浪潮。分离派画风作品中不仅有克里姆充满性爱的艺术形象,还有表现主义画家希勒和柯克什卡 (Kokoschka) 震撼人心的力作,以及奥地利版的新艺术——青年风格 (Jugendstil),其风采可从奥地利当今的首都维也纳市的建筑得以领略和欣赏。

争夺殖民地

俄国当时始终觊觎巴尔干半岛,令欧洲其他国家惴惴不安。1878年的柏林会议上,俄国对高加索地区的占有获得认可,并且取得对曾属于罗马尼亚的比萨拉比亚(Bessarabia)的控制权。会议还宣布保加利亚为自治省,塞尔维亚、黑山及罗马尼亚对独立自主的要求均获确认,不过,穷困而古老的波斯尼亚-黑塞哥维那(Bosnia–Herzegovina)却只是由土耳其人统治下划归奥匈帝国管辖。

柏林会议的领土瓜分协定并不令人满

外殖民地瓜分方面也争先恐后互不相让,这种情况导致列强彼此结盟,以形成势力均衡局面。德国、奥匈帝国及意大利组成"三国同盟",而俄国则与原本互相敌视的英法结盟共组"三国协约",正是这一壁垒分明的军事体系后来将欧洲拖入第一次世界大战之中。

选举权

法德两国在1871年将投票权赋予所有男性,德国到1918年赋予女性,法国迟至二战结束后才赋予女性投票的权利。在瑞士,尽管男子早在1874年便获得公民投票权,而妇女直

意。奥斯曼帝国依旧是"欧洲病夫",当时的欧洲六强英、法、意、德、俄以及奥匈帝国是由许多各式各样的城邦先后统一而成,六强之间的关系错综复杂,同时又是争夺海外殖民地的对手。1870~1914年,这些国家将非洲瓜分殆尽,而太平洋地区则是英法主要的殖民势力范围。欧洲列强纷纷向外进行殖民扩张,除政治和军事等因素外,最重要的是经济因素。

各国除在欧洲本土以内你争我夺外,在海

到1971年才获此权利。比利时和西班牙在1890年代便赋予女性投票的权利,葡萄牙、意大利及奥匈帝国则在晚些时候纷纷仿效。

在多数大城市中,由于免疫工作的实施和卫生条件的改善,公民的预期寿命得以提高。俾斯麦制定了一项社会保险制度,为患病者、意外事故受害人及孤独老人提供保险救济金。大多数欧洲国家在1880年代也都陆续地部分或全部实施了这种福利制度。

总的来说,如果一个人不是特别贫穷,那么,至少在20世纪初的年代里,他在欧洲的生活就不会太坏。 ❑

左图　柏林与波茨坦之间的铁路,大约建于1850年
上图　19世纪摩纳哥蒙特卡洛一景

现 代 历 史

20 世纪的欧洲两次被战争撕裂，新形成的结构意味着今天的战役多在
经济领域展开，但巴尔干诸国仍弥漫着战争的硝烟

奥地利皇储斐迪南大公在萨拉热窝遭人暗杀，成为第一次世界大战的导火索，这场战争规模之大，人员伤亡之多，在以往是无法想像的。截自 1918 年 11 月 11 日第一次世界大战停战日签订停战协议之时，估计已有 2000 万人丧命。据说这场战争是"结束一切战争的战争"，美国总统威尔逊在巴黎和会上的凡尔赛条约中提出的"十四点和平计划"，以及在此之后与土耳其、奥匈帝国所签署的一系列条约，据称都是为建立永久和平而奠定的基础。然而，所有这些和平条约实际上不但没能谋得和平，反而适得其反。德国、俄国、奥匈帝国以及土耳其这些老牌帝国接二连三分崩离析，欧洲地图还得完全重新绘制。

新的分裂

阿尔萨斯及洛林地区重返法国怀抱，波兰建成一个新的国家，并向波兰提供了一条途经德国领土而通往波罗的海的但泽走廊（the Danzig Corridor）。捷克斯洛伐克成为独立国家，并且获得昔日归奥匈帝国所有的波希米亚（Bohemia）和摩拉维亚（Moravia）两个地区。曾经由匈牙利控制的土地割让给南斯拉夫，而的里雅斯特（Trieste）、伊斯特利亚（Istria）半岛和蒂罗尔（Tyrol）的南部则划归意大利。奥斯曼帝国被迫交出其在中东地区占领的大片地区，不过这个垂死帝国还想霸占土耳其若干土地，导致基马尔（Kemal）将军率兵起事，奋力反抗。

领土的分裂给人民带来极大痛苦，因而民怨鼎沸，怨声载道。强加在战败国德国头上的各项限制使德国无力承受，更给民众造成

左图　奥地利斐迪南大公血迹斑斑的制服
上图　斐迪南大公在萨拉热窝遭谋杀的一刹那

沉重负担。德国莱茵河以西的莱茵兰地区（Rhineland）被战胜的协议国军队占领，萨尔兰（Saarland）则由一个国际委员会掌管，德国在海外拥有的殖民地由新成立的国际联盟所控制，德国不得重整军备，其军队规模受到严格限制。最令德国难以忍受的痛苦莫过于英法两

个战胜国对其索要的庞大战争赔款。这笔赔款并未予付清，却几乎令德国经济彻底崩溃，引发了强烈的民族仇恨情绪。阿道夫·希特勒就是乘机利用了这种情绪，进而攫取德国党政大权。

20 世纪 20～30 年代，极权主义政权肆虐，空前严重的经济大萧条更造成社会恐慌，民生凋敝。与此同时，新兴的东欧国家还沉浸在民族主义的狂潮之中，政局极端不稳。

政治动乱

在波兰，1926 年的一场政变，使该国实际

沦入毕尔苏斯基（Pilsudski）元帅的独裁统治之中。在匈牙利，共产党统治曾一闪而过，却有很长一段时间被罗马尼亚人占领。1934年南斯拉夫国王亚历山大（King Alexander）赴法访问时遭克罗地亚分裂主义分子暗杀身亡，南斯拉夫的克罗地亚人、塞尔维亚人及斯洛文尼亚人之间的民族冲突因此而登峰造极。捷克斯洛伐克算是最有造就的国家，在身负众望的马萨瑞克（Masaryk）总统领导下，民主政治一直持续到1930年代中期。然而在德国的苏台德地区（Sudelenland），一个强大的国家社会主义党即纳粹政党的独裁统治则横行于1930年代的后半期。

在希腊，由维尼泽罗斯（Venizelos）领导的共和派与忠于康士坦丁国王的保皇党长期兵戎相见。经过一段时期的共和统治，1935年王室复辟，但此时的国王不过是幕后真正独裁者麦塔克萨斯（Mataxas）将军的傀儡罢了。

位于伊比利亚半岛上的葡萄牙，自1910年推翻王朝统治后一直实行共和政体，但在1926年被军人政权取而代之。到了1932年独裁者安东尼奥·萨拉查上台，并在位实行独裁统治达36年之久。西班牙的军人执政时期始于布里莫·德·里维拉将军的掌权之日，即1931年西班牙国王阿尔方索十三世（King Alfonso XIII）的退位之时，此时的共和政体在持不同政见的左右两派相互倾轧之下已摇摇欲坠。1936年佛朗西斯科·佛朗哥（Francisco Franco）起兵叛变，挑起一场长达3年的西班牙内战。佛朗哥的国家主义阵线军队受到德意两国的援助，终于使西班牙政府的共和国军不敌佛朗哥叛军而败北，尽管前者受到来自苏联及国际志愿军的支援。

1937年，西班牙北部的格尔尼卡（Guernica）成为第一个遭到佛朗哥空军轰炸的城市而载入西班牙史册。毕加索（Picasso）深为此次野蛮事件所震怒，故创作出不朽名画《格尔尼卡》。1939年，佛朗哥的叛军击溃共和国军，佛朗哥取得了对这个士气低落国家的统治大权，从此西班牙人民便陷入水深火热之中。在这个长枪党（Falangist）头子（新法西斯分子）的淫威之下，西班牙开始了黑暗的极权统治，直到佛朗哥死后这一极权统治才告终结。

试验艺术

尽管20世纪20～30年代欧洲在政治上不断遇到麻烦，在经济上也处于困难时期，但那一时期也是艺术表现手法不断变化叠有创新的时代。意大利艺术家奇里柯（Chirico）、西班牙画家米罗（Miró）和达利（Dali）均加入以法国艺术家为其主流的超现实主义风潮。戏剧演出也颇富试验性，德国的布莱希特（Brecht）、意大利的彼兰德罗（Pirandello）、法国的让·科克多（Jean Cocteau）纷纷推出不少饶有新意的剧作。德国的鲍豪斯（Bauhaus）建筑学院设计出许多现代主义风格的建筑作品，装饰艺术也有不少构思巧妙的新颖几何图形作品。

法西斯主义兴起

第一个法西斯政党出现于意大利，贝尼托·墨索里尼骗取民众支持，并于1922年率领2.5万名黑衫党党徒向罗马进军。意大利国王维克多·伊曼纽尔三世迫于形势，只得忍气吞声地委托墨索里尼组阁，4年后墨索里尼宣布自己为意大利人民的"领袖"。他残酷镇压所有与他意见不一者，居心叵测地大肆扩张公共设施，并与德国纳粹党魁过从甚密。1935年，墨索里尼在企图建立帝国的野心驱使下举兵入侵现名为埃塞俄比亚的东非国家阿比西尼亚（Abyssinia）。对于意大利的侵略行为，当时为阻止战争而成立的国际联盟却只能施以经济制裁，国联的软弱使得墨索里尼更加有恃无恐，4年之后，他率军大举入侵阿尔巴尼亚。

一段屈辱的历史

1937年，西班牙北部的格尔尼卡（Guernica）镇成为历史上第一个遭到空袭的地方，成为毕加索笔下永远的格尔尼卡。

"盖世太保"以生杀大权，发起对德国境内犹太人的迫害，而且日趋残酷，直至对犹太人进行种族大屠杀的暴行达到极点。

1936年希特勒再次占领莱茵兰，两年后在亲纳粹的奥地利首相因夸特（Inquart）的默许下，德军开进奥地利，并宣布德奥两国"合并"。同年后期在慕尼黑会议上，英法两国屈服于希特勒贪得无厌的蛮横要求，拱手将苏台德交给德国。然而让英国首相张伯伦异想天开地陶醉的说：

在德国，希特勒也骗取了对他的国家社会主义党的狂热支持。他还利用人民对《凡尔赛条约》的不满，趁机煽动民族情绪，加之1929年华尔街股市崩盘，继而爆发市场大萧条的经济危机，使德国的民怨更深。

软弱的魏玛共和国在希特勒的淫威面前不堪一击。1933年希特勒就任德国首相。翌年德国总统冯·兴登堡辞世，希特勒自封为"元首"，他禁止一切反对党活动，赋予秘密警察

"我们这一时代的和平"却维持不到一年。希特勒随即占领了捷克其余领土，并在与苏联签署了互不侵犯条约后挥军入侵波兰。这种国际上姑息养奸的绥靖政策，为第二次世界大战爆发埋下祸根。德国、意大利以及后来加入轴心体系的日本，纷纷将魔爪伸向全世界。

战争的后果

1945年5月，这场世界规模的战争冲突终于临近尾声，欧洲为修复战争创伤和重新整合支离破碎的疆土正付出漫长而沉重的代价。残破不堪的城市需要重建，尤其是曾遭盟

左图　1939年希特勒越过捷克边境
上图　第二次世界大战中满目疮痍的华沙城

军无情轰炸的科隆和德累斯顿几乎被夷为平地，更亟待修复。历史文物与文化古迹遍布其间的华沙街道几乎是毫厘不差地恢复原状，至于在大多数地区中，往往是新式建筑与古老的房舍比邻而建，许多城镇原有的风貌从此不见，不过这样的变化也给人们提供了比以往更好的现代化生活条件。西班牙由于在二战期间曾支持过希特勒德国（尽管它并未直接参战），遭到各同盟国的冷漠对待，多年来一直在民不聊生的"漫漫黑夜"中遭受着煎熬。

在东欧，前苏联保持了它的利益范围。在

年带薪休假期的延长和可支配闲钱的增加，加上商业客机和私人汽车日益普及，推动了1960年代旅游业的蓬勃发展。旅游业改变了欧洲的风貌：过去死气沉沉的渔村一个个变成了热闹的度假胜地，北欧妙龄女子身着比基尼泳装与肤色黝黑的地中海老奶奶们同在海滩上享受日光浴，高耸的豪华饭店点缀着白色的乡间房舍。旅游业为贫困地区带来了繁荣，同时也带来了当地人未必能接受的风俗习惯和价值观念。

旅游业的兴旺使地中海沿岸的度假别墅

20世纪40年代后期，苏联包括了所有东欧国家，但其中的南斯拉夫和罗马尼亚很快地在共产主义名义下自立门户。

德国被一分为二，东欧阵营占领了柏林。1948年气氛紧张。由于生活标准各不相同，为了封锁东欧的城市和地区，俄国人在1961年建起了柏林墙，这面墙成为欧洲战争之后政治紧张的象征。

大规模旅游

西欧人战后困苦拮据的生活渐告结束，人们开始追求休闲娱乐，更加乐于四处周游。每

学 生 运 动

20世纪60年代不仅仅是大众旅游蔚成时尚的时代，也是青少年文化引领风骚的时代和到处兴建大学和学院的时代。大众媒介使人们的感受向广阔的全球范围延伸，尤其是每天播放的那场不受欢迎的越战情景，促使青年学生开始质疑人生的价值。学生风潮席卷欧洲和美国，而始于1968年5月的巴黎学生运动，几乎将法国拖向内战边缘。这种反叛精神感染了捷克青年，引发"布拉格之春"运动。当时大学生支持改革派领袖亚历山大·杜布切克（Dubcek），反对唯莫斯科马首是瞻的捷克政权，然而他们的和平革命却被苏联坦克碾为齑粉。

和观光饭店鳞次栉比，公路四通八达，横跨欧陆的商业旅行应运而生，大型货车来往各地，观光旅游者随处可见。北欧的城镇旅游业兴旺发达，加上从较不繁荣的地中海国家来此打工的外籍劳工，促成了西班牙、希腊及意大利风味餐馆的兴起。

继日光浴之后，滑雪也不再只是富人的娱乐方式，而成为一种大众化的休闲形式。很快地瑞士、意大利、奥地利和法国等国的山区布满了休憩小屋和登山缆车，大批季节性游客似乎威胁到山区的生态平衡。

权统治，与整个欧洲的关系日趋紧密。2000年，在欧洲范围内已统一使用一种货币——欧元。

波兰团结工会

20世纪80年代初，民主气氛也在波兰酝酿。团结工会是一个从格丹斯克造船厂脱颖而出的独立工会组织，令当局惊恐不已，宣布实行军事管制，并逮捕团结工会领袖瓦文萨(Walesa)。波兰军政府首脑雅泽尔斯基将军和波兰裔教皇保罗二世经过多次秘密会谈，波

亲密关系

在那个年代里，欧洲一体化的观念逐渐形成。又名"欧洲共同市场"的欧洲经济共同体于1958年成立，法国、比利时、卢森堡、意大利、西德和荷兰是欧共体的创始会员国，英国、爱尔兰及丹麦于1973年加入。20世纪70年代中期，西班牙、葡萄牙和希腊结束极

左图　1990年7月21日平克·弗洛伊德的流行乐团在柏林举行"柏林墙"演唱会

上图　1991年，南斯拉夫的杜布罗夫尼克笼罩在战火之下

兰当局取消军管，而瓦文萨在当年获得诺贝尔和平奖。这是一次历史的进步。6年后，即1989年，波兰举行大选，而团结工会领袖瓦文萨则被推上了治国总理的位置。当时，整个东欧的面貌正在发生天翻地覆的变化。戈尔巴乔夫的改革开放政策促使原苏联各加盟共和国政府更加开放，东欧各国犹如打开泄洪闸门，原苏联昔日的盟国一个接一个地发生变化。

欧洲仿佛是一口拒绝冷却的油锅。但它历史上的每一个炙手可热的事件，每一场民族冲突和社会动乱，都是历史演变过程中创造与破坏的内容和源泉。　□

欧 洲 全 览

这些关于欧洲文化的小短文,从建筑到时代精神,将欧洲各
民族的风貌呈现在你的面前

为什么对全世界各地的旅游者来说欧洲具有如此巨大吸引力?
它究竟和我们的"家园"有何差异?1888 年布莱斯(Bryce)曾经
作出解答,他在《美利坚共和国》(*The American Commonwealth*)一书
中写道:"在伟大欧洲中心的任何一个地方,生活中都充满激越,包涵
各种特色的文化因素使欧洲文明丰富多彩,这是美国远没有到达的
境界,……无论居住在欧洲哪一个国家,你都会感受到其他国家近在
咫尺,他们的命运与你的命运息息相通,他们的思想情感在心灵深处
与你时时交流。"

当然时代变了,但是美国与欧洲的恩恩怨怨、爱恨情仇,产生了
相互紧密关联的历史纽带,欧洲人得以借此一睹自己在局外人的眼
中是何等尊容。亨利·詹姆斯(Henry James)把欧洲说成是"美国人
精妙绝伦的镇静剂";华尔夫·华多·埃默森则称:"我们去欧洲以便
美国化";詹姆斯·鲍德温(James Baldwin)的看法比较中庸化,他在
1961 年写道:"欧洲拥有我们尚未具备的一些东西,一种神秘感和某
些人生中无可言状的限制,一言以蔽之,欧洲具有一种人生的悲剧
性,而我们(美国人)拥有他们肯定需要的东西:人生可能性的意识。"

然而对许多人来说,欧洲更像是一个活生生的博物馆,一长串的
历史丰碑使你觉得非瞻仰不可,这个大陆五彩斑斓底蕴深厚的文化
总能令人叹为观止,常常使好奇的游客满足求知欲。在下列篇章中,
我们将集中介绍欧洲某些奇特的情况,它们往往使首次造访欧洲的
旅客惊奇不已,从亲吻的习俗到排队的规矩,从贪污腐败的中心城镇
到人间美食天堂,从驾车习惯到骂人技巧,可谓无奇不有。

本书粗浅的分析介绍并不能包罗万象,不可能将巴黎和布拉格
之间一切公开的隐蔽的民族特点向你一一展示,但它总是可以更加
清晰地将欧洲丰富多彩的社会组合、怪诞而温和的风土人情,以及对
外人有着不可抵御吸引力的特有文化等等的许多方面,奉献给来自
世界各地的客人。

前数页图　有 200 年历史的米兰拉斯卡拉歌剧院流光溢彩的华丽大厅
左图　卡拉瓦乔笔下的酒神巴克斯(Bacchus)醉眼惺忪面容疲惫地向美好生
活举杯致意

建 筑

任何一名旅游者抵达某一城市，都希望去参观当地历史悠久的大教堂、宫廷建筑以及伟大的名胜古迹，这是不可或缺的一项旅游项目。不过欧洲在本世纪也修建了一些激动人心、甚至颇有争议的现代公共建筑，您在急切品味历史古迹之余，不应忽视那些新颖建筑。

位于原东德德绍（Dessau）的鲍豪斯

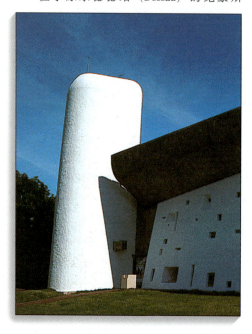

（Bauhaus）美术馆是参观的起点。鲍豪斯建筑学院由德国近代建筑大师格鲁皮厄斯创立，该学院在 20 世纪 20～30 年代树立的鲍豪斯建筑学派在西方现代建筑史上独领风骚。瑞士建筑师科比西尔又融入了一些不同的风味，他的设计作品包括坐落在法国马赛的积木式"组合住宅"，是按人体比例设计而成的公寓建筑。

在 50 年代的建筑修复风潮和 60 年代的经济起飞时期，几位杰出的建筑设计大师脱颖而出。如蓬蒂设计的彼雷利塔风格独特奔放，矗立于米兰街头，俯瞰着由斯特拉契尼于

1931 年设计的白色中央火车站，这两座建筑物成为米兰鲜明的城市标记。西班牙建筑师塞特曾追随过格鲁皮厄斯，后来成为哈佛大学建筑学院院长。塞特设计了两座美丽的现代美术馆，即法国南部德凡斯的圣保罗梅特美术馆和位于西班牙巴塞罗那的米罗基金会，该基金会建筑与 1929 年重建的罗厄展览馆仅一步之遥，罗厄是鲍豪斯建筑学院第一任院长。

美国人查理·梅耶是 80 年代大量翻新或新建博物馆众多设计师中的佼佼者。在法兰克福美茵河畔投资巨大的博物馆扩建项目中，梅耶所设计的一系列"白色电冰箱"式建筑中的第一栋被用作"工艺及关联艺术博物馆"。另外在海牙和巴塞罗那也有他的建筑艺术作品。

1992 年巴塞罗那奥运会为全世界的建筑师提供了大展身手的机会，他们应邀而来将该城装点成一颗耀眼的明星。来自世界各地的建筑师中包括诺曼·福斯特——他后来还继续进行他德国柏林国会大厦的重新设计——和华裔美国建筑设计大师贝聿铭。贝聿铭先生雄心勃勃的一件著名作品是巴黎卢浮宫前的金字塔，这仅是 80 年代经济繁荣时期宏大建设计划中的一项。当时欧洲风行豪华气派的建筑风格，新的欧洲建筑时尚使欧洲不少城市在后工业时期中旧貌换新颜。

海 滩

欧洲有两种海岸，一种是大海海岸，另一种是海洋沿岸，两种海岸的特点截然不同。宽阔而舒展的大西洋和北海海滩每天都受到两次海洋潮汐的冲刷，使海水颜色不断变化，并不断改变沙滩沉积形状。至于地中海沿岸，海水含盐量较高，大多风平浪静，一片片海滩分布在礁石点缀的海湾之间，海水异常清澈。

大西洋的波涛最适合冲浪运动。葡萄牙的金丘在世界各地的风帆冲浪爱好者中口碑颇好。西班牙西南海岸的塔里法也是风帆冲浪的好去处。德国北海沿岸和荷兰弗里斯群岛海岸气候凉爽宜人，是许多德国裸体主义者享受含沙海风及在大海中弄潮的天堂。不过海潮有时

也挺危险，特别是平坦的海滩上，一天两次的潮汐如奔马般呼啸而来，游人可能会被困于悬崖峭壁或跨越低洼浅水区的堤道之中。

法国北部圣米歇尔山麓海滩的潮汐涨落速度堪称世界之首，6 小时内可席卷40 公里，高低潮汐落差可达 15 米，该纪录唯有加拿大的芬迪湾潮汐可与之媲美。

相比之下，地中海的海滩安全得多。但这儿的岩岸和乍起的海风仍然使海滩显得高低不平。地中海海岸明显的是山脉向海洋的延伸，露出的岩石便是倾颓的山丘，一棵棵塔松

腐 败

罗马大学社会学教授佛朗哥·弗拉诺蒂曾说：“在地中海文化中，偷窃算不上严重的罪行，特别是你行窃时手段高超的话。如果你堕落而又不对别人造成任何人身伤害，那简直就可被看成是一门艺术了。同样，撒谎也是如此。在新教国家中，说谎是非常严重的过错，而在这里，撒谎充其量不过是权宜之计，甚至是一种生活方式的组成部分。”

环绕四周。因此这儿的度假区通常有好几个分散的海滩，游客可凭不同爱好选择不同的海滩。为招揽游客，有些度假区还从国外进口优质细沙。西班牙旅游胜地班尼多姆是该国名气最大的包价度假区，而那令人过目不忘的 4 英里长的美丽海滩完全由人工堆造而成，海滩上的沙由摩洛哥进口，而且还要定期运沙补充。

弗拉诺蒂还说，在意大利人的传统意识中，如果一个人最终功德圆满，事业有成，那么贪污就可以被视为人性弱点而受到宽恕。他指出：“如今有两件事是错误的：第一，贪污等级排列；第二，贪污没有取得任何有益效果。比如修建高速公路，你得到的经费可能比预算成本要多出 5%，但最后公路毕竟修好了。但如果你的预算超出实际成本 30%，而高速公路却没有建成，那就太过分了。”

与意大利相比，欧洲其他地方尽管有如圣人般廉洁，但也没有什么值得骄傲的理由。20 世纪 90 年代法国和西班牙政府都因公共部门的贪污

左图　科比西尔位于法国朗香（Ronchamp）的作品德和圣母院（Notre Dame de Haut）

上图　两位游者在沙滩玩法式滚球（Boule）游戏

丑闻而摇摇欲坠；德国统一后，东欧不法之徒大搞敲诈勒索；1999 年 3 月，由于有证据显示欺骗和渎职行为，欧盟执委会成员集体辞职。

驾 车

如果你在德国高速公路的外线道上开车稍微慢些，你很快会从你的后视镜上看到时速 240 公里的"保时捷"或"宝马"紧咬着你并向你闪灯示警。在德国高速公路上，人们对速度

可从他们将超车看成是极不礼貌行为的态度中略见一斑。瑞士人驾车则过分循规蹈矩，拘谨有加。

无论人们的这些刻板印象是否属实，首次到欧洲观光的旅客有两点是必须牢记的：第一是要尽快改变自己原有的驾车习惯而学习和适应当地的驾车风格；第二是酒后开车将被处以重罚，这一现象尤以北欧国家为甚。

欧洲共同体

的钟爱远远超过对时速限制的要求。德国高速公路是欧洲比较安全的公路，希腊在欧洲是车祸丧生排名第一的国家，接下去是葡萄牙、法国和西班牙。德国公路车祸发生率低的原因是德国驾驶者虽然急躁，但却很守规则。

相反，一般来说意大利人在开车时会反映出他们的无政府主义态度。只要一堵车，各种喇叭声便习惯性地爆发出来，虽然大家都知道此时按破喇叭也徒劳无益。

据说西班牙人开车可以反映出他们对死亡有一种无法摆脱的恐惧感。法国人的高傲，

第二次世界大战刚刚结束之际，欧洲满目疮痍，百废待兴，英国战时领袖丘吉尔勋爵宣称："我们必须要建立一个欧洲合众国。"纵观欧洲历史，从凯撒大帝、查理曼大帝、拿破仑直到希特勒，无一没做过企图统一欧洲的美梦，而且大多数凭借武力达此目的。

欧洲于 1957 年成立"欧洲煤钢共同体"，进而发展成为"欧洲经济共同体"，又名"共同市场"。当欧共体成员陆续增加并增至 15 个成员国时（奥地利、比利时、丹麦、芬兰、法国、德国、英国、希腊、爱尔兰、意大利、卢森堡、荷兰、

西班牙、瑞典和葡萄牙），欧共体又易名为"欧洲联盟"。2002 年 1 月 1 日，除丹麦、瑞典和英国外，所有欧洲国家都开始使用欧元。

与美国不同的是，欧盟各国没有共同的语言文化，一旦时运不济，各成员国无不以本国利益为重，绝不会联合起来共同解决有关社会经济问题。虽然在欧盟内部可以消除各自的关税壁垒，但各国间心理障碍却依旧存在。

美 食

浓香四溢，用鹅油烹调的鹅肝酱令人垂涎三尺。沙锅什锦是法国大菜中对飞禽走兽游鱼烹于一体的泛称，精心烹调后盛在沙锅里入席享用。

冰箱的发明使钟爱生蚝的法国食客一年四季均可品尝美味新鲜的生蚝，不过享受生蚝的最佳时节是从 9 月到翌年 4 月。鲜美肥大的海生蚝用白酒调味，上席时犹如一道鲜汤，令人们食欲大增。

产自地中海及大西洋的鲈鱼（sea bass，在地中海称 loup de mer，大西洋鲈鱼又名鹰石首鱼，bar）是法国人餐桌上极受欢迎的一道佳肴，烹调烧烤时加入茴香，其味鲜香无比。红鲤、鲽

法国是公认的美食天堂，其中一个原因就是法国烹饪讲究精心制作，精湛技术传统由来已久。法国厨师在利用和制作各种植物、蔬菜、香料、奶油、奶酪和酒类方面具有创新天赋，当然他们也深谙保持食物原汁原味的诀窍。

熟肉类当然是美味可口的。法国熟肉类中主要有猪肉冷切片、各式香腊，例如里昂的干红肠、奥弗涅或巴荣纳的火腿，用精猪肉制作的熟肉酱

鱼、鲷鱼以及比目鱼都是法国人喜食的鱼类。

烹制牛排是所有法国厨师的拿手好戏。厚实的烤里脊牛排，肥美鲜嫩的小牛排，小圆牛里脊扒等，外层用薄薄一片熏肉包裹予以烧烤，味道浓香绝伦。你若喜欢食用嚼劲类肉食，不妨品尝颇有弹性的腰间软骨牛排，烧羊腿肉也是一道颇有名气的法国美膳。

法式佳肴的另一个重要部分是禽类美食。其中有用龙蒿油调味烘烤而成的鸡肉，还有以橙汁调味的烤鸭，也有用樱桃、桃子、新鲜无花果、芜菁及橄榄等调味的烤鸭。把鸭胸肉切成薄片烘烤至深粉红色并佐以各式调味料，

左图　意大利科莫湖（Lake Como）边度假地贝拉焦（Bellagio）镇上 Lac 大酒店门前的交通工具
上图　法国著名厨师保罗·波丘斯

是越来越令食客青睐的一道新式佳肴。

法国各地的地方菜也不胜枚举。普罗旺斯的一道风味菜是用大蒜、菜叶、番茄和橄榄油作为配料，无论是对烤鸡或烤羊肉，莫不相得益彰。马赛人为其口福不浅而感到自豪的是饮誉四方的普罗旺斯鱼汤，这是用鲈鱼、红鲱鱼、龙虾、海蟹以及其他壳类海产等，以藏红花为调料，放在一起精心烹饪而成，味道极其鲜美。

勃艮第系著名的法国葡萄酒之乡，但勃艮第的红酒牛肉也名扬天下。具体制法是用红酒以文火慢炖牛肉数小时后加入整棵嫩洋葱、蘑

菇和一些熏肉。

法国由南至西，从佩里戈尔到比利牛斯山区，无人不对鹅肝酱赞誉有加，所有的美食家无不对焖鹅肉冻或鸭肉冻什锦推崇备至，这几道名肴皆用鹅肉或鸭肉本身的脂肪烹调。

手 势

在世界上大多数国度里，竖起大拇指一般都表示赞许的意思，然而在希腊却非如此。在那儿你若对别人竖起大拇指是一种侮辱他的意思，宛如其他地方竖起中指的含义。在意大利你在谈及某人时用食指轻弹耳朵，别人就会明白你在暗示那人是同性恋者。弯曲一只胳臂，然后用另一只手拍打曲部位，这在欧洲大部分地区都被视为侮辱性动作。这些可能使世界其他地方的人感到迷惑不解，他们或许将此看成是欣赏异性的动作。将大拇指和食指圈成圆圈，大部分欧洲人认为这是"OK"，即没问题的意思，不过也有些人认为这是表示零或毫无价值的意思，而希腊人则将此解释为身体的洞孔。另外一种在希腊表示侮辱人的手势是把两个手掌伸出来，然后同时张开五指。

意大利人长久以来被世人公认为表情、动作最丰富最生动的民族。正如英国小说家狄更斯描述意大利那不勒斯人时所说："一切都以哑剧形式来说明。"意大利人使用五花八门的手势来表示赞同、惊讶、高兴、厌恶等各种喜怒哀乐的情感，有些形体动作甚至是古希腊吟游诗人荷马 (Homer) 所熟悉的，仍流传至今而被当代人使用。

幽 默

"欧式笑话"一词本身就有待商榷。因为语言在发挥幽默方面起着很大的作用。因而，法语中多双关语，而西班牙则否。多数法国人的连珠妙语都来自聪明而充满嘲讽意味的文

字游戏。然而，开排泄器官玩笑的幽默就与法国人无缘了，而是在德国人中大行其道，甚至在儿童谜语中还会以戏谑的形式出现。难道对儿童的早期入厕训练方式应该加以指责吗？还是由于德意志人天性过于拘谨而借此稍加放松？对此感兴趣的学者不妨就此撰写一些研究论文。相比之下，比利时人在性问题上显得十分保守，所以很少听见他们开色情玩笑。其实，只有一种玩笑是放之欧洲而皆准的，那就是这一国欧洲人挖苦另一国欧洲人的笑话。

在1992年一年之内，移居德国的外来人口就达44万之多，以南斯拉夫人为主，还有一些罗马尼亚人和保加利亚人。德国的移民法在全欧洲是最宽松的。翌年，东西德国统一，失业人口增至600万，德国有关移民的一切规定开始由松变紧。

在比利时，土耳其人和摩洛哥人一直都是由佛兰芒人（Flemish）组成的弗拉姆布洛克党（Vlaams Blok party）的袭击目标。在法国，富有领袖魅力的让·马利·勒·奔领导的"全民阵线"一次又一次地掀起敌视穆斯林移民和非洲移民的种族歧视浪潮，这些非洲移民大多来自

移 民

每年约有70万人涌入欧洲谋求安身立命之地，但是依照大多数国家新法令的规定，往欧洲移民已经非常困难了。自原苏联解体、南斯拉夫爆发内战，潮水般涌来的难民及经济不景气造成高失业率，使得种族敌视作为人类现实生活中的丑恶现象更加暴露无遗。

左图　意大利那不勒斯街头的形体语言
上图　前东德人首尝柏林城统一的滋味

法国前殖民地国家。在意大利，亚德里亚海岸边的严密巡逻旨在防堵为逃避国内动乱而企图从海上非法入境的阿尔巴尼亚人。

对犹太人的持续袭击尤其令人不安。犹太人陵园和教堂遭到野蛮破坏，这种迫犹事件甚至还见诸于以自由开放著称的荷兰。悲观人士不禁大惑不解：难道有些人永远不会从历史中吸取教训吗？

环球阔佬

如今有些欧洲人会突然心血来潮，一门心思只想尽情享受阳光，但他们都认定只有加勒

比海的阳光才能满足其欲望。由流行歌手、电影明星、百万富翁、贵族或皇室成员（无论真假）所组成的特殊人群总是成为新闻媒体追逐的目标，他们只有在欧洲才能找到可以任其大肆挥霍的场所。

　　1月在巴黎欣赏完时装表演后，2月是阔佬们到德国克洛斯特（Klosters）或圣莫里茨山滑雪的时节。经过短暂的休整后，他们可能会飞到南半球周游一番。5月份又出发到摩纳哥看汽车大赛，顺便去和摩纳哥的兰尼埃王室成员打打招呼。6月份英国举行的皇家赛马、亨

利皇家赛船会以及温布尔登网球公开赛等又把这些阔佬统统吸引到英国。稍事休息之后，他们又折向巴黎参观那儿的夏季时装大赛。7月份英国阔佬们纷纷前往意大利的托斯卡纳别墅避暑，那儿是英国富人们在意大利的大本营，因此便将此地戏称为"基安蒂"（Chianti Shire）。

　　名流阔佬们的旅游休闲还在进行着：在费拉特乘游艇，在希腊帕特莫斯岛上举行别墅宴会，到巴黎凯旋门参加抽奖赛马（你不必真的拥有一匹赛马），在富丽堂皇的大舞厅出席五花八门的慈善捐款……他们犹如永远运行的天体，总是喜欢循着自己的固定轨道转。

亲 吻

　　拉丁文中有3个不同的单词来描述亲吻的动作，以区别互碰脸颊的友好亲吻，表示关爱的接吻，或是热恋男女的接吻。罗马人亲吻的传统延续至今，地中海沿岸地区的人民显然比其北方邻居更开放：男女坐得更近，相互接触的动作较多，交谈时彼此的距离也较近，每个人似乎都愿意热情地贴颊而吻。

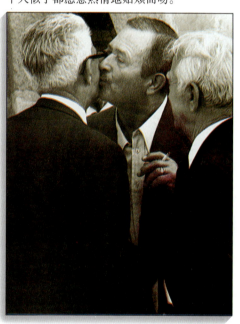

　　在德国，男人之间很少互相贴颊亲吻，交谈时也十分注意与别人保持一定的距离。握手是向对方表示欢迎最常用的方式，不过通常仅适用于事先彼此约定好的会面场合中。然而在法国，每次与某人相遇或分手时，相互都可以握手示意，即便一天内数次见面，仍然可以热情握手寒暄。

　　意大利人大概是最喜欢互相接触的欧洲人，虽然两个男人可能在交谈时会不时地碰触一下对方（或许是为阻止对方打断自己的话），而且在行走到某一拐角处还会勾肩搭背以示引路，但在异性之间则是刻意避免相互触碰

的，即使是已婚夫妇结伴而行时，也很少像丹麦人或奥地利人那样夫妻携手漫步街头。

盥洗室

从一个国家的洗手间能否对该国人民的某种本性略知一二? 对此持肯定态度的人会以德国人为例，说他们的幽默常常拿排泄器官大作文章。德国人通常在马桶上方安一个架子，在冲马桶前，通过观察粪便是否异样而判断自己的健康状况。

巴黎老式小便池已被现代投币式卫生间所取代。而在法国乡村，你还能看到原始的"地坑式"厕所，客君若欲"方便"，还得屈尊蹲下。不过有些人认为这是一种有利于健康的方便形式。

在欧洲不难在餐厅发现一些男女通用的公共厕所。而在许多主要为男士设立的公共厕所，也附有供女士不时之需的设施。

那么个人卫生习惯如何呢? 根据一家滚筒手巾制造厂商所做的调查显示，27%的欧洲人方便之后不洗手。另外一份市场调查发现，只有19%的法国男人和30%的法国女性每天洗澡，每日洗头者仅占5%，超过半数的法国人就寝前不刷牙。不过法国人使用芳香剂的比例却超出意大利人使用量的50%。西德人洗头的次数是东德人的两倍。西班牙更少洗澡，然而使用香水更凶。

君主政体

在当今民主制度风行的时代，世袭君主政体国家中的国王和皇后们都表现出博大的宽容胸怀。

欧洲大多数国家之所以能容忍君主制，主要原因是那些君主们毫无实权，其价值仅在于传统的延续，及主持重大仪式典礼。瑞典的国王可说是最无实权，他在国会立法程序中完全不容置喙。挪威、丹麦和英国君主在选举面临僵局之际，理论上拥有钦定内阁总理大臣或首相的权力。荷兰在理论上虽赋予女王不少权利，但实际上她根本无法行使。

1993年，比利时人取消了鲍杜恩国王批准任命首相的权力，不久他就归西升天，而且没有留下子嗣。其胞弟艾尔伯特此前一直是个花

花公子，没想到在59岁时突然成为国王。君主制仍然被看成是一种习俗，而且这是维系比利时德语区和法语区不致从政治上分裂的唯一实际有效的权宜之计。相比之下，英国王室的一举一动似乎越来越像在上演一出肥皂剧，成为媒体追逐的焦点。比利时禁止新闻媒体对国王的言论发表任何评论，有一位律师因为抱怨比利时国王对臣民的圣诞节咨文索然无味，还真的被法庭依据1846年颁布的法律判处"冒犯皇上"的罪名。

左图 一对西西里岛恋人在亲吻；黑手党成员给予的吻可能意味着对方的死亡

上图 西班牙国王胡安·卡洛斯一世

自 然

从白雪皑皑的阿尔卑斯山峰上的鹰巢，到西班牙绵延起伏的山峦中蜥蜴晒太阳的温床，整个欧洲大陆是各种动物繁衍生息的巨大乐园。

欧洲不少地方有很多野猪，一到狩猎季节（约从 11 月到次年 2 月），野猪便成为猎狩人追捕的对象，同时野鸭也是他们的主要猎物。在法国和葡萄牙，狩猎者身着颜色明快的猎

装，高吹号角，英姿勃发地策马追猎狐狸。

很多国家都有一些自己特有的动物。在法国，卡马格岛有不少长角黑牛。在隆河三角洲有大群大群的红鹤。意大利南部有水牛，瑞士是岩羚羊的故乡，西摩瑞西壁虎的家园则在西班牙。虽然偶然只能见到诸如蝮蛇等小型毒蛇，但总的说来，欧洲大陆是适合野生动物和爬行类动物的安全场所，即使是在地中海沿岸所看到的棕色小蝎子似乎也懒得一动，更别说咬人了。不过，地中海水域中有些水母螫人却像蜜蜂叮人一样凶狠，螫你一次够你消受半天。

不敬之词

罗曼斯诸语种就像是加强语气的歌剧咏叹调似的，特别适合用来发誓赌咒或斗嘴漫骂。从语言学角度而言，语法复杂闪烁不定的语言是不适于发誓和骂人的。另外，为了增强这种效果，恰到好处的手势动作也是少不了的（参见"手势"一节）。为使初来乍到者少出麻烦，现作一些简单的说明。

意大利是个笃信天主教的国家，经常在骂人时与亵渎上帝联系起来，奇怪的是耶稣基督反而逃过一劫，即使对他亵渎也比较温和。

西班牙也是天主教国家，言词中充斥咒骂与亵渎。"圣餐面包！"（Hostia!）算是极为温和的诅咒语，西班牙人嘴巴之脏、骂人之狠，是大家公认的事实。

守 时

当你接近地中海地区，就感受到人们生活的节奏越来越慢，甚至路上行人的步伐也越来越慢。

在德国或瑞士，约会迟到被认为是不礼貌之举，至少也被视为不考虑别人的利益。相反，在希腊或西班牙，你别指望有人会准时出现在约会场所，甚至认为姗姗来迟是一种地位高有身份的表现，你的迟到说明你的时间和地位太重要了，完全可以让别人为你苦苦等候。

比利时人和奥地利人常抱怨"浪费时间"，因为对他们来说"时间就是金钱。"然而在希腊，人们肆意让时光流逝，他们认为时间反正还会再来，如果你和朋友聚会时不断看手表，会被认为你把时间看得比友谊还重。

在法国，午餐也是件很重要的大事。在工作午餐上最好别谈论工作，至少要等第一道菜上席后，才可以开始谈及工作。这种限制是让

你明白友谊的价值，让你仔细品尝美酒佳肴，这样做还会显示出你是位面面俱到的人。

排 队

据说英国人即便是独自一人，他也会很有秩序地排成一个人的队伍。然而，欧洲大陆同其他国家中的人大都做不到这一点。在富裕的瑞士，人们通常也都排队，而他们排队是基于理性，认为排队是能使大家都能获得更快捷更

抢 劫

在一年中到处旅游的 3 亿观光客中，大多数人不会遭到歹徒抢劫或勒索。然而，由来已久的公路打劫目前在欧洲并没有偃旗息鼓，游客应采取适当防范措施，随时提防。

有趣的是，即使是老掉牙的盗贼把戏也会找到容易上当受骗的牺牲品。在罗马，骑着伟士牌摩托车的扒手连车速也不放慢就能抢走

公平服务的最佳办法。但在意大利，你争我抢的现象很普遍，依次站队在意大利可能会被认为既是一种不公平的负担，也是对个人进取心的一种窒息或扼杀。

社会学家纷纷著书立说，将这种无政府主义行为和心态与对管理（尤其是在意大利、法国和西班牙，人们对政府的管理特别不予尊重）的态度作了许多分析和比较。不过，从没有人会排队去购买那些社会学家写的书。

行人的皮包。在巴塞罗那，年轻人可能会主动提出帮你照相，拿了你的相机逃之夭夭；在西班牙的贝尼多姆（Benidorm），有人冒充搬运工伺机偷抢游人的行李。在希腊，男子被邀去酒店喝酒，然而身陷香风黛粉之中，身不由己地替这些"和善"的女子付钱。

盗劫与旅游一样，其活动影响是全球性的。法国歹徒从美国佛罗里达州学得一种狡诈的骗术：盗贼先偷车，然后驾着赃车在行人稀少的公路上向外国人驾驶的车辆撞去，让整件事看上去纯属意外。当被撞车车主下车查看自己汽车时，歹徒一哄而上将车内贵重物品洗劫

左图　德国西南部巴伐利亚国家森林公园里的棕熊
上图　对有些人而言，排队是一件天经地义的事

一空,有时干脆连此车一并开走。

　　法国的流氓恶棍声名狼藉,素有"公路海盗"之称。不过人们对有可能成为受害者的对象所提出的忠告和建议却是:"把钱拿去吧!"

身份

　　美国人待人接物比较自然随和,而在欧洲就不同,凡事都得讲究规矩。德国人尤其看重个人职务头衔,如果他们的头衔被称谓得不当,那是

对人的一种严重的冒犯之举。正如心理学家卡尔·琼(Carl Jung)所说:"人人皆非无名之辈,你可能是'教授先生',或是'部长先生','会计师先生'等,甚至还有更长一串的头衔称谓"。

　　两位在同一办公室一起共事长达20余年且工作地位不相上下的同事,如仍彼此称呼"伏格尔先生"、"施密特小姐",他们会觉得很不自在,他们将告诉对方,请直呼名字吧。这种礼节的好处在于能区分朋友与点头之交的差别。如果一段友谊最终能使彼此互以名字相称,可是件值得庆幸的大事,通常还要为此干上几杯呢!

电视

　　在欧洲任何国家打开电视机,把音量调低,只看电视画面,你将发现很难辨别出你身处哪一个国家。电视中有你所熟悉的非洲饥荒的最新画面;有毫无新鲜感的老一套运动竞赛节目;有踌躇满志的政界人物在故作诚恳状;有肥皂剧女主角极度痛苦的表情;还有……

　　欧洲许多电视公司当前仍然处于政府的松散管理之下,不过日益普及的卫星转播改变了大多数频道的节目内容,电视制作人绞尽脑汁地谋求和保持最大的收视率,煞费心机地争夺观众纯粹为了商业目的。对欧洲电视公司而言,高潮叠起、价格合理而且深受观众喜爱的美国电视连续剧很有诱惑力。有些民营的法国电视公司,甚至有半数播映时间播放美国节目。不过,随着"文化帝国主义"指责之声日益高涨,对美国电视节目的抵制也日渐强烈。

伞

　　除了地中海部分地区酷夏时节骄阳似火外,欧洲下雨的时间通常比放晴的时间多。每年冬夏两季的特点可能差异极大。

　　下面的统计资料或许不能给你提供任何保证,但还是能消除一些不踏实的感觉。

　　柏林的3月是最干燥的,最潮湿的是7、8月。在慕尼黑,12月最干燥,6～7月最潮湿。靠近阿尔卑斯山脉地区的德国南部,冬天比北部更加寒冷,降雪量更大。不过,从俄罗斯吹来的凛冽寒风,则使德国北方的冬季颇有北极的味道。

　　春天造访巴黎证明是明智之举,法国的3～4月是降雨量最少的时节,8月雨量最多。在马赛,7月肯定是最干燥的时候,10～11月则最为潮湿。从地中海北岸吹来的干冷北风不合季节地使法国南部的春季变得寒冷如冬。在布鲁塞

尔，雨量最多的时间是7月（有一半雨量由暴风雨带来）和12月，雨量最少的是3月和5月。比利时南部的冬季比较潮湿，山峰常常笼罩于浓雾之中。

荷兰的天气与此类似。7~8月多雨，而3~4月则为少雨季节。

意大利最北端、西西里岛和撒丁岛是意大利的少雨地区。罗马7月雨量最少，11月雨量最多。威尼斯1月少雨，11月多雨。

暴雨天气

无论你到欧洲的什么地方，7月通常是雨季，但这并不意味着每天都会下雨，可能只是几场暴风雨而已，不过你仍需要随时带着雨伞以备万一。

如果认为西班牙全都属地中海型气候，那你可就错了，比利牛斯山脉的屏障效应使西班牙北部的气候与其他地区大相径庭。马德里的降雨期为4月和12月，少雨期在7月。帕尔马（Palma）、马略尔卡（Majorca）在7月难得会下一场雨，降雨量多集中在10月。

葡萄牙有漫长的海岸线，其气候任由大西洋摆布。里斯本（Lisbon）和法鲁（Faro）的7~8

瑞士多山，其气候受大西洋和东欧大陆气候的影响而变化无常。一般来说，3月和12月的苏黎世最干燥，6~7月最潮湿。

奥地利的气候与瑞士类似。7月的维也纳多雨，1月则少雨。

希腊以其明媚阳光著称，但一旦下雨，却往往是大雨倾盆。12月是降雨最多，最干燥的是7~8月，甚至可能滴雨不下。

左图　法国时髦女郎，不过她们是否互称"你"或"您"呢？

上图　伞的最佳用场

月干燥异常，而在12月和1月却潮湿多雨。

民族仇杀

虽然意大利黑手党的复仇行为常常是社会媒体的头条新闻，但黑手党多数的谋杀并不是为了个人恩怨，而是为了经济利益。在以冷血态度诠释圣经"以眼还眼"这一原则时，很少有人能比得上这些科西嘉人。

只要有一名科西嘉人被杀，他的同胞必定会杀一名热那亚士兵为其偿命，然后热那亚人又对科西嘉人的谋杀行为予以报复,结果冤冤相报,杀人没完没了,最后整个家族都遭到灭顶之灾。科西嘉人认为,一旦家族荣誉受到挑战,族人必须挺身而出,一定要让谋害其家族成员的人付出血的代价。某人一旦被认定有族仇,纵然他逃到岛上茂密林丛中躲避一时,但他心里明白,他的死不过是时间早晚的问题了。

创造出荡妇卡门形象的诗人默里梅(Mérimée)以上述族间宿怨仇杀的故事为主要内容,写了一部小说《哥伦巴》(Colomba)。此外,巴尔扎克、大仲马及莫泊桑等都曾将科西

嘉人的家族恩怨情仇作为写作素材,写就了文学史上的不朽作品。

美 酒

在美国加利福尼亚州或澳大利亚,平和宜人的气候加上精密的科学调控,使各个种植园酿造的酒年年都能保持良好的品质。相比而言,在欧洲,能否酿出好酒往往得看老天爷的脸色。或许某一年酿出的酒堪称玉液琼浆,但在次年中用产于同一块山坡上的葡萄所酿出

来的酒,充其量只能算是可勉强入口的粗酒。

大多数欧洲国家都有酿酒业,其中最负盛名的则数法国、意大利和西班牙。

法国有 8 个地区盛产佳酿。波尔多(Bordeau)是最重要的产酒区,东部的勃艮第,西部有图赖纳(Touraine)以及卢瓦河流域(Loire Valley),还有从里昂到阿维尼翁(Avignon)之间的隆河谷地一带,在兰斯(Rheims)和埃佩尔奈(Epernay)周围的香槟(Champagne)区,沿着莱茵河(the Rhine)左岸延伸的阿尔萨斯地区,侏罗(Jura)山脉的山坡地带,以及法国南部的家常酒大本营——朗格多克地区(Languedoc)等。波尔多地区酿造的美酒在世界数一数二,勃艮第的白葡萄酒一直是人们趋之若鹜的名酒(价格自然不菲)。

意大利的酒产量十分惊人,从阿尔卑斯山谷地到西西里岛顶端,无一不是产酒之地。意大利酒的醇度较之法国酒要淡一些,后劲也不强。意大利的优质佳酿产自基安蒂(Chianti)、奥尔维托(Orvieto)、苏阿维(Soave)以及瓦尔波里塞拉(Valpolicella)等地。

西班牙的酿酒技术近年来突飞猛进,生产了不少上乘醇醪,其中有许多可列入世界名酒之列,名气最大的仍然是西班牙北部的里奥哈斯酒(Riojas)。产自巴尔德佩尼亚斯(Valdepeñas)地区的大众餐饮酒也相当好喝。

虽然德国啤酒消费更为普遍,不过也出产一些上等好酒,例如霍克白葡萄酒就是德国特产名酒。这种产自莱茵兰地区的葡萄酒有甜味和无甜味(即果味)两种,饮来各有千秋。

嘲 讽

1790 年就有这样的说法,如果一些外来移民来到一座小岛上,西班牙人可能先建造教堂,法国人会先修筑要塞,荷兰人会先建造仓库。1820 年,拜伦勋爵(Lord Byron)声称,法国人的勇气建立在虚荣之上,德国人则建立在冷漠之上,荷兰人是基于固执倔强,意大利人的

勇气则由怒气转化而来。

现代人调侃其他国家的呆板方式是想像出一种地狱般的境况：德国人充当警察，瑞典人担任喜剧演员，意大利组成国防军，法国人负责挖路，比利时人是流行歌手，西班牙人管理铁路，阿尔巴尼亚人都是伙夫，葡萄牙人当服务员，希腊人担任政府公职，而共同语言是荷兰语。

通常情况下笑话是发泄被禁思想言论的

语言全才

西班牙查理五世曾宣称，他用西班牙语与上帝沟通，用意大利语对女人说话，用法语同男人交流，用德语对其坐骑御马对谈。这个笑话可能在 16 世纪已渐渐被人们忘却，而欧洲人却从未停止用类似笑话大作文章，极尽对别人讥讽挖苦之能事。

(Krauts)，不过，尽管德国人被比成是腌白菜，但他们似乎对此并不以为然。同样，喜欢吃通心粉的意大利人为此获得了"通心佬"(Spags)的封号。法国人为什么被人戏称为"青蛙"，现已无从稽考，可能是他们有嗜吃青蛙的习惯吧。不过也许还因为古代法兰克国王的王袍上曾经绘有三只活蹦乱跳之蟾蜍的缘由（后来百合花徽取代蟾蜍图案，成为法国王室标志）。

渠道。法国人和荷兰人就处处捉弄比利时人。德国北部的人嘲笑南部人的懒惰，南部人则反唇相讥，嘲笑北方佬的愚蠢，但是南北地区的德国人又异口同声地嘲讽前东德的同胞。居于哥本哈根的人会戏谑日德兰人(Jutlands)，而比利时的佛兰芒人和沃伦(Walloons)人则相互嘲笑讥讽。

绰号别称通常不伤大雅，是人们在使用某一种语言时突然萌生之怪异理念的产物。喜欢吃德国泡菜的德国人，被英国人称作"泡白菜"

然而，"dago"（拉丁人）一词却令西班牙人、葡萄牙人和意大利人极为不快。从这个词本身并无恶意的词源角度分析，看不出它为什么不受欢迎（西班牙文中的 Diego 一词，相当于英文中的 James），但后来却变成一个贬义词。

游 艇

豪华游艇向来是有关里维埃拉（Riviera）传说故事中的一部分，不过近年来游艇业羽翼渐丰，日益成为振兴当地经济的一项朝阳行

左图　饮酒之前先品香味

上图　左邻右舍中总有善者，也有差劲的

业,在全世界其他地方恐怕找不到如此豪华昂贵的水上固定资产。在法国戛纳或圣特罗佩这些港口城市中可以随眼看到许多传统的尖顶渔船,在造型优美的豪华游轮周围来回穿梭,渔民在船上愉快地捕鱼。很多专门为私人游艇精心设计建造的现代港口使得里维埃拉成为世界游艇制造中心,一种称为"超级豪华游艇"的私人游艇享誉全球,该艇全长36米,艇上现代化设备一应俱全。

里维埃拉全部港口向任何一位欲一睹名流生活方式的人随时开放。在意大利边境的芒

是谁。

如果你觉得乘坐游艇徜徉大海十分诱人,可用100万英镑购买一艘全长18米的二手游艇过把瘾;如果你想拥有一艘速度更快、船舱更宽敞的新游艇,就需约300万英镑。现在,一艘价值2000万英镑的游艇并非鲜见,你还应准备出游艇总价的10%作为每年的维修费。

对财力有限的人说来,租一艘游艇可能不失为一种比较便宜的办法。以大概4000美元就可租用一艘蛮不错的游艇享受一天。如果你

通和法国马赛之间,往西235公里的水域内,共有130个游艇港口,总计拥有52000个游艇泊位。法国的里维埃拉港停泊了世界上1/3的超级豪华游艇,总计约3500艘。当地有1500家经营游艇业务的公司及商店,其中包括一些做小本生意的工匠和商店老板,共创造出6000多个工作机会,游艇水手尚不计算在内。

社会名流豪门巨子是里维埃拉的常客,除非在个别情形下,如恐怖分子猖獗或征税人员出现时,他们总是毫不避讳地展示他们的富有,人们从游艇的名称一般都可猜出其主人

打算航行到较远的地方,并且还想在游艇甲板上举办大型舞会,你可能得每天2万美元的代价租用一艘大型游艇。租金包括游艇本身及全体水手的费用,但不包括锚泊费、燃料费、一日三餐及饮料费用等,游艇真是你往水中扔钱的一个好地方。

时代精神

大多数人把20世纪看成是美国人的世纪,而一些学者专家则预言,21世纪将属于亚

洲。那么欧洲呢?欧洲的位置在哪儿?莫非这个世界真的应了美国作家斯笠特·菲茨杰拉德(F. Scott Fitzgerald)于1921年所说的话?他说:"上帝诅咒欧洲。它现在能使人们感兴趣的就只剩下可被当作古物研究的东西了"。或许下一个千年的太平盛世会赐予这个古老旧世界以新的活力!

初步的调查分析结果并不乐观。即便是最盲目的乐观主义者可能也不得不承认,目前欧洲人的心灵深处充满着驱之不去的厚重阴霾。就政治而言,

疯狂的千年庆祝

欧洲各个城市纷纷花费数百万元巨资来庆祝第三个千年的开端。

不过,这并不是欧洲现状的全部,而今受到良好教育的欧洲人比以往任何时候都要多,比过去更加富足,身体更加康健,有充足的财力物力去追求范围极广的休闲娱乐。优越的通讯条件使人们更容易地把握周围环境,而且由于能够直接到国外旅游或间接地从国内电视中看到各种报导,人们也能了解其他国家取得的成就和进步,因此进而向本国领导人提出更多的要求。

有时需要旁观者来指出在滚滚乌云中

各国政府首脑在民众中的威望日落千丈;就经济而言,失业率、物价和税赋仍居高不下;就内政而言,外来移民、贪污腐化、市政衰败、贫民社区、贫穷、犯罪等,无一不对整个社会的和谐融洽构成严重的威胁;就国际形势而言,对于前苏联解体后产生的恶化形势,对于前南斯拉夫境内的内战等,欧洲各国政府始终不能找到一条一致的对策。

何处将出现一线光明。非常幸运的是每年有数百万旅游者来到欧洲,带来新的动力和刺激。 ❑

左图　里维埃拉的游艇

右图　明日世界——在巴黎拉维耶特的多面体网状张力式轻型构件穹隆

欧 洲 名 胜

详细介绍了欧洲各地的风景名胜，并在地图上标出主要地点的位置

欧洲大陆有一些迷人之处为世人耳熟能详。白雪皑皑的山峰和蜿蜒宜人的海滨沙滩，众多的罗马帝国古迹和教堂，书籍和电影中频繁出现的葡萄园和咖啡馆，还有大量杰出的建筑和辉煌的艺术让人们沉湎其中，有浩瀚无垠的田园乡野供人探趣，有数不清的美味佳肴和各式各样的玉液佳酿恭候您来品尝啜饮，文化瑰宝也不胜枚举。下面我们将把无穷的欧洲韵味一一向您展现，从葡萄牙最西端的罗卡角(Cabo de Roca)开始，一直向东延伸到希腊，直至毗邻亚洲大陆疆界，总计 15 个国家。

环游欧洲大陆简单而轻松，各大城市间均由密如蛛网的公路和铁路连接，各大机场终日 24 小时忙碌。尽管从理论上说，欧盟内部各成员国之间的疆界于 1992 起皆不复存在，但实际上各国的检查哨所并未撤除，然而这似乎是多此一举。身着制服的边卡官员往往对过往车辆视而不见，而对开往前东欧国家的车辆总要经过正式而严格的边检。

在欧洲一年四季中少有游客足迹涉猎不到的地方。春天，艳丽芬芳的野花遍布阿尔卑斯山，草地牧场绿茵片片繁花似锦。夏天，人们成群结队来到地中海沿岸，尽情享受凉爽怡人的气候、碧海蓝天的美景和灿烂的阳光。亚德里亚海岸的里米尼、法国的里维埃拉以及西班牙的阳光海岸等海滨胜地满布着弄潮的观光客。然而，在大西洋沿岸，或者点缀在希腊海岸边星罗棋布的岛屿之间，还有许多鲜为人知的海滨能让您享受日光、沙滩和蓝天白云。秋天，当然是葡萄丰收的季节，法国、意大利、西班牙和德国的莱茵河沿岸，成片成片的葡萄园姹紫嫣红，在葡萄收获季节中，醇香的果味飘香四方，到处都洋溢着喜悦的节庆气氛。在接踵而来的冬天里，白雪皑皑的阿尔卑斯山吸引了无数滑雪爱好者光临奥地利、瑞士和法国，而在意大利和西班牙，也有不少非常好的冬季滑雪溜冰场所。

一年四季都十分适宜造访欧洲城市。欧洲各个城市是世界上最迷人的所在之一，那儿汇集了各种各样的建筑风格，有着不同时代美学观念的光辉代表。从世界各地来到欧洲游览的观光客往往从参观宏伟的教堂开始，直到现代化的商业中心和颇具地方风味的城郊房舍，令人感到处处美不胜收，领略到悠久而灿烂的欧洲文化。

欧洲之行保证使您永远回味无穷！ ❏

前数页图　奥地利蒂罗尔(Tyrol)南部的施纳尔谷地的羊群；意大利佛罗伦萨俯瞰；希腊群岛的渔船
左图　法国阿尔萨斯农民在收获葡萄

**Continental Europe
Political**

0   200 km
0   200 miles

N

NORTH SEA

DENMARK

Kiel

Edinburgh

Hamb

Belfast

Brem

Irish Sea

Groningen

Hannover

IRELAND

Dublin

NETHERLANDS

Amsterdam

Den Haag
(The Hague)

Nijmegen

Duisburg

Essen

UNITED

Rotterdam

Düsseldorf

KINGDOM

Antwerpen

Köln
(Cologne)

Ka

Celtic Sea

Bruxelles
(Brussels)

BELGIUM

Liège

G E R M

London

Roubaix

Frank

English Channel

Amiens

LUXEM-
BOURG

le Havre

Luxembourg

Rhein
(Rhine)

ATLANTIC OCEAN

Caen

Rouen

Mannheim

Heidelb

Channel
Islands

Reims

Metz

Saarbrücken

Stut

Brest

Seine

Paris

Strasbourg

Rennes

Orléans

Besançon

Basel
(Basle)

Freiburg

LIECHTEN-
STEIN

Angers

Tours

Loire

F R A N C E

Nantes

Dijon

Zürich

Vaduz

la Rochelle

Bern

SWITZERLAN

Limoges

Genève
(Geneva)

Bay of Biscay

Clermont-Ferrand

Mi
(Mi

Bordeaux

Lyon

St-Étienne

Grenoble

Torino
(Turin)

Garonne

Rhône

Genova
(Genoa)

A Coruña

Gijón

Nîmes

Avignon

Nice

Monte Carlo

Oviedo

Santander

Donostia-
San Sebastián

Toulouse

Marseille

Toulon

MONACO

Corse
(Corsica)

Bastia

Vigo

Ourense

Bilbao

Vitoria-
Gasteiz

Pamplona

ANDORRA

Perpignan

Ajaccio

Porto

Douro

Valladolid

Andorra la Vella

Salamanca

Zaragoza
(Saragossa)

Lleida

PORTUGAL

Ebro

Barcelona

Tarragona

Madrid

S P A I N

Tajo (Tagus)

Lisboa
(Lisbon)

Setúbal

Islas Baleares

Menorca

Sinisc

Evora

Badajoz

Castelló
de la Plana

Macomer

Faro

Albacete

Valencia

Ibiza

Palma

Mallorca

Sardegna
(Sardinia)

Córdoba

Alicante

Ca

Huelva

Jaén

Murcia

Sevilla

Granada

Cartagena

MEDITERRANEAN SEA

Cádiz

Málaga

Algeciras

Gibraltar
(UK)

Tanger
(Tangier)

Ceuta
(Spain)

Alger
(Algiers)

MOROCCO

A L G E R I A

TUN

SWEDEN

LITHUANIA

RUSSIAN
FEDERATION

Baltic Sea

København
(Copenhagen)

Vilnius

Minsk

BELARUS

Rostock

Odra

Warszawa
(Warsaw)

Kyiv
(Kiev)

Berlin

Potsdam

Magdeburg

Elbe

P O L A N D

U K R A I N E

zig

Dresden

Kraków

Y

CZECH

rnberg
(remberg)

REPUBLIC

SLOVAKIA

MOLDOVA

gensburg

Praha
(Prague)

Chisinau

sburg

Linz

(Danube)

Donau

Bratislava

Odesa

nchen
(nich)

Wien
(Vienna)

Budapest

R O M A N I A

Salzburg

AUSTRIA

Graz

H U N G A R Y

bruck

Villach

B L A C K
S E A

SLOVENIA

Zagreb

Trento

Ljubljana

C R O A T I A

Bucureşti
(Bucharest)

Trieste

na

Venezia
(Venice)

Beograd
(Belgrade)

Dunărea *(Danube)*

ona

BOSNIA-
HERZEGOVINA

ogna

Ravenna

B U L G A R I A

SAN MARINO

Sarajevo

YUGOSLAVIA

Firenze
(Florence)

Ancona

Sofiya
(Sofia)

Istanbul

Perugia

Skopje

Pescara

Tevere

MACEDONIA

Roma
(Rome)

I T A L Y

Tiranë
(Tirana)

Thessaloníki

T U R K E Y

Bari

ALBANIA

Nápoli
(Naples)

Taranto

Larisa

Aegean

Lésvos
(Lesbos)

İzmir
(Smyrna)

Kerkyra
(Corfu)

G R E E C E

Sea

rrhenian Sea

Cosenza

*Ionian
Sea*

Patra

Athína
(Athens)

Rodhos
(Rhodes)

Palermo

Messina

Reggio di Calabria

Sicília
(Sicily)

Catania

Kríti
(Crete)

Siracusa

MEDITERRANEAN SEA

Iráklion

is

MALTA

Valletta

Adriatic Sea

法　国

这是欧洲最古老的国家,也是它的美食中心。法国的每块土地上都出产美酒和佳肴

法国常常自认为是欧洲最重要的一员。不过外国人似乎也有同感。欧洲以外的人一到这块大陆,莫不以法国为其第一站,许多计划要在欧洲市场开创事业的企业,设立据点的首选之地也是法国。法兰西的魅力毋庸赘言:这里有世界一流的佳肴、最好的美酒、最精致的建筑,以及最精于时装霓裳的人民。法国的诱惑力令人无法抗拒,全法国 5700 万人口与每年来访的游客人数相去无几。

法国是欧洲面积最大的国家（如果不算俄罗斯的欧洲部分）,也是世界上排名第四的富有国家。法国领土面积为 54.7 万平方公里,地形分布复杂多样,人口稀疏地分布在全国各地。即便是在主要公路旁边的城镇或乡村也人迹罕见,仿佛被人遗弃之地。不过,法国的乡村才是真正的法国。法国人向来为他们的农业传统颇感自豪,农民因为生产粮食而受到普遍尊重,有较高的社会地位。

法国也是欧洲最古老的国家,虽然边界偶有扩大或缩小的变化,但是自 15 世纪开始,法国的疆域便大抵确定,与今日的版图相差无几。法国的国境线大部分是自然界限,北部以英吉利海峡为界,西部濒临大西洋,比利牛斯山脉和地中海是法国的南部天然屏障,阿尔卑斯山脉、侏罗山脉和莱茵河则在东部将法国与外界隔开。这样的地理状况使法国几乎成了一个对外封闭的地区,因此绝大多数信奉天主教的法国人不如其他开放性边境的国家中那些人民的胸襟豁达。外来游客往往会感到法国人十分冷漠,对外国人缺乏热情(但这并非实情,一项民意测验显示 82% 的法国人乐于自愿为外国客人担当导游)。尽管法国似乎处于某种与外界相隔离的状态,但法兰西民族对世界其他地方的文化影响却极大,而且其境内迄今尚存的若干少数民族语言——诸如布列顿语（Breton）、巴斯克语（Basque）、查塔兰语（Catalan）、阿尔萨斯日尔曼语（Alsace German）以及意大利语（Italian）——均受到良好保护而不绝灭,表明法国文化的博大包容力及其泱泱大国的风范。

在法国众多的名胜古迹之中,卢瓦尔河沿岸的城堡尤为突出。这些城堡建筑所耗费的巨资与人力,均不是当今任何工程可予比拟的。法国文化的精髓已渗透到各种艺术形式中去了,电影界所受影响尤甚,因而一年一度的戛纳电影节是电影业的一大盛事,其光芒照亮了这个国家美丽绝伦的里维埃拉地区。所有这些地方我们都将在下面一一介绍。　　❑

前数页图　卢瓦尔谷地的城堡庭苑;看看菜单上有何美味佳肴

左图　波尔多一位精于酿酒的农场主

France

0   100 km
0   100 miles

Rosslare

Cork

UNITED KINGDOM

Exeter
Penzance
Poole
Weymouth
Isle of Wight
Southampton
Portsmouth
Brighton
Newhaven
Hastings
Folkestone
Dunkerque
Ge
Calais
Roeselare
Roub

English Channel

St Peter Port
Guernsey
Channel Islands
(Îles Normandes)
St Helier
Jersey
Coutances

Cherbourg
Montebourg
Bayeux
Caen
Basse-
Normandie
Plaine de Caen
Honfleur
le Havre
Dieppe
Fécamp
Yvetot
Neufchâtel-en-Bray
Rouen
Haute-
Normandie
Bernay
Vernon
Méru
Pontoise

Boulogne-sur-Mer
Nord-Pas-de-Calais
St-Omer
Bailleul
Béthune
Lens
Arras
Douai
Étaples
Abbeville
Somme
Amiens
Picardie
Beauvais
Compiègne
Soisso
Oise
Château-Thierry

Lille
Tourc
Camb
St-Quent
Roye
Lac

Île d'Ouessant
Trébeurden
Ploumanac'h
Roscoff
Lannion
Morlaix
Brest
Châteaulin
Quimper
Pointe du Raz

Golfe de St-Malo
St-Malo
Dinard
St-Brieuc
Dinan
Loudéac
Bretagne
Pontivy
Rennes
Bassin de Rennes

Mont-St-Michel
Avranches
Flers
Argentan
Alençon
Mayenne
Laval
Sablé-sur-Sarthe
Sarthe
Le Mans
Vendôme

Dreux
Évreux
Paris
Versailles
Île-de-France
Créteil
Meaux
Chartres
Étampes
Nemours
Seine
Sens
Provi
Montargis
Auxerre

Pointe de Penmarch
Lorient
Vannes
Redon
Carnac
Belle Île
St-Nazaire
Vilaine

Châteaubriant
Angers
Nantes
Cholet
les Herbiers
Pays de la Loire
Baugé
Saumur
Thouars
Loches
Tours
Blois
Centre
Romorantin-Lanthenay
Vierzon
Bourges
page 106
434
Orléans
Gien
Cosne-sur-Loire
Nevers
Véz
N7

Île de Noirmoutier
Pornic
la Roche-sur-Yon
les Sables-d'Olonne
Plaine Vendéenne
Fontenay-le-Comte
Niort
la Rochelle
Île d'Oléron

Poitiers
Plaines
Poitou-Charentes
Plaines et Seuil du Poitou
Givray
St-Savin
Châtellerault
Châteauroux
St-Amand-Montrond
FRA
Moul

BAY OF BISCAY

Rochefort
Saintes
Royan
Pointe de Grave
Mansle
St-Junien
Limoges
Plateaux du Limousin
Aubusson
Guéret
La Souterraine
Montluçon
Plaine de la Al
Aller
N145

Angoulême
Périgueux
Libourne
St-Émilion
Grotte de Lascaux
Bergerac
Sarlat
Rocamadour
Brive-la-Gaillarde
Tulle
Uzerche
Clermont-Ferrand
Monts d'Auvergne
Usse
Puy de Dôme 1464
Puy de Sancy 1885
Bort-les-Orgues
MASSI
Auvergne
CENTR
Aurillac
St-Flour
Signal de Randon 1551

St-Médard-en-Jalles
Bordeaux
Arcachon
Bassin d'Arcachon
Dordogne
Marmande
Villeneuve-sur-Lot
273
Cahors
Figeac
Lot
Rodez
Gorges du Tarn
Aigu
15
M

Golfe de Gascogne

Landes
Aquitaine
Pissos
Langon
Mont-de-Marsan
Castets
Roquefort
Agen
Moissac
Montauban
Carmaux
Albi
N88
Millau
Languedo
Roussill
Béziers

Costa Verde
Santander
Torrelavega
Bilbao
N623
N8
A8

Dax
Bayonne
Biarritz
San Sebastián/Donostia
Irún
St-Jean-Pied-de-Port
Sayoa 1418
Pic d'Orhy 2017
Orthez
Pau
A64
Tarbes
Pamiers
Aire-sur-l'Adour
Eauze
222
Auch
Grisolles
Muret
Toulouse
Castres
Mazamet
Carcassonne
Limoux
Midi-
Pyrénées
A61
A68
Narbonna

Aguilar de Campóo
Miranda de Ebro
Vitoria/Gasteiz
Burgos
Palencia
Sto Domingo de la Calzada
Lerma
N1
A1
A68
N120
N620

Pamplona
Olorón-Ste-Marie
Lourdes
Cauterets
St-Gaudens
Foix
Logroño
Tafalla
Jaca
Aragón
Calahorra
Huesca

PYRÉNÉES
Pic d'Estats
Vielha
3348
Monte Perdido
Andorra-la-Vella
3144
ANDORRA
Bourg-Madame
2910
Puigmal
la See d'Urgell

Prades
Perpignan
Côte Vermeille
Cerbère

SPAIN

● 1 Calais
● 2 Lille
● 3 Dieppe
● 4 Rouen
● 5 Caen
● 6 (Mont-St-Michel)
● 7 St-Malo
● 8 Carnac
● 9 la Rochelle
● 10 Poitiers
● 11 Bordeaux
● 12 Irún
● 13 Lourdes
● 14 Sarlat
● 15 Toulouse
● 16 Carcassonne
● 17 (Gorges du Tarn)

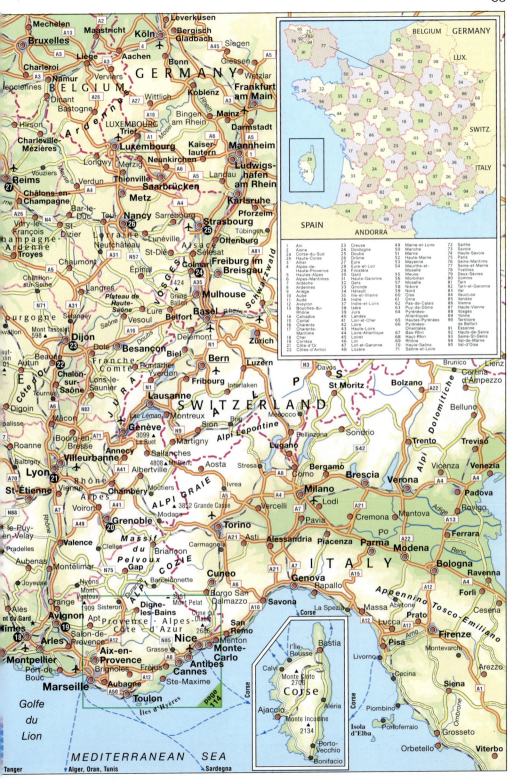

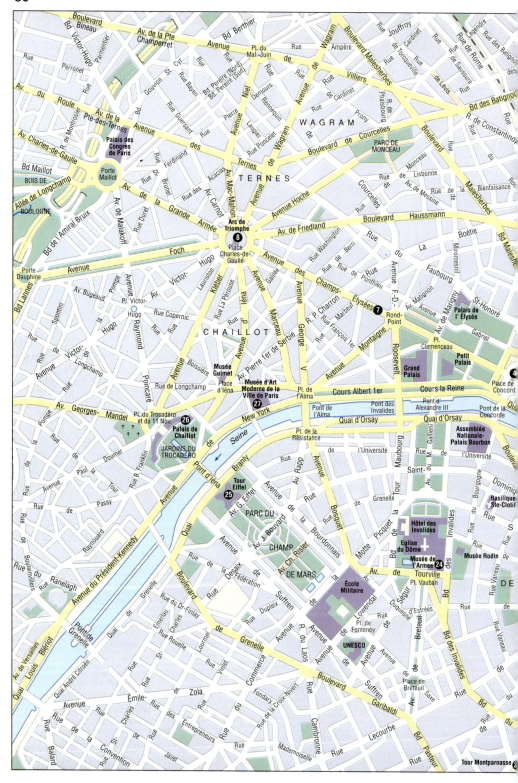

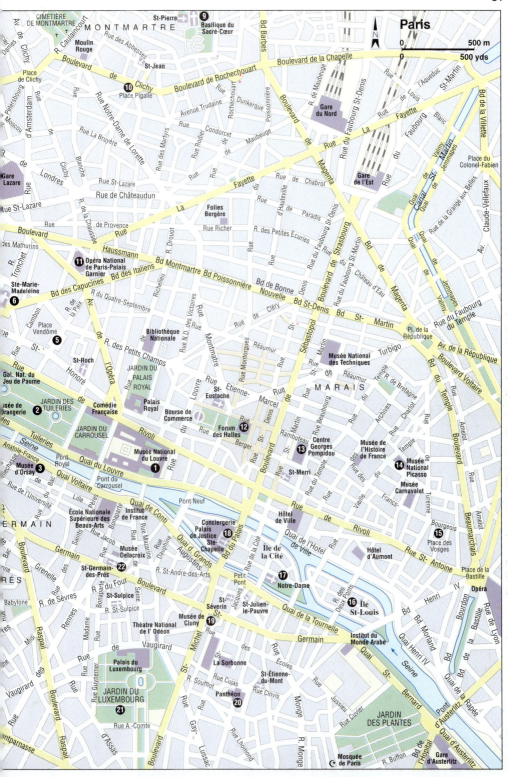

Paris

0 ———— 500 m
0 ———— 500 yds

巴　黎

伟大的建筑、高品质的生活、精美的食品和优雅的风度,共同成全了巴黎这个迷人的欧洲之都

对初来乍到者,巴黎似乎是个不折不扣的国际大都市,其实它仍然保持着典型的法兰西文化内涵,尽管美国连锁快餐店大举进攻法国,英式法语逐日增多。从栖身于地铁站的流浪汉,到街头烤馅饼的小贩,以及塞纳河畔摆摊的旧书商等等,巴黎向旅客们提供了十足的声、光、色的美好享受。

巴黎市区呈环形,总面积为 105 平方公里,东面以**樊尚森林** (Bois de Vincennes) 为界,西面与**布洛涅森林** (Bois de Boulogne) 相邻。巴黎城分为 20 个行政区,每区各具特色。第一至第九区代表旧城区,即巴黎市区(人口 220 万),其四周被市郊社区带环绕,人口 850 万。

早期居民

塞纳河中游有两个奇形怪状的岛屿,其中较大的一个名叫思德岛,巴黎的起源主要集中于此。公元前 3 世纪,被称为"巴黎斯夷人"(Parisii)的凯尔特渔民在此建了一个村庄,并贴切地取名为"琉提喜阿"(Lutetia),意即"被水围绕的地方"。公元前 52 年,凯撒在其发动的高卢战争 (Gallic War) 中曾征服过这块地方。更多的侵略来自日尔曼民族,其中最强悍的一支即法兰克人早在 6 世纪就建都巴黎。10 世纪时,雨果·卡佩 (Hugo Capet) 成为卡佩王朝的开国皇帝,他将巴黎建成中世纪文化及学术的中心。

文艺复兴时期中的历代君主为今日巴黎建立的古典美奠定了基础:若干条主要街道、迷人的广场、卢浮宫、杜伊勒利宫大花园 (Tuileries Gardens) 以及跨越塞纳河上的第一座石桥——新桥 (Pont Neuf) 等。太阳王路易十四于 17 世纪末将首都迁至凡尔赛,然而巴黎仍然繁荣如故。奢侈品的买卖使巴黎声价倍增,从而在外国游客中极富吸引力。1789 年 7 月 14 日巴士底监狱的传奇风暴推翻了旧王朝,随后是拿破仑的兴起与衰落,他为巴黎留下了凯旋门以及其他一些新古典主义的伟大纪念物。

现代纪元

19 世纪中叶,法国都市规划家巴宏·豪斯曼 (Baron Haussmann) 设计了壮观的林荫大道。当法国在 1870~1871 年的普法战争中吃了败仗,拿破仑三世的第二帝国崩溃之际,豪斯曼却推出了巴黎布洛涅森林、樊尚森林、巴黎火车站及巴黎歌剧院等大手笔。

左图　浪漫城市的黄昏时分
下图　喜爱小狗的女士

1944 年德国军队从巴黎撤退时,希特勒命令炸掉塞纳河上的大桥。但是,当时的将军出于为后代保护城市的考虑,没有理会希特勒的命令。

1914 年一战爆发,入侵的德军对巴黎狂轰滥炸,使法国的"美好时代"戛然而止。一战中的侵法德军未能像二战那般侵占巴黎四年。当纳粹国防军最终于 1944 年 8 月溃退时,希特勒下令炸掉塞纳河上所有桥梁,由于德军侵法将领拒服元首命令,巴黎因而逃过一劫。

战后岁月再度改变了巴黎的面貌,接下来的每一任总统都在这座城市中留下了建树。戴高乐时期的文化部长安德烈·马尔霍实施了一项粉饰首都所有临街建筑物的大规模计划。**蓬皮杜中心**(Pompidou Centre) 建于蓬皮杜总统任内的 1977 年。密特朗总统留下的印记则是**大拱门**(Grande Arche),位于巴黎西部**拉德芳斯**(La Défense)商业区,另外位于卢浮宫入口处的玻璃金字塔也是密特朗的政绩之一。

巴黎城之旅

巴黎的塞纳河左右岸地区共同发展,但它们各自截然不同的社会传统仍繁荣至今。右岸维持着巴黎商业中心的地位,这儿有诸多银行、百货大楼、航空公司、政府机构和股票交易中心。转头左看,那儿一直是知识汇集的重镇。

左图 拉德芳斯大拱门

右图 蓬皮杜中心外面的现代魔术师在表演捆绑脱身绝技

巴黎之旅可始于任何一个主要路标。欲全面游览巴黎的来客通常先前往蒙马特尔山上的圣心教堂,或位于塞纳河畔的埃菲尔铁塔,这两个地方均为寻古访胜的绝佳去处。另外也可以前往歌剧院广场,漫步林荫大道,游览圣霍诺赫(St-Honoré)路上的妇女精品店,参观瑞浮利路(Rue de Rivoli)美丽的柱廊。从右岸出发,漫步香榭丽舍大道又是一种享受。你既可以从凯旋门向下行,也可以从

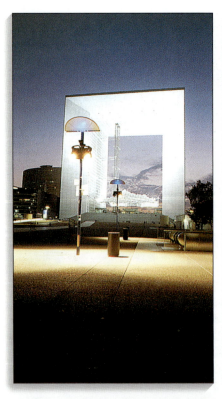

卢浮宫往上走,然后东折。

世界级的博物馆

地图 86
~ 87 页

　　卢浮宫(Louvre) ❶(周三~周一开放,收费)是当今世界上最大的艺术博物馆。始建于中世纪的这座城堡式建筑是用来保护塞纳河的。弗朗索瓦一世是卢浮宫的第一位艺术品收集家。他拥有 4 幅拉斐尔的画,1 幅提香为他画的肖像,3 幅他的朋友达·芬奇的传世杰作,其中包括《蒙娜丽莎的微笑》。

橘园美术馆中勒努瓦所作的肖像画。

　　卢浮宫于法国大革命后向公众开放之初已拥有 650 件艺术品。如今在其入口处有一座闪闪发光的玻璃金字塔,由著名华裔建筑艺术大师贝聿铭设计。今日博物馆的面积已占整个卢浮宫的五分之三 (其余部分则是法国政府部门所在地),估计典藏达 40 万件艺术品,可是其中仅有很少一部分对外展出。考古珍品(来自东方、埃及和古希腊 - 古罗马时代)分别展示于一楼和二楼。每天(周二闭馆)成千上万的游客到此观看公元前 2 世纪无名雕刻家的不朽作品,其作品"米洛斯的维纳斯"(Venus de Milos) 雕像系 1820 年被一农夫在希腊的米洛斯岛上发现,这尊雕塑呈现出一种和谐端庄的女性美。

　　从卢浮宫到协和广场之间是开阔的**杜伊勒利花园** (Jardin des Tuileries) ❷,那儿的树木、植物和装饰物皆以某种图案错落有致地排列着,是典型法式传统风格花园的最佳范例。花园内小型的**印象派美术馆**(Jeude Paume) 上有不定期的展览,而在花园对岸的**橘园美术馆** (Orangerie) 则定期举办 19 ~ 20 世纪艺术作

左图　**卢浮宫和香榭丽舍大道**

下图　**Apollon 画廊**

爱丽榭官的警卫。

品的回顾展(在地铁站 Palais Royal、Louvre 和 Tuileries 下车)。

位于河对岸早已废弃的奥塞火车站被派上了新的用场,它摇身一变,被改建成**奥塞博物馆**(Musée d' Orsay)❸(周二～周日开放,收费)。该馆主要陈列着 19 世纪的作品,展有莫奈、马内、雷诺阿、凡高和塞尚等大师的作品。

杜伊勒利花园面向**协和广场**(place de la Concorde)❹,这里曾在法国历史上写下血腥篇章。1793 年此地成为刑场,玛丽·安特瓦妮特皇后和路易十六等人在这儿被送上断头台。1795 年,和平重返广场,现在是巴黎的一个交通枢纽。城内最古老的纪念碑是 17 米高的卢克索方尖石碑,它造于公元前 1300 年,1836 年从埃及的拉米西思(Rameses)神庙运来作为礼物送给巴黎。

从杜伊勒利花园出发,经**卡斯底格里昂**(Rue Castiglione)路向北,到达**旺多姆广场**(Place Vendôrme)❺,号称"巴黎广场皇后"。旺多姆广场呈八角形,周围皆系 17 世纪的建筑,巴黎一些最奢华的香水、时装及珠宝精品店集中于此。广场中央矗立着一座高 44 米的铜制圆柱,由 1200 门加侬炮溶化浇铸而成,上面刻有浮雕。那些大炮是 1805 年奥斯特利茨战役中拿破仑大败奥地利人之后缴获的。

一座仿希腊风格的神殿赫然坐落于**林荫大道**(Grands Boulevards)及**皇家路**(Rue Royal)末端的交叉处,由此可通向协和广场。拿破仑修建这座建筑旨在炫耀其庞大的军队。对这座神殿更多地称之为**马德莱恩教堂**(La Madeleine)❻,自 1842 年以来一直被当作教堂使用。教堂对面马德莱恩大道边有一处鲜花市场,斜对面是世界闻名的"镰刀"餐厅。

下图 蒙马特尔区德尔特广场 (Place du Tertre)上的艺术家

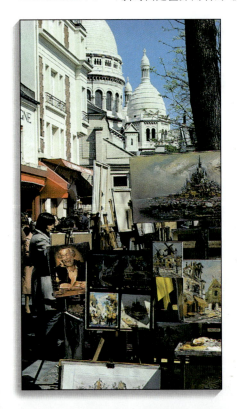

著名的散步之道

从协和广场继续往西,便到达**香榭丽舍大道**(Champs-Élysées)❼,由此到圆点广场经过一条宽阔的大道,道路两旁长着茂盛的七叶树和悬铃木,令这条人行道倍具吸引力。道边还有一个小公园,公园北边是法国总统的官邸**爱丽榭宫**(Palais d' Élysée)。圆点广场与**凯旋门**(Arc de Triomphe)❽之间的香榭丽舍大道有着特别的风格,两旁是鳞次栉比的精品店和高级服装店。

从香榭丽舍大道往上行,凯旋门的宏伟壮观尽收眼底。凯旋门建于 1806～1836 年,这座令人过目不忘的纪念碑高 50 米,宽 45 米。拱门上方雕刻着数百尊两米高的人物雕像,共有 10 套雕塑作品组成,凯旋门因此而名闻天下。拱门上记载着从法国大革命到法兰西第一帝国期间法国军队打过的历次胜利战役 (败仗不记载),无名烈士之墓就在拱门之下。每天 6:30 在那儿都要点燃,爱国主义的永恒之火。凯旋门共有 284 级阶梯 (也有电梯),由此可俯瞰壮观的香榭丽舍大道及国防区的景观。1970 年,星辰广场易名,以法国近代抵抗运动领袖及国家元首戴高乐总统的名字予以命名故又称为戴高乐广场。

艺术之角

　　蒙马特尔（Montmartre）区直到 20 世纪初才成为法国作家及艺术家的聚集地。夜幕降临，这儿是城中最热闹的地方之一。由于卢梭、郁特里洛（Utrillo）、雷诺阿、高庚等著名画家均于 19 世纪末在此度过他们早年的艺术生涯，故此区常被人认为是法国现代艺术的发源地。当地人称此处为"土丘"（La Butte），保留下波希米亚风俗，阵阵歌声和诵诗声不时从昏暗的咖啡店里传出。后来，左岸的蒙巴纳斯（Montp‐arnasse），取代蒙马特尔而成为巴黎的艺术及文学中心。

　　在**德尔特广场**（Place du Tertre）上，蒙马特尔区以往享有名气的各种传统仍生生不息。众多街头艺术家用铅笔为游客画像，或作巴黎市景写生等，构成了那儿的特有景致。

　　与整个蒙马特尔区风格极不和谐的建筑物是纯白色的**圣心教堂**（Basilica of Sacré Coeur）。它矗立在山丘之巅，拜占庭风格的穹顶与埃菲尔铁塔一起直上巴黎云天；华灯初上之际，圣心教堂宛若一个点上蜡烛的结婚蛋糕。游人向上攀登 250 级台阶或乘索道电车便可到达教堂。

　　在圣心教堂的山脚沿着**克里奇林荫大道**（Boulevard de Clichy）到达**彼卡尔**（Pigalle），此处是巴黎传统的娱乐区，最具代表性的标记是**红磨坊**（Moulin Rouge）外面的霓虹灯风车，自图鲁卢兹‐罗特瑞克（Toulouse-Lautrec）时代起就是快速活泼的坎坎舞之乡。这儿曾经有不少灯光昏暗的下等咖啡馆，有"巴黎麻雀"之称的法国传奇女歌手埃迪特·皮亚夫（Edith Piaf）就是在此开始发迹的。

　　地图 86
　　～ 87 页

指 南

　　只为欣赏歌剧院内部华丽的屋顶装饰就值得进去看一看，那是马克·沙加尔 1964 年的作品。

下图　巴黎香榭丽舍大道至凯旋门鎏光溢彩的夜景

毕加索博物馆的广告画。尽管是一个西班牙人，毕加索在巴黎生活和工作了很多年。

彼卡尔广场（Place Pigalle）❿周围的街区是巴黎的红灯区，夜间美女向"顾客"频频召唤，皮条客则试图引诱陌生人加入"真正的巴黎私人聚会"。

进入玛黑区

沿着 Rue La Fayette 路走，你将来到浪漫辉煌的**巴黎歌剧院**（Opéra de Paris）⓫。它由查理斯·加尼耶设计，于 1875 年落成，占据了那些宽大的林荫大道交汇的中心位置。歌剧院内部是庄严气派的中央主楼梯和华贵的大理石装饰，使人的脑海中情不自禁地闪现出优雅的长裙女士和穿着晚礼服、戴着高高礼帽的绅士。

穿过西巴斯托波大道（Boulevard de Sébastopol）之前就进入了著名的玛黑区（Marais），这里有一个高层的购物中心——**Forum des Halles**⓬，里面电影院、服装店、画廊、餐厅等一应俱全。再向东走，来到**蓬皮杜国家艺术文化中心**（Pompidou Centre）⓭（周三～周一开放，收费），它由建筑师郎卓·皮亚诺和里查德·罗杰斯设计（他们的设计从 681 件竞争作品中一举夺魁），并于 1972～1976 年建造。这是一座未来风格的结构建筑，配以色彩丰富的管道，煞像一座炼油厂，而非古典文化博物馆。蓬皮杜中心在 1997～1999 年期间进行重建，已于 2000 年 1 月 1 日重新开放。

蓬皮杜中心东边是巴黎最迷人的地区之一。这儿曾经是一片沼泽地，17 世纪成为高档住宅区。沿着 Rue de Thorigny 路可到达**毕加索博物馆**（Musée Picasso）⓮（周三～周一开放，收费）。它位于一个漂亮的酒店里，收藏有这位艺术家漫长而多产艺术生涯中的油画、素描等作品。现在在这儿每年举办音乐节和戏剧节，与之隔街相邻的是巴黎的犹太人居住区及巴黎最古老的一个小广场。位于**佛日广场**（Place de Vosges）⓯上的 63 栋房屋及其拱廊，布局对称，造型别具匠心。大作家维克多·雨果曾住此地，门牌号码为 6 号，现已改建为博物馆。

下图　拉丁天堂夜总会的歌舞表演

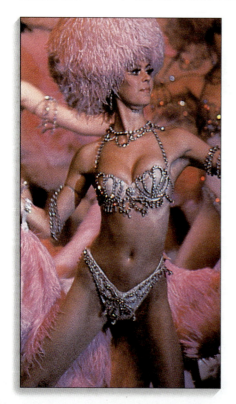

塞纳河左岸

塞纳河位于巴黎正中心，将巴黎分隔成**斯德岛**（Île de La Cité）和**圣路易岛**（Île St-Louis）⓰，后者是巴黎上流阶层的传统居住地，如今在这座快节奏的城市中仍保持着原有的安宁。斯德岛上到处都有历史标志，其中最负盛名者当推**巴黎圣母院大教堂**（Notre-Dame）⓱（每日开放，免费）。无论从哪个角度看，这座哥特式宗教建筑的经典之作皆令人叹为观止。据说最初此地建有一座法国–罗马式的神殿，后由一座基督教长方形廊柱式教堂和一座罗马式教堂取而代之。如今的圣母院大教堂始建于 1133 年，1345 年竣工。

巴黎法院的**附属监狱**（Conciergerie）（每日开放，收费）也位于斯德岛上，以前曾为皇宫的一部分，历代国王任命的典狱长曾住于此。入夜，这座恢宏建筑物的各个拱门点上灯火后变得美丽无比。1789 年法国大革命期间，这儿曾被用来关押等待处决的犯人。游客在导游带领下可穿过庭院,这里是昔日犯人每天集合受训的地方。囚禁玛丽·安托瓦妮特王后的单人牢房、厨房及其狱卒室等如今仍能看到。

　　巴黎法院(Palais de Justice) 即巴黎现法庭所在地,此处曾被古罗马执政官及法国早期的国王辟为行政管理总部长达数世纪之久。法院中庭有一座哥特式**圣徒小教堂**(Sainte Chapelle)**⑱**,于 13 世纪圣徒国王路易九世在位时期建造。

克吕尼博物馆中的《淑女与独角兽》挂毯的细节。

塞纳河南端

　　圣米歇尔桥(Pont St. Michel) 直通斯德岛左岸的**拉丁区**(Latin Quarter)。由于附近的**索邦大学**(Sorbonne University) 即巴黎大学的莘莘学子大都以拉丁语为其日常用语,故名拉丁区。**圣米歇尔大道**(Boulevard St-Michel) 是拉丁区的主干道,其东边与一连串的小巷交叉。如**休谢特路**(Rue de la Huchette),这是一条弯曲小巷,希腊餐馆、烤肉店、爵士舞厅和电影院林立,一个以中国及越南餐馆和食物摊为主的微型中国城正在形成之中。

　　在圣米歇尔大道和**圣热尔曼路**(St-Germain) 交汇处,高高耸立着**克吕尼博物馆**(Musée de Cluny)**⑲**(周二～周日开放,收费),馆中收藏着古罗马时期的浴具。馆中还收藏有再现罗马城堡生活的手工艺品,如题为《淑女和独角兽》的精美挂毯。沿圣米歇尔大街下行,左拐到苏福罗街(Rue Soufflot),便到达**先贤祠**(Panthéon)**⑳**。先贤祠原本为一座教堂,是路易十五在一场大病康复之后为了还愿而修建。1791 年以后改为国家圣陵,法国最显赫的人物皆安葬于此。

下图　著名的巴黎双猴咖啡馆

左岸的聚会地点

　　Café Voltaire 咖啡馆(位于 Place de l'odéon 路 1 号)是 18 世纪的作家们用来与哲学家狄德罗会面讨论理论的地方。19 世纪,饱受苦难的诗人韦莱纳和马拉梅在这里谈心;美国作家海明威和菲茨杰拉德曾赞扬这家咖啡馆代表了这个地方的水平。

　　两次世界大战期间,作家们的许多时光都消磨在 Le procope 咖啡馆(位于 Rue de l'Ancienne-Comédie)中惹人喜爱的餐桌旁。第二次世界大战以后,艺术家、作家和音乐家们聚会在左岸,使这里成为当时的知识和艺术中心。

　　20 世纪 50 年代,信奉存在主义的哲学家、作家让保罗·萨特和他的情人西蒙娜使双猴咖啡馆(Aux Deux Magots)(位于 Place St-Germain-des-prés 路 6 号)名声更大。巴黎的小餐馆里供应的热巧克力非常有名。装饰得非常艺术的花神咖啡馆(Café de Flore)(位于 Boulevard St-Germain 大道 172 号)是萨特的另一处所爱,对他来说这家咖啡馆更像是一间课堂,他经常在这里写作,而西蒙娜则坐在他的身旁。

　　今天,政治家常聚会的地点是 Brasserie Lipp 餐厅,它就在街对面。

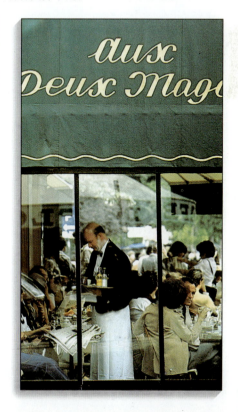

指南

夏季时参观埃菲尔铁塔可能需要排2个小时的队，所以应早点去。从第二层乘电梯是到达塔顶的唯一方法。

圣米歇尔大道对面是巨大的**卢森堡公园**(Jardin du Luxembourg)㉑。学生们在课间喜欢到此轻松小憩，孩子们则喜欢去公园中的**玛丽奥涅特剧场**（Thétre des Marionettes)观看令人紧张而兴奋的关于基诺冒险故事的木偶剧。

每日傍晚及入夜之后，**左岸地区**(Rive Gauche)比白天还热闹，人们成群结队漫步于圣米歇尔大道和圣哲曼大街，从**协和桥**(Pont de la Concorde)开始顺着圣哲曼大街再往东折可达拉丁区。人们喜欢坐在餐厅和咖啡馆的露天座椅上开怀畅饮，气氛祥和。与前哥特式**圣哲曼德培教堂**（St-Germain-des-Prés)㉒相邻的**"双猴咖啡厅"**(Café Aux Deux Magots)和**"花神咖啡厅"**(Café de Flore)一直在左岸地区颇负盛名。

由此南行进入**雷恩路**（Rue de Ren – nes)，再折向**拉斯拜尔大道**（Boulevard de Raspail)，便可抵达**蒙巴纳斯区**（Quartier de Montparnasse)，此区于20世纪初取代蒙马赫特区而成为波希米亚生活方式的中心。艺术家、作家、诗人，以及多革命家如列宁、托洛斯基等人曾纷纷来此居住。第一次世界大战以后，属于美国"失落的一代"的流亡作家如海明威、菲茨杰拉德(F. Scott Fitzgerald)和亨利·米勒(Henry Miller)等人常在"圆顶"(Le Dome)、"圆亭"(La Rotonde)、"精选"(Le Sélect)等著名的文学咖啡屋以及"穹阁"(La Coupole)等较大的餐厅里聚会。

所有这些地方现在都被一种怀旧的气氛所包围，因为蒙巴纳斯近20年来正进行着广泛的都市改建计划。这个地区中的许多艺术家画室、工作间及小型旅馆逐一被拆除，而巨大的**蒙巴纳斯塔**(Tour Montparnasse)㉓则成为迈向商业中心的象征(地铁站：Vavin、Raspail、Montparnasse)。

下图　埃菲尔铁塔

回到塞纳河

镀金的**"伤兵穹顶大厦"**(Dome des InvaLides)面对亚历山大三世桥，对面即塞纳河右岸。拿破仑一世皇帝就安息在穹顶正下方，他的遗体于1840年自圣赫伦纳岛(Island of St Helena)迁移至此，装在七层独立石棺中，最外层的石棺以珍贵的红色大理石制成。教堂周围有许多路易十四修建的"伤兵之家"(the Hôtel des Invalides)，当时能收治7000伤兵，今天成为**军事博物馆**(the Musée d'Armée)㉔(每日开放，收费)，陈列着法国历次战役使用过的武器、军服和战利品。距此几步之遥的Varenne路77号是已故大雕塑家罗丹的工作室，现已辟为罗丹博物馆(周三～周一开放，收费)。

退伍军人大厦以西是法国军事学院，面朝从前的阅兵场——"战神广场"，由此可达**埃菲尔铁塔**（Tour Eiffel)㉕。该铁塔以其建造者埃菲尔的名字命名(稍早他设计了纽约的自由女神像)，铁塔最初设计为临时性的结构，原定于1910年拆除，届时距1889年首届巴黎万国博览会21年。但自从它作为无线电铁塔的价值被认可后就一直维持原貌。晴天站在铁塔267米高的顶层，方圆48公里内的景色一览无遗。其中的**巴黎现代**

艺术博物馆(Musée d'Art Moderne de la Ville de Paris)**㉗**(周二~周日开放，收费)中收藏了毕加索、马蒂斯、莫迪利亚尼、苏蒂纳、迪菲等大师的作品。

谢洛宫（Palais de Chaillot）**㉖**位于塞纳河右岸，面对埃菲尔铁塔，建成于1937年巴黎国际博览会开幕之时，由若干博物馆和法国国家电影图书馆组成。

环游市区　法国最豪华的建筑是**凡尔赛宫**(Château de Versailles)，距巴黎市中心仅21公里。这儿原来是路易十三常来打猎的一座农庄，后来改建为由玫瑰色砖头和石头砌成的皇宫。太阳王路易十四又将其扩建，耗时50年，创造出一座极其富丽堂皇的宫殿，成为其他欧洲皇室竞相模仿的对象。

凡尔赛宫常被视为法国的首都，全盛时期宫廷内外共有2万人左右，仅皇宫本身就可容纳5000人。1789年法国大革命后，它虽不再作为皇室宅邸，但其卓绝辉煌犹存。

吉弗尼（Giverny）宅邸花园（4月~10月周二~周日开放，收费；电话：02-32512821）坐落在巴黎北部塞纳河畔，由莫奈修建，他在1926年逝世之前一直长住于此。经重新修葺之后，深受旅游者喜爱，其中日本式花园最美，遍植百合花，曾经是这位印象派绘画大师笔下美仑美奂的景物，至今仍然鲜花盛开。

另一必游之处是巴黎**迪斯尼乐园**（每天开放至23：00，收费），这是美国娱乐王国在欧洲大陆的第一个立足点，于1992年在热闹非凡的气氛中开张。乐园位于巴黎以东32公里之处的马恩-拉-瓦勒（Marne-la-Vallée）。乐园开放之初运营状况并不理想，但仍然吸引了多出参观卢浮宫一倍的游客。　　❑

地图 86
~87 页

指南

　　如果你购买迪斯尼乐园2~3天的套票，不仅可以在迪斯尼乐园使用，还可以在迪斯尼商店和香榭丽舍大道上的维珍 Megastore 店里使用，所以它是一种很经济的方式。

下图　凡尔赛宫

卢浮宫的珍宝

卢浮宫是欧洲最大的宫殿，它荟萃了无数精美绝伦的传世杰作、雕刻精品和珍贵文物

无论是从建筑的规模还是馆藏的数量（超过 200000 件）和蜂拥而至的观赏者（500 万／年）来说，卢浮宫都可谓世界最大的博物馆，它是巴黎人最引以为荣的名胜之一。曾有许多人苦思冥想地要挤出一个精心安排的早上参观卢浮宫最精彩的部分，然而只凭一次参观就想见识到所有的宝贝是极不可能的。况且，这对琳琅满目、难分千秋的展品来说，也未免失之公平。

卢浮宫文物收集历史

卢浮宫收藏的奇珍异宝部分源于赞助，部分是馈赠礼物，部分是战利品，以及通过其他渠道获取的财产。弗朗索瓦一世（上图，让·克卢埃绘制）是一位文艺复兴时代的国王，他积累了一大批同时代精美的意大利作品，并且赞助包括达·芬奇在内的一大批艺术家。路易十四同样也把赞助当作一项皇家不可推卸的责任，极大地丰富了他的收藏。大革命后，大多数法国艺术作品的国有化使共和国博物馆于 1793 年得以对公众开放。对博物馆的馆藏贡献最大的是拿破仑一世，他把自己在各种战役中的战利品带回国，充实了博物馆。路易十八获取的作品包括断臂的维纳斯。1848 年，卢浮宫再度成为国家的财产。

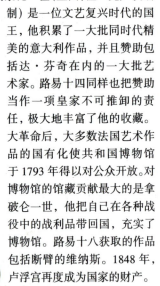

◁垂死的奴隶

米开朗基罗雕塑的一对作品其中的一个。代表了在主教朱利乌斯二世——一位伟大的艺术赞助者死后，被死亡之神所捕获的艺术之神。

▷浴者

据推测，画家让——奥诺雷·弗拉戈纳尔第一次访问了意大利后，于 18 世纪 60 年代创作了这幅画。画家深受鲁本斯主义色彩应用技巧的影响。通过渐淡画法和上釉技巧的运用，作品中的人物形象更加丰满，同时突出了欢乐的主题。作品于 1869 年捐赠给卢浮宫博物馆，成为博物馆艺术珍宝中一颗璀璨的明珠。

△小艺术品

13 世纪阿萨斯的弗朗西斯的圣物箱是卢浮宫中厅展出的小饰物中的佼佼者。

▷文物

尽管卢浮宫博大精深的艺术宝藏里的精华部分包括弗朗索瓦一世收藏的珍品，但在 18 世纪和 19 世纪中，人们始终把文物看作最伟大的艺术形式。

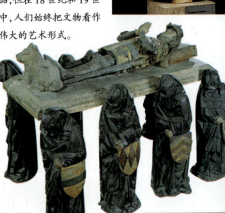

城堡、监狱和宫殿

据说卢浮宫得名于它曾经是一个猎狼场所。800多年来，法国历代君主对它不断加以扩建和修缮。这个地方出现的第一个建筑是菲利普·奥古斯特12世纪的城堡，被公众称为"巴黎图尔"，当中存放着国宝、档案，城堡中还有皇家的食品储藏室，它同时还是一座监狱。随着中世纪巴黎的不断扩展，法国改朝换代的君主们建立了其他的园林宫苑，卢浮宫的地位与日俱减。

1527年，法王弗朗索瓦一世授权改造成一座文艺复兴时期的宫殿，它是法国古老建筑的典范之作。到17世纪末，几乎看不到原来城堡的一砖一瓦。建筑的外围可追溯到1715年之前，它们构成建筑群中最古老的部分。19世纪，拿破仑一世又增设卢浮宫西翼，侧面的建筑则建于拿破仑三世时代，最近卢浮宫又锦上添花，华裔建筑师贝聿铭先生在它前面新建了玻璃金字塔，成为该馆20世纪的象征。

▷ 枫丹白露画派

16世纪绘制的维拉尔公爵夫人和加布里埃尔德埃斯特雷出浴图被归为枫丹白露画派作品，画面展示的是一对正在沐浴的姐妹。公爵夫人用一个象征性的手势，宣告了妹妹腹中即将呱呱坠地的小生命——亨利四世的私生子的存在。

◁ 菲利普·波特墓雕

欧洲雕塑艺术一颗璀璨的明星是安东尼·内洛达·梅西纳雕刻的这个15世纪晚期作品。菲利普·波特是勃艮第伟大的执事。他令人深有感触的墓碑以前被放置在希特斯修道院中，雕塑中的他身穿铠甲，被放在一块盾牌上，底下由六个身穿丧服、掩面而泣的人物托着。

▽ 相倚相靠的夫妇石棺

精描细绘的赤陶石棺有1米高，它是博物馆馆藏的伊特拉斯坎财富中最能吸引观众的作品，它详尽地描绘出从衣服上的褶皱到夫妇那神秘难解的微笑。

指南

鲁昂大教堂灯火通明直到凌晨 1:00。如果你住在附近,非常值得到镇上连一连,并吃顿饭。

这座位于塞纳河畔的中世纪伟大城市诸多辉煌遗迹中唯一幸存下来的名胜。

诺曼底西部沿岸,有好些宜人的度假胜地和具有历史价值的海港城镇,而其中风景最美丽的或许是**翁弗勒尔**(Honfleur)❺。**布丹**(Eugène Bodin)**博物馆**(3月中旬~9月周三~周一 10:00~12:00、14:00~18:00 开放,10月~3月中旬 14:30~17:00 开放,10月~3月中旬周末 10:00~12:00,14:30~17:00 开放,收费)藏有画家柯罗(Corot)、库贝尔(Courbet)、莫奈(Monet)和杜飞(Dufy)的美术作品,充分显示了翁弗勒尔的名气。**多维尔**(Deauville)市拥有许多娱乐场和卡西诺赌场以及时髦的迪斯科舞厅,这个美称为"英吉利海峡娱乐皇后之都"的城市保存了法国在本世纪初"美好时代"留下的诸多高雅风情。

在勇敢地接受科唐坦半岛上大西洋狂飙的洗礼之前,建议您最好先畅饮当地的卡尔瓦多斯苹果白兰地。诺曼征服者就是从科唐坦半岛开始入侵的。**卡昂**(Caen)是下诺曼底的首邑,也是征服者威廉移居英格兰之前的故乡。这里有 1988 年建成的**和平博物馆**(Musée Pour la Paix)(2月~12月每日开放,收费)。

圣米歇尔山

法国境内最激动人心的宗教建筑同时也是西方世界的一大奇观,或许要算位于科唐坦半岛一海湾处的**圣米歇尔山修道院**(Mont-st-Michel)❻了。该修道院始建于 11 世纪,竣工于 16 世纪,它高踞于一块巨大岛岩之巅,必须沿着一道堤防行走才能抵达山脚。您不妨在海水满潮时到此一游。

下图 鲁昂的达米耶特街景,正前方为圣温恩(St. Ouen)大教堂

致命海岸线

法国北部一如比利时,平坦而无多少天然保护屏障,是无数次惨烈战争之地,那一带许多地名是一系列战场的代名词。20 万英军和 14 万法军于 1940 年 5 月在敦刻尔克(Dunkirk)幸运地向英国渡海撤退,使敦刻尔克名声大噪。站在当年的灯塔或锚环上,人们仿佛看到昔日惊心动魄的场面。

无论交战双方胜败与否,皆使佛兰德(Flanders)及皮卡迪(Picardy)平原、阿登(Ardennes)高原、索姆河(Somme)及马恩河(Marne)沿岸浸透了双方将士的鲜血。第一次世界大战英军阵亡官兵的墓地大多建在比利时的伊普雷(Ypres)和帕森德尔(Passchendaele)附近;在维米(Vimy,位于阿拉斯/Arras 北部)有许多加拿大阵亡将士纪念碑;在科尔别(Corbie,位于今亚眠市/Amiens 东部)有澳大利亚阵亡将士纪念碑,而在贝利库尔(Bellicourt,位于勒格斯诺伊/Le Quesnoy 西南方)则有美军阵亡将士纪念碑。

来到诺曼底的游客还能感受到为了重建这些被战火摧毁的城镇所花费的巨大努力。这些城镇是卡昂、鲁昂、布洛涅等。

地图 84 ~85 页

布列塔尼

16 世纪，雅克·卡蒂埃从古老的**圣马洛港 (St Malo) ❼**出发开始了发现加拿大的航海旅程。这座小镇在第二次世界大战中几乎完全被毁坏。布列塔尼 (Brittany) 拥有一些风景秀丽的海滨胜地，最著名的沙滩处于英吉利海峡边的**迪纳尔 (Dinard)** 和大西洋沿岸的拉波尔 (La Baule)，不过其蜿蜒崎岖的岩石海岸线最引人入胜。布列塔尼的粉红色花岗岩壁，从**普卢马讷克**(Ploumanach)起，途经**特雷加斯泰勒**(Tregastel)优美的游泳海滩，一直延伸到**特雷伯当**(Trebeurden)。

布列塔尼人仍然保留了凯尔特语言和他们的传统风俗习惯，其中最重要的就是"赦免游行"，当地人身着五颜六色的传统服装进行盛大的宗教游行。从那些巨大的石头上可以看出凯尔特人的起源，其中最典型的是**卡尔纳克(Carnac)❽**。卡尔纳克有 3000 块巨大的石头，它们组成巨大的岩石圈和石阵，依靠新石器时代和早期青铜器时代人力建起的坚固永恒的竖石纪念碑，标志出死亡和再生的神圣地方。

卢瓦尔河谷之旅

南特 (Nantes) 是布列塔尼最大的城市，卢瓦尔河经过这里的三角洲汇入大西洋。卢瓦尔河谷一直被誉为法兰西的花园，并被描述为凯尔特文明、罗马文明及北欧日尔曼文明的大熔炉。最突出的是卢瓦尔流域是历代法国国王的发祥地，他们为后人留下了众多堪称世界第一的城堡，它们是美妙绝伦的艺术与宏伟壮丽的建筑的完美结合。

70 米高的挂毯作品《Bayeux》实际上不是挂毯，它是做工精美的英国中世纪绣品，可能产自英国南部的 Canterbury 镇。

下图 耸立在圣米歇尔山之巅的修道院气势雄伟壮观

卡尔纳克的巨型竖石比金字塔的历史还要早 1000 年,但它的定位更加准确。

巴黎 - 卢瓦尔谷地之旅通常起自巴黎南部的**日安**(Gien)或偏西南的**奥尔良**(Orléan)**Ⓐ**,从巴黎驱车至此仅一个小时。卢瓦尔河发源于中央山脉(Massif Central)的哲比也赫德琼山(Mont Gerbier de Joncs),全长 1015 公里,是法国最长的河流。最后由昂热(Angers)注入大西洋。

奥尔良位于卢瓦尔河由北向东南流去的转折处。第二次世界大战期间,这座现代化城市的中心曾被夷为平地。圣女贞德的传奇是这个城市的灵魂。在这里,她成功地抵抗了英国部队,后来被烧死在鲁昂的火刑柱上。她 1429 年居住过的地方现在成为了**圣女贞德馆**(Maison Jeanne d'Arc)(周二~周日开放,收费),利用视听技术再现了她生活的场景。每年的 5 月 7 日和 8 日,奥尔良都举行庆祝圣女贞德从英军手中解放奥尔良的盛大游行,**大教堂**中也举行宗教纪念活动。

卢瓦尔地区的城堡

博让西(Beaugency)**Ⓑ**距奥尔良 12 公里,这儿有 11 世纪的地牢,12 世纪的修道院,文艺复兴时期的市政大厅和美丽的桥梁,从这里人们可进入皇室城堡的核心。卢瓦尔地区总共有 3000 多座不同时代的城堡,一个人大概得耗费一生的时间才能游遍那些刻满岁月痕迹的建筑。其中最悠久的**洛奇**(Loches)古堡,最早被用作要塞,尔后在腥风血雨的中世纪又作为避难所使用;而近代的城堡如富丽堂皇的**雪佛尼宫**(Cheverny)等,则是专制政体时期贵族娱乐休闲的场所。在 15 世纪与 16 世纪中叶建成的城堡达到了文艺复兴时期建筑艺术的顶峰。

下图 打百中滚球
右图 布列塔尼的弗雷埃勒海湾

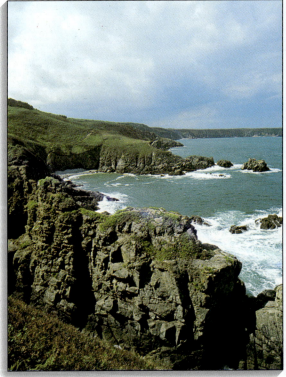

当时法国王权完全掌握在瓦卢瓦 (Volois) 家族手中, 故卢瓦尔河谷地又称瓦卢瓦王国。瓦卢瓦家族中第一个于 1418 年来此避难的是查理七世, 其次是法国王室后裔多芬 (Dauphin)。在英法百年战争时期支持英王亨利四世继承法兰西王位的勃艮第公爵将多芬这位皇太子逐出巴黎。1429 年, 那场战争出现转机, 一名来自洛林地区的 18 岁乡村少女由 6 名武装士兵陪伴, 出现在图尔 (Tour) 以西当时的皇宫所在地希农城堡(Castle of Chinon)。她向多芬透露, 神的声音指示她来帮助皇太子夺回他的合法王位。少女贞德成为法国的民族女英雄, 史称"圣女贞德"。晋见皇太子 3 个月后, 贞德以一次惊人的军事胜利证明了她的确肩负着神圣的使命, 成功地解救了法国。她率领一支仅数百士兵的皇家军队大胜英军, 突破了英军对奥尔良的重重包围。

从奥尔良进入卢瓦尔谷地后映入人们眼帘的第一个城堡是**尚博尔** (Chambord) C (每日开放, 收费; 电话: 01 – 54504000), 宫殿的奇特魅力, 甚至令对艺术见多识广的驻法威尼斯大使们为之销魂。尚博尔由一条巨大的楼梯通道与其两侧的厢房相连, 蜿蜒曲折的楼梯通向主建筑中央大厅的屋顶。这儿是整幢建筑物的枢纽, 也是法王权势的象征。

布卢瓦 (Blois) D 城堡是进入谷地后的第二座城堡, 也是法国境内仅次于凡尔赛宫之后最吸引人们前去观光的宫殿式建筑。这儿没有防御工事, 敞开路易十三皇宫的侧门, 一眼望去就像上流社会的住宅, 一派平和、繁荣与荣光之感。

肖蒙 (Chaumont) E 位于卢瓦尔河左岸, 由布罗伊王子 (Prince de Broglie) 模仿

地图
84 页、
106 页

奥尔良的女仆,
圣女贞德 (Jeanne d'
Arc)。

下图　唐莱的城堡

中世纪的水手
运送装盐的货船沿
河而下。

天方夜谭的宫殿修建。再往西行,河的彼岸便是**昂布瓦斯**(Amboise)🄵,路易十一世、查理八世、路易十三世、弗朗索瓦一世以及哈布斯堡皇帝查理五世诸王均在此住过。如今皇宫已崩塌殆尽,现存的只有查理八世改建意大利式建筑,与中世纪的古老要塞形成强烈的对比。达·芬奇就葬在这里的圣·胡伯特教堂(St. Hubert's Chapel)内。

文艺复兴的瑰宝

榭龙舍(Chenonceaux)🄶(每日开放,收费;电话:02 – 47239097)的建筑风格也无可挑剔,这座文艺复兴时期的古堡达到了完美和谐的境界。榭龙舍古堡宛若一艘停泊在谢尔河(River Cher)中央的巨船,在昂布瓦斯(Amboise)正南面,四周是广袤的原野,洋溢着女性的柔美,仿佛是一颗镶嵌在翠绿色首饰盒上的精美宝石,魅力四射。

既是"永恒美人"黛安娜·德普瓦捷(Diana de Poitiers),也是冷酷皇后玛丽·德·麦迪茜(Marie de Medici)特别喜欢居住的地方。德普瓦捷是令亨利二世销魂的情人,而麦迪茜不仅是其丈夫亨利四世也是其太子路易十三的死对头。

榭龙舍以其盛大庆典而闻名。最隆重的一次是1560年3月1日为迎接弗朗索瓦二世及其年轻的妻子玛丽·斯都厄特凯旋而举行的活动。往昔的盛事如今都被遗忘,然而坐落在桥上有着五道拱门的古典大厅,却魅力不减当年,水中倒影美丽无比。

阿杰勒瑞德(Azay le Rideau)是**图尔**(Tours)🄷地区的首府,位于图尔市西南48公里处。**阿杰勒瑞德古堡**(Azay-le-Rideau)🄸(每日开放,收费;电话:02 –

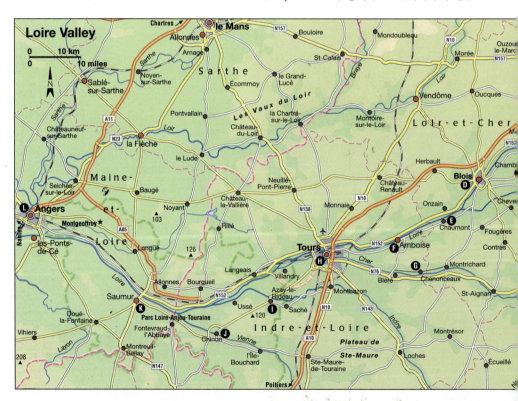

地图106
~107页

47454204)一部分横跨安德尔(Indre)河而建。巴尔扎克曾将它赞美为"安德尔河中一颗多面钻石，镶嵌在柱石上，隐身于花丛中。"不远处即是**维朗德里城堡**(Villandry)和它那著名的16世纪花园(每日开放，收费)。

城堡废墟

希农宫(Chinon)🄹在阿杰勒瑞德古堡西南20公里处，它由三个不同风格的城堡组成，最坚固的防御工事和护城河仍保留至今。城堡中的"豪宅"仅残留一道秃垣及一座哥特式壁炉台。"豪宅"即当年希农宫的大殿，当时宫廷上下在此目睹了圣女贞德辨认出皇太子多芬的情形，并使太子相信她就是神的使者。

希农城堡中有一座以查理七世的情妇阿涅斯(Agnes Sorel)命名的尖塔，与在1920年被正式封为"圣女"的贞德相比，阿涅斯毫无资格被奉为"圣女"。据说阿涅斯罪孽深重，神父将她的告罪录埋入地下后居然冒出了一棵可怕的怪树。

17世纪时希农因为法国首相、红衣大主教里奇留(Richelieu)接管希农城堡而一度成为法国的政治中心。随后里奇留一家将其遗弃，希农宫遂逐渐变成一座巨大的建筑废墟。

过了希农宫便是**索米尔**(Saumur)🄺城堡，四周的森林中盛产香菇，这个醇酒之乡的主要产品是白葡萄酒，而红色香槟酒和富含泡沫的索米尔酒则是当地人为之骄傲的特产。索米尔城中的中世纪宫殿设有**马匹博物馆**(Musée du Cheval)(4月~9月每日开放，10月~3月周三~周一开放，收费)，记录了法国马的悠久历史。在法国的

下图 维朗德里城堡及其修饰精美的花园

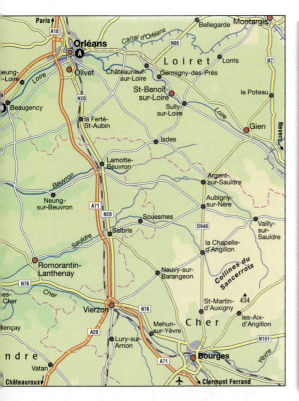

罗马神话中,马不仅是上帝的伙伴,而且还被视为上帝的化身。从索米尔到昂热沿着河堤行进,一路上经过密集的白色村庄,可不时停下来品尝当地的美味佳肴。

由瑟桥(Ponts-de-Cé)向北直通**昂热**(Angers)**L**。仁慈国王雷涅(Good King René)、安如公爵以及普路旺斯公爵皆曾在昂热城住过。在昂热旧城区至今仍保存着很多文艺复兴时期修建的豪华宅院,最负盛名者是"**巴霍尔特豪宅**(Logis Barrault)",如今它是一座博物馆,收藏有华托(Watteau)、夏尔丹(Chardin)以及布歇(Boucher)等法国画家创作的众多绘画作品。

大西洋沿岸

从昂热向南来自大西洋沿岸城市**拉罗谢尔**(La Rochelle)**9**,这里有一个国家公园,其中有让人感到神秘的沼泽地和森林。拉罗谢尔是法国最可爱的港口之一,现在是一个繁忙的游艇中心。

圣民古拉塔(Tour st Nicolas)和**拉山塔**(Tour de la Chaine)在这个13世纪的避风港两侧遥相呼应,到了晚上,一根大铁链将两端连起来以免船只漂走。

这一地区的首府**普瓦提尔**(Poitiers)**10**是法国最古老的城市之一。**拉格朗圣母院**(Notre-Dame-La-Grande)宏伟的普瓦图风格门面雕刻精美,唱诗班的拱顶用12世纪壁画来装饰,不可不看。但是更重要的是圣希莱教堂,最初的木顶建筑毁于11世纪的一场大火,后来用石头重建的教堂有7个中殿,在法国绝无仅有。

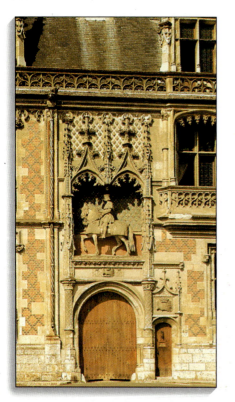

下图 位于布卢瓦的路易十二厢门的入口

著名的酒乡

波尔多(Bordeaux)**11**是法国第五大城市和第六大港口。它的主要街道是图尔尼巷大街,街道的一头是**大剧院**(Grand Théâtre),它是法国最奢华漂亮的剧院之一。靠河的这边是碎石铺地的梅花广场这个名字指的是树木的排列方式。**葡萄酒之家**(Maison du Vin)位于二者中间,若要研究各种不同的波尔多葡萄园,特别是那些对外开放的地方,这里是不可遗漏的一站。可以在这里的酒窖里品味梅多克(Médocs)、马果(Margaux)及波依拉克等品牌的红葡萄酒。距城不远的是风景迷人的**圣爱美利翁村**(Saint-Emilion),在那儿可走近葡萄园以饱览其景。

比亚里茨(Biarritz)**12**是拿破仑三世及其妻欧仁妮(Eugénie)、普鲁士铁血宰相俾斯麦和在未成为爱德华七世前的威尔士王子等人生前钟爱的度假胜地,富有古典法兰西的壮丽风格。

该镇的中心是**兜风区**,这里陡峭的岩石直插入海水。比亚里茨以它那凶猛的波浪而闻名,欧洲许多重要的冲浪比赛都在这里举行。

比利牛斯山脉法国部分

从大西洋沿岸绵延到地中海之滨,比利牛斯山脉在法国和西班牙之间形成天然疆界。沿着著名的 **GR10 号**小路徒步穿行，可以走出它的整个长度(大约需要 2 个月时间)，在这条路上还可以体验一些攀登到最高峰的活动。

在比利牛斯山脉的最高山峰脚下的是风景如画的**卢尔德**(Lourdes)⓭，它有世界上最重要的哥特式长方形教堂。

地图 **84页、 106页**

法国西南部

西南部的游览胜地包括**奥弗涅**(Anvergne) 的丘陵乡间，绵延起伏的**多尔多涅**(Dordogne)山谷和以烹调美味佳肴闻名的**佩里戈尔**(Périgord)，而在风景如画的**萨尔拉**(Sarlat)⓮或**卡霍**(Cahors)也能品尝到法国美食。萨尔拉是一座热闹的城镇，可以作为拍摄文艺复兴时期影片的背景城镇。自 1166 年圣阿玛杜尔的尸体从墓穴中被发掘出来，并发现毫无腐烂之后，**罗卡玛杜尔**(Rocamadour) 就成了基督徒向往的圣地。这个朝圣者的天堂的岩壁上像蜂窝一样布满了墓穴、礼拜堂和圣殿。这里残存的建筑，特别是礼拜堂，都是借一面峭壁作为山墙建立起来。沿耶稣受难图而上可达城堡上的高台，这里的空气已有些稀薄。**博物馆**(每日开放，收费)珍藏着一批 12 ~ 14 世纪的宝物，**圣母院小教堂** (每日开放) 祭坛上的黑圣母至今仍是一些朝圣者的目标。

从萨尔拉向北，在蒙蒂民亚克和莱塞济之间的狭长的韦泽尔河谷中有一处令全世界瞩目的史前艺术遗址，**拉斯科岩洞**(Grotte de Lascaux)。其中的绘画和

1627 年，红衣主教舍利厄围困了由拉罗谢尔死守的胡格诺。15 个月之后围困结束时，原来城中的 2.8 万居民只剩下 5000。

下图 尚博尔文艺复兴时期的皇宫

石刻撼人心魄。1.3万～3万年前的三色浮雕(红、黄、黑)象征着各种动物，可能与神秘仪式有关，为了追求有透视效果的质感和动感而运用了广泛的技巧。

继续向南，来到朗格多克(Languedoc)省的首府**图卢兹**(Toulouse)⓯。这个城市是法国发展最快的城市，拥有令其自豪的高科技园区。它有一座红砖教堂——**St-Sernin教堂**，如今成为了图卢兹的标志。这座教堂建于16～17世纪，位于老城区，是采用本地产的红砖建成的。它的博物馆中收藏有丰富的古罗马时期的艺术品。

通往地中海之路

卡尔卡松(Carcassonne)⓰位于图卢兹与地中海的中心点，过去与西班牙交界的地方，它无疑是欧洲此类中世纪城镇中唯一保存下来的一个。最初的防御土墙建于公元3～4世纪，是罗马人修建的，到13世纪，因恐惧西班牙人的入侵，圣路易在原有基础上又加以改进。附近的**卡斯泰尔诺达里**(Castelnaudary)是法国著名的美食之乡。向北50公里的塔恩河(Tarn)河畔的**阿尔比**(Albi)是图卢兹著名画家路特雷克1864年出生的地方。当时的老房子现在已被改建为**亨利·图卢兹·路特雷克博物馆**(Musée Henri de Toulouse Lautrec)(4月～9月每日开放，10月～3月周三～周一开放，收费)，是收藏这位画家作品最为完整的博物馆。

塔恩河在阿尔比蜿蜒西去，宽阔而壮观，从阿尔比向东100公里是宏伟的**塔恩峡谷**(Gorges du Tarn)⓱的起点。狭窄水道始于勒罗尔镇，是峡谷最令人叹为观止的一段。这里的河面仅有几米宽，而两岸峭壁则高达300多米。从莱维尼

波尔多地区的葡萄酒产地面积达到13.5万公顷。红葡萄酒产自梅多克和波梅尔多地区；白葡萄酒有 Graves 和 Sautenes 等品牌，产自波尔多南部地区。

下图　比亚里茨的海滩

右图　St Emilion 酒吧

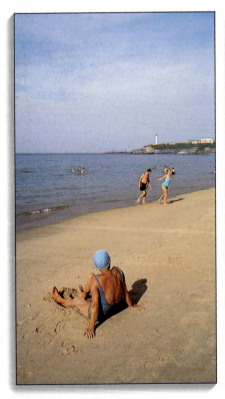

镇向上几公里,河面变得宽阔,那就是宏伟之处。

古罗马遗迹

穿过这片地区后就来到了**普罗旺斯**(Provence),在**尼姆**(Nîmes) **⑱**、**奥朗日**(Orange)和**阿尔勒**(Arles)有着2000年历史的古罗马竞技场上,每个夏天都会举行吸引成千上万人们观看的斗牛比赛,每当这时,古罗马竞技场上又会回荡起雷鸣般的欢呼和叫喊。宏伟的**加尔高架渠**(Pont du Gard)(每天开放,收费)位于尼姆以北20公里处,它是世界上保存下来的古罗马引水渠中最好的一座。引水渠高架在加登河上方长达半英里,经过2000多年的风吹雨打,那些巨石仍然坚实如故。它每天向城镇输送2万立方米的水,顶上的景致非常壮观。

阿维尼翁(Avignon)**⑲**是一座生动的历史文化名城,由**城墙**(每日开放,收费)围绕。每逢夏季,在该城教皇宫内及其附近举行一次盛大的戏剧节活动。14世纪时期,当时的教皇认为罗马太危险不宜长住,所以就在此建造了这幢雄伟的建筑。那座著名的被称为"只要我在上面跳舞,你就会旋转"桥梁现在仅跨越罗讷河的一半(事实上并非如法文歌曲所说那样人们在桥面上跳舞,而应该是舞于桥下)。

在阿维尼翁以北,位于普罗旺斯北部顶端的奥朗日也曾经是一个繁荣的罗马人定居地,拥有一座宏伟竞技场;当时的人口是今天2.5万的4倍。奥朗日周围的**沃克吕兹地区**(Vaucluse)土地非常肥沃。在**韦松拉罗迈讷**(Vaison-La-Romaine)有保存完好的2000多年前的房屋,从中可以看到古罗马私

地图84
~85页

下图 多尔多涅河畔的城堡

拉斯科岩洞的史前艺术

拉斯科岩洞自史前时代遭封闭后,直到1940年9月12日才被重新发现。由于正值第二次世界大战及随后的艰苦岁月里,几年以后人们才开始注意到这个地方。1963年,在得知洞中绘画已经开始生产菌类时,一个精明的官员趁还有修复的可能,立即将岩洞封闭。为了弥补这一缺憾,人们在附近的矿洞中精心复制了大部分作品,被称为拉斯科第二(Lascaux Ⅱ),并已对外开放(需要提前联系购票;2月~6月及9月~12月周二~周日开放,7月~8月每日开放;收费)。

拉斯科岩洞是多尔多涅河上200处史前遗址中的一处。人们认为它里面的大多数三色浮雕(红、黄、黑)和绘画都是2万~3万年前的,象征着公牛、母牛、鹿和马等动物。拉斯科第二的复制品中包括一幅因位于一口井中而难以让人们看清的稀有的人物画像。

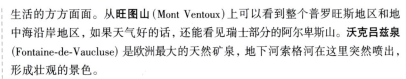

生活的方方面面。从**旺图山**(Mont Ventoux)上可以看到整个普罗旺斯地区和地中海沿岸地区，如果天气好的话，还能看见瑞士部分的阿尔卑斯山。**沃克吕兹泉**(Fontaine-de-Vaucluse)是欧洲最大的天然矿泉，地下河索格河在这里突然喷出，形成壮观的景色。

阿尔勒是这个地区古罗马风情最为浓郁的城市。在这儿除了有一流的环形剧场及竞技场外，在一处可爱的大花园里还有一座阿利斯坎姆(Les Alyscamps)古代大坟场。勒利斯(Les Lices)的步行街道掩映于树木之间，路边有许多露天酒吧，营造出一派轻松优雅的情调，人们想不通荷兰画家梵·高为何在此曾悲伤不已。

卡尔卡松的中世纪要塞，控制着周围的广阔平原。

典型的普罗旺斯生活方式

再往东行，**普罗旺斯的圣雷米**(St-Rémy-de-Provence)是一个四周被葡萄园、橄榄林及杏树环绕的活跃集镇。旅游到宁静的大学城**埃克斯昂普罗旺斯**(Aix-en-Provence)**Ⓐ**方告结束，此地的米哈博大道(Cours Mirabeau)是一条奇异的拱廊，由大道两旁的树枝悬搭而成，越过此地即到达蔚蓝海岸。左拉和他的画家朋友塞尚一起在这个城市中长大。城中**保罗·塞尚艺术馆**（每日开放，收费）中收藏了这位艺术家保存完好的作品，在他以前住过的房子里，他的帽子和披肩还挂在那里，保持着他离开时的模样。

从埃克斯往南，是法国第二大也是最古老的城市**马赛**(Marseille)**Ⓑ**。自从公元前600年希腊商人建起了这座地中海的门户之城，几个世纪以来，奥里恩及其以外地区就是一个繁忙的港口。今天，**旧港**(Vieux Port)有一个五彩缤纷的鱼市和许多海鲜餐馆。从港口向前是**康尼比埃尔**(La Canebiere)，意思是罐装啤酒，因19世纪时英国水手提供啤酒而得名。这条马赛最著名的大街上，白天来自世界各地的游客熙熙攘攘，到了晚上更是热闹。

从马赛到土伦这一段是人类开发或破坏程度最少的海岸线，以莱卡兰科最为著名，垂直的小海湾从峭壁中伸出。在**卡西斯**(Cassis)**Ⓒ**的船上有欣赏这片风景的最佳视野。这里有一个重修过的村居和一片受人喜爱的金色沙滩组成的时髦度假区。这里最有名的是一种白葡萄酒，酒中弥漫着周围山中的迷迭香、金雀花、桃金娘的芬芳，叫人一闻就垂涎欲滴。

蓝色海岸

充满阳光的蓝色海岸从**土伦**(Toulon)**Ⓓ**向下。土伦自皇家海军建立以来，就是法国最重要的海军基地。四周有石灰石小山围绕的平地上长满了松树，如天然屏障般遮挡着地中海最迷人的深水天然深港。它是地中海地区最引人入胜的景点。

沿海岸线在土伦的东北方向有一座现代城市**耶尔**(Hyeres)**Ⓔ**，它是由旧城区和有着现代别墅以及海枣树街

下图 秋天的普罗旺斯

道的新区组成。这里曾经是一个古代中世纪港口，但现在离大海已有 4 公里远。耶尔是蓝色海岸第一个"气候性"的度假胜地。成为真心喜爱运动的法国人向往的中心。这里亚热带气候非常适合航海、潜水、冲浪和滑水。

在旧城区，通过一道 13 世纪大门就来到了**马西隆广场**（Place Massillon）。广场上每天都有一个食品集市，那里的阿拉伯和普罗旺斯美食犹为不错。

莫尔东端的**圣特罗佩**（St Tropez）**F** 面向北方的圣特罗佩湾，所以在码头周围的咖啡馆中可以欣赏海湾落日奇美的金色余晖。如今，这个过去的小渔村夏天接待的游客达 1 万人，成为巴黎左岸在地中海的延伸；但所有这些也引发了停车位紧张与物价上涨。

作家科莱特和其他一些巴黎人早在 20 世纪 20 年代就抱怨过圣特罗佩太拥挤了。今天，单是游艇的数量就已经达到几千条。法国画家和作家在 19 世纪就注意到这个问题，并且善意地记录下了他们的发现。这些艺术家的绘画，其中包括一些描绘尚未遭到破坏的村庄的作品，如今都被收藏在由一个 16 世纪礼拜堂改建的**朗诺西阿德博物馆**（Musee de l'Annonciade）（周三～周一开放，收费）中。

弗雷瑞斯（Frejus）**G** 与耶尔一样，是一个海滨城市。它的名字来自于朱利亚斯广场，它是由朱利亚斯·恺撒于公元前 49 年建立的，当时作为一个外高卢的重要贸易中心。这里有许多重要的罗马遗迹，包括一个有 1 万个座位的竞技场。毕加索喜欢在这里看斗牛。

地图
84页、
114页

阿尔勒是通往卡马格的门户，一块充满礁湖、稻田和放牛郎的土地。加尔人骑着白马赶着黑色的牛群从沼泽地中悠然穿过。夏天，成千上万的火烈鸟聚集在礁湖上，把水都染成了粉红色。

左图 普罗旺斯的薰衣草种植园
下图 朗格多克酒吧一角

马赛最受欢迎的餐馆的标志。那里的海鲜食品是最好的。

重寻高山

如果你欲寻找乡村地区，少些拥挤，可以去到稍向北一些的**韦尔东峡谷**(Gorges du Verdon) Ⓗ 地区，这里号称是法国的大峡谷。急流把石灰岩峭壁向下切割直达 600 米的高度。从这里开始，就是上普罗旺斯阿尔卑斯省 (Alpes de Haute Provence)，一处通向法国阿尔卑斯山的荒瘠土地。在返回海岸的途中，可以在**格拉斯**(Grasse) Ⓘ 停留，从 16 世纪起格拉斯就有香水蒸馏厂。在位于一座典雅的 18 世纪官邸中的**国际香水博物馆** (Musee Internationale de la Parfumerie) 中，游客可以了解香水制造的全部历史，欣赏别具一格的香水瓶收藏，最难得的是，还可以到有屋顶的温室中亲自嗅一嗅喷洒过香水的植物 (6 月 ~9 月，每日开放；10 月 ~5 月周三 ~ 周日开放，收费)。

每年 5 月在**戛纳** (Cannes) Ⓙ 举办的国际电影节，是一系列年度活动的高潮之一，出席电影节的名流嘉宾之多，场面之盛大是世界上其他城市望尘莫及的。1834 年，英国大法官布鲁汉姆勋爵 (Lord Brougham) 率众人前往尼斯度假避寒，因爆发霍乱被困在戛纳。从此不同族裔、不同宗教信仰的国王与皇后、酋长、电影明星、皇室与富豪等，宛若磨坊中的谷物一般，成为戛纳滚滚而来的财源。戛纳深受布鲁汉姆勋爵的喜爱，他在**雪佛莱山** (Mont Chevalier) 侧冀盖了一栋房子，并鼓励其他英国贵族和富豪效法。雪佛莱山附近有一古老城区，当地人称为**苏奎特** (Suquet)，沿一条陡峭的岩石斜坡直通建于 17 世纪的"好望圣母院"，该教堂的钟楼是苏奎特城的主要标识。旅游旺季的晚餐时分，身着巴黎式晚礼服、珠光宝气的高雅淑女及穿

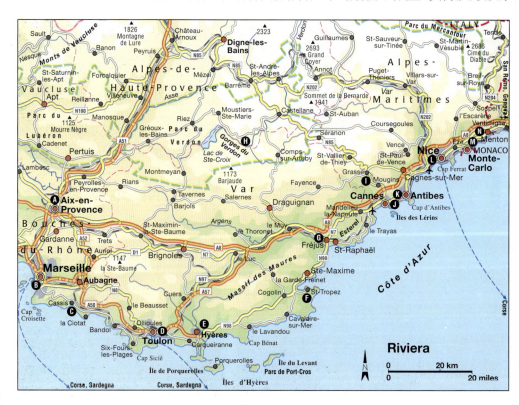

Riviera

着燕尾服的绅士们纷纷涌上街头，也许他们刚将其游艇停泊在旧港区内，沿着**圣安东尼路**(Rue St-Antoine)拾级而上，赶往苏奎特城内有名的餐馆进餐。

晚餐后人们大都会沿着华丽的**克若瓦塞特大道**(Boulevard de la Croisette)散步，欣赏映入**纳普勒海湾**(La Napoule Bay)中的苏奎特的剪影，以及衬作背景的依斯特(Esterel)低矮的红土山丘。入夜的克若瓦塞特大道与繁星的光辉交相辉映，魅力十足。

昂蒂布(Antibes)**ⓚ**与**昂蒂布角**(Cap d'Antibes)隔着天使湾，与尼斯和圣让费拉角遥遥相望。从这里开始，法国的沙地海滩变成了意大利鹅卵石海滩。被希腊人称为"安蒂奥波利斯"的昂蒂布曾经是罗马人的一座军火库。在 1860 年前，这里一直是法国瓦尔西部的第一个港口。今天，沃邦港(Port-Vauban)是地中海的游艇中心，庇护着一些世界上最昂贵的游艇。沃邦建造的城墙遗迹变成了防波堤，向北仍可看到壮丽的卡雷要塞。格里马尔迪城堡建在一个可以眺望大海的台地上，这座 12 世纪的建筑在 16 世纪时经过重建，现在是华丽的**毕加索博物馆**(周二～周日开放，收费)所在地。1946 年，这座城堡曾供毕加索当作工作室使用。城堡中收藏了毕加索在此创作的超过五十幅的作品。南方的光线和分明的色彩，还有地中海的古代遗迹给了他许多灵感，创作出诸如《生活的快乐》、"Antipolis Suite"等作品。

艺术家的领地

马蒂斯的**罗萨莉小教堂**(Chapelle du Rosaire)(周二、周四、周六、周日开放，收费)位于**万斯**(Vence)，格拉斯东北，经 D2210 公路。人们认为马蒂斯是 20 世

国际香水博物馆中的 Hermès 牌香水品牌。

下图　**昂蒂布角的棕榈海滩**

在 Fondation Maeght
中展出的现代雕塑
像。

纪最伟大的艺术家,他 1948～1951 年间的大部分时间是在这里度过的。马蒂斯的小教堂把各个建筑元素精心调谐在一起,其中最重要的是彩色玻璃和投射彩色光线的白墙。

万斯正南方的**圣保罗德凡斯**(St Paul-de-Vence)是于 20 世纪 20 年代被一些艺术家发现的。

金鸽饭店(La Colombe d'Or)位于村庄的入口处,是一座著名艺人经常光顾的高级酒店和餐厅。它的前身是一个咖啡馆,战前有许多画家曾在这里聚会,欣赏地中海和层峦叠嶂的阿尔卑斯山美景,享受宜人的温暖和新鲜的空气。今天,这座酒店拥有一些无价的收藏,最初都是由那些入住这座酒店的艺术家们赠送的;花园中有莱热马赛克,一辆科尔德汽车和一只精致的巴洛克式鸽子(这里的餐厅虽然昂贵,但是会给人留下深刻印象)。

The Fondation Maeght 就在村外,它占据了一座由西班牙建筑师 J. L. 塞尔特设计的白色混凝土和红砖结构的建筑(每日开放,收费)。除了建筑上面的 20 世纪绘画和给临时性展览留出的空地外,室外的松林里还有一些雕塑区,展示着阿尔贝托·吉亚科梅蒂和其他人的作品。室内则可以欣赏到布拉克、博纳尔和夏加尔等人的作品。

下图 **Cagnes 博物
馆中勒努瓦所作的
维纳斯塑像**

英国人的避寒天堂

一位观察家考查了初露头角的盎格鲁撒克逊人 1775 年在**尼斯**(nice) Ⓛ活

阳光激发灵感

蔚蓝海岸独树一帜的阳光令画家神魂颠倒。此地独特的阳光系密斯特拉(Mistral)西北风使然。这种风寒冷、干燥、凛冽,常从罗纳河谷(Rhône Valley)一带吹入,将天空扫荡得一片碧蓝。马蒂斯(Matisse)、毕加索、杜飞(Dufy)及夏加尔(Chagall)等都曾到此作画,他们传神的作品如今在博物馆展示,或成为里维埃拉地区私人收藏家的珍藏品。

毕加索在蔚蓝海岸度过了 27 年的创作生涯,其中大部分时间待在位于戛纳后面的**瓦罗瑞**(Vallauris),他在那儿设立了一个陶艺品创作室。现在那里仍然在出售那时陶艺品的复制件。在尼斯和戛纳之间的**比尔特**(Biot)镇建有**莱杰博物馆**(周三～周一开放,收费)掩映在一片柏树和橄榄树之中。馆中藏有这位艺术家的上百幅作品,记录着他对开创立体画派风格功不可没的贡献。

勒努瓦在 Cagnes-Sur-Mer 度过了他人生的最后 12 年,他当时的住所已被建成一座博物馆(周三～周一开放,收费),真实地保留着他去世时的模样。

动的社会情景后写道："那些英国人来此越冬治病，长期忧郁的心绪得以舒散，同时想像力无限焕发。"从此，英国人来此越冬疗养的人数与日俱增，并且顺理成章地将尼斯建设成为里维埃拉地区的旅游中心。过去，从伦敦到尼斯要搭火车、乘渡船，行程 1300 公里，历时 15 天，火车的颠簸以及渡船在大海波涛间起伏摇晃，是何等的危险！到 1787 年底，至少有 115 个殷实的英国家庭已在尼斯建立了自家的避暑地，为英国人与"他们的"尼斯之间永恒的恋曲奏响了第一个音符。

英格兰漫步大道令人赞叹不已，它临海而建，两车道的公路两旁是错落有致的花坛和棕榈树。1882 年英国人出资修筑此路，旨在更便捷地到达海边。

20 世纪初，维多利亚女王很喜欢在清晨沿着海滨大道健身散步，然后乘上她那辆红黑相间的著名马车，悠然离去。

今天，海滨漫步大道环绕地中海多卵石的沿岸地带，豪华饭店、高楼大厦及露天咖啡店鳞次栉比。距此咫尺之遥的**旧城**区内有一条曲折狭窄的巷道，游客在这儿可以感觉到当地人喜欢一种普罗旺斯地区特有的风味。

沙勒雅大道（Cours Saleya）花市周围那些简易而传统的鱼汤专营餐厅正逐年减少。布雷得鱼汤即当地传统菜马赛海鲜汤的变种，如今仍在供应。当地人还会制作一种不太精致的蛋黄酱，配上大蒜和橄榄油，称作艾俄利（aioli）。按照传统，每逢周五，当地人的食谱中总有一道配上艾俄利的腌制鳕鱼。

旧城北面有一座**夏加尔博物馆**(Musée Chagall)（周三～周一开放，收费），其中收藏了许多这位艺术家的作品和他的青铜器收藏品。这个博物馆的大小专门为适合夏加尔的 17 幅不朽的风景画而确定，博物馆内还有三面彩绘玻璃窗，上面是夏加尔画的《创世纪》，画幅高 6 米，画中人物是坐在喷火战车中的以色列先知以利亚。

在**西密耶**（Cimiez）地区，一座可容纳 4000 观众的圆形剧场和三个公共浴室的遗址已被人们发现，其年代可追溯至罗马人占领时期。西密耶是尼斯的一个遗址，位于市中心东北 1.6 公里处。此处经过考古挖掘出的宝物，存放在附近一栋 17 世纪的别墅内。在这座建筑中还有一个**马蒂斯博物馆**（Musée Matisse）（周三～周一开放，收费），收藏了马蒂斯大量的油画、素描、雕刻和陶器。

赌徒的天堂

赌城**蒙特卡罗**（Monte Carlo）是摩纳哥王国人青睐的时髦胜地，对所有游客也极具吸引力。对游客开放的**卡西诺**（Casino）大赌场闻名天下，各大赌厅装潢得华丽非凡。卡西诺位于**罗依旅馆**(Loews Hotel)附近，旅馆依照拉斯维加斯豪华赌厅修建。一试赌运的游客似乎更中意于罗依旅馆轻松悠闲的气氛；而摩纳哥的交际花，则喜欢在"美好时代"建造的卡西诺大赌场以及修剪整齐的花园与露天大阳台之间穿梭，施展她们迷人的魅力。

Fondation Maeght 已成为展示现代艺术的神殿。

下图　尼斯沙勒雅大道的鲜花市场

摩纳哥海洋博物
馆的宣传画。

卡西诺大赌场的西冀建于 1878 年,时间最久远,其设计规划与巴黎歌剧院的设计出自同一建筑师之手。中央部分里有一栋精致的洛可可式**蒙特卡罗歌剧院**(Monte Carlo),有 529 个座位,瓦格纳(Wagner)创作的歌剧 Tristan and Isolde 就在此用法语首演。

每年 7 月和 8 月,蒙地卡罗国家管弦乐团在摩纳哥王子兰尼埃(Rainier)精致小巧的皇宫中定期演出。这座钝锯齿状的皇宫是一座半摩尔式半意大利式风格的建筑,建于文艺复兴时期,它坐落于 61 米高、突出海岸线近 800 米的悬崖之上。游客在此可参观国宾套房、皇室殿房及荣誉法庭,它们实际上是一座完整的湿壁画连拱艺术柱廊。

名声在外的地方

再往前走,迷人的**摩纳哥**(Monaco)就在眼前,这是一个呈粉红色、橘色及黄色色调的古老市区。各种色彩的建筑物簇拥着一座新罗马式教堂,15 世纪尼斯学院(Nice School)最负盛名的艺术家路易·布雷(Louis Brea)的画作为这座教堂增色不少。而在附近的**海洋博物馆**(Musée Oceanographique)(每日开放,收费)中有一个管理得最善的欧洲一流水族馆;还有几个热带植物园,园内的仙人掌千姿百态,种类繁多;岩洞中层层叠叠的钟乳石和石笋,每年吸引了上百万游客,不过欲饱览洞中奇观者,须攀登高达 588 级的洞中台阶,故须有强健的脚力和体力才行。

下图 从圣马丁花园俯瞰摩纳哥和丰维耶

自早期热那亚人统治摩纳哥起,这个大公国就作为欧洲地图上的一块政治珍品而保留至今。它在法国的保护下生存,然而始终是格里马迪家庭(Grimaldi Family)统治下的一个袖珍君主国;它拥有自己的税制,自己国家的汽车牌照及军人制服。这个微型公国面积不足 1.5 平方公里,人口仅 3 万。如今摩纳哥最宠爱的旅游业就是这个国家最大的"工业"。摩纳哥公国当今的主政者是王子雷尼埃三世(Prince Rainier Ⅲ),当年他娶美国影星格雷斯·凯丽(Grace Kelly)为王后轰动了传媒,如今他的两位千金卡罗琳公主和斯蒂芬妮公主又成了传媒追逐的焦点,所以雷尼埃三世现在多多少少生活在某种阴影之中。他实际上是卡西诺大赌场的总管,从不信口开河,勤奋而努力地维护着摩纳哥的荣耀。

摄影师要想捕捉摩纳哥的全景,必须步行爬上 475 米高处的**拉图尔比**(La Turbie)小镇。镇前方是摩纳哥港,镇里尚保留着部分鲜为人知的古迹**阿尔卑斯胜利纪念碑**(Alpine Trophy)。

公元前 6 世纪,罗马人为纪念最终征服了阿尔卑斯地区的全部将士,在此竖立了一块巨大的石碑,从奥勒利安路(Aurelian Way,自罗马到罗纳河/Rhône 止)老远以外的地方就可以看到这块石碑。尽管石碑没完全修复,但这块高 35 米的多列克式石柱迄今仍昂首屹立,给游人以深刻印象。石柱碑上镌刻着被征服部落的名称,作为献给凯撒·奥古斯都的碑文之补充。

地图
114页

鸟儿的家园

中世纪以及在此之前,**拉图尔比镇**一如雄鹰巢穴般在山巅崭露头角。如今它不过是当地的众多乡镇之一。该镇极难接近,由石头堆砌而成的障碍物和堡垒式的大门使其与外界隔绝,镇民更是避而不与外人往来。然而除了拉图尔比镇之外,其他许多风景如画的社区如埃兹(Eze)、培尔(Peille)、诺克布鲁纳(Roquebrune)及古尔登(Gourdon)则都能接受甚至还欢迎游客的到来。

埃兹,因其临海而最有名气。此地与外界往来的交通便利,从海拔470米的埃兹放眼眺望蔚蓝海岸,辽阔壮丽的大海景观一览无遗。埃兹曾屡受海盗侵犯,并惨遭摩尔人的大屠杀,这段历史可追溯到公元1世纪,当时此地系腓尼基人的一块殖民地,他们为祭祀爱茜斯神(God Isis)而修建了一座神庙,此举令其邻居罗马人诚惶诚恐,于是这些罗马人立刻根据自己的意愿和宗教信仰强行另建了一座神庙取而代之。兴许正是此事激发了尼采(Nietzsche)的想像力,因此他在埃兹写就《查拉图什特拉如是说》(Thus Spake Zarathustra)。今天,人们对埃兹那些14世纪的城堡周围的土堤很感兴趣。

靠近意大利边境,有一个至今仍闪烁着17世纪荣光的城镇**芒通**(Menton),这或许是法国海岸中最温暖的冬季避寒胜地,也具有典型普洛旺斯城镇风光。街道狭窄而曲折,两边建筑物的阳台突兀而出,几乎相接,形成一道道看似岌岌可危的穹拱。

下图 埃兹的热带风情花园

罗讷河谷

85号公路是1815年拿破仑在厄尔巴岛(Elba)上的流亡生活结束后,从法国海岸踏上陆地后的第一个休息处,也就是众所周知的拿破仑之路。这条路的起点是戛纳,穿过格拉斯到达**格勒诺布尔**(Grenoble)⑳。这是法国著名小说《红与黑》的作者司汤达的出生地,是法属阿尔卑斯山地区的一个大城市,也是1968年的冬季奥运会的主办城市。从**贝斯蒂要塞**(Fort de la Bastille)上可以看到这个城市最好的风景,这个要塞于16世纪建造,19世纪时得到加固。

法国第三大城市**里昂**(Lyon)㉑坐落于索恩河(River Sâone)与罗讷河(River Rhône)的交汇处,系法国南方重镇,也是美食家们的必去之处。清晨到达维克多·奥卡涅尔(Victor-Augagneur)码头的露天市场,或是散步到科隆日(Colloges)附近的保尔波屈斯(Pul Bocuse)美食殿,都可以令君大饱口福。里昂是欧洲历史上的丝绸业中心,其发展史已在**丝织品博物馆**(Musée Historiqus des Tissus)(周二~周日开放,收费)全面展

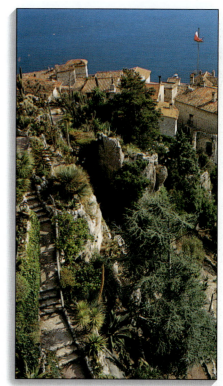

博讷的主官医院。每年 11 月的第三个周日,这里都举办葡萄酒拍卖。

示。新近装修过的**美术博物馆**(Musée des Beaux Arts)(周三~周日开放,收费)在收藏法国及欧洲绘画方面仅次于卢浮宫而位居第二。里昂是第一个拥有股票交易所的欧洲城市,欧洲的第一张支票也是在里昂签发的。

勃艮第的葡萄酒之路

从 18 世纪以来,位于勃艮第中部的**博讷**(Beaune)❷就一直进行着葡萄酒贸易,而**主宫医院**(L'Hôtel-Dieu)(每日开放,收费)内博讷济贫院的拍卖,至今仍是当地葡萄酒日历上的一件大事。在五彩斑斓的屋顶下,主宫医院长长的病房包括了原先的那些病床。在离庭院不远处的走廊上收藏着一批挂毯和艺术品,其中独占鳌头的是罗歇·范·德·威登的画作"最后的审判",其细微部分需放大镜才能看清楚(每日开放,收费)。

第戎(Dijon)❷是勃艮第无可争议的首府,许多古旧的房屋位于热闹的市中心,甚至包括不朽的**公爵宫**(Palais des Ducs)。拱形的过道通往开阔的庭院,那里,宽大整齐的块石铺路,其明朗的色彩与教堂苍白的正面互相呼应。

艺术博物馆(Musée des Beaux Arts)(周三~周一开放,收费)是法国最好的美术馆之一,设置在宫殿最古老的房间里。这里陈列着从 14~18 世纪法国、德国、意大利的雕塑及其他艺术品。这些收藏品的很大一部分是在法国大革命期间从当地贵族家中,或教堂,或修道院中收罗来的。警卫室有该博物馆最著名的墓碑,墓碑是公爵家族 3 位成员的,以雪花石膏和黑色大理石雕就。这里 14 世纪的厨房有 6 个巨大的壁炉,令人不禁对过去宴会的豪华场面浮想联翩。

再往东行 45 公里,**丰特奈修道院**(Abbaye de Fontenay)(每日开放,收费)在 12 世纪宁静的隐居幽地等候你的光临。充满生气的第戎曾经是 14~15 世纪勃艮第数代公爵领地的首邑,那些公爵都长眠于优美华贵的公爵宫内一座座豪华的墓穴之中。

从这里向西,韦兹莱(Vezelay)是勃艮第最宏伟的纪念碑之一。庄严的**圣马德莱娜**(Basilique Ste Madeleine)作为修道院建于 9 世纪。在这长方形的基督教堂中,陈列着玛丽·马德莱娜的所谓遗物,这使得韦兹莱成了朝圣之地。

贝桑松(Beasancon)市位于法国弗朗什 - 孔泰地区(Fran-he-Comté)的侏罗山区,紧靠水流湍急的杜河(River Doubs)湾。在这座依山傍水的城市中有 16 世纪的**格兰维尔宫**(Palais Granville),这是西班牙哈布斯堡国王查理五世的重臣贵族宅邸。

阿尔萨斯—洛林

洛林和阿尔萨斯在历史上一直是法国和德国之间的联结点。第一次世界大战以后,法国曾在此以东

下图勃艮第武若周围农村的繁荣景象

的国境上筑起"马其诺"防线，不幸的是这一令人敬畏的防御工事并未派上用场，因为德军绕过此防线迂回入侵法国。

贝尔福（Belfort）的辉煌来自于 1870 年对普鲁士阻击战的成功。作为这场战斗的纪念石狮由巴托尔迪设计，他也是纽约自由女神像的建造者。

科尔马（Colmar）❷是一个安静的小镇，具有不可抗拒的魅力。它那些 16 世纪的房屋是阿尔萨斯传统精髓的体现，其中最为珍贵的宝藏，当推典藏于**安特林登博物馆**（Musée d'Unterlinden）（每日开放，收费）中德国画家格吕内瓦德的不朽画作《艾萨汉姆祭坛》。

斯特拉斯堡（Strasbourg）❷是阿尔萨斯地区的首府，也是欧洲议会的总部所在地。伊勒河（the River Ille）环绕这座可爱的古老城市，1770 年德国诗人歌德（Goethe）曾在此地度过欢乐的学生时光。雄伟的大教堂一如既往地激励着人心，极富吸引力的教堂尖塔庄严对称，高耸入云，中央门廊及其上方的玫瑰花窗尤其引人注目。

从阿尔萨斯前往洛林的路上，可以在**龙尚**（Ronchamp）停下来去瞻仰一下由勒·柯布西尔设计的杜奥尔圣母院（Notre-Dame-Du-Haut），那是 20 世纪建筑史上的一块里程碑。**孚日**（Vosges）山脊环抱着由森林、果园及葡萄园组成的迷人乡野，其中**瑞克维尔**（Riquewihr）和**凯塞斯堡**（Kaysersberg）两个村庄是不折不扣的中世纪珍宝。

洛林地区首府**南锡**（Nancy）❷因其一座布局和谐美丽的中央广场而无上荣光。这一建于 18 世纪的**斯坦尼斯拉广场**（Place Stanislas）上矗立着宫殿般的亭榭楼台，其侧翼都有宏伟而光彩熠熠的锻铁大门。在老城区，经过改建的房屋从 Grande Rue 路直延伸到克莱夫港口。沿着这条路，可以看到公爵府，在这所朴素的寓所里，设有**洛林历史博物馆**（Musée Historique Lorraine）和**南锡画派博物馆**（Ecole de Nancy）（两座博物馆都是周三～周一开放，分别收费）。

香槟地区

掩映于漫山遍野、清一色的大麦和甜菜之中的**兰斯市**（Reims）❷是王室途经香槟区前往韦尔蒂的必经之地，也是这条**"香槟之路"**（Route du Champagne）的起点。有许多代法国国王曾在该市宏伟的**圣母院大教堂**（Cathédrale Notre-Dame）中加冕。从 13 世纪时的**"玫瑰窗"**（Rose Window）到 20 世纪的廊道窗户，所用的玻璃质量都是上乘的。

这个地区的名字已经成为带汽葡萄酒的代名词，但实际上只有这个地方才能出产真正的香槟。 ❏

地图84~85页

香槟的酿制包括一个特殊的二次发酵过程。由多种葡萄酿成的酒液装瓶后，加入一种甜酒，开始了瓶中的发酵过程。

下图　香槟酒酿造者展示他的产品

比 利 时

尽管比利时是欧洲最小的国家之一，但它的艺术、历史和食物仍然丰富多彩

如果一个驾驶者不耽误时间的话，他能在两小时内穿越比利时(Belgium)。当夜幕降临，柔和的黄色钠汽灯照耀着高速公路时，他可能在工业城市外荒凉而单调的环境中顺着公路不知不觉地开到比利时边境以外，全然不知就在这条公路两边数英里远的地方，坐落着欧洲保存得最完善、美丽如画的中世纪村庄和城镇。

这个面积为 3.05 万平方公里的小国有 100 万人口，还有 350 万只赛鸽。操法语的瓦隆人住在南部，住在北部佛兰芒人，讲的语言最接近荷兰语。尽管瓦隆人和佛兰芒人有着共同的利益，共享这块弹丸领域；但他们并没有像共同信奉的天主教教义所教诲那样和睦相处成为好邻居。

这个国家拥有令游客赏心悦目的一切天时地利条件：美丽海滩、突兀的崇山峻岭、河流湖泊，东部还有一片森林。由于地势相对平坦，骑自行车比较轻松，这种运动不仅是当地人最普遍的一种爱好，也是一项职业。自行车超级巨星、英雄车手埃迪·默克西斯(Eddy Merckx)曾让瓦隆人和佛兰芒人不计前嫌，一致为他喝彩。

比利时也有一些美丽的中世纪城镇，如根特 (Ghent)、布鲁日(Bruges)以及钻石都城安特卫普(Antwerp)。这些城镇的运河和密如蛛网的街道为游客的游访提供了便利的交通。这儿还有许多很好的博物馆，除典藏其他物品外，还收藏了不少伟大的佛兰芒画家的作品。最后(尽管很多人认为这是"最重要的")，比利时的美馔佳肴也令人垂涎三尺。比利时人自认为他们的美食更胜法国大菜一筹。设在布鲁塞尔的欧盟或北约(NATO)官员对比利时美食推崇备至。

虽然比利时有着自己独特的风情，但这个国家却曾被西班牙、奥地利、法国和荷兰统治过。比利时至今仍保留着君主制度，规定由萨克斯 - 科堡(Saxe-Coburg)家族的利奥波德(Leopold)继承王位。当博杜安国王 (King Baudouin) 于 1993 年驾崩时，他的大多数皇亲国戚——欧洲各君主国家的元首及皇室成员们纷纷前来吊丧志哀。比利时人擅长举办庆典欢宴和节庆活动，欧洲一些最多姿多彩的节庆活动便是在比利时举行的。观光客倘若有幸，到此地可看到各种旗帜高高飘扬，那么你就准备参加一次盛大节庆吧! ❏

前数页图　中世纪建成的布鲁日是"佛兰芒人的珍宝"；布鲁塞尔大广场
左图　化装舞会中戴着面具的参加者

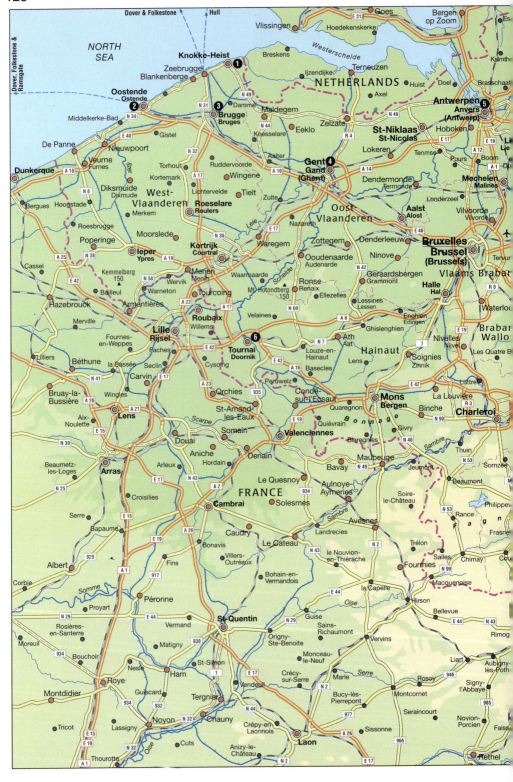

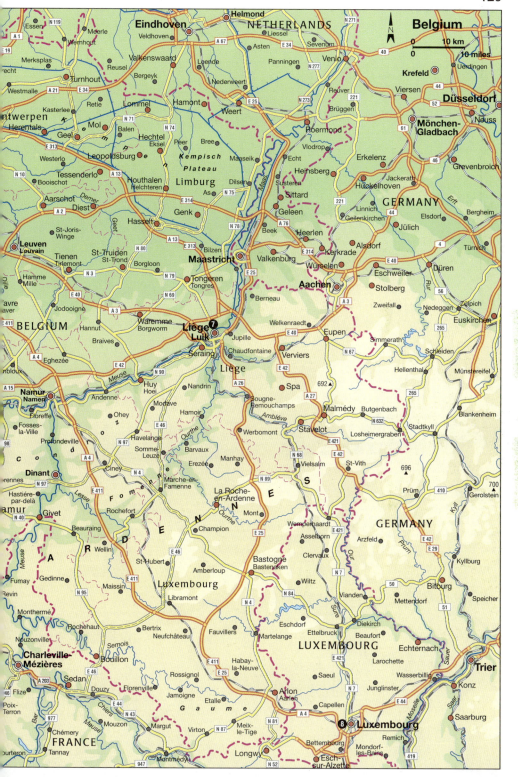

布鲁塞尔

在这个"欧洲首都"中，有色玻璃写字大楼与哥特式尖顶教堂并肩矗立，新艺术风格的建筑物拥塞于住宅之间

地图
132页

布鲁塞尔

这个欧洲城市的北部居住着操荷兰语的佛兰芒人 (Fleming)，南部则是操法语的瓦隆 (Walloon) 人聚居地，南北两地分别代表着拉丁民族和条顿 (Teuton) 民族，他们已经由各种方式融合为布鲁塞尔人，即欧洲第一都市的混血儿。这个双语城市的街道与公共标志同时用法语和佛兰芒语标示。布鲁塞尔的起源可追溯到 6 世纪时建在塞纳河中一个小岛上的城堡，塞纳河是斯凯尔特 (Schelde) 河的一条支流。966 年，这一地区首次被冠以"布鲁欧塞尔 (Bruoscelle，意即"沼泽地上的定居人")的称谓，大约时值奥托一世 (Otto I) 年代。由于此地位于布鲁日至德国科隆 (Cologne) 之间的通商途中，布鲁塞尔作为一个商业中心日渐兴盛，后来勃艮第的菲利浦公爵于 15 世纪在此定都，便有了重要的政治地位。

不久，查理五世又将布鲁塞尔钦定为西班牙首府，继而又受奥地利、法国和荷兰人统辖。1830 年爆发反荷独立运动，最终获得独立与统一。

历史中心

布鲁塞尔的心脏是**大广场**(Grand-place)❶，比利时人夸耀说这是世界上最美的广场，许多观光者也同意此说。除周一外，天天在此举办花市，每年都有一天由花盆鲜花铺满广场。集市热闹非凡，闻名遐迩，货物琳琅满目，一应俱全，既有当地人编织的花边饰带，也有笼中婉转高歌的鸟儿。

有 7 条通道通往大广场和装饰得富丽堂皇的费兰德斯 - 巴罗克式的基尔德大厦群，这一壮观的建筑群建于 1695 ~ 1699 年，正面乍看上去，每一栋建筑如同一模子浇铸而出，实际上却互不相同，组合在一起呈现出一种整体的和谐美。

布鲁塞尔市政厅 (Maison du Roi)❷矗立在大广场边，有一座建于 15 世纪的哥特式尖塔，塔尖直插云霄，酷似清真寺的尖塔。市政厅内，精致的织锦帷幔将墙面装饰得典雅华贵。与市政厅对面是**国王大厦**(Maison du Roi)。名虽如此，比利时国王却从未居住其中，以前曾经被用作羁押死刑囚犯的监狱，如今是一座博物馆，陈列着各方人士赠给"撒尿男孩"(布鲁塞尔人的化身)五花八门的衣物。国王大厦背后，便是**加冕区** (Ilot Sacré) 的**迷宫世界**了。迷宫建有六条巷道，树立着许多拱廊圆柱，其间还点缀着不少酒吧、礼品店和餐厅。

传奇公爵

若干世纪以来，布鲁塞尔人对**撒尿男孩**

左图 布鲁塞尔大广场
下图 布鲁塞尔撒尿小男孩

布鲁塞尔啤酒
标牌。

布鲁塞尔的新艺
术流派的领军人物是
维克多·霍尔塔
(Victor Horta)。他开
创了建筑设计、建造、
装饰、家具布置、地面
及墙体装饰等的新概
念。

(Manneken Pis)❸情有独钟。这一青铜小男孩雕像站立在市中心**勒底福街**(Rue
de l'Etuve)与**橡树街**(Rne de Chêne)交汇的角落,正对着喷泉方便,正表现出布
鲁塞尔人玩世不恭及幽默的情趣。这个可爱的小家伙历经劫难,饱受风霜,曾多
次惨遭击碎和偷窃,人们很难说清现在的这尊铜像究竟是什么时候铸造的。

民间传说他就是哥德弗雷三世公爵(Duke God-frey Ⅲ)儿时的化身。1142
年,当他还只有几个月时,就被带到兰斯比克(Ransbeke)战场,将他的摇篮垂挂
在一棵橡树上,以资激励因其父王之死而沮丧万分的军队士气。在紧要关头,当
哥德弗雷公爵的军队即将溃退时,婴儿公爵突然在摇篮中站了起来,并作出后
来被人们塑为喷泉雕像的姿势。这一举动激发了士气,反败为胜。不过,另一种
传说是,有一个小男孩撒尿时无意间浇灭了原要引爆布鲁塞尔市政厅的定时炸
弹引信,"撒尿男孩"的雕像就是为纪念他的。无论事实真相如何,撒尿男孩肯定
是布鲁塞尔资历最老、最荣耀的有产阶级"人士"。

从大广场沿着奶油路(Rue au Beurre)走下去便到达**布鲁塞尔股票交易所**。
这座建于 1873 年的新古典建筑是布鲁塞尔人商贸交易的中心。从加冕区内喧
嚣的 **Petite Rue des Bouchers** 路的一端,只有一条铺着石头的小路通向那条架
设了玻璃顶棚的购物街——**Galeries Saint-Hubert**。

上城区

纪念碑式的**圣米歇尔大教堂**(Cathedral St-Michel)❹(每日开放,免费)正好
矗立在上城区和下城区之间的山脚下。在这座建于 13 世纪~15 世纪期间的教

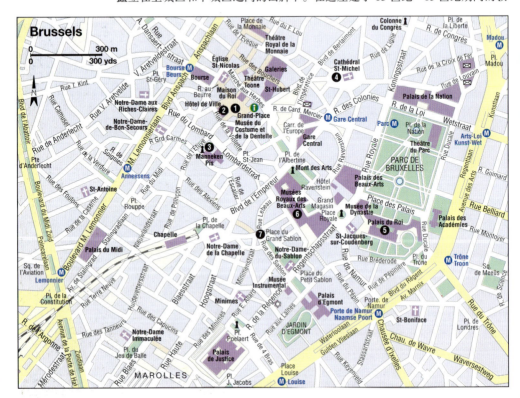

堂上，人们最近发现了罗马时期的建筑风格。教堂内的彩色玻璃仍然保存完好；从西边的橱窗里，人们可以读到著名的《最后的审判》。

皇家事务的所在地（Place Royale）位于巨大的**布鲁塞尔公园**（Parc de Bruxelles）对面，它在20世纪90年代进行过彻底的翻新。公园的旁边是该市部分最好的博物馆和艺术画廊的集中地，还有新近翻修过的新艺术画廊——**老英格兰**（Old England）。不远处是建于1820年的**皇宫**（Palais du Roi）❺，距前皇宫被付之一炬几近100年。在皇宫后面，矗立着奥波德二世国王的塑像。

博物馆区

皇家艺术博物馆（Musées des Royaux des Beaux-Arts）❻（周二～周日开放，收费）中收藏着比利时最好的艺术品和珠宝，它位于皇家事务所在地的旁边。**古代艺术博物馆**（Musée d'Art Ancien）和**现代艺术博物馆**（Musée d'Art Moderne）中分别收藏着那些设计精美的艺术品。前者收藏有众多佛兰德斯画家的作品，还有荷兰艺术大师们15世纪～19世纪之间的作品，其中包括鲁宾斯、勃鲁盖尔以及布希和魏登等的画作。

从这里沿着摄政大街（Régence）来到**大沙博隆广场**（The Grand Sablon）❼附近有一座**沙博隆圣母院**（Notre-Dame-du-Sablon），周围是一些专营古玩的商店，不远处的**小沙博隆广场**（Place du Petit Sablon）被48尊代表传统职业的小雕像所环绕。

再向南行，可到达**法院**（Palais de Justice），这儿原来是执法行刑的地方。法院大厦的穹形楼顶高达103米，所占面积之大，比罗马的圣彼得广场还大。 ❑

地图
132页

1999年，在布鲁塞尔北部的热特区（Jette），新开设了一个**玛格里特博物馆**（Magritte Museum），它位于这位艺术家从前的住所，地址为：135 Rue Esseghem，电话：323-4496614，其中收藏了这位艺术家的许多作品。

下图　大广场上的鸟市

皇家玻璃城

多曼皇室驻地坐落在布鲁塞尔北部的莱肯区（Laeken）。它那些华丽的植物园和暖室为多曼赢得了"玻璃城"的美称。尽管这里的皇家城堡不对公众开放，但多曼还有许多美妙的纪念碑、纪念馆等。利奥波德二世将宫殿进行了扩展，并用两座东方的建筑对花园进行装饰，其中一座是价值连城的中式瓷榭，另一座是日式宝塔（周二～周日开放）。

但是花园的辉煌名声主要来自于1875年建造的皇家暖室（Serres Royales）（每年4月～5月开放一周）。Alphonse Balat和年轻的Victor Horta两人奉献的这些建筑瑰宝都有一个巨型中央拱顶，顶部是一个铁制的皇冠型标志，周围由房屋、塔楼和玻璃地下管道构成。

花园的西北面是原子模型，高102米，外形看似铁及水晶分子或符号。它是1958年因举办世界博览会而建造的，其充满活力的造型象征着比利时工业的潜力和战后的发展。游客可以乘坐管子内部连接9个球形建筑的电动扶梯到处看看。

周游比利时

这是一个有着两种语言和两种文化碰撞的国家，比利时是
非凡的。它的人民对生活有着不一般的品位

地图128
~129页

布鲁塞尔

比利时并非像某些人想像的那样地势平坦得犹如一块"薄煎饼"，除了濒临北海的 65 公里沿海地带以外，仍有起伏不平的地方。比利时的海岸线如同一条宽边金色沙带，起自荷兰边境的**诺克 - 赫斯特**（Knokke-Heist）❶，一直向下延伸至法国国界的**德帕恩**（De Panne）。在九大海滨胜地，规模最大名气最响的是**奥斯坦德**（Oostend）❷，英国来的轮船都在此卸货，与此相邻的是充满浪漫气息的垂钓及游艇港口。

在奥斯坦德至首都布鲁塞尔之间的路上，远近分布着风景美丽的佛兰芒小镇，可乘车作短程观光旅行。沿途经过一些运河、悠闲的河流、起伏的丘陵、沼泽地、石南灌木丛以及湖泊等，并且穿越枫树及松树林。**坎彭**（Kempen）周围的乡镇有不少教堂，对生活在这些小镇以及佛兰德斯（Flanders）村庄中的人来说，嘹亮的教堂钟声十分熟悉和亲切。

保存下来的中世纪城镇

布鲁日（Bruges）❸号称佛兰德斯城市中的"贵妇人"，像一扇可展现比利时历史的窗户，小巧的桥梁横跨于运河之上，房舍的屋顶像一座座山脊，绿茵茵的草地（这些都是丘吉尔钟爱的绘画题材）。这些特色有助于布鲁日保持其中世纪的古风，当时是欧洲最大贸易中心之一，也是世界上最美丽城市之一。当其对手城市安特卫普声望日隆之际，布鲁日则每况愈下。这座城市从不将其发展的触角伸至它 13 世纪要塞之外。整个布鲁日城，连同其雄伟的哥特式**市政厅**（Stadhuis）、中世纪建成的克罗斯大厅及其高达 88 米的**钟楼**（Bell Tower）（每日开放，收费），已经成为一种独特的博物馆了。位于市政厅右侧的**"圣血大教堂"**（Basilica of the Holy Blood）每逢耶稣升天日，都会抬出教堂内珍藏的圣物箱，加入到要穿越全城的盛大游行队伍之中。

布鲁日也因其佛兰芒艺术享誉天下。一些佛兰芒画派的上乘作品在**格罗恩尼博物馆**（Groeninge Museum）（4 月～9 月每日开放，10 月～3 月周三～周一开放，收费）中展出，其中还有比利时著名画家凡·戴克（Jan Van Dyck）所画其妻的画像，在这幅颇有争议的作品中，凡·戴克的妻子梳着奇高无比的发式。另一幅凡·戴克的作品是跪在圣母面前的《凡德巴莲的圣母》。米开朗基罗的《圣母与圣婴》更是格罗

左图　布鲁日的圣血大教堂
下图　列日的街头音乐家

在安特卫普市可以看到吕本斯的画作 "Descent from the Cross"。

指南

欲进行安特卫普周边自助徒步游的客人请致电 03-2551013,了解详细情况。

下图　布鲁日的运河之旅

恩尼博物馆中备受欢迎的展品。在布鲁日城中还有一座对外封闭的女修道院,在古老佛兰德斯时期,修女们与世隔绝地在此修行。

从布鲁日向北 5 公里,有一个小村庄,叫**达默**(Damme),在运河两旁的大树之外的绿色草地上,有白色的风力磨坊。布鲁日以南 16 公里处的**温赫讷**(Wingene)每两年一次在 9 月举办啤酒节,以纪念 16 世纪的画家勃鲁盖尔(Pieter Bruegel)。

根特市(Gent)❹拥有 200 多座桥梁和纵横交错的运河,圣尼古拉教堂矗立在这一古老的中世纪城市中心,教堂内有一座哥特式钟楼及一套由 52 口古钟组成的机械撞钟装置。在气势恢宏的市政大楼旁边是**圣巴弗大教堂**(Saint Bavo Cathedral)(周一~周六开放,收费),内藏凡·戴克之兄的代表作《神秘的羔羊》、鲁宾斯的《圣巴弗的皈依》。位于根特市东北面的罗琪瑞斯蒂(Lochristi)有闻名遐迩的秋海棠花园,每年 7~9 月间鲜花怒发。

梅切伦(Mechelen)位于从根特至安特卫普的中途,是发明钟楼与机械撞钟装置摇篮,拥有比利时仅有的一所专门培训敲钟人的学校。在迪尔圣母院展示着鲁宾斯的杰作《捕鱼的神奇》,以及圣约翰教堂陈列的另一幅作品《智者朝圣图》。

钻石之都

安特卫普(Antwerp)❺是欧洲第三大港口,人口 50 万。每天进出 100 艘巨轮及 2000 艘大型驳船,吞吐量超过极盛时期的威尼斯港口。17 世纪时西班牙人统治着安特卫普,那时富商为躲避宗教裁判而纷纷逃往荷兰,该城逐渐失去贸易中心的地位。

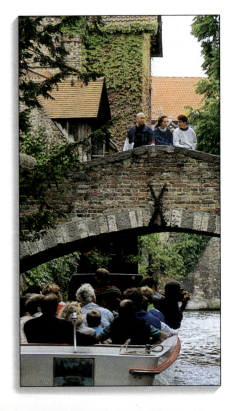

滑铁卢

从布鲁塞尔南行,可抵达欧洲历史的分水岭**滑铁卢**(Waterloo)。1815 年 6 月 18 日,就在这一小镇的南部,普鲁士及英国的联合军队对逃出厄尔巴岛的拿破仑残部发动了最后攻击。在长达 9 小时的厮杀中,双方有 5.5 万人战死,其中 3.2 万人为法军士兵。那次战役的巨大战场如今已成为宁静的农家田野,滑铁卢战役所留下的唯一标记是耸立在狮峰(Butte de Loin)(每日开放,收费)上的一尊巍峨的纪念碑。当地出售的旅游纪念品、T恤衫、玻璃酒杯、气球及烟灰缸等物品上面,都有拿破仑的画像。事实上,拿破仑在当地人心中是不朽的英雄,他们的祖先曾为这位小个子法国皇帝浴血奋战,而今天这些后人一直幻想着拿破仑赢得了那场战役,至少在民心上取得了胜利。

拿破仑是在战役所在地南边的一座农舍里度过那个著名的 6 月 17 日的夜晚。现在这座农舍已变成**博物馆**(周二~周日开放,收费),收藏着许多与那场战役有关的纪念品以及有关这位君王生活的物品。

安特卫普也是佛兰德画家鲁宾斯(1577～1640年)的故乡,如今成为佛兰德斯艺术与文化的中心。市内的**圣母大教堂**(Kathedraal)(每日开放,收费)是比利时最大、最雄伟壮观的宗教建筑,而**皇家美术博物馆** (Koninklijk Museum Voor Schone Kunsten)(周二～周日,收费)收藏的古典及现代艺术作品,体现了数百年来佛兰德斯的艺术成就。安特卫普素有"钻石之都"的美称,钻石切割工艺及贸易中心的地位饮誉全球,在**钻石中心**(Provincial Diamond Museum),游客可一赌价值连城的宝石并观看钻石切割。

位于布鲁塞尔西南的**图尔内** (Tournai) ❻曾经是皇室的居住地,也是中世纪法国的首都。图尔内以其罗马式的五塔**大教堂**(Notre Dame)而闻名,塔尖上都冠有一顶帽状圆锥体,教堂内藏有气势磅礴的古代名作,并镶嵌着精致彩绘玻璃窗。在**艺术博物馆**(周三～周一开放,收费)中有许多现代艺术的展品,也有吕本斯等的画作。

阿登高原

纳摩尔(Namur)是去往阿登高原(Ardennes)的门户,境内布满巨大的岩石,它是17世纪的城堡,可以乘缆车到达。在**巴斯托涅**(Bastogne)的那场死战中,人数上处于劣势的美军对抗德军的反击,这是德军最后的一次"突围之战"。美军在此战中牺牲了7.7万名官兵,烈士的英魂在马达森(Mardasson)自由碑处受到后人凭吊。

列日 (Liège) ❼与德国边境相邻,位于瓦罗尼亚东面,是比利时法语小说家乔治·西默农(Simenon)的诞生地,他以撰写迈格瑞特(Maigret)系列侦探小说而受尊重。列日是一座手工艺之城,在使用瓦尔圣兰伯特水晶石(Val-St-Lambert crystal)设计制作精美绝伦的珠宝饰品与运动步枪方面建立了良好的声誉。**列日美术馆**(Musée d'Art Moderne)(周二～周日开放,收费)藏有法国印象派画家的画作,包括莫奈 (Monet)、高更(Gauguin)、柯罗(Corot)以及布丹(Boudin)等人的作品**列日军事博物馆**(Musée d' Armes)(周三～周日开放,收费)收藏了1.25万件不同的武器。

卢森堡省的过去和现在

位于比利时最东南端的是卢森堡省(Luxembourg),该省遍布森林和崎岖的山谷,省会**阿尔隆**(Arlon)。这个古老的罗马殖民地中有一座风光旖旎的城堡,也是一处考古据点。

阿登斯在划归比利时之前曾经是**卢森堡大公国**(Grand Duchy of Luxembourg)西部的一块领土,所以阿登斯东部地区就是当今欧洲面积最小的独立国家——**卢森堡**❽。卢森堡大公国迄今仍保持着传统的君主世袭政体,首都与其国家同名 (全国约30.5万人),曾一度为防御重镇,号称"北部的直布罗陀",意即"固若金汤的北部要塞。"由于实行低税制,卢森堡现在已成为一个国际银行中心。　　　　❑

地图128
～129页

位于阿登高原南部的布永(Bouillon)有瑟穆瓦河谷和比利时最美的中世纪城堡,景色非常壮观。城堡(每日开放,收费)

下图　胡须的幽默

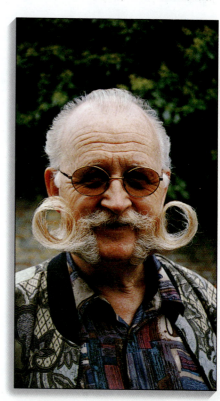

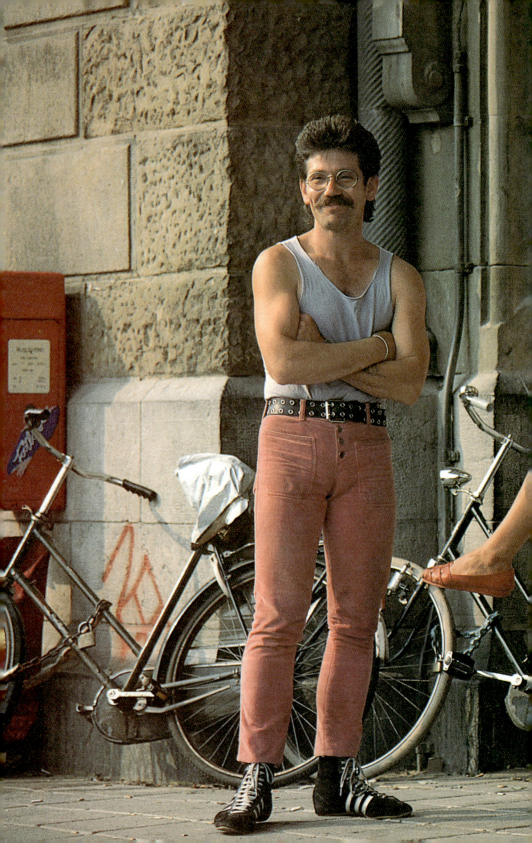

荷　兰

从艺术大师们画作中观赏到的荷兰景色已成为
了一种永恒

荷兰 (Netherlands) 是个小国，面积仅 41160 平方公里，有一半以上低于海平面，几乎有 1/5 的面积是湖泊、河流和运河。修筑防洪堤、栅门和水坝是荷兰人的拿手本领，世界上再没有其他民族比得上荷兰人对全球温室效应的危险所抱有的敏锐意识了。然而，荷兰地势平坦，到处绿意盎然，天空中不时划出银白色的冷光，是那么独特鲜明，在古典的荷兰油画作品中时常可见。全国一万多台风车一度是农民抽水灌溉的好帮手，也是艺术家们最喜爱的创作主题。目前仅剩下1000 余台风车，被视为民族的纪念碑，由政府部门和民间组织共同维护和修理。

英语称"荷兰"为 Holland，不过荷兰人明白他们国家的全名是"尼德兰王国"(the Kingdom of the Netherlands)。严格地讲，荷兰仅仅指的是北荷兰和南荷兰这两个西部省份，全国 1400 万人口之中的绝大多数分布在这两省。

首都阿姆斯特丹 (Amsterdam，人口 75 万) 连同欧洲最大的港口鹿特丹 (Rotterdam) 以及荷兰的行政首都海牙 (Den Haag) 等，均在这一地区。海牙是国际法院的所在地。著名的大学城莱顿 (Leiden)，以蓝色陶器而闻名的代尔夫特 (Delft)，以及以制奶酪著称的豪达 (Gouda) 均在荷兰南部。

组成荷兰的其余 10 个省差异之大，令人惊奇。南方的泽兰省 (Zeeland) 分布着岛屿、半岛、沙滩海岸和水鸟栖息的沼泽地，沿岸耸立着巨大的水栅门屏障，防止海水倒灌之灾。信奉天主教的南方诸省有着许多色泽亮丽风格活泼的建筑和森林茂密的丘陵。石南灌木、林地和果园是北方省份的主要景色。东北部的德伦特省有着大片大片的荒野，嶙峋突兀的巨石点缀其中。

密如蛛网的市际铁路和便利的公交汽车提供了快速和舒适的交通系统。乘坐小汽车甚至骑自行车进行乡间旅游不失为好办法。探讨这个多姿多彩的国家，可利用荷兰旅游协会(VVV)及其信息资料，几乎每个城市都设有荷兰旅游协会。这些办事处还代为预订食宿及各种娱乐活动，可节省您不少时间。❑

前数页图　金德代克(Kinderdijk)风车景致；荷兰人情有独钟的交通工具
左图　在宾斯霍藤(Bunschoten)出售鲜鱼

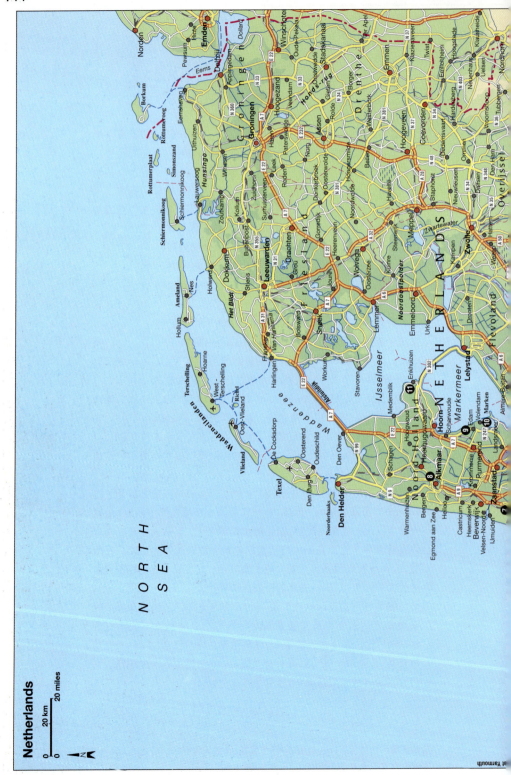

Netherlands

20 km

20 miles

N

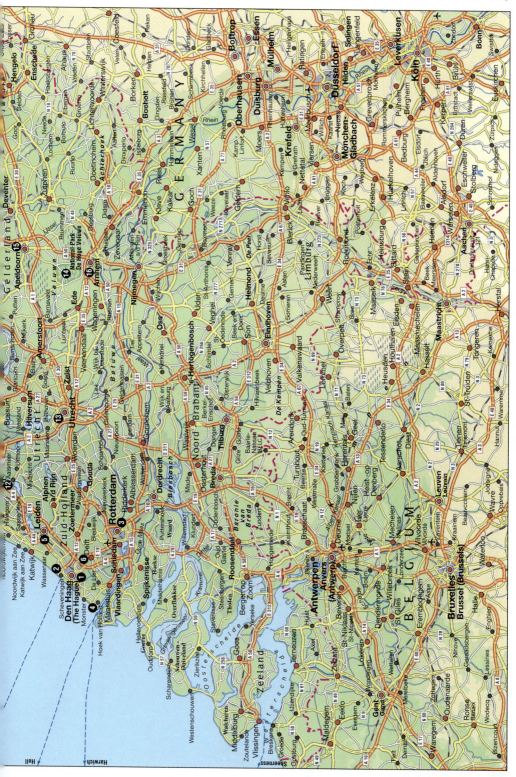

阿姆斯特丹

这座"博物馆之城"既充满现代都市的活力，又保持
着舒适快乐的感觉

阿姆斯特丹给人的第一印象是整座城市像座博物馆。的确,市中心 6700 栋建筑物如同一个个受到保护的纪念碑。从 17 世纪黄金时代以来它们几乎毫毛未损,当时它在经济、政治及文化方面,都已达到前所未有的水平。荷兰开辟了通往东西印度群岛的海上贸易航道,带来了繁荣与财富;阿姆斯特丹的海军在海上称霸一时。13 世纪时它是阿姆斯特尔(Amstel)河上一个以水坝为中心的弹丸小城,航海探险带来的财富为城市发展注入了资本。现代荷兰人崇尚的英雄绝非威严高贵的君王或超尘绝俗的传教士,而是充满冒险精神、讲究实际的商人。

虽然阿姆斯特丹犹如一座大型博物馆,但生活节奏却一点也不迟缓。在此,能看到印尼风味的米饭餐,绚丽多彩而又安全的城市夜生活,欧洲最大的古玩自选市场,举世闻名的奶酪,黄金时代的绘画名作(尤其是维米尔、伦勃朗和哈尔斯等大师的作品),宽敞的路边酒吧以及姹紫嫣红的花卉。

左图　瑞德大教堂
下图　印度尼西亚
裔荷兰少女

马蹄形的阿姆斯特丹

游览本市的最佳起点,是**火车站** (Centraal Station)❶对面的荷兰旅游协会(VVV)。主干道**丹姆拉克**(Damrak)通向**丹姆**(Dam)广场,丹姆是诸多运河的交汇点,也是**皇宫**(Koninklijk Paleis)❷(6 月~9 月每日开放,复活节和 10 月学校假期也开放,收费) 所在地。这座 1665 年建在 13659 根木桩之上的皇宫,现在是接见外国使节的地方,部分殿堂对公众开放。广场上还有一座建于 15 世纪的**"新教堂"**(Nieuwe Kerk)❸,历代君主均在此加冕。在丹姆拉克大道 1—5 号的维多利亚饭店前,可在露天酒吧一边啜饮啤酒,一边注目观看街上来往的行人。从丹姆广场沿 Warmoesstraat 街来到**"老教堂"**(Oude Kerk)❹,这是阿姆斯特丹最古老的建筑。13 世纪建造的塔楼保存完好,16 世纪时又加上了彩色玻璃。

阿姆斯特丹的都市规划不同于其他城市,它以马蹄形运河网为基础,逐渐向外扩展。从地图上看,火车站高踞北端,编号较小的运河街起于左上角,沿着运河往下延伸兜半圈,街道越来越宽敞,然而再勾上来直插右上角。

乘一次环绕运河的观光船,你就会领略现代铁路

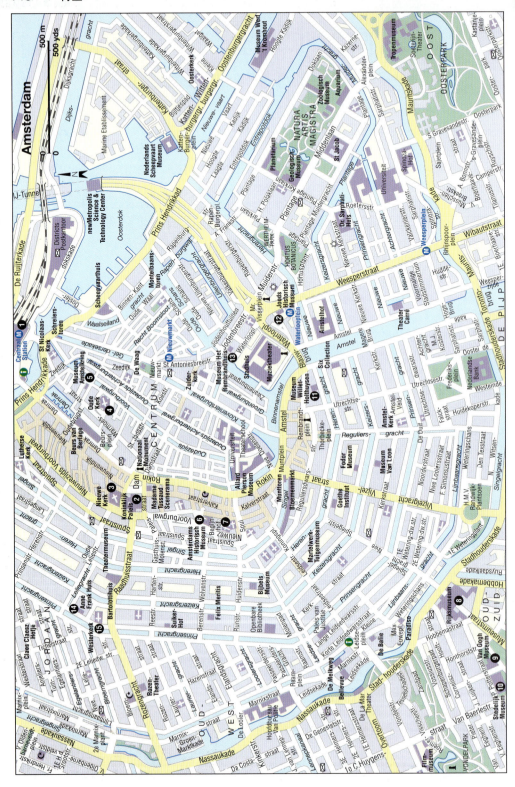

地图
148 页

建成之前阿姆斯特丹的昔日风韵。这些每半小时一班的游船在罗金运河 (Rokin)上穿梭于丹姆广场与火车站之间。在该市 1000 多座桥梁中,于 1670 年落成的"**修长桥**"(Magere Brug)颇受瞩目。运河两边一字儿停泊的是风格各异的水上船屋,住着约 1 万多人。

Amstelking 博物馆❺(每日开放,收费)珍藏着这座城市里最好的"秘密"教堂,隐藏在一所 17 世纪的商人住宅里。变革发生后,阿姆斯特丹官方宗教是新教,人们只能在私底下秘密地信奉天主教。3 座有山墙的房子的顶层被连通形成了两座长廊,可以容纳 400 个教徒。

曾经作为孤儿院的**阿姆斯特丹历史博物馆**(Amsterdams Historisch Museum) ❻(每日开放,收费)按照历史年代顺序展出画作、家具和艺术品。其中"**不断拓展的版图**"告诉人们多个世纪以来阿姆斯特丹的成长过程,以及 16 世纪、17 世纪和 18 世纪警卫们的肖像。

毗邻的是阿姆斯特丹最好的**救济院** (Begijnhof) ❼,它从许多庭院中穿过,由一些 14 世纪~17 世纪的砖墙和石头墙房子构成,是天主教女性社团的活动基地。位于 Het Houten Huys 34 号的阿姆斯特丹最古老的房子建于 1460 年前后。

丰硕的艺术成果

从丹姆广场到**国立博物馆**(Museumplein and Rijksmuseum)❽(每日开放,收费;电话:020 – 6747000)只有 15 分钟的步行路程。17 世纪前半叶以来阿姆斯特丹的大部分艺术杰作皆藏于此馆。由于展出的油画作品很多都在美术画册里出现过,因此游客对这些画作也许有似曾相识之感。该馆 100 多万件藏品中包括风俗画家维米尔的作品,如以日常生活为题材、具有深刻感情和恬静气氛的《看信的少女》、《倒牛奶的女仆》等,而伦勃朗的画作有《犹太新娘》、《布商公会》以及《夜巡》等。

国立博物馆距离**凡・高博物馆** (Van Gogh Muse-um) ❾(每日开放,收费;电话:020 – 5705200)仅 40 米。凡・高博物馆只典藏凡・高一人的作品,他的艺术发展史可追溯到其早期代表作,即追求人性动物化的《吃马铃薯的人》,后期代表作为色彩鲜明、幻觉般亮丽的《向日葵》。1999 年新添的翼楼用于展出经常变换的展品。它的设计构思充满现代气息,巨大的房顶和墙壁是合为一体的,是由日本设计师 Kisho Kurokawa 设计的。

斯泰莱克博物馆 (Stedelijk Museum) ❿(每日开放,收费;电话:020 – 5732911)展出 19 世纪中期至今的作品。展品从永久性的到经常变换的都有,蒙德里安、沙加尔、马蒂斯、布拉克等艺术家的作品都有。2001~2002 年该博物馆进行了翻修,增添了两座翼楼。

从凡・高博物馆漫步一小段路,可到达以剧作

指 南

在现代公路建起之前,人们都是乘坐运河的游船游览城市。游船的出发点位于中央火车站对面的几个码头,沿着 Prins Hendrikkade 大道 , 有 Damark 和 Rokin 码头。

下图 斯泰莱克博物馆中的展品

家命名的**冯德尔公园**(Vondelpark)。夏季,这里常举办生动的音乐会和舞会。

漫游犹太区

安妮·法兰克故居极受欢迎。在这儿,安妮从 1942 年开始记录日记。

邻近的**莱德赛普莱恩**(Leidseplein)广场使人们又回到阿姆斯特丹朝气蓬勃的氛围之中,这儿与冯德尔公园宁静悠闲的气氛形成强烈对比。这座广场处处充满惊喜,譬如你在赫特霍克(Het Hok)咖啡馆就会看到所有的顾客都在下棋。

走遍阿姆斯特丹这座露天博物馆,并饱览其形形色色的建筑外观,却无缘一窥运河两边船屋内部的情形。对于想一睹运河船屋内部陈设为快的人,在**赫伦格拉特**(Herrengracht)运河街就有两个参观的机会,一个是在**维利·霍尔图森博物馆**(Willet Holthuysen Museum)**⓫**,可以看到 17 世纪运河船屋的内部装饰及摆设;另一个是参观**东尼尔博物馆**(Toneel Museum),展示另一番风情的室内摆设,馆中还藏有当年表演艺术的珍贵纪念物。

从 Blaauwbrug 大道拐上 Amstel 街,然后顺着 Nieuwe 路就可以来到**犹太历史博物馆**(Joods Historisch Museum)**⓬**(每日开放,收费),它由 4 个从前的犹太人会堂组成,1987 年作为博物馆开放,展示了犹太教在荷兰的传播历程,在第二次世界大战中遭到破坏。1945 年时,它近旁的**南教堂**(Zuiderkerk)是犹太教的临时会堂。

位于 Jodenbreestraat 路 4 号的**伦勃朗博物馆**(Museum Het Rembrandthuis)**⓭**(每日开放,收费)是这位艺术家 1639～1660 年生活的地方。这座大楼里有 250 幅他的绘画、雕刻,其中包括他的自画像和为他妻子的画像。

下图 在 Damark 街上逛逛

咖啡生活

荷兰人品尝咖啡的历史相当悠久。据说阿姆斯特丹的第一家咖啡店是 13 世纪开业的,当时由两个男人和一条狗在 IJ 河岸边的沼泽地里小船上经营这家咖啡店。到 17 世纪时,这座城市里的咖啡馆和小酒店已经不计其数了。

传统的棕色咖啡店(之所以这样叫是因为这家咖啡店的墙壁和天花板因年久及烟熏都变成了棕色)以暖色调的棕色镶板材料装饰。这些咖啡店气氛静谧,只有顾客小声交谈和咖啡杯、勺相碰的嚓嚓声。

这里的咖啡是冲泡的,不是那种用机器大量煮沸后分别盛装出来的;如果客人喜欢在喝啤酒或饮料时吃一点零食,这里有很好的橄榄和奶酪。在荷兰语中,咖啡叫做 gezelligheid,意即“快乐的余味”。这里也是当地人下班后来喝一点啤酒的地方,他们在这里玩牌、谈论时事政治或闲聊。市内最好的两家棕色咖啡店是西北部犹太区的 **De Tuin**(位于 Tuindwarsstraat 街 13 号)和 Begijnhot 附近的 **'t Doktertje**(位于 Rozenboomsteeg 街 4 号)。

更高档一些的咖啡馆还供应午餐和甜点,室内有高高的顶棚、灯光也充足一些,还设有供阅读用的桌子,播放各种音乐。如果你希望有更多的文化品位,可以去试试位于 Leidseplein 路 28 号**的美国酒馆**(Café American)。

参观位于 **Prinsengracht** 街 263 号的**安妮·法兰克的故居**（Anne Frank Huis）**⑭**（每日开放，收费）可以对德军占领时期的生活有一个了解。15 岁的犹太少女安妮曾于二战期间为逃避纳粹迫害藏于此处，后来终被纳粹抓捕，并被送到贝尔根·贝尔森（Bergen Belsen）集中营处死，现已辟为博物馆。

这座生动而极受欢迎的博物馆在 1999 年进行了重建和扩展。现在的博物馆里有书店、餐馆和咖啡馆，参观条件也得到了改善，还有关于安妮日记的翻译。

附近的 **Westerkerk 教堂⑮**建于 1630 年，并于 1990 年进行了重建，它是城内最好的教堂，体现了荷兰文艺复兴时期的风格。

红灯与明灯

阿姆斯特丹的犯罪率很低，是个安全的城市，即使黑幕降临以后亦然。入夜，运河两边的路上华灯明亮，很适合人们悠闲散步。修长桥在夜间也灯火通明，是阿姆斯特丹最美妙的景观。

阿姆斯特丹堪称不夜之城。**泽迪克**（Zeedijk）是市内的红灯区，色情业是合法的，但也受到政府的制约，这是阿姆斯特丹对世界这一最古老行业的一大贡献，到此一游的观光客可以大开眼界，一饱眼福。清爽月夜之下，在朗布兰德广场和雷茨广场一带的露天咖啡店里会令人强烈地感觉到城市的勃勃生机。阿姆斯特丹最著名的**音乐厅**（Concertgebouw）演出的音乐节目包罗万象，从城市交响乐到摇滚乐等一应俱全。

阿姆斯特丹的市场

在阿姆斯特丹步行上街购物是很轻松的，有许多极具诱惑力的商店。**卡尔弗街**（Kalverstraat）是全市最热闹的购物街，靠近雷茨广场的 **P·C·胡夫街**（P·C·Hoofstraat）则是高档商店集中之地。

阿姆斯特丹是欧洲的古玩市场中心。仅在**斯彼杰尔街**（Spiegelstraat）和**新斯彼杰尔街**（Nieuwe Spiegelstraat）这小小的地区，就有 20 多家古董店。

这座城市还是全欧钻石雕刻、刨光和镶嵌的中心。**亚尔伯特库普街**（Albert Cuypstraat）的**凡莫普斯**（Van Moppes）珠宝店有供顾客参观的工厂，人们在观摩室可看到钻石的磨制过程。在国立博物馆附近的拜斯特，也可参观钻石加工，也有珠宝店。

阿姆斯特丹的露天集市也名扬四海，货物最齐全的当推位于拉奔伯格街（Rapenburgers-traat）的**滑铁卢广场集市**（Waterlooplein）。**亚尔伯特库普集市**（Albert Cuypmarkt）是另一个交易火热的露天集市，食物和商品应有尽有。这儿还可品尝一种荷兰美食——碎洋葱配生鲱鱼，先观察一下当地人怎样吃鲱鱼，然后你就照葫芦画瓢。❑

地图 148 页

指 南

阿姆斯特丹有很多印尼餐馆，可提供价廉物美的食品。印尼的米饭有多种口味，有甜的，酸的。

印尼米饭大餐包括一大碗米饭，加上约 15 道鱼、肉、蔬菜及水果之类的菜肴，有熟食，有冷盘，包括咖喱和胡椒在内的各种调料，令人回味无穷。

下图 皇宫周围的马车

周游荷兰

城市圈中的众多历史名城都比不上荷兰北部古老的渔村和

海尔德兰省(Gelderland)昔日的皇家猎苑

地图144
~145页

距阿姆斯特丹不到99公里的**海牙**(Den Haag) ❶，是荷兰皇家所在地，政府主要机关和很多外国使馆亦汇集于此。联合国国际法庭所在的**和平宫**(Vredespaleis)(周一~周五开放，收费)系一幢新哥特风格的建筑，由苏格兰裔美国人安德鲁·卡内基捐资修建。海牙有50万人口，为荷兰第三大都市，具备非常适宜人居住的诸多特点，为此享有"欧洲最大、最优雅村庄"的美誉。

阿姆斯特丹

环绕着**内宫**(Binnenhof)的历史文物中心是13世纪的**骑士厅**(Ridderzaal)(周一~周六开放，收费)和议会大厦，提醒人们海牙是当年荷兰公爵主要的居住地。奥兰治皇室的皇宫建于16世纪。皇家美术陈列馆典藏着创作于黄金时代的精美作品、常展示于**莫里斯宫**(Mauritshuis)(每日开放，收费)。在这些珍贵作品中尤以伦勃朗(Rembrandt)的《杜普教授的解剖学课》以及维米尔(Vermeer)的《台夫特景色》两幅杰作最为著名。漫步穿过莫里斯宫，你将不可避免地受到眼前霍夫城堡(Hofvijver)护城河壮美景色的震撼。从河边步行可以来到荷兰最古老的画廊 **Schilderijengalerie 画廊**(周二~周日开放，收费)，它收藏的是荷兰老画家的作品。

海牙艺术馆(Haags Gemeentemuseum)(周二~周日开放，收费)中收藏着精选的现代油画和装饰物，它是由荷兰现代艺术的奠基人贝尔拉赫建造的。

左图　郁金香盛开时节到处花团锦簇
右图　莫尼肯丹地区的传统服饰

沿海地带

濒临北海的**斯赫维宁根**(Scheveningen) ❷是荷兰最古老的海滨浴场，现划属海牙的郊区。防波堤下面有一条海滨步行道，道旁有一栋黄金时代的**库尔霍斯**(Kurhaus)建筑。斯赫维宁根一年到头向人们提供着新鲜空气，多种多样的水上和海滨活动以及丰富多彩的娱乐形式可供游人随意挑选。

在**斯赫维宁根海洋生活中心**(每日开放，收费)你可以步行穿过海底隧道去体验海底的生活而不用担心会被海水打湿。

作为举世闻名的航海贸易国家，荷兰的传统角色在阿姆斯特丹和世界上最繁忙的**鹿特丹**(Rotterdam) ❸码头表现得淋漓尽致。其集装箱吞吐量之大，货船溯莱茵河驶入德国的情景之忙碌、造船修船的规模之巨，令人们叹为观止。若欲饱览港湾全貌，可搭乘游览

代尔夫特技术娴熟的工匠。

船沿港巡游。

登上**欧罗船桅**（Euromast）（每日开放，收费），可以另一个有利地位纵览鹿特丹和阿姆斯特丹之全貌。欧罗船桅实为 180 米的瞭望塔，是现代鹿特丹的标记。1940 年 5 月德军入侵荷兰，这座城市的历史中心及码头因德军空袭而损失惨重，几乎被夷为平地。战后，鹿特丹建成了最现代化的城市。

市中心西侧是**博物馆公园**（Museumpark），其中的 **Boymans Van Beuningen 博物馆**（每日开放，收费）中收藏的艺术品是法国最好的。这里常年展出法兰德斯（Flemish）画派的艺术作品，有博斯、布吕格尔的画作，还有伦勃朗为他儿子画的一幅肖像。展出的还有 19 世纪和 20 世纪莫奈、凡·高、坎金斯基等名家的油画。

鹿特丹以西 26 公里处就是著名的**荷兰钩**（Hoek Van Holland）❹，它本来是一个轮渡码头，现在已经成为大鹿特丹港的一部分。这里还有驶往英国东海岸城市哈里奇（这里到伦敦的火车路程只需 1 小时）的汽车渡船和火车渡船。

大学城

莱顿（Leiden）❺是一个可爱的大学城，城里到处都是小咖啡馆和书店。城里的 **Stedelijk Museum De Lakenhal 博物馆**（周二~周日开放，收费）位于 17 世纪的运河旁边的布料大厅，从中可以找到这座城市发展的轨迹，也有一些现代艺术展览。

下图 享受埃丹的阳光

考古学家从荷兰、古希腊、罗马和埃及发现的文物在 **Rijksmuseum Van Oudheden 博物馆**（每日开放，收费）中展出。其中最主要的展品是 Taffel 庙，这是埃及政府作为礼物赠送给荷兰人民的。

从海牙到鹿特丹的路上，有一座风景如画的城镇叫**代尔夫特**（Delft）❻，多个世纪以来它已经发生了不小的变化。中世纪时，它是一个编织物中心和酿造业中心，但是 1645 年一场军火库的大爆炸摧毁了大半个城镇。16 世纪传入的意大利陶瓷技术使此地制作的蓝白相间的陶器非常有名。游客在这里可参加当地工厂游览，同时可以以合理的价格买到代尔夫特的陶瓷制品。

钟情于荷兰古典美术作品的朋友不应该错过去北荷兰省省府**哈勒姆**（Haarlem）❼一游的机会。这儿的**法兰斯哈尔斯博物馆**（Frans Hals Museum）收藏有哈尔斯（Hals，1580~1666 年）一幅幅风格辛辣的荷兰人物肖像，其创作年代正值荷兰处于政治经济全盛时期。

哈尔斯笔下的人物呈现奇异、多变的表情，每张世俗的脸庞往往表现出天真的（有时是质疑的）幻想。除了丰富精美的典藏之外，法兰斯哈尔斯博物馆本身也非同凡响。1606 年动工兴建的这栋建筑物原本是个老人之家,后来变成一所孤儿院,直到 1913 年才改成博物馆。现在,哈尔斯同时代其他艺术家的作品也在此馆陈列。

地图144 ~145页

奶酪集市

哈勒姆以北是**阿克马尔**(Alkmaar)❽,在这个令人愉快的老城里,有两旁树木葱郁的运河和传统的奶酪集市。集市在夏季里的每个周五的早晨举办。阿姆斯特丹西北 22 公里处有个叫**埃丹姆**(Edam)❾的小镇,曾经是一个捕鲸的市镇,现在却以它的圆形奶酪而著名。埃丹姆奶酪可以从 16 世纪的工厂(Waag)里买到。

在 1932 年修建的大坝将瑞德泽海域变成今日的淡水湖爱瑟尔湖之前,瑞德泽原本是北海的一部分。**沃伦丹**(Volendam)❿以前是个天主教村落,邻近的**马尔肯**(Marken)则是座新教村庄。两个村镇的居民各有不同的传统服饰,而今日他们穿上其传统服装,多半是为了在远方来客面前亮相。一般游客对荷兰民族服饰的印象,便是来自沃伦丹妇女的条纹裙、黑围裙及无边花帽等。

位于**恩克赫伊曾**(Enkhuizen)⓫的**爱瑟尔湖博物馆**(4 月~10 月每日开放,收费)生动地展现了爱瑟尔湖的演变历史。在湖边一座荷兰文艺复兴时期的建筑物里还有传统的渔船和工艺品展示,但只可以乘船到达。

下图 爱瑟尔的内陆海

在阿尔斯梅尔的
鲜花拍卖会上。

郁金香热

　　17 世纪初，从土耳其引进的一些花蕾演变成一股横扫全荷兰的郁金香热，花蕾培育与花卉栽植的传统随之兴起。从 1950 年起，荷兰花卉出口便集中于斯希普霍尔（Schiphol）。今天，世界上有 36 个国家每年从荷兰进口 4 亿枝花蕾。

　　阿姆斯特丹以南 10 公里处的**阿尔斯梅尔**（Aalsmer）⓬每天举行鲜花拍卖会。从公共露天平台俯视，可看到下面坐着 2000 名买主，满载花卉的手推车不断涌入拍卖现场。场内有一个宛如时钟的巨大叫价盘，指针从高过期望价位的价码处开始启动，朝下一个较低价位缓缓移动。家家户户都有室内养花的习惯，这在一定程度上冲淡了荷兰长年灰暗多雨的天空在人们心中产生的压抑感。

教堂之城

　　乌得勒支（Utrecht）⓭是荷兰最古老的城市之一，建于公元 47 年，是当时罗马人在莱茵河畔建立的重要设施。**古运河**（Oudegracht）一带的砖砌码头和窑洞现在都已变成了餐馆和酒吧。**城堡塔**（Domforen）是哥特时期的建筑奇迹。建于 1321～1383 年，高 112 米。

　　此外，还有 Domkerk（每日开放，收费），始建于 1254 年，1674 年曾被飓风毁坏了一部分。从天空望过去，乌得勒支的上空是一片塔尖，尽管许多其他教堂也在飓风中受到了损伤。

下图　德伦特省境内
永不过时的小路

费吕沃地区

沿爱瑟尔湖北岸，可以到达费吕沃地区，那里到处是野生的帚石楠、松树、荒地和沙丘。那里最受游客欢迎的是**费吕沃 De Hong 国家公园⑭**（每日开放，收费）。它曾经是皇家的狩猎苑，现在仍然有方圆数英里的野生动物区。

公园中央有一个很不错的**博物馆**（周二～周日开放，凭公园的门票进入），是一座玻璃墙结构的建筑，里面展出凡高的油画和素描 278 幅，还有一些欧洲现代艺术大师的作品。

皇家狩猎行宫

费吕沃地区以北是**阿珀尔多伦**（Apeldoorn）⑮，实际上没有什么特别的地区，但它有荷兰最可爱的宫殿 **Paleis Het Loo**（周二～周日开放，收费）。这是 1692 年由威廉三世建成的皇家狩猎行宫和夏季行宫，其内部装饰和花园，现在已经重建成以前的模样。

阿纳姆（Arnhem）⑯附近的霍格维绿沃（Hoge Veluwe）系荷兰最大的国家公园，此地欧石南遍地开花，树林茂密，不失为饱览海滨风情后的另一番调剂。阿纳姆的旅游协会可协助你安排一次自行车乡间日游，沿着乡野阡陌骑行，在乡村旅馆歇息，行李则按固定行程为你送达目的地。春夏两季，盛开在广阔山冈间的各种野花争奇斗妍，仿佛一道七色斑斓的彩虹横跨天际，荷兰人称之为"维绿沃"（Veluwe）。

地图144
~145页

 指南

前往费吕沃地区的 De Hong 国家公园探险的最好方式是从数百辆白色自行车中免费借出一辆，骑车去。

下图 沃伦丹的旅游纪念品商店

国家的追求

尽管荷兰是欧洲人口密度最大的国家，但却拥有美丽如画的乡村。绵延 290 公里的沙滩海岸线上有 55 个海滨胜地。在北部海岸边，有 5 座岛屿排列成串，称为**西弗里斯安斯**（West Friesians），只能从军港**登赫尔德**（Den Helde）乘船才可到此一游。弗里斯兰省居民以及西弗里斯安斯岛上的岛民均有他们自己的民族语言。

自然主义者、观鸟爱好者及摄影爱好者最适宜的去处是**德伦特**（Drenthe），这是除泽兰省以外人口最稀少的省份。这里到处绽放着灿烂的鲜花，有许多野餐用地，一个个称为"维兰"（Vennen）的小湖点缀其间，对旅游者极具诱惑力。在德伦特省省会**阿森**（Assen）乘火车两小时可抵阿姆斯特丹。以此为起点开车或骑自行车，可在绵延 300 公里的自行车专用道或无数僻静乡间小路上完成寻幽之旅。

在德伦特东北一带有不少史前石堆墓冢迹值得一览。51 处墓冢遗址中最大的一座位于**博格**（Borger）。目睹这些由石器时代或青铜时代古人所造、用以纪念其死去亲人的巨大石块墓冢（意即"巨床"），真是一种惊心动魄的经历。

德 国

源远流长的文化,优美秀丽的风景,它们使德国成为旅游胜地

1989 年 11 月柏林墙被推倒以后,东西德统一成一个国家。不过,生活在这块土地上的人民,是由性格迥异的不同民族所组成。其中两个极端之一的是北部的普鲁士人,他们个性阴沉,有板有眼,以戴着矛尖头盔的俾斯麦为代表;另一个极端是南部的巴伐利亚人,他们个性豪放,不拘小节,典型的标记是身穿皮衣裤,头戴麂皮帽,手持冒着啤酒泡沫的酒杯高声谈笑。介于两个极端之间的有斯瓦宾人(Swabian),他们住在整洁的乡村里,车库里停放着精心保养并擦洗得一尘不染的梅塞斯德牌(Mercedes)轿车;鲁尔地区(Ruhrgebiet)的矿工喜欢在矿区的住房阁楼上饲养鸽子,而下萨克森(Lower Saxony)的牛场主每逢阴雨季节便总爱拿着一杯烈酒和邻里们聊天。

但他们仍有不少共同点:有礼貌,守时,而且相当好客。正如一句古谚所云:"一个德国人可以成为哲学家,三个德国人可以组成一个俱乐部。"的确,全德国几乎人人都乐意加入和组建非盈利的各种俱乐部,这些俱乐部都是因共同的志趣、运动形式而建,或为了开展慈善活动、睦邻活动、选举总统、财务部长、秘书长以及委员会之类等。

德国东西部的差别绝大多数表现在城市里。东德地区的城市大都显得单调呆板,不过西德的建筑物多半是在第二次世界大战后重建的。西德公民若是到东德地区参观,倒是不应错过参观波茨坦、德累斯顿、魏玛、吕根岛以及萨克森地区的农场,可获得一番全新的感受。

参观德国的任何一处名胜都相当便利。各大城市都有机场,乘坐火车旅行也挺实惠,铁路网将全国 50 多个大中城市时时刻刻都紧密地连在一起,高速电气火车更把旅途时间大大缩短。

作为一个能生产出世界上最佳汽车的国家,其公路质量和交通体系亦数一数二,也就不足而奇了。不过由于德国 1.36 万公里的高速公路是世界上汽车密度最高的公路系统,若夏日来访,可要做好路上塞车的心理准备。倘若高速公路真的塞车,为避免烦躁焦虑,游客不妨改道驶上一般公路前往目的地,沿途还可以欣赏风景如画的村落,不失为明智的选择。❑

前数页图 柏林的勃兰登堡大门;慕尼黑十月啤酒节的盛大场面,人人都以大杯啤酒开怀畅饮
左图 夸夸其谈的自行车女郎

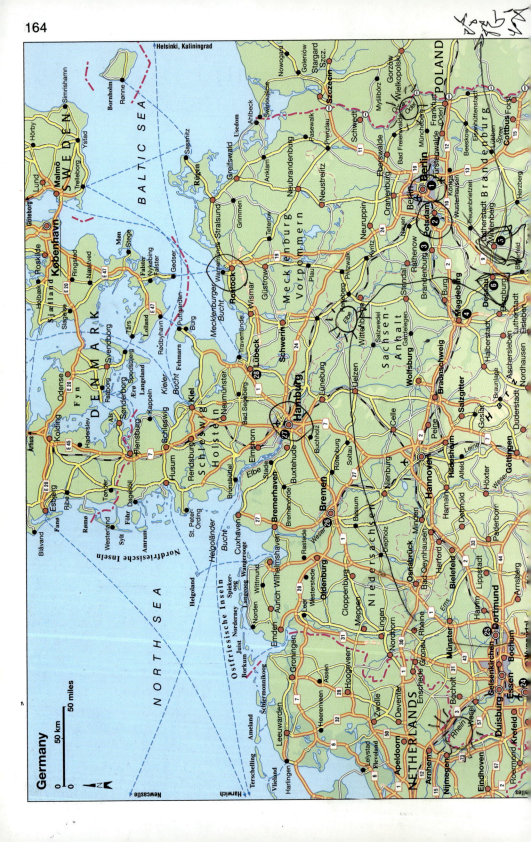

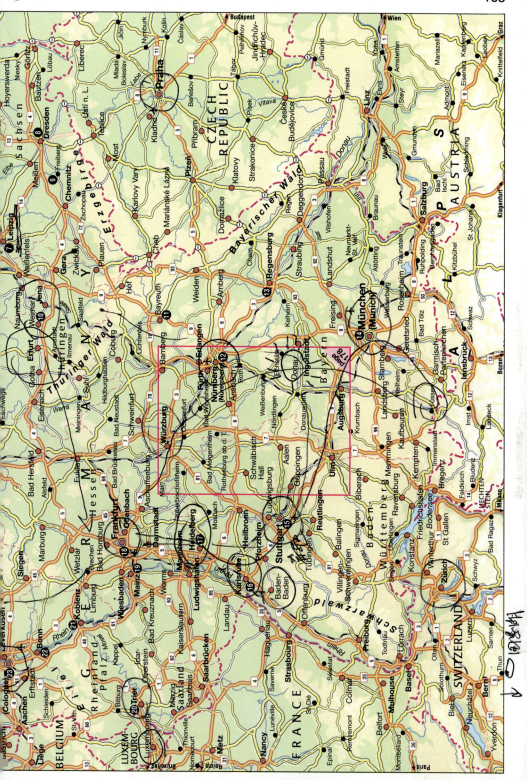

柏　林

地图
168 页

德国政府终于又回到了战前的家。这座重新合在一起的城市
又成为了欧洲最有活力的城市之一

柏林

德国统一后的新首都再一次成为一座整体城市，但对居于其中的市民来说它依旧是一分为二的。实际上除了这座城市东西两边互为隔绝的历史给人们带来迄今仍待愈合的心理创伤外，柏林墙被推倒之后并未给柏林人带来什么好处。要想将其建筑设施予以和谐地重新布局还尚待时日：西柏林著名的库尔菲尔斯登大道（Kurfürstendamm）附近的商业街一带，与灰暗阴沉的前东柏林地区形成了鲜明对照。东柏林地区目前在大兴土木，但却几乎无人考虑如何使新的建筑更好地适应议会大楼。这座与勃兰登堡大门（Brandenburg Gate）侧畔而立的建筑物将经过翻修而重新变为德国国会大厦。

然而，曾经环抱着旧柏林城中心的东柏林地区绝非永远与贫穷相连。穿过勃兰登堡大门就到达优雅的**菩提树下大道**（Vnter den Linden），这条大道已经逐渐将库大道取而代之，成为柏林人最喜爱的步行大道。而**腓特烈街**（Friedrichstrasse）现在正急起直追，努力建成时髦的商务楼街区，以弥补过去损失多年的光阴。柏林城中另一条热闹非凡的地区是**歇伦维尔特尔**（Schenenviertel）。

环游柏林的方式多种多样。市中心地区并不大，公共交通也很便利，大致了解城市全貌的最佳方式则是乘坐游船。定点环城游船会驶经该城中最受欢迎的提尔卡滕（Tiergarten）公园，环绕前东德地区**博物馆岛**（Museum Island）上的所有纪念建筑，然后再顺施普雷河（River Spree）飘然而去，完成余下的水上观光之行。

左图　在库大道的露天咖啡店边饮咖啡边休息
下图　位于菩提树下大道上的新观礼台

迪卡丹特街

通常人们所知晓的**迪卡丹特街**（Kurfürstendamm）也简称库大道（Ku'dam），意即"选帝侯之路"，于100年前诞生。16世纪时，这条大道只是条宽阔的马道，有选举古罗马皇帝资格的日尔曼诸侯从格吕勒瓦尔德（Grünewald）方向的皇宫策马而来，到野外狩猎。

直到19世纪后期，随着德国工业的迅速发展，这条街道才逐渐成形。当年"铁血宰相"俾斯麦受巴黎香榭丽舍大道的启发，决定在这个"帝国"的新首都修建一条类似的大道。建设始终在模仿"威廉姆"（Winlhelmenian）风格，特点是豪放、华丽，甚至有点过分雕饰，倒也的确表现出了那个年代的特点，不过，却与普鲁士民族朴实节俭的优良传统大逆其道。

20世纪20年代末，库大道能提供一切波希米亚生活方式。当时最著名的聚会场合是"罗马咖啡屋"，

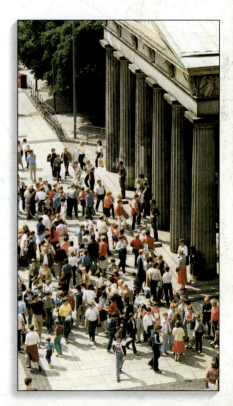

位于现在朴实无华的欧洲中心所在的位置。

1933年,这儿多姿多彩的生活戛然而止,随着迫害犹太人的行为愈演愈烈,传统的娱乐中心变成了种族屠杀的中心。

第二次世界大战结束时,这条街几乎被从地图上抹掉,尽管当局努力重建,昔日的风光也未再现。战后这条街成为西方繁荣的象征,并恢复了纸醉金迷的夜生活。就在柏林墙倒塌的第二天晚上,东柏林人向库大道蜂涌而来,众多柏林人在库大道走了个通宵,其意味隽永深长。

购物选择

布莱茨歇德广场(Breitscheidplatz)和**威廉一世纪念教堂**(Kaiser-Wilhelm-Ge-dächtniskirche)❶的遗迹是位于库大道东端的景点,重修后教堂以蓝色为其基调色彩。自1983年,尤其是每年夏天,人们都聚集在**瓦瑟克罗普斯喷泉**(WasserkLops)周围纳凉,喷泉装置由雕刻家歌墨陶设计,与**欧洲中心**❷相邻而立。

欧洲中心是个大型现代商业中心,也是柏林最高的建筑物之一。参观者到20多层楼高的观景台,可将全市风景一览无余。当然大楼里面用餐价格不菲,而卡西诺赌场可与豪特卡洛赌城比美。下雨时不妨在此避雨,不过你得准备甩大把大把的钞票。相比而言,**卡德韦**(KaDeWe)百货公司更显时髦,这家百货公司位于**威登伯格广场**(Wittenbergerplatz)旁边,号称"柏林的哈洛德"。哈洛德是伦敦最大的百货公司。

指南

如果你想购物,又不想去库大道上那些国际连锁商店,可以去试试那些路边小店。在 Bleibtrellstrasse 路和 Schlüterstrasse 路上,就有许多精品店。

在**库大道外缘**(Off-Kú damm)的街道上，有一些挺不错的餐馆、咖啡店和酒吧。柏林有 8000 多处餐馆酒吧。若在傍晚享受和领略此地的娱乐及文化气息，你可事先订票，去勒尼纳广场**剧院**(Schaubühne)❸ 欣赏歌剧表演。这个剧院最早先在克鲁茨伯格发迹，导演彼得·斯坦 (Peter Stein) 频频推出佳作而名声大噪。不过，尽管该剧院仍是最优秀的剧院之一，拥有一流的技术设施，但演出似乎少了一些原本大胆尝试创新的活力。

地图
168 页

休息活动空间

柏林由众多湖泊和开阔田野所环绕，西部的**格鲁纳沃尔德**(Grunewald)森林中，有不少湖泊。在市区中央有美仑美奂的**提尔卡腾**(Tiergarten)公园。南边的**动物园**(ZooLogischer Garten)❹ (每日开放，收费) 是世界上最大的动物园之一，养有 1.4 万种动物，水族馆有 8000 尾各种鱼类。

提尔卡腾公园中央耸立着一根高 67 米的凯旋柱，建于 1873 年，纪念普鲁士对丹麦之战的胜利。公园大门以北，即**德国国会大厦**(Reichstag)❺，是建于 19 世纪的意大利文艺复兴风格建筑，为德国联邦议会所在地。大厦的穹顶在 1933 年臭名昭著的"国会纵火案"中被焚毁，现已用新顶修建。

提尔卡腾公园南边是**爱乐交响音乐厅**❻，已故音乐指挥大师卡拉扬使这个音乐厅名扬四海。音乐厅旁边是**乐器博物馆** (Musikinstrumentenmuseum) (周一~周六开放，收费)。公园内的**"新国家美术馆"**(Neue Nationalgalerie)❼ (每日开放，收费) 藏有现实主义和印象派风格的画作及其他现代作品，该馆由德国包豪斯建筑学派的凡·德罗赫设计并于 1968 年竣工。另有一座独立的**包豪斯建筑博物馆**(Bauhausmuseum)。

柏林动物园的入口处。

下图 翻新后的国会大厦

历史中心

勃兰登堡大门通向菩提树下大道和柏林市中心，自 1791 年启用至今，一直是德国命运的象征，交织着许多悲欢交加、哀婉动人的故事。拿破仑曾意气风发地通过此门向俄国胜利进军，然后又从它附近惨败而归。城门顶上的雕像是四马双轮战车，战车上身着戎装的胜利女神英姿飒爽。雕像于 1806 年被窃，但 8 年以后普鲁士布吕歇尔元帅(Marshal Blücher)率部大获全胜，这尊雕像失而复得。1848 年德国革命时城门周围筑起了许多路障。国王和君主们均从此门被游街示众，革命群众也从此门涌向皇宫，宣告共和体制的胜利。纳粹德军也曾在此门举行盛大阅兵式，1945 年随着德军全军覆没，苏联红军则屹立在四马战车的雕像上欢呼胜利。随后柏林墙竖了起来，整个大门周围地区从东西两方都遭到封锁。在柏林墙被推倒之后，勃兰登堡大门又成为德国的希望和统一的象征。

建筑师 Daniel Libeskind 设计的犹太馆（周二～周日 10：00～20：00 开放，免费；电话：25993410）中收藏着很多与德国犹太人有关的艺术品和纪念品。

下图　库弗斯坦达姆大道（Kurfürstend-amm）上的雕塑

柏林最具普鲁士风味的街道当属**菩提树下大道**(Unter den Linden)，它起自勃兰登堡大门，直插旧市中心。这条大道二战结束前夕亦被毁坏殆尽，战后也曾一度搞得不好。然而，如今漫步在这条优雅别致的大道上，满目古老都会的幽幽风情，仍然令人感怀万千。顺大道左侧向东拐，可看到**德国国家图书馆**（German State Library）及**洪森堡大学**（Humboldt university）。**腓特烈演讲广场**（Forum Fridericianum）四周的建筑物记录着各个时代的特色：巴罗克风格的**军械库**(Zeughaus) ❽，改建为博物馆，陈列着 22 名武士的死人面模；德国国立歌剧院曾被认为是古典主义风格的建筑，但经多次重建翻修，原来的建筑风格已不复存在。歌剧院后面是**圣赫德维格大教堂**(St Hedwig's Cathedral)，其建筑原型是罗马万神殿。

柏林市中心是孕育这座城市的摇篮。商人们最早在施普雷河（Spree River）的浅滩定居，现在穆伦丹姆大桥横跨此河。市内大部分历史古迹已面目全非，有大量古迹如霍恩佐伦王朝皇帝的市政宫已永远消失，这座建筑虽然在二战中遭到严重破坏，前东德当局则于 1950 年代将其彻底销毁。古铜色的共和国宫是议会大楼所在，也是前东德大众休闲娱乐的地方。共和国宫就建在原霍恩佐伦王朝的市政宫遗址上。

直到 1970 年，前东德政权才开始纪念普鲁士文化遗产并着手进行古迹修复工作。**圣尼古拉教堂**（Church of St Nicholas)是柏林自 13 世纪以来最老的宏伟建筑，重新翻修后变成典型的现代风格，周围的建筑有的改建成儿童玩具商店，有的变成了柏林的"迪斯尼乐园"。

典雅志向

19世纪建筑师腓特烈·辛克尔设计的古典建筑令人叹为观止，将柏林改观成"施普雷河上的雅典"，验证了柏林曾一度被列为欧洲最美城市之一的事实。

辛克尔设计的建筑究竟哪一座最为美丽？有人坚持说位于**根达曼马克特广场**（Gendarmenmarket）❾处的**剧院**（Schauspielhaus）为辛克尔的代表作，日耳曼大教堂和法兰西大教堂环抱着的广场，从整体上呈现出完美的艺术效果。另外一些人指出，菩提树下大道的**新观礼台**（Neue Wache）是辛克尔最完美最圆满的作品，这也是他在柏林设计的第一件建筑，具有古典主义简洁明快的和谐美。在德意志民主共和国时期，这个建筑成了悼念死于法西斯主义和军国主义分子的牺牲者的地方，现在成了"德意志联邦共和国中央纪念碑"，用以纪念在两次世界大战中不幸罹难的所有牺牲者。

博物馆岛

辛克尔代表作的第三栋建筑是坐落于**博物馆岛**（Museumsinsel）❿上的**古代博物馆**（Altes Museum）。最雄伟壮观、印象深刻的建筑，里里外外都按照辛克尔的设计将展现艺术发挥得淋漓尽致，而整个博物馆岛，其形式和内容，都达到了极强的艺术效果。博物馆岛上的**现代和古代博物馆、国立美术馆、帕格蒙博物馆**（Pergamon Museum）以及**波德博物馆**（Bode Museum），馆藏的古代文物精美珍贵。

柏林大教堂（Berlin Cathedral）⓫是威廉大帝光辉的纪念。腓特烈大帝策马奔腾的雕像和电视塔遥遥相望，俯瞰着亚历山大广场及远处的共和国宫。

1866年建在奥拉尼恩伯格街（Oranienburger Strasse）的**犹太教堂**（Neue Synagoge）⓬曾经是世界上最大的，二战时被摧毁，现已重新修复。犹太人就居住在歇伦维也赫塔尔区的这个犹太教堂周围，这一带再度成为柏林最富生气的地区之一，浓郁的文化氛围和宾客满座的咖啡店和餐馆为此地增色不少。

艺术品收藏

柏林西部有巴罗克风格的**夏洛腾堡宫**（Charlottenburg Palace）⓭，是主要的博物馆。于1695年建成，最初是普鲁士皇后索菲·夏洛特（Sophie Charlotte）的乡间行宫，18世纪间，腓特烈大帝及腓特烈·威廉二世又精心翻修装潢。新厢殿（New Wing）藏有法国画家华托（Antoine Watteau）的作品，且数量之多，超过法国以外任何国家所藏该画家的作品。夏洛腾堡宫外还建有**古代文物博物馆**（Museum of Antiquity）和**埃及博物馆**（Egyptian Museum）。❏

地图
168页

指南

关于博物馆岛上的博物馆的展览信息、开馆时间以及收费情况等，可拨打电话20905555进行了解。英语服务电话。

下图　从施普雷河上看柏林大教堂

周游德国

从莱茵河畔的葡萄园地到浪漫之路的古老城堡，这个欧洲最先进的工业国家也有着丰富的历史遗迹

地图164 ~165页

柏林

当你到**柏林**❶旅游时应该顺便游览**波茨坦**（Potsdam）❷和"**无忧宫**"（Sanssouci）（周二～周日开放，收费），1744 年，弗里德里希大帝按自己的计划设计了这座小宫殿，并不顾建筑师温茨劳斯·冯·科诺贝尔斯朵夫的反对，把它建在了一个旧葡萄园里。他在此摆放了精美的艺术品，举行了著名的长笛演奏会。他还在此盛情款待著名的客人——**法国哲学家伏尔泰**，为的是和他在文学和哲学上一辩高低。今天，游客们蜂拥而至，去参观无忧宫内豪华气派的 12 个房间。宫外有一片长达 97 米的大台阶，圣坛里面有 35 座巨大的女像柱，拱顶上金光灿烂地刻着"无忧宫"，煞是壮观。

普鲁士宫和柏林—勃兰登堡公园委员会不仅为这个宫殿提供了资金，而且兴建了一个占地 290 公顷的大公园，里面有许多建筑精品。大道的左边，隐蔽在精心规划的绿树丛中的是金光闪闪的**中国茶馆**。房顶上胖胖的中国人像，闪烁着耀眼的光芒。状似三叶草的房顶说明了 18 世纪德国人对中国建筑风格的偏爱。**新宫殿**（Neues Palais）位于长长的主道的尽头，它是一座典型的皇家建筑，在弗里德里希大帝统治的后期，他和客人居住在此。离新宫不远是**夏洛腾宫**（Charlottenhof Palace），是申克尔为弗里德里希·威廉四世设计建造的古典主义风格的建筑，还有富于古典美感的**罗马浴池**（Roman Baths）。公园的另外一端是**橘园**（Orangery），它采用的是意大利文艺复兴时的风格。在这些大厅里过冬的不仅仅是橘子树，关系不错的国家的国王们也住在这里。

穿过哈茨山脉

从柏林经过萨克森－安哈特到莱比锡，沿途风光形成了鲜明的对比。在哈茨地区，半木质的房子和罗马式的建筑组成了一幅美丽如画的风景。哈勒（Halle）是个工业区，莱比锡几十年来一直不被重视，重建以后，它已成了繁忙的城市。

勃兰登堡镇（Brandenburg）❸横跨哈韦尔河（Havel）两侧，14 世纪～15 世纪期间，它因贸易和生产布匹逐渐繁荣起来，但当柏林成为候选的驻地后，勃兰登堡开始败落。现在，钢铁厂占据了大片土地，但城中仍不乏精美的建筑。修建于中世纪的大教堂是勃兰登堡边区现存最古老的建筑。它原是罗马教堂，14 世纪末被改造成哥特式长方形廊柱大厅式教堂。里面最珍贵的是中世纪的彩色玻璃窗和主教们

左图　从哲学家大道上看海德堡城
下图　巴伐利亚的民族服装

莱比锡圣尼古拉教堂中的石膏装饰。

的墓碑。**马格德堡**(Magdeburg)❹是萨克森 – 安哈特州的首府,也是德国东部最大的内陆港。第二次世界大战对这座城市造成了巨大的破坏,但许多罗马式建筑都保存了下来,**圣母修道院**(Unser Lieben Frauen Kloster)(1064～1160 年)就包括在其中,现在它已被改作了音乐厅。

从西部走近**维腾贝格**(Wittenberg)❺,首先映入眼帘的是**宫殿教堂**(Schlosskirche)的尖塔,它的拱顶看起来像一顶恰巧合适的皇冠。1517 年 10 月31 日,正是在这个教堂的门上,马丁·路德张贴了 95 篇反对教会的特赦作法的文章,由此引领了宗教改革运动。

包豪斯建筑设计学校

从莱比锡到柏林要途经**德绍**(Dessall)❻,是包豪斯建筑设计学校 1925～1932 年间的校址所在;1977 年,当局决定重新开放**包豪斯大楼**(Bauhaus Building)用作博物馆(周二～周日开放,收费)。包豪斯的其他建筑作品还有奥古斯特倍尔广场的劳工交易所,位于特尔腾区的包豪斯住宅区和合作大楼以及艾伯特林阴道上的教师宿舍楼。

德绍的全盛时期是安哈尔特 – 德绍的利奥波德·弗里德里希·弗兰茨亲自(1740～1817 年)当政的时期,他身边有许多艺术家、诗人和建筑师。他命人在**维利茨宫殿**(Schloss Wörlitz)修建了一座全德最美丽的英式花园,宫中现存阿韦尔卡姆普、鲁本斯和卡纳莱托的作品。乘船穿过运河和人工湖大约需要一

下图　德累斯顿兹温葛城堡

个小时,但步行也不错。沿着小山和崎岖的小路有古老的雕像,还种植着 800 多种树木以及无数种异国花草。地面上矗立着各种各样的建筑,如意大利式的农舍,希腊式的神庙,哥特式的城堡和棕榈房。

随着 1409 年成立了自己的大学,**莱比锡**(Leipzig)❼成为一个贸易和文化中心,吸引了许多名人,如哲学家戈特弗里德和诗人歌德、让·保罗等。莱比锡又叫做"小巴黎",现在它的人口近 50 万。1930 年这里的人口尚有 70 万左右,但德国的分裂对这个印刷业和展览业的中心打击很大。今天,它的街道很快恢复了以往的繁华。建于 12 世纪的**圣尼古拉教堂**(Church of St Nicholas)内部装修非常精美,是这座城市昔日富丽堂皇的见证。

托马斯教堂合唱团所在的**圣托马斯教堂**(Church of St Thomas)建于 1212 年,15 世纪时被改建成现在的这种晚期哥特式的式样。起初,合唱团只有 12 名来自贫民学校的男童在做弥撒时唱诗,但不久,每逢教堂或市里举办典礼,他们都去唱诗助兴。1723 年,约翰·塞巴斯蒂安·巴赫(1685～1750 年)成了合唱团的指挥兼风琴手,他创作的大部分圣歌都是为这个合唱团所写的。托马唱诗班是世界上最好的唱诗班之一,经常在该教堂演唱。要想对巴赫了解得更多可去**巴赫博物馆**(Bach Museum)(周二～周四开放,收费)。

德国最美丽的城市

德累斯顿(Drdsden)❽这个名字将永远与 1945 年 2 月 14 日的毁灭性轰炸

指 南

乘坐易北(Elbe)河上的游轮,可以对德累斯顿城有一个外观上的了解。(游轮地址:Sächsischen Dampfschiffahrtsgesellschaft, Terrassenufer2;
电话:0351-5023877。

左图　阿尔贝廷殿中的雕塑
下图　德累斯顿的茨温格宫

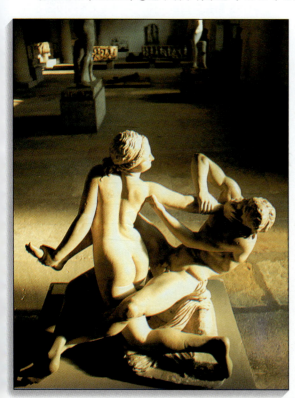

歌德与席勒仍然是魏玛城的两位文学巨匠

联系在一起，当时一连串的大火几乎烧毁了整个城市。从那以后，德累斯顿进行了大量的修复工作，从而成为德国最美丽的城市。1485 年，占统治地位的韦廷家族在萨克森的分支阿尔贝廷继承人将德累斯顿变成了一座皇城。千万不要错过**茨温格宫**（Zwinger Palace），它是德国巴洛克建筑的典范，建于 1710 年 ~ 1732 年。它是模仿凡尔赛宫的橘园而建的，宏伟的大门，众多的亭台楼阁、画廊和花园使这座大厦占据了大片的土地。茨温格宫里有许多画廊和收藏馆，其中最重要的是**古代艺术大师美术馆**（Gemäldegalerie Alte Meiseer）（周二 ~ 周日开放，收费），里面收藏了 2000 多件珍贵作品，包括拉斐尔的《西斯丁圣母》、伦勃朗的《森萨斯琪亚在一起的自画像》等。

附近的**阿尔贝廷殿**（Albertinum）修建时的目的是作为防御工事，现在却成为一座收藏馆。著名的**绿穹**（Grünes Gewölbe）（每日开放，收费）原来是萨克森亲王们所拥有的珠宝首饰和绘画作品的收藏馆。其他的收藏馆包括**近代大师美术馆**（Galerie Neuer Meister），其中收藏了 19 世纪艺术大师高更和卡斯帕·大卫·弗里德里希的作品；**雕塑博物馆**（Sculpture Gallery），其中收藏了古今多件作品；以及**钱币博物馆**（Coin Collection）。

德累斯顿的郊区比城市本身更有吸引力。**皮尔尼茨宫**（Pillnitz Palace）（周三 ~ 周一开放，收费）是强者奥古斯建在河边的避暑的夏宫，游客可在这周围进行愉快的一日游。它那尖尖的宝塔似的屋顶，是当时风行的中国式建筑。宽敞的花园里种植着 1770 年从日本引进的山茶花，春天满地的鲜花引得无数游客驻足观看。

下图　图林根林地的森林

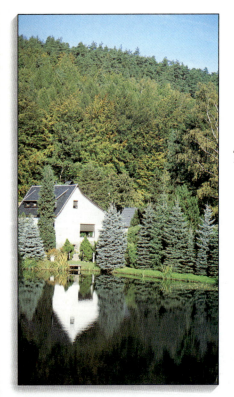

从德累斯顿向西南与捷克共和国交界的山区方向，有著名的矿石山，从 12 世纪开始，这里就出产各种矿藏，如铅矿、锡矿、银矿和铁矿。直到 15 世纪，以开发银矿为主的**弗赖贝格**（Freiberg）❾ 一直是萨克森最富有的城镇，甚至超过了德累斯顿和莱比锡。从城中一些15 世纪的建筑上可以看出当时人们的富裕程度。

沿着歌德的足迹

🔺　继续向西来到**魏玛**（Weimar）❿，这里是任何穿越图林根林地旅行的起点。从 18 世纪中期以来，它一直是德国文化的中心。歌德（1749 年 ~ 1832 年）于 1775 年被任命为萨克森——魏玛——埃森纳赫公国的高级官员，后来又担任教育部长和魏玛剧团指挥，此间，由于对戏剧的共同热爱，歌德和席勒（1759 年 ~ 1805 年）建立了深厚的友谊。**歌德故居**（Goethe's House）（周二 ~ 周日开放，收费）收藏了他的 6500 册书籍；歌德的**花园别墅**（Gartenhaus）和席勒故居（Schillerhaus）（周一 ~ 周三开放，收费）都值得一看。席勒故居中的摆设完全依照当时的情景布置。**魏玛艺术收藏馆**（Kunstsammlungen Zu Weimar）（周二 ~ 周日开放，收费）坐落在**城堡**（Stadtschloss）内，馆内藏有老卢卡斯·克拉纳赫、丁托列托、鲁本斯和卡斯帕·大卫·弗里德里希的名画。

平缓起伏、密林掩映下的丘陵、狭窄的河谷和圆形的山峦构成了**图林根林地**独特的风光。歌德生前十分欣赏这里的自然景观。著名的**雷恩小径**(Rennsteig)全长 168 公里,穿越整个图林根林地山区,今天,如果徒步旅行者要沿着这条路旅行的话,将会大有收获。他们可从霍斯切尔(Höschel)出发,经埃森纳赫,终至布兰肯施泰因(历时 5 天),这条路还经过大因泽尔斯贝格山(海拔916 米),虽然它只是图林根林地第四高峰,但其风景最为优美。

巴伐利亚

从魏玛向南,有一个引人入胜的古镇叫做**阿思斯塔特**(Amstadt),它从1620 年起就是巴赫家族的家园。该家族中最有名的是约翰·萨巴斯坦,他在 1703 年 ~1707 年间曾担任多处教堂和宫廷的乐长,至今以他的名字命名的教堂仍保留着。再向南,巴伐利亚的**拜罗伊特镇**(Bayreuth)**❶❶**和另一位音乐家和作曲家理查德·瓦格纳密不可分。1876 年他在此建起了一座歌剧院,每年的 7 月 25 日到 8月 28 日之间这里都举办瓦格纳艺术节。古老的帝国自由城市**纽伦堡**(Nürnberg)**❶❷**是巴伐利亚第二大城市,也是重要的工商城市。第二次世界大战中,它被炸得满目疮痍,但现在已基本按原样重建起来了,保有旧时的魅力。

12 世纪 ~16 世纪,纽伦堡是德意志神圣罗马帝国的非正式首都。佩格尼茨河将纽伦堡旧城(old City)分成了两部分,即北部的塞巴尔德城和南部的劳伦策城。每个部分的

地图164
~165 页、
178 页

下图 维尔茨堡

四周都于13世纪修建了坚固的防御工事,城墙上有46座防御塔,它们是城市的标记。

高高盘踞在旧城边砂岩峭壁上的帝王城堡(Kaiserburg)是建于11世纪~12世纪的最古老建筑。

15世纪~17世纪之间,这座城市吸引来许多艺术家和科学家,如阿尔布莱希特、Adam Krafft和维特·施托斯。城堡附近的**阿尔布莱希特故居**(Albrecht Dürer House)(周二~周日开放,收费)现在已成为一座博物馆。**中央市场**(Hauptmarkt)是纽伦堡每年一度的圣诞市场的举办地。**德国国家博物馆**(Germanisches National-museum)(周二~周日开放,收费)建于1851年,拥有史前和早期大批文物。纳粹的统治从1933年持续到1938年,为纽伦堡的历史写下了不光彩的一笔。

浪漫之路

很多游客对"浪漫之路"耳熟能详。此路因沿途丰富的历史典故而得名,从北部的**维尔茨堡**(Würzburg)Ⓐ经慕尼黑东部的奥格斯堡,到达靠近奥地利边境的弗森(Füssen)。维尔茨堡在第二次世界大战中遭受大规模的破坏,如今所见则是重新完成的建筑。

游览维尔茨堡的行程最好从**主教宫**(Residenz)开始,它建于1720年~1744年,由巴尔萨沙·诺伊曼设计,被誉为欧洲最精美的巴洛克宫殿之一。主教宫的楼梯无疑是巴洛克–洛可可时代最华丽的,直达二层,顶部是长30米宽18米的圆拱顶。拱顶(ceiling fresco)的壁画比它自身更突出,由意大利艺术家吉亚姆巴帝斯塔·提艾波罗绘制。他于1750年被召至维尔茨堡来创作这幅世界上最大的画。提艾波罗描绘了奥林匹斯诸神和当时已知的亚、非、欧、美四大洲。他在帝王厅创作的壁画描绘了1156年弗里德里希·巴巴诺萨大帝和勃艮地的贝亚特丽克丝的婚礼。在1945年盟军的轰炸中,这幅壁画竟奇迹般地无丝毫损伤。游完教宫内庭,再去后面的**霍夫花园**(Hofgarden)看一看,这儿的锻铁大门和巴洛克式群像都很精美。

离开主教宫,顺着霍夫大街可以来到基连广场和罗马式**大教堂**(Cathedral)。为了纪念公元689年被害的法兰克先知及保护神އ基连,毁于1945年战火中的教堂又重建起来。**舍恩波恩礼拜堂**(Schönborn Chapel),是巴尔沙萨·诺伊曼最重要的作品之一,它建在教堂袖廊上,存放着舍恩波恩大主教的神龛。美因古桥(Alte Mainbrücke)上竖立

Romantic Road

0   20 km

0   20 miles

着圣基连塑像，穿过古桥顺着陡峭的小路可以来到**玛丽贝格城堡**（Festung Marien-berg）。这个建于 1201 年巨大的长方形城堡中间是一个院子，13 世纪的喷泉和圣玛丽教堂都保存完好。1253 年～1719 年，主教们曾用它作为堡垒，使力量日益强大的市民难以接近。1525 年的农民起义期间，处于社会底层的大众试图在它墙下埋炸药来攻取。1631 年，当整个城市在 30 年战争中被瑞典的古斯塔夫·阿道夫攻取之后，他把城堡扩建成今天的样子，正面是巴洛克风格，里面有亲王花园。

城堡最吸引人的是**美因法兰克博物馆**（Mainfränkisches Museum）（4 月～10月周二～周日 10：00～17：00，11 月～3 月 10：00～16：00 开放）。展品中有一批木刻家兼雕塑家蒂尔曼·里门施奈德的作品。蒂尔曼于 1483 年从故乡哈尔茨山区来到维尔堡，并迅速在弗兰肯成名，于 1520 年当选市长。他在农民起义中支持农民反对大主教康拉德·冯·梯根，在玛丽贝格城堡战败。蒂尔曼被捕入狱，受尽严刑拷打，1537 年他在贫病交加中离开了人世。在城堡南的小山上，有一栋巴尔萨沙·诺伊曼设计的**小礼拜堂**（Kappele），1748 年成了朝圣教堂。

浪漫之路从**陶伯河主教之家**（Tauberbischofsheim）**B**，725 年左右，圣卜尼法斯在这里建立了一所女修道院。劳达（Lauda）**C** 在几个世纪以来一直是酿酒业的中心，市政厅大街 25 号的那栋 16 世纪的房子本属于一个葡萄种植主，现在已改建成了葡萄酒及地方史博物馆（4 月～10 月周日开放，收费）。在克雷克林根（Creglingen）**D** 可见到里门施奈德最伟大的作品，这里的主母教堂（Herrgottskirche）自 14 世纪以来一直是人们的朝拜圣地。

地图
178 页

指 南

别错过丁克尔斯比老磨坊中的三维博物馆，这里的全息摄影、三维艺术和其他视觉艺术会让你目瞪口呆。

下图 浪漫之路上的罗腾堡

陶伯河畔的罗腾堡 (Rotherburg ob der Tauber) **E** 1274 年成了一座帝国内的自由城市,它的特殊地位为它的繁荣奠定了基础。罗腾堡的街道像车轮的辐条一样,从城门、城墙汇合到中央市场。**市政厅**(Rathaus)位于市场广场旁,前面部分是文艺复兴式的,后面是哥特式的。从它 55 米高的塔上,可看到历史悠久的小镇中心和古防御墙。向南可见圣约翰教堂,向东可见马库斯塔(Marcusturm)和白塔间的拱门。

圣詹姆士教堂 (St-Jakobs-Kirche) 里的圣血祭坛 (Helig-Blut-Altar) 是纪念耶稣受难的代表作,由雕刻家蒂尔曼·里门施奈德于 1501 年～1505 年完成。沿着斯比塔小巷返回市中心,会经过**普隆雷因亚** (Plönlein),这是罗腾堡最美的地方,也是摄影爱好者经常光顾的地方。

奥格斯堡以南

再回到浪漫之路 (B25 号公路) 上,**福伊希特旺根** (Feuchtwangeh) **F** 是下一站。夏季,斯提夫特教堂的罗马式游廊就是极好的露天舞台。再向南一点的**丁克尔斯比尔**(Dinkelsbühl) **G** 只能从它的 4 个主门中的一个进入。每年 7 月要在这里上演历史剧《**少年酒徒**》(Kinderzeche),并有五彩缤纷的游行,以纪念"三十年战争 1618 年～1948 年",当时丁克尔斯比尔被瑞典军队团团围攻。

从**讷德林根** (Nördlingen) **H** 的圣乔治教堂的塔上往下看,可见**里斯陨石坑**(Rieskrater) 中 99 个村庄的全景,这个陨石坑形成于 1500 万年前,是一个巨大的陨石以每小时 7 万公里的速度撞击地球而成的。这次撞击产生的石块和泥土,落下后

下图 新天鹅城堡

形成了直径 13 公里像墙一样的东西。现代化的**里斯陨石坑博物馆**(Rieskratermuseum)(周二～周日开放，收费) 中有奇妙的多媒体展出向游人讲解这一陨石坑形成的特定地理年代。再向南来到**哈堡** (Harburg) ❶ 它是德国最古老的城堡之一；**多瑙沃斯**(Donauwörth) ❿ 从 1910 年起就开始生产著名的凯特－克鲁丝玩具。

富格莱养老院

　　中世纪的贸易城市**奥格斯堡** （Augsburg） Ⓚ 已发展成为商业中心和主教辖区，位于连接意大利与弗兰肯卡洛林的重要路线枢纽处。1500 年，它已是德语国家中最大的城市之一。富有的银行和商人家族——富格尔家族于 1516 年在这里建起了一个特别的社会安居工程**富格莱养老院** (Fuggerei)，贫穷的天主教老人们在这儿花很少的钱就可租一间小屋。这座城镇拥有丰富的艺术珍宝，包括价值颇高的圣坛绘画和德国已知最古老的玻璃窗 (可追溯到约 1130 年)，它们都在以前的一个巴洛克教堂内(每日开放，收费)。

在十月啤酒节上畅饮。

　　弗森 (Füssen) Ⓛ 附近的**新天鹅城堡** (Neuschwanstein Castle) (每日开放，收费) 建于 1869～1886 年，由巴伐利亚的 Ludwig 国王兴建，据说它的费用几乎让 Ludwig 国王破产，他过世后兴建城堡的借债还未还完。

　　多瑙河最北端是有 2000 多年历史的**雷根斯堡** (Regensburg) ⓭，在第二次世界大战中几乎没有遭到什么破坏。从**石桥**(SteinerneBrücke) 上可以将这座城市一览无余。石桥建于 12 世纪，全长 310 米，是一件中世纪的杰作。从河边的州府大楼上空望过去，可

下图　慕尼黑市政厅

啤酒花园

在炎热夏季下午 5 点钟的时候，你会看到许多慕尼黑人走出家门，坐在市里一间啤酒花园的栗子树下，端着一个盛满啤酒的大杯子，悠闲地吃着烤鸡，一直呆到很晚才回去。当树上的彩灯亮起时，整个啤酒花园就像一个舞台，非常漂亮。这里没有阶级差别，不讲论资排辈，或许会有一群吵吵嚷嚷的小混混和一群衣着整洁的中年男子坐在同一张桌子边，里面还夹杂着两三个挽着优雅发髻的姑娘。这里的啤酒花园采用自助方式，人们常得排队，当然也可以自己带些吃的，很多家庭带着小红萝卜、干酪、凉菜、面包，甚至还带着格子餐布来此进餐，吃饭时只需点些啤酒即可。

　　在慕尼黑，啤酒花园数目众多，大小不同、形式各异。在英国花园的中国宝塔上，古典铜管乐管正如火如荼地在演奏，而在慕尼黑南部的大黑塞尔洛赫湖区，"森林农场"里却响起了爵士乐。在施瓦宾区，人们喜欢吃传统菜，如排骨。而南边的曼格斯丁，则提供各种亚洲菜，以及啤酒和香肠。

慕尼黑市政厅塔楼上跳舞的机械小人。

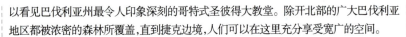

以看见巴伐利亚州最令人印象深刻的哥特式圣彼得大教堂。除开北部的广大巴伐利亚地区都被浓密的森林所覆盖,直到捷克边境,人们可以在这里充分享受宽广的空间。

巴伐利亚首府

 狮子大公爵亨利在 800 年前,先于威特尔斯巴赫王室采取了一次历史创举。他在伊萨尔河(Isar River)上建了一座新桥,以便盐货从巴特赖兴哈尔的盐矿运往奥格斯堡。慕尼黑(Munich)⑭就是以该桥为中心逐渐发展起来,其市名取自附近的一修道院修士之名。慕尼黑原名小修士(Mönchen),迄今该市的象征物是一个一副娃娃像的修士,即"慕尼黑之子"。

从很多方面来看,整个城市依旧是个饱经世故的大村庄。女士们穿着传统的低胸紧身上衣,喜欢于下午在小巧玲珑的露天咖啡馆里轻啜咖啡;男士们则身穿绿色粗绒布衫,开着跑车到处兜风。乡村妇女穿着及踝长裙,在城市中心菜市场出售装在柳条篮子里的草药,在这儿还可以买到法国进口的高级奶酪和名酒。

从世界各地而来的游客,争睹由艾萨姆兄弟建造的艾萨姆天主教堂(Asamkirche)和其他巴罗克风格的奇特建筑,以及世界著名品牌汽车 BMW 公司外形形如汽缸的超现代感的总部大楼。

游客们还争相参观德国博物馆(Deutsches Museum)(每日开放,收费)的科技展览。这个在德国最受欢迎的博物馆,坐落在伊萨尔河的一个岛上,陈列内容从煤矿到天文,涉及许多工程、航海及航空领域的先进科技等等。

下图 十月节上身着民族服装的人们

慕尼黑两座最著名的艺术馆是旧博物馆(Alte)和新博物馆(Neue Pinakothek)(周二~周日开放,收费),皆位于市中心西侧, 与位于国王广场的雕刻收藏馆(Glyptothek)(周二~周五开放,收费)一样,收藏了许多古希腊和古罗马精致的雕刻制品。旧博物馆展示 14 世纪~18 世纪欧洲名画家的作品,侧重于荷兰和弗来明流派的作品,与之相毗邻新博物馆约藏有 400 件书画及雕塑,收藏了印象派、新艺术派及象征主义作品。

慕尼黑的节日

特瑞西恩广场 (Theresienwiese) 是举行十月节(Oktoberfest) 庆典——闻名于世的啤酒盛会的场地,广场上竖立着一尊象征巴伐利亚人格精神的强壮亚马逊女人雕像。传统的啤酒屋和餐馆都位于交通便利的市中心区,这里由汽车总站、斯塔屈斯(Stachus),市政厅、王宫以及奥迪恩斯广场(Odeonsplatz)等环绕。附近还有以前专为宫廷酿酒的宫廷酿酒厂(Hofbräuhaus)。

宫廷花园路上的宫廷花园(Hofgarten),位于皇宫的洛可可宝石——屈维里耶剧院(Cuvilliés Theatre)附近。皇宫博物馆(Residenz)(周二~周日开放,收费)中有很多历史悠久的宫廷房间,参观入口在马克斯-约瑟夫广场(Max-Josep-h-Platz),此外,游客还很有必要在上午 11 时

去**市政大厅**(Rathaus),观看大厅外塔楼上那电动机械人的每日定时表演。

地图164
~165 页

斯图加特和黑森林

从古老的大学城**弗赖堡**(Freiburg)通向**斯图加特**(Stuttgart) ⑮的道路沿着小河谷,要穿过一片风景特别美丽的地方。18 世纪以来,不断有游客被莱茵平原和1200米高的高山吸引来到**黑森林**(Schwarzwald)。树木覆盖的山坡,为游客提供了广阔的散步空间;在较偏远的地区有许多松鸡、野鸡、鹰鹿、狐狸和獾等野生动物。

斯图加特是德国人均产值最高的城市,部分原因在于它拥有著名的奔驰汽车制造厂。从席勒广场上的 16 世纪的旧宫 (Altes Schloss) 可以看出从前那些有钱有势者的奢侈豪华。对面的新宫是现在的文化部和财政部所在地。城里最值得参观的地方是**戴姆勒 – 奔驰博物馆** (Daimler-Benz-Museum) (周二～周日开放,收费);值得一游的还有斯图加特楚芬豪森的**保时捷博物馆**(Porsche Museum)(每日开放,收费)。

海德堡的城堡结构复杂,包括防御工事、居室和宫殿,花了约 400 年才完成,因而其建筑结构也在不断变化,由起初的哥特式风格变为后来的巴罗克风格。

穿过河谷来到海德堡

虽然早在罗马时代就有人在**巴登巴登**(Baden-Baden) 洗温泉浴,但一直到1838 年,雅库斯·贝纳齐特在库尔豪斯开了第一座**赌场**(Casino),才重新使这里的温泉热闹起来。巴登巴登一下子成了观光胜地。向北一些的**卡尔斯鲁厄**(Karlsruhe) ⑯的存在完全是因为 1715 年左右巴登—杜尔拉赫的玛格拉维·卡尔·威廉在那儿建了皇宫。这座宫殿里面设有**巴登州立博物馆** (Badisches Lan-

下图 极端保守派的学生社团

罗雷莱传说中的美丽的海妖，她引诱单纯的船夫来到死亡岩石上。

desmuseum)（每日开放，收费）。**国家制陶厂**（State Majolica Manufactory）（每日开放，收费）里展示着色彩鲜艳、制作精细的彩陶。**国家画廊**（Staatliche Kunsthalle）（每日开放，收费）里藏有许多欧洲绘画中的精品，是德国南部最好的画廊之一。**植物园**（Botanical Gardens）（周日～周五开放，收费）也在附近。

联邦宪法法院（Federal Constitutional Court）也坐落在本城内，它的主要作用是监督德国宪法的执行，还有联邦高等法院，主要是保护个人的各项权利。

高出风景秀美的**海德堡**（Heidelberg）❶市区许多的城堡（每日开放，收费，有导游）每年吸引数百万来自世界各地的游客，从而使海德堡成为德国最受欢迎的旅游城市。海德堡坐落在奥登沃尔德山区的边缘。内卡河（Neckar）从黑森林奔流而下，汇入莱茵河，形成一座浪漫德国的缩影——海德堡。在城堡上可俯瞰秀美的街巷与盘陀迷宫般的屋顶，一座有 6 个拱形桥孔的**古桥**（Alte Brücke）横跨在内卡河之上，使山谷的景色平添一份和谐柔美。13 世纪的古城门上耸立着巴罗克式的尖塔顶，穿过此门沿**海利根堡**（Heiligenberg）的山间步行道，便可到达**"哲学家大道"**（Philosophenweg）。

法兰克福

法兰克福（Frankfurt）❸是德国地理及金融中心，也是通往心脏地区的门户。莱茵－美国（Rheine-Main）机场是欧洲第二大繁忙的机场。**法兰克福火车站是世界上最完善的铁道系统枢纽**，高速公路网也是从该市呈扇形向四周辐射。

法兰克福现代化的摩天大楼直插云霄，明亮的玻璃窗将耀眼的光芒折射到与之相邻的法兰克福哥特式大教堂的尖顶之上。在**萨克森豪森**（Sachsenhausen）的波西米亚（Bohemian）人居住区，铺着鹅卵石的街道两旁布满苹果酒酒店。鲁宾斯、伦勃朗、丢勒以及荷尔班（Holbein）的绘画作品陈列在法兰克福各大艺术博物馆中，舒曼凯（Schumankai）的新建博物馆区是在德国最令人激动的地方，包括**现代手工艺品及应用艺术美术馆**（Museum für kunsthand werk）（周二～周日开放，收费），还有独具风格的汉斯·霍林（Hans Hollein）现代美术馆。

罗米尔（Romer）（每日开放，收费）由三栋新哥特式建筑物组合而成，包括神圣罗马帝国皇帝加冕的教堂，1749 年德国最伟大的诗人歌德即在此处诞生。

美因河流经法兰克福市与莱茵河交汇，后者奔腾向北穿过德国的产酒地带。

莱茵河与摩泽尔河

离美因河与莱茵河交汇处不远，坐落着**美因茨**（Mainz）❹（人口 18.5 万），该城建于公元前 38 年。在衰败了数百年后，公元 747 年，有"日耳曼使徒"之称的圣卜尼法斯将它变为大主教区，这个曾是"优秀日

下图　罗雷莱附近的猫堡

耳曼"省首府的城市又开始繁荣起来,并成为日耳曼基督教的中心。毫无疑问,约翰内斯·古腾贝格(约 1397 年 ~ 1468 年)是美因茨最著名的人物,他被认为是印刷术的发明者,在古腾贝格博物馆(Gutenberg Museum)(周二 ~ 周日开放,收费)中可以见到他的 42 行拉丁文圣经以及一些古老的印刷设备。

由此向西,来到摩泽尔河谷心脏地带的特里尔(Trier)❷,它是德国最古老的城市,公元前 16 年由罗马帝国皇帝奥古斯都建立。黑门(Porta Nigra)原是罗马时期一座城堡的大门,是阿尔卑斯山以北保护最完好的古建筑。

莱茵地区博物馆(周二 ~ 周日开放,收费)(Rheinisches Landesmuseum)中存放了大量的罗马时期的珍宝,有马赛克画、雕塑、玻璃制品以及古钱币,其历史年代跨越了罗马人入侵前后。

像碉堡一样的圣彼得大教堂(At Peter's Cathedral)(建于 11 世纪 ~ 12 世纪),是德国最古老罗马式教堂之一,是中世纪基督教的见证。

科布伦茨(Koblenz)❷(人口 10.8 万)地处莱茵河与摩泽尔河的汇流处,是继美因茨之后,莱茵河畔最大的城市,当地的博物馆中有颇具吸引力的历史文化展览精品。登上河右岸的埃伦布赖特施泰因(Ehrenbreitstein)城堡,科布伦茨的市容尽收眼底,其中有圣母教堂(Liebfrauenkirche)以及圣卡斯托教堂(St Kastorkirche)(13 世纪)的塔楼。

闻名遐迩的酒村(Wine Village)左傍摩泽尔河,右临莱茵河,1925 年仿酿酒村而建,里面有葡萄园以及典型的半木房屋。你可以在此小憩,享用一杯可令你精神

地图164~165页

摩泽尔河谷是德国著名的葡萄酒产地。温宁根(Winningen)、策尔(Zell)、贝恩卡斯特-科乌斯(Bernkastel-Kues)和毕斯波特(Piesport)都是典型的葡萄酒产地,拥有景色壮观的葡萄园。

下图 工作在葡萄园里

倍增的摩泽尔河葡萄酒，以便你在随后进行的葡萄园游览中有充沛的体力。

科隆的戏剧和音乐演出颇负盛名。狂欢节期间，人们沉浸在热闹的节日气氛之中，开怀畅饮当地出产的科尔什（Kölsch）啤酒。

科隆之旅 → *巴塔斯纹§ Engelhaus historiches zentum*

随着柏林墙被推倒，**波恩** (Bonn) ㉒将德国首都的职能交还给了柏林。1949 年之前，波恩只是一个寂静的小城，城里有选侯宫和波恩大学，唯一使它闻名的是它是路德维希·冯·贝多芬(1770 年~1827 年)的故乡。由于一英里博物馆(Museum Mile)的存在，波恩仍然有许多东西值得一看，这里有**艺术展览厅**(Kunst-und Austellung shalle)，举办艺术、技术、历史和建筑方面的展览。**艺术博物馆**(Kunstmuseum)和**亚历山大国王博物馆** (Alexander Koenig Museum)。**贝多芬故居** (Beethovenhaus)(每日开放，收费)的展品中包括一架在维也纳专门为贝多芬而制的钢琴。

科隆 (Köln)是一座更加生动的城市，人口约为 100 万。科隆重不仅以双尖塔顶大教堂、四旬斋前一日 (Mardi Gras)的盛大节庆以及宗教游行而闻名，更难能可贵的是，科隆在第二次世界大战后从断垣残壁中重建的勇气。

kölner dome

westphelia?
书空泥代河亚
钺 nation state

杜塞尔多夫 (Düsseldorf)㉔位于科隆以北 40 公里处，距鲁尔工业区不远，是北莱茵威斯特法伦州的首府，该州是全联邦人口最稠密的地区。杜塞尔多夫的交通便利，周围有许多高速公路，并位于东西、南北铁路的汇合处。在航班数量上，它仅次于美因河畔的法兰克福，位居全国第二。

多特蒙德市 (Dortmund)㉕是位于鲁尔区东部的一座现代化城市，然而其历史源远流长。事实上，全欧洲酿制啤酒最多的城市是多特蒙德，连南方的对手慕尼

下图　科隆大教堂

黑都比之不及。可在酿酒博物馆(Brauerei Museum)(周二～周日开放,收费)。

地图164
～165 页

格林兄弟的足迹

从风景优美的威悉河谷的**哈瑙**(Hanau)沿**童话之路**(Fairy tale Road),经过雅各布和威廉·格林的出生地到达不来梅。河畔绿草丛丛,植被茂盛,山峦起伏,遥远年代的城堡和文艺复兴时期的宫殿,所有这一切让你不由得相信神话中的那个睡美人就站在那里。途中的**哈美恩**(Hameln)恰如其分地将自己称作"威悉文艺复兴之城"。"捕鼠人之家"**餐厅**(Ratlen fängerhaus)让人忆起那个著名的故事——"哈梅林的魔笛手(The pied piper of Hamelin),夏季的每个周日在哈美恩的**结婚礼堂**(Hochzeithaus)都有童话剧表演。

不来梅(Bremen)❷❻是一座古老的汉萨同盟城市,与其北方 57 公里的**不来梅港**(Bremerhaven)组成了德国最小的州。不来梅的历史可追溯到公元 8 世纪,它的旧城最迷人的地方是市场广场周围的**哥特式旧市政厅**(Rathaus)。紧挨着旧市政厅西北塔楼的是不来梅市音乐家的雕像,其实,所谓的音乐家是 4 种动物,即狗、驴、猫和公鸡,来自格林童话。

去海滩。

海岸及汉堡

汉堡(Hamburg)❷❼是德国第二大城市(人口 170 万)。虽然它距海边尚有 110 公里,却是德国的主要海港城市,从易北河驶来的货轮在此卸下。汉堡最迷人的地区之一是具有悠久历史的港口仓库区,游览仓库区最好是乘坐小船取道运河悠然其词。

汉堡的红灯区分布于**瑞柏班**(Reeperbahn)或圣保罗区(St. Pauli),大概这是欧洲最淫荡粗俗的色情地区。**赫伯街**(Herbertrasse)沿途有不少"色情中心"和橱窗透明秀,18 岁以下的青少年不得进入这条小巷。不过此地治安良好,旅游服务中心还会建议游客前往那些具有良好口碑的俱乐部。

汉堡最别致高雅的地方要算从火车站到市中心的这段路了。火车站以北是**美术馆**(Kunsthalle)(周二～周日开放,收费),这里收藏了德国价值最高的绘画和雕塑作品。火车站的另一端是**工艺美术博物馆**(Museum für kunst und Gewerbe)(周二～周日开放,收费)。

250 年间,**吕贝克镇**(Lübeck)❷❽一直是神圣罗马帝国的商业大都会。1143 年,邵恩堡的阿道夫二世公爵在特拉夫河中的一个小岛上建立了这个定居点,后来狮子亨利征服了这个地区,并把它变成了镇子。1226 年,吕贝克成为自由帝国城市。后来它成了重要的港口,商人们从此出发,同波罗的海沿岸和西边居民进行贸易,人们用毛皮、焦油、蜂蜜和琥珀从英国换回羊毛、铜和锡。当时,盐也是一种珍贵的商品,用于保存食物。1356 年时,吕贝克是汉萨同盟的所有城市中最强的一个。

下图　汉堡的海上贸易

传统节日与地方色彩

德国有各式各样的传统节日，如狂欢节、慕尼黑十月节，此外各个镇甚至各个村还有自己特殊的节日

杜塞多尔夫是座现代化的都市，城中有许多精品店和摩天大楼。狂欢节期间这里热闹非凡，人们举行盛大的游行，大摆宴席，平日的各种规矩被抛在了脑后。原来属于异教的狂欢节居然在这个国际大都市中扎下了根。

德国人工作很努力，但玩得也起劲。因为德国直到1871年才成为一个国家，所以德国的各个州庆祝不同的节日，各地过狂欢节的方式也大相径庭。在莱茵兰，人们通常身着华丽的服装，举行拉斯维加斯式的游行，但在黑林山，人们则戴上阴森森的面具。

一些节日是用来纪念历史事件的，如丁克尔斯比尔的儿童节，在这一天，城中的孩子们要列队游行，请求瑞典军队不要破坏他们的家园。慕尼黑举世瞩目的十月啤酒节来源于1810年路德维希一世和特蕾泽公主的结婚庆典。德国还有许多葡萄酒和啤酒节，各地射击协会主办的射击节也是德国的传统。

▷ 旋转的秋千

慕尼黑的十月节不仅是爱喝啤酒的人的节日，也是孩子们到游乐场中尽情玩耍的好时光。

△ 保留传统

源于中世纪的射击节，是个地方节日，人们身着彩装，上街游行。

△ 街道晚会

在德国南部人们把狂欢节叫"法胜"(Fasching)。在慕尼黑人们不仅要举行五彩缤纷的游行，还要在街道上开晚会。

▷ 参加婚礼的人群

1475年，大约1万人在兰茨胡特(Landshut)参加了富豪路德维希公爵的儿子乔治和波兰公主雅得维加的婚礼。

▷ 狂欢节面具

在黑林山一带，信奉异教的阿勒曼尼克人过狂欢节时，要戴上木头雕刻的面具。

圣诞节市场

胡椒蜂蜜饼和圣诞饰品的小摊旁，弥漫着红葡萄酒的香味。一群人在市政厅的阳台上唱着欢乐的圣诞歌曲。圣诞节市场是一年中最热闹的场合之一。

圣诞节市场起源于宗教改革运动。由于天主教的圣人日被取消，孩子们在12月6日得不到礼物。作为补偿，据说圣诞老人在圣诞节的前夜会给孩子们送来礼物。因此市场上开始出售这些礼物，这从此成了一个传统。19世纪早期这个风俗非常盛行，但后来几年被人忘记，直到20世纪30年代人们才重新恢复了这个传统。纽伦堡的一家圣诞节市场是最出名的，它是根据一个小学生的名字来取的名。

◁ **傻子宴会**

狂欢节期间，全国的电视都转播忏悔星期二的前一天，即大斋期前的星期一在美因茨 (Mainz) 和科隆两地举行的大游行。狂欢国王和女王是节日里的主角。

▷ **太阳、月亮和星星**

11月11日，孩子们庆祝圣马丁日。他们手举灯笼，上街游行，并高唱传统歌曲，纪念这位仁慈的圣人。

◁ **庆祝活动**

5个世纪以来，人们每隔四年就要重演一次豪华的兰茨胡特婚礼的盛况。

▷ **吹喇叭**

政府规定的狂欢节于11月11日开始，但它在忏悔星期二达到高潮。

瑞　士

瑞士位于欧洲的心脏地带，这个国家最珍贵的财产就是那无数的风景胜地

瑞士汽车上的字母 CH，是"联邦赫尔维蒂卡"(Confederatio Helvetica)的缩写。赫尔维蒂卡原为凯尔特人的一支部落，后被凯撒所灭。赫尔维蒂卡斯(Helveticus)是当年罗马帝国长达 5 个世纪的统治时期中用过的拉丁文地名，即今天的瑞士西部一带。瑞士(Switzerland) 一词最早来自施维茨 (Schwyz)，这是 1291 年在卢塞恩湖畔(Lake Lucerne)的吕特利(Rütli)最先组建邦联的三个州之一。今天瑞士联邦共有 23 个州，分成法语区、德语区和意大利语区。

瑞士是个袖珍小国，面积与荷兰不相上下，但人口却只有荷兰的一半。瑞士最大的城市苏黎世 (Zurich)，也仅有 70.6 万人口。在总共 630 万居民中约有 100 万外国人，其中半数为来自意大利的劳工。瑞士以其金融业、永久中立地位及手表工业而闻名于世。当然，瑞士人也竭尽全力维持其独立：每位适龄男子都予以武装，每年必须接受数日军训，直至 50 岁为止。400 年来，瑞士雇佣军(Reisege)一直在欧洲延绵不断的战争中效命，现在梵蒂冈仍有瑞士籍雇佣卫兵。

瑞士东部地区及低地部分遍布果园和翠绿的草地，春季来临，宛若人间仙境。夏季人们多去湖泊地区欣赏湖光水色；秋天的瓦莱州 (Valais) 和沃州 (Vaud) 是享受葡萄园美景的好时节，那时的英加丁 (Engadine) 格里松斯 (Grisons) 南部的河谷地带森林茂密葱郁，而提契诺 10 月间的白天似乎变得比瑞士其他地方长，雾霭似也更淡。在冬季，整个阿尔卑斯山区令滑雪爱好者或偏爱美丽雪境的游客流连忘返。

在瑞士旅游极为方便，乘坐火车、巴士、索道缆车或渡船，皆可迅速了解瑞士。每个车站均提供旅行或远足的详细资料，并可代购各种交通工具的旅行联票等。　□

前数页图　瑞士伯尔尼山区奥伯兰(Oberland)的图恩湖(Lake Thun)；瑞士奶酪师傅
左图　瑞士德语区身着传统服装的阿彭策尔妇女

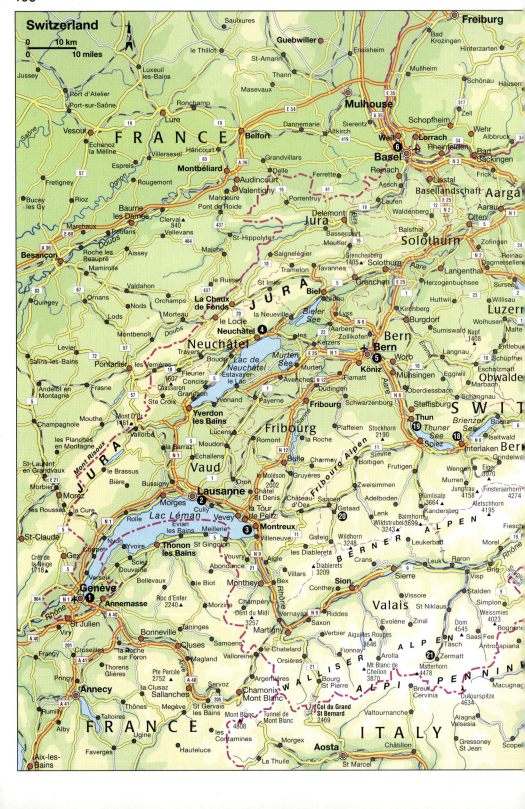

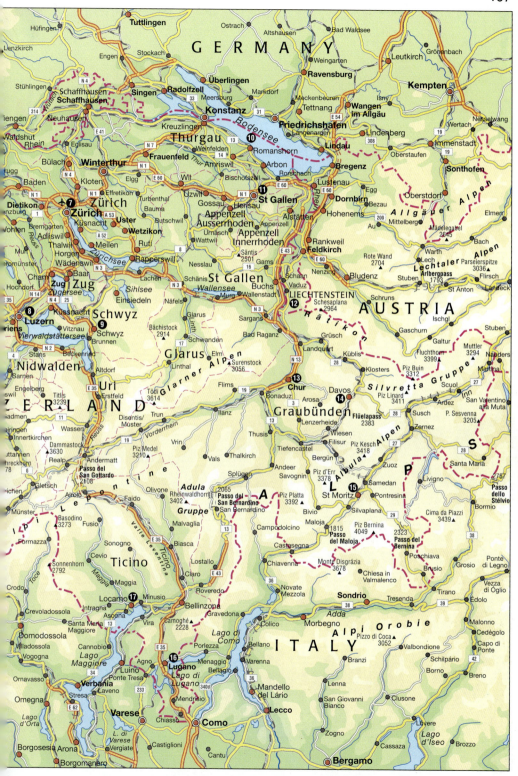

周游瑞士

日内瓦湖沿岸及其背后的伯尔尼阿尔卑斯山区，不仅是瑞士
旅游业的摇篮，也是欧洲旅游业的发源地。

地图196
~197页

最早来的游客是英国人，因而英国与日内瓦的密切关系随处可见。拜伦勋爵的作品《奇隆的囚犯》是以日内瓦湖畔的城堡为背景。柯南道尔爵士的推理侦探小说《福尔摩斯侦探案》即以**奥伯兰山区**（Bernese oberland）作为故事的结尾。最后一集中，作者安排福尔摩斯在雷兴巴赫瀑布（Reichenbach Falls）被声名狼藉的"邪恶拿破仑"莫里亚蒂教授谋害，结束了他原本成功的一生。柯南道尔还曾描写过在瑞士滑雪的情景，使大量英国滑雪者涌入瑞士，时至今日，仍然如此。

最早开办到欧洲包价旅游业务的是历史最悠久的伦敦托马斯·库克旅行社（Thomas Cook's of London），它于1863年组成的第一个旅游团从伦敦到了日内瓦湖及奥伯兰高地。旅行团先乘火车，由英吉利海峡渡船到巴黎，再乘坐17个小时火车到达日内瓦，又从日内瓦南下到达**罗纳河**（Rhône）及**锡昂**（Sion），随后再去**因特拉肯**（Interlaken）游览**卢塞恩湖**（Lake Lucerne）周围地区。

维克多式的传统约束在旅行中被抛到了九霄云外，绅士们都敢穿起灯笼裤与其燕尾服和高顶礼帽相搭配，并在沿途玩起打雪球的游戏，淑女们在咯咯笑声中用阳伞保护自己，一位绅士则把眼镜跌落在雪地里遍寻不着。那次旅行还乘坐了木船、驿站马车和骡子等交通工具才完成。

左图：马特峰背影之下的策尔马特
右图：业余演员扮演威廉·泰尔及其儿子沃尔特

曲折的路线

现代交通工具以及许多隧道——如穿越**勃朗峰**（Mont Blanc）的隧道的开通，使进出瑞士更加便捷，旅行条件也大为改善，甚至去一些最偏远的地方也不成问题了。各个村庄和城镇之间直线距离很短，但由于山路曲折蜿蜒，实际旅行路线会大大加长。

瑞士的"国家巴士系统"有如美国的"灰狗巴士"长途车系统。巴士在瑞士最高地势的山路上迂迴前进，经过美丽如画的村庄，定点发车的旅行巴士为观光客提供了欣赏瑞士旖旎风光的舒适休闲之旅。从温暖的亚热带到寒冷的上4000米高的阿尔卑斯山，导致了瑞士植物的多样化——从肥沃的低地平原到山区绿意盎然的牧场，甚至到侏罗（Jura）地区的沼泽地，生长不同的花草菜果，瑞士23个联邦州中有19个州都有葡萄山坡园地。

在瑞士城市中开车，与在欧洲其他城市中一样使人兴奋不已。在乡村地区开车，还得让农场机动车或军队的演习车先行通过，有时还能使交通完全阻滞。你会偶然发现，山路的双向车道似乎比羊肠小道宽不了多少。冬天，阿尔卑斯山上的大多数道路禁止

演奏当地音乐。

通行,而开放的道路也只允许挂了防滑铁链的汽车行驶。

铁路和缆车将滑雪者和观光者拉到**小马特峰**(Kleines Matterhorn)、**少女峰**(Jungfrau)和**柯瓦茨赫峰**(Corvatsch)以及其他雪峰之上。瑞士拥有欧洲海拔最高的铁路线和阿尔卑斯山脉最长的空中索道。世界上地势最高的地铁阿尔卑斯地铁就位于瓦莱州的**萨斯－费**(Saas－Fee)之上,海拔 3500 米,终年可滑雪。在众多交通工具中,登山火车和缆索火车在每一特定高度都有停靠站,但索道缆车和升降机则直达山顶。

日内瓦湖周边

日内瓦(Genève)❶位于**莱芒湖**(Lac Léman,又名日内瓦湖)的最西端,罗纳河就注入日内瓦湖。该湖处于瑞士最西端边界地带,日内瓦市三面为法国所绕,它像一幅有山、有水、有公园以及无数花坛的全景图,一栋栋雅致的别墅楼环绕在日内瓦湖边,五颜六色的帆船在波光鳞鳞的湖面上逐波荡漾,给人以名符其实的国际大都市之感。

在罗纳河流经日内瓦市的沿途有许多名胜。港口的**喷泉**(Jet d' Eall)向空中喷出高 145 米的耀眼白色水柱,第一座横跨罗纳河的桥是**勃朗峰桥**(Pont du Mont-Blanc)。直插云霄的勃朗峰海拔 4810 米,为欧洲最高峰。天气晴朗时,从勃朗桥及**勃朗峰码头**(Quai du Mont-Blanc)处远眺勃朗峰,悦目的景致尽收眼底。

日内瓦有一个**英国花园**(Jardin Anglais)和大花钟,不远处是卢梭岛,是文学

下图:日内瓦大教堂

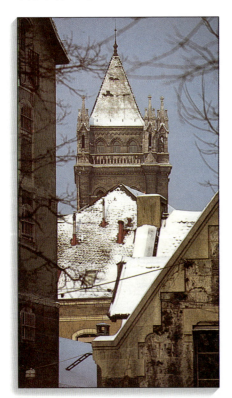

语言与生活方式

在瑞士旅行很容易看出外来语言及文化(主要是德语、法语和意大利语与德、法、意三国文化)对这个国家所带来的影响,尤其是在食物、建筑和生活方式方面。

约有 2/3 的瑞士人操德语,这是一种瑞德方言,社会各阶层的人都会说这种语言,包括教授和公司董事等,官方也鼓励使用这种语言。然而即使是德语说得很流利的人也很难了解这一遗产,它是从德国高地阿勒曼尼语(Alemannic)以及当地和其他地区的方言混合演变而成。至于报纸、书籍、公告等则使用"正规"德文。瑞士最有影响力的德文报"新苏黎世世报"发刊于 1780 年,其对国际重大事件的精辟长篇分析和述评,赢得了"世界最佳报纸之一"的美誉。常与外国人打交道的瑞士人如商店店员或银行工作人员等,都能流利地以德语或英语与之交谈。

法国也向已深受德国文化影响的瑞士注入不少法国文化。在瑞士的法语区和意语区,人们所说的法语和意语与正规语言基本上完全相同。

德语区从法语区的西部开始,一直到袖珍小国列支敦士登公国的东部边境及与奥地利接壤的地方。语言区的划分并不依州界而定。北部的巴塞尔(Basel)、苏黎世和圣加伦(St Gallen),在南部的瑞士首都伯尔尼、卢塞恩、因特拉肯(Interlaken),以及滑雪胜地策尔马特,加上东部的达沃斯(Davos)等等都是德语区。意语区主要分布在马乔列湖附近和东南端的格里松斯的部分地区。

雅士的朝圣之地。法国哲学家卢梭(Rousseau)生前喜欢在这个岛上散步和思考，从贝格斯(Pont des Bergues)步行桥可到达卢梭岛(Ile Rousseau)，卢梭的塑像屹立在一片草坪和白杨树中。在勃朗峰码头有一座卡西诺赌场。

英国花园后面是罗纳河左岸，保护得十分完好且景色秀美的**旧城**坐落在日内瓦湖中的小山丘上。附近有一座**宗教改革纪念碑**，纪念领导清教徒革命及宗教改革的一些重要人物，如卡尔文(Calvin)、诺克斯(Knox)、克伦威尔(Cromwell)以及其他清教徒神父。

日内瓦是瑞士钟表制造业的中心，在**钟表博物馆**(Musée de L'Horlogerie)(5 月 ~ 9 月 10:00~12:00) 10 月 ~4 月周一 ~ 周五 10:00~12:00 及 14:00~18:00 开放，收费)中陈列着自 16 世纪以来的各种计时器、珐琅手表以及音乐报时盒等。

清教徒的罗马

作为卡尔文之城，日内瓦在清教主义改革史上有着极为突出的地位。人们因日内瓦的高贵特质而自豪，并将此归功于卡尔文，赞扬他歌颂他；但也因日内瓦变得十分冷酷而沮丧，又将此归咎于卡尔文，批评他责难他。卡尔文在 1536 年鼓励这座城市改信新教，并将其变成"清教徒的罗马"。他颁布并竭力宣扬严格的道德规范、上帝至高无上的权威，以及"得救预定论"等。

卡尔文的影响并非全是消极的。人们认为是卡尔文将日内瓦变成了一座国际都市。从英、法、意三国来的清教徒难民，使日内瓦最早具备了国际都市的气

地图196 ~197 页

卡尔文关闭了剧院，禁止跳舞和配戴珠宝，认为食物和饮料是维持生命的基本物质而非享乐的来源。

下图：**日内瓦湖畔公园**

联合国设在日内瓦的欧洲总部。

氛。卡尔文还使日内瓦成为学习法语的中心,并建立了一所后来发展为大学的学术研究院。卡尔文对这个城市的富足也做出了一份贡献,由于日内瓦几乎没有可供消磨时间和花费金钱的娱乐活动,人们除了工作、创造繁荣和聚敛财富以外别无选择,才使日内瓦很早就在商业上处于举足轻重的地位。

日内瓦今天在世界上举足轻重,盖缘于其所扮演的众多国际组织所在地和重大外交会议场所的角色。1929~1936 年间修建的**万国宫**(Palace of Nations)是为联合国的前身国联而造,现在是联合国的欧洲总部。其他好几个联合国附属组织,包括国际劳工组织(ILD)、世界卫生组织(WHO)等均设总部于日内瓦。许多非瑞士籍的国际组织雇员住在瑞法边境那边的法国境内,住宿费相对便宜。

日内瓦只有 45 万人,比瑞士其他主要城市都要少。然而日内瓦人却有一个共同心愿:为人类和平与兄弟友情而奋斗,使日内瓦发展并形成了自己的独特风格。

湖岸地区

日内瓦湖南部沿岸归属法国,北部沿岸则属瑞士。瑞士一侧的日内瓦湖以**"沃州里维埃拉"**(Vaud Riviera)而闻名,这一叫法十分贴切。高山挡住了寒冷北风和西风的侵袭,使这儿四季如春,全年光照达 2000 多小时,雨量不大,即便在冬夜里气温也很少降到 5℃ 以下。

下图:日内瓦的圣皮埃尔大教堂

过了日内瓦,可到达湖畔城市**科佩**(Coppet),是**斯塔埃尔夫人别墅**(Villa of Madaml de Staël)所在地。她是一名法国文坛重要人物,因致力于文学自由主义思想的传播而被拿破仑从巴黎驱逐出境。拜伦以及 19 世纪初期的许多浪漫主义作家常去斯塔埃尔夫人举办的文学沙龙聚会。现在这座别墅依然保持着它的初期风貌,并对游客开放。传说,夫人去世后其遗体曾一度浸泡在一大桶酒精里防腐,但后因一园丁将酒精偷偷喝光而使这一努力付之东流。

继续前行便到达**尼翁**(Nyon),这是个倚山而建的小镇,山顶上有一座城堡,尼翁因在 1781~1813 年间烧制色彩华丽的瓷器而闻名。这些瓷器的样品陈列于城堡之中。

号称瑞士法语区**"第二城市"**的**洛桑**(Lausanne)❷在日内瓦湖北岸、日内瓦与蒙特勒(Montreux)之间,位于陡峭的梯形斜坡及峡谷的南面,终年风和日丽。

洛桑市是沃州的首府,人口 29 万。旧市区称**"城市区"**,有著名的中世纪**大教堂**。洛桑还拥有世界知名的瑞士旅馆学校,一所大学和若干艺术与技术学院等。全国商品展每年 9 月定期在洛桑举行。国际奥林匹克运动委员会总部设在维迪(Vidy)的湖边郊区。入夏,湖滨的**奥琪**(Ouchy)区便会吸引来自世界各地的观光者前来参加划船及其他水上运动项目。洛桑对岸的法国城市**埃维昂**(Evian)是一座矿泉疗养胜地,埃维昂牌矿泉水名满天下。

地图196
~197页

沙皇与节庆

从日内瓦湖的东南端沿湖滨公路 30 公里一带是**蒙特勒 – 韦维区**（Montreux-Vevey）。沙皇亚历山大二世的母亲在此地造访中写道："我现在置身于世界上最美的国度之中"。

沙皇时代一去不返，蒙特勒（Montreux）❸如今正试图吸引不同类型的国际旅游者，在距日内瓦国际机场仅 72 公里的地方建了一个会议与展览中心，并设置了一些国际庆典节日，如金玫瑰电视节（Golden Rose TV Festival）、蒙特勒国际爵士音乐节（Montreux International Jazz Festival），及蒙特勒古典音乐节（Montreux Classical Festival）等等。仅 2 万人口的蒙特勒在日内瓦湖畔上延绵 6.5 公里，系日内瓦湖沿岸最大的名胜之地。一战前该城的耀眼光芒虽已褪祛，但美丽的自然景观不减当年。苍翠葱郁的丘陵带着优美的轮廓向湖边斜插而入，远处的崇山峻岭勾勒出雄浑的背景，遍地的鲜花姹紫嫣红，吐蕊怒绽。

在此不可不提 18、19 世纪的文学背景。卢梭于 1761 年曾以蒙特勒的**克莱伦斯**（Clarens）村为背景，写下了小说"新赫洛依斯"（La Nouvelle Héloïse）。随后伏尔泰来到此地，拜伦也接踵而至，他使英国观光客在未来 150 年间都将蒙特勒列为必游之地。狄更斯、托尔斯泰、安徒生以及俄国作家陀思妥耶夫斯基（Dostoevski）等文坛巨匠也先后光临。韦维附近最有名气的居民是卓别林，逝世后也安葬于此，纪念馆陈列着他生前用过的礼帽和手杖。

蒙特勒以西约 1.6 公里处有座**奇隆城堡**（Château de chillon）（1 月～2 月

1816 年拜伦参观奇隆城堡时，在一根他认定是波尼瓦尔曾经被铁链拷住的石柱上刻下了自己的名字，名字的刻痕如今仍在，并以玻璃罩保护着。

下图：日内瓦湖畔的奇隆城堡

伯尔尼市标志。传说 1911 年刚刚完成该市的公共建设时，在此地猎获了一头熊。

10：00～16：00，3 月和 10 月 9：30～17：00，4 月～9 月 9：00～18：00 开放，收费），由萨沃依（Savoy）家族的一位公爵于 9 世纪或 10 世纪时修建；在 13 世纪时后人将其扩建为现在的规模，包括许多从天然大岩石中开凿的巨大地窖，谁要批评或图谋陷害公爵，就会被囚禁在地窖中。日内瓦的波尼瓦尔牧师在被关了 6 年，直到 1536 年伯尔尼人征服此地之后才获自由。游客可以看到据说是囚禁波尼瓦尔的石牢。

格鲁耶尔之家

蒙特勒-韦维地区是数条远足路线的起点，其中一条可到达专门制作奶酪的小镇**格鲁耶尔**（Gruyère），这是色泽淡黄、香味浓郁的格鲁耶尔奶酪的出产地，有一个展示奶酪制造过程的示范牧场（可免费品尝奶酪）以及一部简介影片。

田园诗一般的格鲁耶尔镇以生产世界上头等奶酪而出名，除此之外，它还出产乡村火腿、奶油、草莓和巧克力。

侏罗山下

历史学家们想知道更多的关于 Raurici 的故事，那些古代的英雄勇士经常活动在侏罗山脉的大森林和峡谷中。除了许多考古发现，没有人能知道这片地方到底有多大。穿过 780 公里长的**纳沙泰尔侏罗山脉**（The Haut Jura Neuchatelois）来到**纳沙泰尔**（Neuchatel）❹，它位于与其同名的最大湖泊下游的末端，完全在瑞士的版图内。

下图：巴塞尔市政厅外的有轨电车

它是 11 世纪 Neuenburg 伯爵创建的，Neuenburg 伯爵把这个城镇的**城堡**变成了强大的堡垒，接下来在 1147 年 Count Ulrich II 伯爵建造了天主教 Collegiate Church，使人们认识到了这座城镇的重要性。现在这座城镇已经被发展成为一个充满生机的商业中心——从前也是如此。关于这方面的证据在这个城市最好的博物馆里可以找到，那里最好的博物馆之一是**历史艺术博物馆**（周二～周日 10：00～17：00 开放，收费），这座博物馆收藏了大量的钟表和其他古文物。

伯尔尼市（Bern）❺（人口约 32.5 万）是瑞士的首都，也是著名的熊镇，该市的名字来源于"熊"这个词的方言称呼。甚至伯尔尼人也感染上了熊的秉性：迟缓而友善。人们打趣说："千万别在星期五对伯尔尼人讲笑话，因为他可能在礼拜日于教堂中才领略出笑话的涵义而突然发笑。"古老的伯尔尼城位于伯尔尼人称为"半岛"的一个地方，一个猛拐弯入**阿瑞河**（Aare River），三个方向各有一桥与"大陆"联结。1405 年的一场大火之后，伯尔尼人用在当地采集的沙石重建了自己的城市，成就斐然。在哥特风格的房舍上有结构精巧的凸窗，高悬的山形墙及其窗楣平台上种植着红色天竺葵，这种别具一格的屋宇和以鲜花装饰的喷泉广

地图196
~197页

场在伯尔尼比比皆是。

三个国家的会合点

瑞士仅次于苏黎世的第二大城市是**巴塞尔**(Basel)❻，人口40.5万，是莱茵河上最大的港市之一，也是化学工业重镇。欧洲最大的**动物园**(3月~4月，9月~10月8：00~18：00，5月~8月8：00~18：30，11月~2月8：00~17：30开放，收费)就在巴塞尔，该城还在国际艺术品及古董贸易上居于领导地位。

几乎全部的名胜古迹都位于当地人称为**"大巴塞尔"**的区域内，也就是陡峭地矗立在莱茵河右岸的旧城区。三国角是新奇有趣的地方。那儿有一个三国边境的标志，旅行者无需出示护照，只要绕此标志步行走一圈，不消几秒钟，便可环游瑞士、法国和德国三个国家了。

巴塞尔的博物馆不少于36个，其中的**艺术博物馆**(每日开放，收费)最为吸引游客。这里收藏了世界上最古老的艺术作品，也有19世纪和20世纪著名画家的作品。

苏黎世

瑞士最大的城士**苏黎世**(zürich)❼(人口约94.6万)位于苏黎世湖北端群山之间，是世界上最重要的金融中心之一。苏黎世地区不是阿尔卑斯山脉的一部分，而是宽阔的中间地带的一部分，此中间地带从东北到西南斜穿瑞士。

1964年英镑在瑞士的汇率再创新低时，英国财政大臣乔治·布朗骂道："苏黎世的地下精灵又在搞鬼了。"童话中的神秘大头小精灵操纵人间事务的故事，当时相当迎合人们的心态。除了在**车站大道**(Bahnhofstrasse)及其附近的文艺复兴式宫殿中地下的精灵外，苏黎世还是瑞士多种商贸形式的中心。

利马特河(River Limmat)将旧城一分为二，一边是车站区，另一边是利马特河滨步行大道。**苏黎世车站大道**(Bahnhofstrasse)是欧洲最高雅的购物街之一，从车站区的南端开始，顺着利马特河平行向前延伸。苏黎世是个百万富翁之都——该市1/4的人都是百万富翁。

瑞士与奥地利接壤之处，紧邻圣加仑(St. Gallen)州与格里松斯(Grisons)州的是列支敦士登。这个独立公国是神圣罗马帝国遗留下来的，它使用瑞士的货币，面积仅158平方公里，夹在莱茵河与福拉尔贝格山(Vorarlberg)之间。从苏黎世至维也纳铁路沿线的瑞士小镇布克斯(Buchs)乘公共汽车或出租车，可抵达列支敦士登的首都瓦杜兹(Vaduz)。这里是避税天堂。

洛桑

洛桑❽的法文名字Lucern完全让人想不到它所具有的德意志特性。这个城市大约有18万人，当

下图 苏黎世的码头

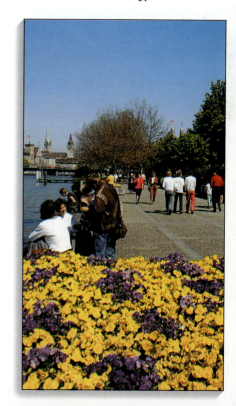

地人多用方言称呼它, 叫 Luzern。

1291 年, 就是在洛桑湖畔的乌里州, 这个国家的民族英雄威廉·泰尔被哈普斯堡皇室执行官命令射击自己儿子头顶上的苹果。不用多说什么, 箭是真的, 孩子幸运地留了下来。

就文化来说, 这里不仅有很多的东西可看, 还有很多的东西可听。如果通过欧洲最古老的有屋顶的木质桥——**卡佩尔桥**(Kapellbrück), 脚步会发出迟钝的碰击声。这座古老的木质桥在 1993 年曾被一场火灾烧掉大部分, 之后又费尽心思将其重建。这座桥有两个特别有趣的特点: 首先, 在其顶部构架上有围成一圈的迷人彩绘; 其次, 著名的八角形水塔(Wasserturm)与其色彩相协, 但伫立在横卧的桥旁, 它是 13 世纪防御工事的一个堡垒, 并且曾被用作城镇国库。

在这座行人友好的城镇中走上一段不长的路程, 你就会发现很多有趣的景观。距**洛桑湖**北岸的 Nationalquai 仅仅几步之遥, 就是著名的**豪夫教堂**(Hofkirche), 豪夫教堂原来是本笃会修道院的一部分, 后来成为一个长期规范的创立地。有列拱的墓地很像意大利的公墓, 从这可以一览湖光的美景。绕过一段很短的路程, 就可以看到一座精致的石头纪念物——**狮子纪念碑**(Lion Monument)。充满着悲伤情调的狮子形象, 纪念着在 1792 年法国大革命中保卫皇宫, 誓死保护路易十四和玛丽·安托瓦妮特而牺牲的 786 位军官和士兵。

下图: 洛桑历史上著名的教堂桥——卡佩尔桥

在狮子纪念碑旁边的 Denkmalstrasse 4 号是**冰河公园**(Gletschergarten)(每天 9:00~18:00 开放, 收费)以其迷人的漩涡状洞穴著称, 这些洞穴是由于冰川时期冰融水的巨大压力而形成的。冰河公园内的冰河博物馆包含一个引人注目的迷宫, 这是专门为 1896 年的巴黎展览会而兴建的。

向回沿着罗伊斯河走, 你会从它的布巴基帕诺拉玛环形大壁画(Bourbaki -

Panorama，全景之意）面前经过**狮子广场**（Löwenplatz），这里也值得一看；它是由 Eeouard Castres 绘制的一幅巨大的圆形油画，描述了在普法战争期间，Bourbaki 将军率领的军队在 1871 年入侵瑞士时狼狈撤退的景象。

在城里，可游览的最主要的中世纪中心是位于 Am-Rhyn Haus 的**毕加索美术馆**（Picasso Museum）（每天 9:00～18:00 开放，收费），Am－Rhyn Haus 位于 Furrengasse 21 号，面对着罗伊斯河的北岸，此处对旧中产阶级市民来说是很有吸引力的家居选择地。

洛桑湖的对岸是**施维茨城**（Schwyz）❾，是与它同名的施维茨州的首府。瑞士最重要的文件——1291 年在 Rutli 签署的联邦契约原件收藏到该市的档案博物馆中。该城的市中心仍然保持了其古老特征的痕迹。这里曾经有很多占地很广的花园和令人难忘的立壁。如今，只有少数 17 世纪～18 世纪的贵族住宅被保留下来，而且上面还装饰了现代结构。

康斯坦茨湖

瑞士的东部相对来说开发较少，但是**博登湖**（Bodensee）❿即康斯坦茨湖周围的地区却有花团锦簇的公园，种满葡萄的山坡间夹杂着芦苇荡和沼泽。这里的田地和果园、森林和草地、古老的渔村和葡萄庄园风光旖旎。**圣加伦城**（St Gallen）⓫是瑞士东部最大的城市，它与苏黎世之间通过快速公路和城际火车连接。

这座城市里还有一些巴洛克风格的建筑，其中包括**大教堂**（每日开放，收

地图196
~197 页

从洛桑前往伯尔尼的路上，要经过埃默河谷，这里是著名的瑞士"蜂窝奶酪"的生产地。

下图　圣加伦修道院的图书馆

上帝之指

巴洛克风格的圣加伦修道院见证了这座欧洲最重要的修道院的繁荣时期，它的历史要追溯到 13 个世纪以前。公元 612 年，爱尔兰传道士高尔在穿越"施泰纳赫的荒凉之谷"时，陷入一片长满荆棘的荒地中。他认为这是神的旨意邀请他在这里定居。于是在一只熊的帮助下，747 年，高尔在这里建起了一座修道院。公元 9 世纪时，这座修道院被重建，并成为教会的固定活动中心。

15 世纪时圣加伦城成为自治区，直到 1798 年修道院被法国人解散，1847 年它的隐修院教堂被提升成为圣加伦城大教堂。

圣加伦修道院的中央广场和圆形大厅由 Peter Thumb 于 1755～1767 年建成，同时带双塔外墙的唱诗班席位是 1761 年在 Johann Michaelbeer von Bildstein 统治时加盖的。

雄伟的马特洪峰。

费）、**Zum Greif 别墅**（位于 Gallusstrasse 路 22 号）和 **Haus Zum Pelikan**（位于 Schmiedgasse 大道 15 号）。

在瑞士和奥地利边境线上一个平静的捌角处有一个完全不同的国家，**列支敦士登公园**（Liechtenstein）⑫。这个独立的小公园使用瑞士货币，位于莱茵河与福拉尔贝格山之间 158 平方公里的土地上。

格劳宾登州的阿尔卑斯山

作为格劳宾登州的首府，**库尔**（Chur）⑬是瑞士最古老的城镇，已经有 5000 年的历史了。当白雪降落时，这座城市中最古老的那个部分中哥特式**市政厅**的巨大屋顶，以及主教宫殿和古罗马风格的大教堂辉映出无与伦比的美丽景色。

任何想穿过格劳宾登州的人都必须选择库尔和 Bündner Herrschaft 之间的狭窄通道，沿途经过**伦策海德**（Lenzerkeide）、**蒂芬卡斯特尔**（Tiefencastel）或**克洛斯特斯**（Klosters）和**达沃斯**（Davos）⑭。达沃斯有多个滑雪场，其中最有名的是 **Parsenn 滑雪场**。但是，瑞士最卓越的冬季旅游胜地要数**圣莫里茨**（St Moritz）⑮，它的名声开始于 1864 年，当时圣莫里茨 Kulm Hotel 的老板 Johannes Badrutt 邀请了一些来避暑的英国游客在这里过冬，并且许诺，在这里的 12 月，他们仍然可以在户外穿着长袖衬衫而不觉寒冷。从此后，多种多样的活动就在圣莫里茨开始举行了：1880 年这里承办了首届欧洲冰上曲棍球锦标赛；1884 年修建了的一条雪橇速滑道，在后来的活动中，勇敢的参与者可以在这条滑道上达到时速 140 公里的高速。同样也是圣墓里茨，1891 年发明了长板雪橇。偶尔，来圣莫里茨度假的游客中有人会鼓起勇气，参加著名的长板雪橇比赛，虽然大多时候他们都安静的坐着。

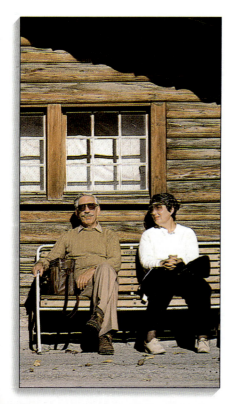

下图　享受阿尔卑斯山的阳光

如果你想避开城市和湖边的嘈杂，可以向右前往**马洛亚**（Maloja）的道路，这条路上风景优美，非常安静。然后继续向前，来到位于格劳宾登州，冰川的 3000 米山顶上的 Corvatsch 缆车站，这里是世界上最好的高山滑雪胜地。

提契诺河

在**提契诺河**（TiCino）仍然可以看到无边无际的壮美山川，阳光普照，树木葱郁。尽管这些景色只是在嘈杂的公路和铁路以外几公里的地方。阿尔卑斯山脚下提契诺河与意大利边境上有两个大湖泊，它们是**马焦雷湖**（Lago Maggiore）和**卢加诺湖**（Lago di Lugano）。

近些年来，**卢加诺市**（Lugano）⑯已经建设成为一座银行中心，城市的飞速建设占用了一些带顶棚的小巷，在现代化中求生存的建筑有**圣罗伦佐教堂**（Cathedral of San Lorenzo），它位于火车站与城中地势低的那半部分之间的陡坡上。它的正面是文艺复兴时期伦巴第人的杰作。除**现代艺术馆**（Museo d'Arte Moderna）以及**州立**

美术馆 (Museo Cantonale d'Arte) (两座博物馆的开放时间均为周二~周日，分别收费)之外，在马尔本别墅(villa Malpensata)也能欣赏到现代艺术展览。

从老城区向东，不远处，有 **Favorita 别墅** (4 月~11 月周五~周日开放，收费)，收藏了许多油画。从 1993 年开始，其中的大部分展品被送到马德里，现在这里还有一些 19 世纪~20 世纪美国和欧洲艺术家的作品。

马焦雷湖岸边的**洛迦诺** (Locarno) ⑰和许多小城都拥有提契诺地区最舒适的天气，这正好刺激了旅游业的发展。大批德国人和瑞士裔德国人来这里修建自己的第二住所或退休后的家园。在这里你能欣赏到 14 世纪的**魏斯康蒂城堡**(castello visconti)遗址，里面有**考古博物馆**(Museo Archeologico)和**人文博物馆**(Museo Civico)。

伯尔尼山地和瓦莱山

在伯尔尼的阿尔卑斯山脉和瓦莱山脉地区，共有 51 座高度超过 4000 米的高山，它们都坐落在罗讷冰川和日内瓦湖之间。**连湖城**(Interlaken)⑱就位于其中。这个小镇到处是金碧辉煌的酒店，它们是 19 世纪下半叶欧洲和世界其他地区上层贵族们生活方式的见证。山地真正的门户是**图恩** (Thun) ⑲，它那陡峭的山石上矗立着一座城堡，至今仍保存着 12 世纪的布置风格，有四角塔楼，让人想起了诺曼城堡。

格斯塔特(Gstaad)⑳处于黄金关交通线上，每年冬季，世界各地的上流社会成员都会汇集于此。在更南边的瓦莱山地区，**扎马特**(Zermatt)㉑是登山和滑雪爱好者的圣地，在阿尔卑斯山脉著名的马特洪峰山下有许多大大小小的冬夏滑雪场。❏

地图196
~197 页

连湖以南的少女峰周围的峡谷和山峰是 Thomas Cook's 组织的新颖旅行的最终目的地。

右图：达沃斯地区的滑雪场
下图：欣赏达沃斯的珠宝店

奥 地 利

阿尔卑斯山生动的风光加上莫扎特和施特劳斯的音乐，
这个国家浪漫到了极点

奥 地利国歌的第一句歌词是"山之国土"，精确地描述了这个面积84000平方公里的国家。多少世纪以来，这一遍布崇山峻岭的地方令人生畏，也使农夫们生活维艰。20世纪30年代一位旅行家约翰·冈瑟曾说："奥地利的主要出产便是风景。"这种风景，加上奥地利的一些欧洲最佳滑雪场地，成为这个国家最大的收入资源，终年游客不断的观光业，是奥地利经济的最大支柱。

在广袤而美丽的阿尔卑斯山脉点缀着成百上千个高山湖泊和田园诗般的水渠，令人流连忘返。萨尔茨卡默古特（Salzkammergut）和卡林蒂亚恩湖泊区（Carinthian Lake District）幽静宜人的景致，在雄伟壮观的高山衬托之下，更加优美迷人。往东，阿尔卑斯山麓逐渐隐没在维也纳的森林之中，并延伸至维也纳郊区的林野。维也纳是巴奔堡王室（Babenberg）600年王朝的重镇，也是欧洲昔日超级强国之一奥匈帝国的首都。如今这是一座美丽的城市，拥有无数奇珍异宝。阿尔卑斯北缘的萨尔斯堡（Salzburg）同样十分浪漫。由于当地出现了最受人尊敬的公民——莫扎特（Mozart），因而整座城市几乎成了一座主题公园。

奥地利人向来以彬彬有礼、热情好客而著称于世，不过各地仍有不同特点。东部各省的居民兼具日耳曼民族和斯拉夫民族的性格，而住在萨尔斯堡和蒂罗尔（Tyrol）的人则具有巴伐利亚人的作风。西部福拉尔贝格（Vorarlberg）的当地居民系阿勒曼尼人（Alemannic）与雷蒂亚人（Rhaetian）的后裔，并与英加丁（Engadine）人和莱茵高地（Upper Rhine）的居民有血缘关系。奥地利一半的边境与东欧国家相连，分别是捷克、斯洛伐克、匈牙利及前南斯拉夫，因此使人们感到奥地利仿佛处于一个正在变动中之新世界的中心。不过，对于观光者来说，奥地利仍然是个古老的世界。❑

前数页图　萨尔斯堡的夜景；格伦德尔湖（Grundlsee）畔
左图　眺望 sonnenspitze 雪山

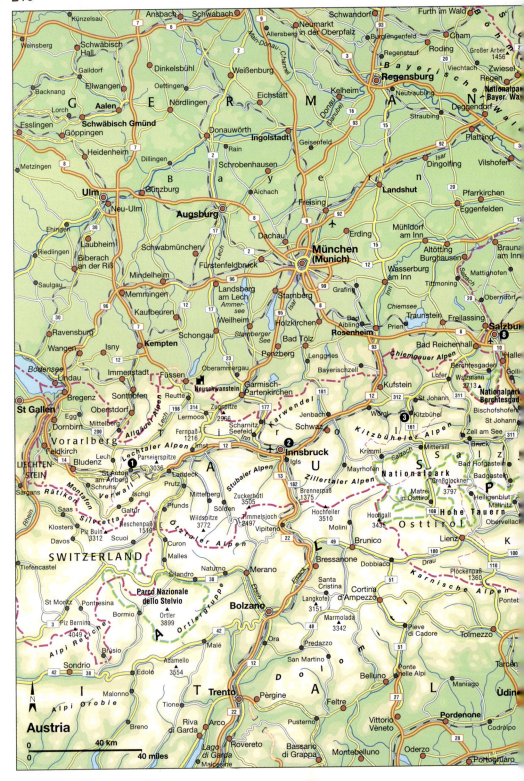

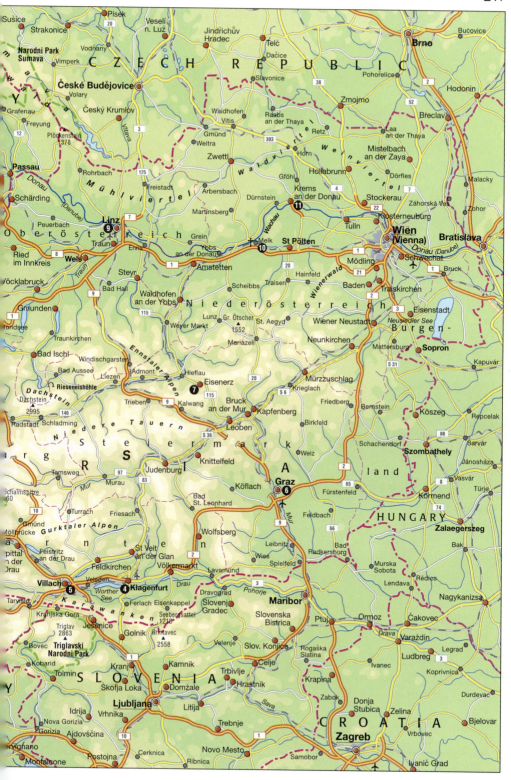

Vienna

0   500 m

0   500 yds

Kleine Sperlgasse
Hollandstraße
Hammer-Purgstall-Gasse
Lassingleithner-platz
Negerlegasse
Schoel-
Lilienbrunngasse
Dianazentrum
Gredlerstraße
Möntengasse
Krankenhaus der barmherzigen Brüder
St Johann von Nepomuk
Schrott-gießerg.
Komödieng.
Weintraubengasse
gasse
Körnerg.
Hofen-ederg.
U Nestroy-Platz
Lichtenauer-gasse
Robert-gasse
Frucht-gasse
Wasch-haus-g.

Nonaustraße
Taborstraße
Kirche d. barmherzigen Brüder
Zirkusgasse
Große
Prater
Ferdinand-
Fischerg.
Aspern-brücke
Tempelgasse
Donau-
straße
Czernin-
gasse
straße
Franzensbrückenstraße
Stoffela
Vivariumstraße

Schwedenplatz
U
Donaukanal
Untere
Schweden-brücke
(Danube Canal)
Aspernbrücke
Urania
Dampfschiff-Straße
Weiß-
Löwen-
gerberstraße
Franzens-brücke
Schüttelstraße
Prater

Griech. Kirche
Griechenbeisl
Heiligen-kreuzerhof
Hauptpost
Fleisch-markt
Laurenzerberg
Franz-Josephs-Kai
Schwedenplatz
-Kai
Julius-Raab-Platz
Reischachstraße
Radetzky-
Obere
Pfefferhof-
Dißlergasse
Radetzky-platz
Viaduktgasse
Untere
Adams-
Weiß-
Kunsthaus Wien
lände

Basiliskenhaus
Schön-laterng.
Kammeroper
St Barbara
Postsparkassenamt (Post Office Savings Bank)
Georg-Coch-Platz
Wiesingerstraße
Bundesministerium für Verkehr
Zollamts
Kolonitzgasse
Hetzg.
Martinstr.
Lör.
beer-gasse
St Othmar
Krieger-gasse
Custozzagasse
gasse

Akademie der Wissenschaften (Academy of Sciences)
Dominikanerkirche
Jesuitenkirche
Dr.-I.-Seipel-Platz
Bäckerstr.
Rosenbursenstr.
Oskar-Kokoschka-Platz
Finanz-landesdirektion
Obere
Hetz-
Kolonitz-Platz
gasse

Alte Universität
Dr. Karl-Lueger-Platz
Dominikaner-
Falkestr.
Museum für angewandte Kunst (Museum for Applied Arts)
7
Marxer-
Stelz-hamerg.
Hens-lerstr.
Landstr. Wien-Mitte
Kegel-
Bechard
Hansalg.
gasse
gasse
Blatt-
Blütengasse
Strammgasse
Kegel.
Hundertwasser-Haus

Wollzeile
Zedlitz-
Riemergasse
Stubenbastei
Cobdengasse
Liebenberg
U Stubentor
Weiskirchnerstraße
Vordere
Stuben
Land-
Schar-
Stubenring
Zollamtsstraße
Tauter
Hintere
Bahnhof Wien-Mitte
Spare-frohg.
Gigergasse
Grai-tichg.
denstr.
Ditsch-einerg.
Untere
gasse
Geusau-
Uchatiusgasse
Este-platz
mofskygasse
Palais des Beaux-Arts
Marxergasse

STADT-
Schubert-denkmal
Park
ring
Bruckner-denkmal
Coburgbastei
Wien
Am Stadtpark
Landstr. Wien-Mitte
U
Invali-
straße
Gärtnergasse
Czapka-platz
Geologische Bundesanstalt
Geologeng.
Hörnesg.
Geusaug.

PARK
Johann-Strauß-Denkmal
Wiener Kursalon
Johannesgasse
ÖAMTC
Beethovenplatz
Stadtpark
U
Heumarkt
Reisner-
Rechte
Linke
Münzgasse
gasse
Hauptmünzamt
Baumannstraße
Beatrixgasse
St Elisabeth Krankenhaus
Salm-
Weyr-
gasse
Maria-Eis.-G.
Siegel-gasse
Salesi-
Rasur
Parkgasse
mahir.
Rochus-gasse
U
St Rochus
Erdbergstraße
Landstraßer

Wiener Eislaufverein
Konzerthaus (Concert House)
Akademie-theater
Liszt-
Am
Beatrix-
Dißlitz
Lagergasse
Grimmelshausen
Gottfried Keller-
Bahngasse
Linke
Bahngasse
Veterinär-medizinische Universität
Augustiner Markt
Sechs-Bezirks-amt
Rochusgasse
Krieglergasse
Pfarrhof
Charasg.
Hintzer-
Ziehrer-platz
Wassergasse

AM MODENA-PARK
Bayerngasse
Salesianer
Marokkanergasse
Tongasse
Krumm-
Posthorn-gasse
Sebastian-platz
Sebastiang.

Zaunergasse
Daffinger
straße
Neuling-
gasse
straße
Rechte
Linke Bahngasse
Ungargasse
Neuling-
gasse
Engelsberg-g.
Riesberg
Dannebergplatz
ARENBERG-PARK

Gardekirche
Rennweg
Unteres Belvedere
8
Jaurès-
gasse
Metternich
Reisner
straße
Russische Kirche
Stroh-
Linke Bahngasse
Streicherg.
Dapontegasse
Dannebergplatz
Barmherzigeng.

维 也 纳

这座曾经是哈布斯堡帝国首都的城市，向世界贡献过华尔兹，也是世界最著名作曲家的故乡

地图218～219页

维也纳

维也纳是最为人所知的城市，这并非因为从来无人在那迷宫般的街道或过道中迷路，而是因为维也纳人太乐于助人了。他们仍然保持着彬彬有礼、最具魅力市民的传统美誉。如果一位年长女士听到外来游客在咖啡屋里用英语与侍者交谈，她可能会向客人表示非常欢迎。在维也纳，陌生人往往也会被邀请出席在贝塞尔(Beisel)一家典型当地风味餐厅举办的家庭派对。维也纳人复杂的血统可直接追溯到遥远的哈布斯堡王朝，这个帝王家族统治维也纳长达650年。位于多瑙河流域的维也纳，大约早在公元前400年就有凯尔特人(Celts)定居，并被称作维登波纳(Vindonbona)。

人口160万的奥地利首都维也纳位于这个国家的东部，是东西欧交界之处。"亚洲地界始于兰德路(Landstrasse)"，梅特涅王子曾如是说。维也纳向来被看成为一座堡垒或保障。1683年，当最终将土耳其人驱退之后，维也纳就被欧洲人奉为基督教世界的救星。如今维也纳为各国外交家的政治交流活动提供了中立的会议场所，是石油输出国组织所在地，也是联合国继纽约、日内瓦之后的第三大总部所在地。

左图　小型出租马车

下图　霍夫堡皇宫前的骑士雕塑

炫耀光荣的建筑

哈布斯堡王室成员是伟大的建筑家，他们在旧城的中心建起了**皇宫 (Hofburg) ❶** 这座城中之城"一直都在建设之中，从未完过工"。皇宫始建于1220年左右，其扩建和翻新工作直到20世纪就没停过。现在人们看到的**新皇宫**(Neue Byrg) (周三～周日开放，收费)是在哈市斯王朝崩溃前10年所完成的。现在要想再建造一栋可与皇宫媲美的建筑，恐怕难以实现了。

皇宫中最古老的部分是**"瑞士殿"**(Schweizerhof)，随后陆续又建了一座小教堂、**阿玛里恩宫**(Amalienhof)、**斯塔尔堡**(Stallburg)、利奥波德君王的**寝宫**、**大臣官署**(Chancellery)、**西班牙马术学校**、**阿尔伯蒂纳**(Albertina)博物馆及**国家图书馆**等，这些建筑物都面向可爱的庭苑花园。

皇宫内有收藏宫廷瓷器和银制器皿及宫廷珍宝的宫殿(每日开放，收费)，其中有一顶神圣罗马帝国的宝石皇冠，这是查理曼大帝王800年订制，一直延用到1803年被拿破仑抵押出去为止。

从1273年起，这顶皇冠就被哈布斯堡王朝历代统治者戴在头上，成为日耳曼国王与皇帝的象征，也

使哈布斯堡王朝得以扮演最能左右中欧政治事务的角色。从哈布斯堡皇帝遗留下来的另一幢建筑物为**阿尔伯蒂纳博物馆**（Albertina），这儿藏有一些著名的版画，尤其是杜勒及中世纪和文艺复兴时期一些艺术大家的作品。

帝王寝宫和白色巴罗克式（又称巴罗克式）建筑风格的**西班牙马术学校**（Spanische Reitschule）（3月～6月，9月～10月有表演，请联系维也纳旅游局询问购票）皆对外开放。西班牙马术学校创办于17世纪，与卡尔六世皇帝将西班牙宫廷皇家骑队仪式引进维也纳同时。原为西班牙种的利匹兹马，最早被引入前南斯拉夫的利匹札(Lipizza)饲养，后来又被引入施蒂里亚的匹伯(Piber)饲养。欣赏经过这所高等马术学校训练的纯白良种马在加伏特舞、夸德里尔方阵舞、波尔卡以及华尔兹等古典舞曲的伴奏下，踏着优雅的步伐，表演各种队形，的确是一种独特的经历。

壮观的环城大道

维也纳有大大小小宫殿上百座，不过最庞大最壮观的建筑则是环城大道。这条宽57米的宽敞大道沿着以前的防御城墙修建。1857年弗朗茨·约瑟夫皇帝下令将城墙捣毁。随后不同的建筑物在这块空地上相继出现，维也纳因而一换新颜。1869年完工的建筑是位于环城大道中间地段的**歌剧院**(Staatsoper)❷。当这座洋溢着浪漫时期建筑风格的歌剧院正在施工时就遭到维也纳人的冷嘲热讽，竣工后所遭鞭挞更为严厉，参与设计的一位建筑家甚至为此上吊自缢。

多产的建筑师冯·费尔斯特尔在环城大道上建了一座**还愿教堂**(Votivkirche)，从而为大道奠定了传统基调。这座教堂是为纪念刺杀约瑟夫未遂而建，是一座地地道道的哥特式建筑，后来附近的一些建筑物都采取这一风格。

冯·费尔斯特尔设计的另一座环城大道建筑物是**维也纳大学主楼**，是意大利文艺复兴风格。这座高耸入云的建筑与哥特式**市政大厦**和古希腊风格的**议会大楼**形成一个环形建筑群。在维也纳大学主楼几步之遥的**城堡剧院**(Burgtheater)❸外形为希腊七弦琴状，但内部的音响效果却很糟糕，故10年后拆了重修。同样为意大利文艺复兴建筑风格的自然科学博物馆和美术史博物馆在环城大道对面与皇宫及其公园遥遥相望。在位于环城大道上的歌剧院对面，主要是富豪住宅和市立公园。

博物馆区

维也纳**自然历史博物馆**（Naturhistorisches Museum)❹（周三～周一开放，收费）中收藏甚丰，有恐龙骨架、人类颅骨、宝石和铁器时代的物品，在**艺术品博物馆**（Kunsthistorisches Museum）❺（周二～周日开放，收费）可以欣赏到文艺复兴时期的作品，它正好位于从新皇宫到环城大道的路上，里面收藏的油画数量在全世界处于第四位，其中包括荷兰、法兰德斯、意大利和西班牙

每年2月的最后一个星期四，维也纳歌剧院都要举办维也纳舞会节，这项活动吸引了来自世界各地的宾客。

下图　西班牙马术学校的马术训练

等地艺术大师们的作品；还有希腊、罗马、东方和埃及的雕刻和装饰艺术品。

圣史蒂芬大教堂

皇宫的另一侧是维也纳著名的**圣史蒂芬广场**，这里是城里最热闹的地方。爬上**圣史蒂芬大教堂**(Stephansdom)❻的南塔楼343级台阶到达塔顶小屋，你就能欣赏到维也纳心脏地带的戏剧般景致。也可乘坐电梯登上尚未完全竣工的教堂北塔，然后到达"大雄袋鼠"的位置，"大雄袋鼠"系一口巨钟，其原型已于二战中被毁，原先的巨钟是1711年用从土耳其缴获的大炮铸的。

哈布斯堡王族成员的婚礼都在史蒂芬大教堂举行的。只要可能，哈布斯堡王朝习惯于以联姻而非战争形式来获得更多的领土。该教堂的地下墓窖存放着装有奥地利历代皇帝内脏的灰瓮，他们的心脏存放在奥古斯汀教堂，而他们的肢体则密封在王室地窖的石棺中。与史蒂芬大教堂极不相称的是它对面的维也纳时髦商品购物中心，这儿的步行区包括**格拉本**(Graben)和**卡尔特勒街**(Kärtnerstrasse)，后面连接环城大道的另一边，即**玛丽亚赫尔福街**(Mariahilferstrasse)，街上有不少大百货公司。在圣史蒂芬大教堂背后是**旧维也纳区**，尽管不是维也纳最古老的地区，但却将过去的风貌和传统完善地保留下来，在纵横交错的窄巷中那些16、17世纪遗留下来的各式风格建筑都保存完好。

在维也纳市内的大多数旅游路线都十分简捷，大众交通工具非常方便。您若想来一翻悠闲观光，并享受啪踏啪踏的马蹄声，就叫上一辆马车。这种双马开放式马车始于1670年，驾驭者也称为 Fiaker，迄今仍穿着传统的服装。马车费依观光城市的"历史"经讨价还价而定，马车夫随口开的价，你可不能全信。

从这儿经过 Wollzeile 街来到 Stubenling 路，对面就是**生活用品博物馆**(Museum für angewandte Kunst)❼(周二~周日开放，收费)。该馆重建于1993年，其中藏有大量奥地利家居用品、如瓷器、织品、玻璃等，还有来自世界各地的珠宝。

上层贝尔维第区

位于生活用品博物馆和贝尔维第宫之间的是**维也纳市立公园**(Stadtpark)，它是根据风景画家约瑟夫·谢勒尼一幅素描所勾勒的线条，于1862年破土修建的。苍老的古树倒映在池塘和溪流中。维恩河畔有一连串精巧别致的楼台阁榭，还有一条河堤漫步路。**贝尔维第宫**(Belvedere)❽(花园每日开放，博物馆周二~周日开放，收费)这座华丽的宫殿修建于1714年~1723年之间，当日是为1683年远征土尔其的萨伏伊的欧根亲王修建的。实际它由两个宫殿组成，上贝尔维第宫和下贝尔维第宫中间由露台花园连接。现在上宫为**奥地利19、20世纪美术馆**，下宫为**中世纪艺术博物馆及巴洛克艺术博物馆**。

下图　圣史蒂芬大教堂

维也纳普拉特游乐场是世界上最早的游乐园。

从这里向回走，来到市中心宽广的卡尔广场（Karlsplatz）**和长尔教堂**（Karlskirche）❾。这座教堂是维也纳最优秀的巴洛克式基督教建筑，在 1713 年黑死病盛行时期由查理六世（Charles Ⅵ）捐建，费歇尔·冯·埃尔拉赫（Johann Fischer Von Erlach）修建，后由其子约瑟夫·埃马努埃尔（Joseph Emanuel）继承完工。它富丽堂皇的绿色圆屋顶、螺纹浮雕的一对凯旋柱和外部钟楼，使得这座教堂在设计和整体效果上都别具特色。

奥地利分离派会馆（Secession Building）❿（周二～周日开放，收费）挤在卡尔教堂和歌剧院之间。它由奥地利分离派建筑师奥尔布里奇根据分离派画家克里姆特的一张草图而建。

城市漫游

看一眼维也纳的地图就知道，它是由多个同心圆的街道围起来的。**内城**（Innenstadt），也是第一区处于环城大道和多瑙河围起来的区域中。**外城**（Vorstadt），是在城墙以外发展而成。外城又被瑰尔特尔环城道包围。瑰尔特尔大道以外就是郊区了，分布着一些小村庄，如格林钦（Grinzing）、努斯多尔夫（Nussdorf）、古姆波尔德斯刻钦（Gumpoldskirchen）和塞弗琳（Severing），而这儿的乡下酒家称为赫瑞根（Heurigen）。

多瑙河与城东的树林、草地围绕着普拉特游乐场（Prater）（4 月～10 月每日开放，收费），该公园一度是帝王的运动场，1766 年约瑟夫二世皇帝将其辟为公

下图　约翰·施特劳斯和他的小提琴

通宵达旦的音乐

维也纳对音乐情有独钟，孕育了各种各样的音乐家。在皇宫教堂，维也纳少年合唱团仍像王朝时代一样，在星期日和其他宗教节日里高唱弥撒曲。维也纳少年合唱团于 500 年前由马克西米连皇帝组建，现属于私人团体。

由约翰·施特劳斯和莱哈尔（Lehár）创作的华尔兹舞曲，在狂欢节期间通宵达旦的高雅舞会上大受欢迎，在这种舞会上，女士们的曳地晚礼裙和绅士们的燕尾礼服皆为不可或缺的服装。歌剧舞会是欧洲最富有魅力的社交场合之一，可以让那些穿着较随便的人在特设的廊台里享受餐点和舞蹈。

维也纳还有很多伟大的作曲家，如海顿、舒伯特、莫扎特、马勒（Mahler）、布鲁克纳（Bruckner）、舍恩伯格等等。在维也纳的许多街道都留有他们的足迹。

贝多芬一生中有 25～40 个不同的住址。1800 年，贝多芬搬到西德的海利根施塔特（Heiligenstadt），后又搬到维也纳的郊区，即今天的多布林（Döbling）第 19 区的附近。

普罗布斯路 6 号，就是今天的贝多芬博物馆，贝多芬写下了他的《海利根城自白》。

园并对臣民大众开放。这座公园的标记是一个硕大无朋的摩天转轮(Riesenrad)，其弧形最高点约为 65 米，从上面的小座舱窗往外看，可看到市区中明显的标记。5 公里长的**普拉特尔大道**旁边是宁静的人行道，也是野餐的场所。在这儿可租骑脚踏车，赛马场离此也很近。

尽管多瑙河河水呈褐色而令人失望，但乘船沿河观光维也纳另有情趣。4 月～10 月可以乘船进行境外观光，如从维也纳到捷克的布拉迪斯拉发(Bratislava)一日游，或到匈牙利首都布达佩斯两日一夜之旅。

维也纳城的边缘隐没于**维也纳森林**，阿尔卑斯山脉就从此森林延伸到与匈牙利平原接壤的邻省布尔根兰平原。

清凉的居所

环城马路和内城的边界再往外一点儿就是**兴勃隆宫** (Schloss Schönbrunn)(每日开放，收费)，它是从前帝王们的夏季行宫。是利奥波德一世取得对土耳其军队的胜利后建造的一座皇家夏宫。1743 年，玛丽亚·特蕾莎授命建筑师尼古拉斯·帕卡西在夏宫设计一座宫殿，由于财政困难，没有完成超过凡尔赛宫的预先目标，留下了我们今天看到的这座建筑。

兴勃隆宫共有 1200 个房间，其中 45 间对公众开放。值得注意的是玛丽亚公主的私人用房，它们包括早餐室及一些其他用途的房间。宫殿中间的广场上有巴罗克风格的动物园、英国式花园和热带睡房以及一间展示卡尔四世马车的博物馆。　❏

地图218~219 页

下图　兴勃隆城堡

惬意的小憩。

这座城市在马克西米连一世(1493年~1516年)统治时期达到鼎盛状态,建筑业发达兴旺,贸易和制造业也都欣欣向荣。市内有很多名胜,如小金顶、皇宫以及皇家教堂。

旧城之旅

因斯布鲁克的旧城呈椭圆形,在中世纪组成了一个宝贵的建筑群,外围被**因河**(river Inn)以及**市集水渠**(Marktgraben)、**壕沟**(Burggraben)与**赫伦路**(Herrengasse)所环绕。几乎在每条街都能看到附近的"**两千峰**"(die Zweitausender)。当然也不尽然,市区中一些很窄的街道处就看不到。在此地街道两旁哥特式屋宇门外的空间太小,以至太阳光几乎照不到。老一辈人很聪明地将这一地区变成步行区,游人可毫无障碍地悠然漫步于藤蔓棚下、窗壁台间。另一种观赏这些建筑珍宝的方式,是到**蒂罗尔省立剧院**前去租一辆马车,乘车漫游。

腓特烈公爵街(Herzog-Friedrich-strasse)直达位于旧城中心的**小金顶**(Goldenes Dachl)。这座晚期哥特式雄伟建筑建于1500年左右,是为了纪念马克西米连一世与米兰大公的女儿玛丽亚·碧安卡的订婚,而在新王宫之上增建的。装饰华美的亭间是观赏竞赛和戏剧的包厢,每一个包厢镶有3450块金箔铜板,这是因斯布鲁克最著名的标记。马克西米连一世似乎是第一位代表其王朝而公开自我宣传的皇帝,人们可在小金顶浮雕上看到,这位君王被一群仰慕他的女人所围绕。街道对面是洛可可式壁围的赫尔宾宅楼,这是有产阶级炫耀财富的最佳例子。

一长排中世纪房屋是腓特烈公爵街的特征,其中的**特劳松屋**(Trautsonhaus)建于哥特时代向文艺复兴时期过渡的年代,而雕梁画栋般的**卡宗屋**(Katzunghaus)则可追溯至1530年,这两栋屋宇皆值得一看。本市另一处标记是高56米的**城市塔**建于1360年,是为预防火灾观察火情的瞭望塔。在塔内33米高处一个小迴廊,可将因斯布鲁克壮观的景色尽收眼底,并可远眺附近的高山,包括1495年在因河河畔建造的**奥托堡**(Ottoburg)住宅塔,以及位于**宫廷路**(Hofgasse)的**伯格利森屋**(Burgriesenhaus),这是西格蒙德公爵于1490年为其宫廷宠儿——身高2.4米的巨人尼克拉斯·海德尔——所建的住宅。

反方向穿过法尔路就到达小金顶后面的多姆广场,后边是**圣雅各布教堂**,这座双塔教堂是巴罗克雄伟建筑的杰出代表。教堂圣坛上是老鲁卡斯·克拉纳赫所画的《拯救圣母图》的复制品。

文艺复兴时期的建筑热潮

在奥地利没有其他任何地方像因斯布鲁克旧城区东部的16世纪建筑那样能给人以如此生动的印象。代表文艺复兴风貌的建筑主要有**皇宫**(Hofburg)(周一~周日,9:00~17:00开放,收费)、皇家教堂、民间艺术品博物馆等。始建于15世纪的皇宫在1754年~1776年间又以洛

下图　因斯布鲁克周围的群山

可可晚期风格予以重建。因斯布鲁克之旅的重点戏是参观"**巨人厅**"(Riesensaal),此系两层楼高的皇帝召见大殿,建筑风格为洛可可式,里面有皇室家族成员画像。

从皇家教堂东行,可游览建于古老的圣方济各修道会里面的**蒂罗尔民间艺术博物馆**(Tiroler Volkskunstmuseum)(周一~周日9:00~17:00开放,收费),里面有20个各个时代的田园式室内景厅,以及表现蒂罗尔人丰富创造力的各种家具、传统服装和其他民间艺术品。

从腓特烈公爵街往南是因斯布鲁克省的通衢大道——**玛丽亚·特蕾茜亚街**(Maria Theresien Strasse),矗立着纪念圣安娜日(1703年7月26日)的**圣安娜纪念柱**(St. Anna Saule)。圣安娜日是西班牙王位继承战争(1704年~1714年)中巴伐利亚军队将居民驱离因斯布鲁克的日子。在此街的尽头有座**凯旋门**,系女皇玛丽亚·特蕾茜亚于1765年为纪念其皇太子利奥波德与西班牙的玛丽亚·罗德维卡公主订婚而建的。

从利奥波德街南行,可到达**威尔滕修道院教堂**(Stiftkirche Wilten),也可到达**威尔滕大教堂**(Wiltener Basilika),前者由普雷蒙斯特拉修道院建于1138年,后者是于1755年在原有基础上修建。今日面貌的威尔滕修道院教堂于1670年竣工,被誉为奥地利巴洛克时代早期最可爱的教堂之一;而大教堂则足以称为洛可可式建筑的最杰出代表。

斐迪南德大公以前的寓所**阿姆布拉斯城堡**(Ambras Schloss)位于因斯布鲁克城东南3.2公里处,如今城堡为一博物馆,藏有大量16世纪的艺术品和武器装备。

奥林匹克运动会场

1964年和1976年,因斯布鲁克举办了两场与以往截然不同的运动会:冬季奥运。在城外贝尔伊塞尔山(Bergisel)前有可容纳6万名观众的**奥林匹克跳雪台**,此外位于**依格尔斯**(Igls)的**奥林匹克冰上体育馆**(全年开放)和人造雪橇比赛场,都在城外不远处,是广受欢迎的假日休闲场所。

"高雅的冬季运动中心",**基茨比厄尔**(Kitzbühel)❸之所以享有如此美誉,至少要溯至1956年当地奥运会三连冠的获得者托尼·塞勒(Toni Sailer)。另外,著名的**哈能卡姆赛场**(Hahnenkamm)确保基茨比厄尔滑雪场吸引着世界各地一流的滑雪爱好者。该城的运动声誉主要归功于周围的群山,尤其是城东的**基茨比厄尔峰**(Kitzbüheler Horn)。夏季,基茨比厄尔阿尔卑斯山可供游人徒步旅行;喜欢攀登山势更陡峭、岩石更多、更富有挑战性的游客可以攀登西部**维尔德凯撒**(Wilderkaiser)广阔的石灰石山峰。

东蒂罗尔及萨尔斯堡和克恩滕诸省的交界处,有奥地利的**最高峰大格洛克纳山**(Grossglockner),它高3797米。山下是闪闪发光的**巴斯特泽冰川**(Pasterze glacier)。

地图216
~217页

因斯布鲁克是通往各滑雪胜地的门户,这就使得蒂罗尔省成为奥地利最受欢迎的冬季度假胜地。从布伦纳公路启程,可以轻松抵达因斯布鲁克西南方的斯图拜阿尔卑斯山区(Stubai Alps)。这一海拔1000米的山谷阳光明媚,分布着不少舒适宜人的山村。

下图 通往奥地利最高山峰大格洛克纳山的路上

　　观看高山和冰川景致的最好地点，是在大格洛纳公路支线上的**弗朗茨－约瑟夫高地**（Franz-Josef-Höhe）。这条公路是曲折盘旋于奥地利山区的另一条大公路之一，起于**布鲁克**（Bruck），止于**赫利根布鲁特**（Heiligenblut）的山间小镇。

克拉根福与沃尔特湖

　　托尔恩高速公路（Tauern Autobahn）将南北地区连接起来，萨尔斯堡与**克拉根福**（Klagenfurt）❹两地间的距离因两座大隧道贯通而大大缩短。今天，人们很难想像这里的湖泊和河流，高山和河谷曾经都埋没在沼泽地之中。传说曾经有一条飞舞的巨龙撞向这里的心脏地带，从而形成如今的地势，这些可爱的房屋都是17世纪时的建筑。

　　据历史记载，建于1489年的**金鹅**（Zur Goldenen Gans）原本是要建成一座皇邸，当时皇帝为报答一些贵族阶层，让他们把原先的城堡和公园建成一座庄园。这些贵族在克拉根福相当有影响力。1518年，马克西米连一世正式将这座城交给他们，这在日尔曼的宪法史上是独一无二的。自然，这些贵族联合他们所有的力量珍惜着他们的财宝，创造了当时唯一的一片棋盘式街道，到今天成了该城一条独到的风景线。

　　克拉根福旁边的沃尔特湖（Lake Wörther）有欧洲最大的湖滨浴场。它有些地方的深度达到85米，水温可达到28℃，使游泳爱好者们无法抗拒地想下到里面去畅游。湖畔有众多度假胜地，其中包括**克鲁姆彭多夫**（Krumpendorf）、**珀尔特沙**

下图　运送冬季饲料

赫(Pörischach)、费尔登(Veldon)和**玛丽亚沃尔特**(Maria, Wörth)等旅游胜地。湖畔另一处引人入胜的地方是**模型公园**(Minimundus)(4 月～10 月每日开放,收费),有 150 座著名建筑的模型、铁路和停泊着模型船的港口。克恩滕共有 1270个湖泊,因而具有出色的沙滩、运动设备和田园诗般的优美景色。

菲拉赫(Villach) ❺坐落在克恩滕湖区的中心地带。罗马人于公元 1 世纪在德拉瓦河上修建了堡垒、桥梁和道路。16 世纪时,帕拉策尔苏斯在此度过了他的年轻时代,那时城镇已经是克恩滕的经济文化中心了。他后来描述了这里温泉的神奇疗效,激起拿破仑无限向往。今天,在许多疗养和沐浴中心,来自世界各地的游客仍能享受到温暖的泉水,治病养身。

施蒂里亚

施蒂里亚省的省会**格拉茨**(Graz) ❻是奥地利的第二大城市,人口为 24 万。意大利的影响从建筑风格上很容易可以看出来,尤其是省议会大厦。这是一栋 16 世纪中期的文艺复兴式建筑,在它的背后耸立着这座城市的象征——钟塔。其他的建筑瑰宝包括兰德宫南面的**军火库**(Arsenal)(4 月～10 月每日开放,收费),这个历史久远的军火库是世界上最精美的,15 世的全套盔甲、老枪、战马、双剑、链子甲、盾、滑膛枪和来复枪都在这里被展出。游客千万不要错过**施洛斯山**(Schlossberg),这座石山高470 米,乘缆车或步行都可抵达山顶。山顶即是钟塔,在数英里之外都能看见。

奥地利人称施蒂里亚为奥地利的"绿色之洲"。这个奥地利第二大省包括阿

地图 216
～217 页

格拉茨向西约40 公里处,坐落着皮伯种马饲养场(Piber Stud Farm)。这里为维也纳西班牙骑术学校培育皮扎种马(每天都可参观)。

下图 萨尔茨卡默古特的阿尔特奥塞(Alt Aussee)

尔卑斯山高山地形——终年积雪和深壑峡谷，以及宽广无际的大森林，这些森林逐渐变缓，成为起伏绵延的山丘环绕在匈牙利低地平原四周。

艾森埃尔茨(Eisenerz)镇❼坐落在荒原之中。它是这个铁矿地区的中心，旅游基础设施很好，有露营基地、攀登培训学校、健身中心、远足路线和可以游泳的湖。高1470米的**恩兹堡山**(Erzberg)仍然作为开采铁矿基地在使用。艾森埃尔茨镇可作为前往恩兹堡山之旅的起点，(5月~10月每天两次有导游带队的旅行)。

萨尔斯堡

奥地利许多城镇都有辉煌的教堂、广场和喷泉；但唯独**萨尔斯堡**(Salzburg)❽这一城镇却有着一种震撼人心的世界性氛围。莫扎特(1756年~1791年)的家乡萨尔斯堡是到奥地利的游人去得最多的城市之一，每年的音乐节期间，莫扎特的崇拜者如潮般地从世界各个角落涌来。每年的夏季音乐会上也不可避免地烙上莫扎特的印迹。莫扎特的出生地位于**Getreidegasse 路** 9号；现在已成为一座博物馆(周一~周日9：00~17：30开放，收费)，里面收藏了许多纪念莫扎特生活的作品，包括他的小提琴。

传统音乐节是以霍夫曼斯塔尔的《凡夫俗子》拉开序幕的，这是一出在**教堂广场**(Domplatz)露天演出的道德剧。

城中的两座大山**门希斯山**(Mönchsberg)和**布尔格山**(Burgberg)守卫着**旧城**(old Town)的窄巷以及城中高大狭窄的商店、有隐蔽拱廊的庭院、巴罗克式教堂、

萨尔斯堡的天竺葵装饰的房屋窗户

下图　萨尔斯堡是莫扎特的诞生地
右图　莫扎特工作室里的钢琴

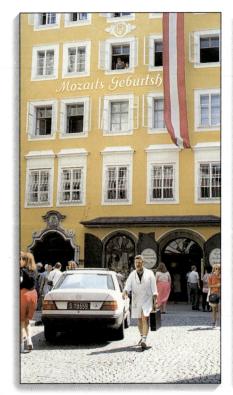

宫殿和宽阔的广场。紧靠着门希斯山旁的**霍亭萨尔斯堡**(Hohensalzburg)象征着权力，它在历史上留下了许多辉煌的篇章。1077 年大主教格布哈德（Archbiship Gebhard)在罗马古堡的遗迹上开始建造这座堡垒，一直到 17 世纪才完全建成。这里特别有趣的一件物品是 1501 年的巨大瓷砖炉，现在保存在黄金屋里。

地图 216 ~217 页

瓦浩河段

位于**林茨**（Linz）❾的布鲁克纳堂（Brucknerhaus）自 1974 年开馆以来一直是欧洲最著名、最现代的音乐大厅之一，每年现代艺术节都在这里举办。被称为"上帝的音乐家"的安东·布鲁克纳（1824 年～1896 年）是奥地利人民最喜爱的音乐家。多瑙河流过城市，当地的人们认为这里是奥地利最好的港口。它是一座工业城市，但却拥有景色优美的景点，特别是在主广场 **Hauptplatz** 广场周围。林茨一直是当地主教所在地，有无数教堂。值得一提的是耶稣会教堂，就是众所周知的**老式大教堂**(Old Cathedral）。

多瑙河在奥地利北部地区蜿蜒流淌，穿过树林和田野，流过城市和乡村，穿过教堂和修道院。河畔的本笃会**梅尔克修道院**(Abbey of Melk)❿系巴洛克风格建筑，伟岸壮观，是观赏多瑙河及其流域景致的好地点。修道院大理石厅天花板上的寓言绘画颇值一看，另外，长 198 米的帝王画廊和藏书 8 万册的图书馆也对公众开放。盛开的杏花、狮心理查德、多瑙河之波、城堡、鲜鱼和葡萄酒，代表着这个迷人的**瓦浩河段**(Wachau)。迪恩斯坦（Dürnstein)可能是瓦浩最受欢迎的村庄，环境优美秀丽。世界各地的人们都听过狮心理查德国王和他的吟游诗人的传说。12 世纪末，这位英格兰国王从十字军东征返回的路上被强盗贵族抓住，关在这座坚不可摧的碉堡的地牢里。只有一个忠心的侍从，他的吟游诗人布戴尔不相信他敬爱的主人已经死去。他带上鲁特琴，出发去寻找主人的下落。最后，在迪恩斯坦城堡下，他刚弹出理查德喜爱的曲目的开头几个音节，就听到了主人熟悉的声音。不久，英格兰人付出一大笔赎金，狮心理查德得以释放（赎金用来资助修建维也纳最早的城墙）。

从这里沿多瑙河向下游走几英里，来到**克雷姆斯**（Krems）⓫，它是"保护历史纪念物的模范城市"，大多建筑物都是优美的古屋。城市坐落在梯形葡萄园之中，紧挨多瑙河河岸。游客到了瓦浩，应该尝尝当地上好的葡萄酒，尤其是杏子白兰地。整个山谷满是杏树，春天，盛开的花朵使乡间格外美丽。

多瑙河继续向前，流向**维也纳森林**里的那些村庄，海里根克伦茨（Heiligenkreuz）就是其中一个，那里有宝石般的天主教西是特修道院和传统的葡萄酒产地 SOOS 村。从这里继续向前，从维也纳的公路上可以看到壮丽的首都景色。　❑

下图　萨尔斯堡附近的群山里

东欧之旅

布拉格、华沙、克拉科夫和布达佩斯这些东欧城市已成为旅游者地图上非常牢固的标注点

当1990年"铁幕"被打开时,前往欧洲大陆的旅游者得以重获探寻这些对欧洲的形成起了重要作用的城市的机会。捷克首都布拉格以前曾是旅游者不容易前往的地方,现在就具有特别的吸引力。那些前往波兰的旅游者经常在游览它现在的首都华沙的同时也会游览以前的首都克拉科夫和欧洲南部著名的多瑙河,之后还可以前往匈牙利的首都布达佩斯。

这些城市中令人如痴如迷的地方,既有新颖壮观的建筑物,也有风格独具的咖啡厅,它们唤起了19世纪的文化繁荣,尽管这个时期距离20世纪的数宗悲剧为时不远。对于文化人而言,这儿是卡夫卡、康拉德、莫扎特、肖邦、德沃夏克和李斯特等大师们常来常往的地方。这里最初毕竟是波西米亚文化的发源地。虽然麦当劳汉堡包已来到当地,但到此一游的观光客仍然可以感觉到一些正在迅速消失、不同于西欧生活方式的气氛。

只需重温一下地图,便会令人回忆起这里曾是昔日欧洲主流历史文化的中心地区。东欧城市与柏林、维也纳连成一体,绵延约500公里。布拉格的位置并不比那不勒斯更靠东;华沙和布达佩斯与意大利的"鞋跟"部位连成一线。从布拉格驱车仅一小时多一点便可抵达捷德边境,往南行车不到两小时就到了奥地利首都维也纳,维也纳和布拉格在历史上有着非常紧密的联系。从维也纳可乘船顺多瑙河缓慢下行抵达布达佩斯,并发现这里的咖啡屋毫不逊色于奥地利首都的咖啡屋。

如果说波兰曾历经立陶宛、普鲁士、俄罗斯帝国的百般蹂躏,那么布拉格、维也纳和布达佩斯过去则是奥匈帝国皇冠上的宝石。所有这些城市在一战结束后由于前帝国的崩溃而深受影响,历史再一次为这些城市带来了不同的命运。

前苏联的都市规划主张维持都市中心的原貌,故每一座城市均有保护良好的市中心。华沙的主要广场古迹已全部重建,成为短期来访者最理想的地方,即使是步行,也能不费工夫地游览每一处旅游胜地。❏

前数页图　从古老的市政大厦可看到布拉格的蒂恩教堂;匈牙利的布加克骑士
左图　华沙的莱尼克旧城区

布 拉 格

布拉格曾以它的 5 个历史文化区而闻名，它们分别是城堡区、小城区、犹太人区、旧城区和新城区

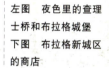

丽布莎公主(Princess Libussa)曾站在伏尔塔瓦河(Vltava River)边的峭壁上振臂宣称："我能看到一座伟大城市的声名将上达天际"。14 世纪的布拉格已成为欧洲最壮观的城市，哥特建筑史上的奇迹。3 个世纪后，布拉格尽管仍然背着"抛人出窗"的坏名声，但到处都是精美的巴罗克式建筑。

布拉格城堡区

高耸于伏尔塔瓦河西岸的是**赫拉德卡尼城堡**(Hradcany Castle)和**布拉格城堡**(Prague Castle)❶，自 12 世纪以来一直是政治权力的中心。1541 年一场大火将小城烧毁，后以文艺复兴风格重建。最早的建筑师是阿拉斯的马修大师（Master Matthew of Arras），他是教皇克莱门特推荐的人选，1352 年他去世以后，由青年设计师彼得·帕勒 (Peter Parler) 接替他的设计任务，这位年轻人同时还是雕刻家和木匠。出自两人之手的有**圣维图斯大教堂**(Katedrála su. Vita) ❷（每日 9∶00 ~ 17∶00开放，免费）和查理士大桥(Charles Bridge)。

进入城堡区的主要入口在**城堡广场** (Hradčanské náměstí)，城门由泰坦神像守卫，这些神话雕像是 1912 年按 1768 年的原件仿雕而成。城门通向一系列庭园，第二座庭园以外是**城堡画廊**(obrazána Pražského hradu)（周二 ~ 周日开放，收费），收藏着鲁宾斯、提香、丁托莱托及其他一些画家的作品，这些作品曾属于英格兰查理一世所有。

第三座庭园中矗立着**圣维图斯大教堂**高耸入云的哥特式尖塔，这座教堂系于 1344 年在 10 世纪和 11 世纪原有教堂的遗址上重建。

大教堂的后方有一处地方仿佛是出入口，其实是豪华的**弗拉迪斯拉夫大厅**(Vladislav Hall)，它是**旧皇宫** (Old Royal Palace)（周二 ~ 周四开放，收费）的一部分。大厅通往市议会厅，新教徒的贵族曾于 1618 年在此聚会以抗议天主教徒议员。在图尔尼伯爵的建议下，天主教骚乱教徒的两名头目，即议员马丁尼克和斯拉瓦塔，被众人抬起抛出窗外。

穿越大教堂后方的广场，来到**圣乔治教堂**(Bazilika su. Jiří) 暨**修道院**(Monastery)，教堂的塔楼系 970 年的古建筑，这座教堂堪称早期巴罗克风格波西米亚建筑艺术珍品。圣乔治教堂后面是**黄金巷** (Zlatá Ulička)，1541 年那场大火之后，当地人便在城堡墙里面修了一排精巧的小房子，现在是热闹的古董店和书店。从这里

左图 夜色里的查理士桥和布拉格城堡
下图 布拉格新城区的商店

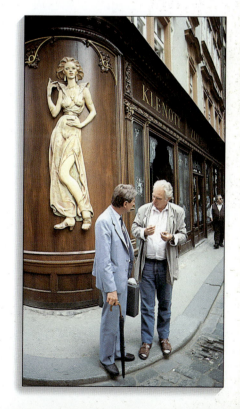

在查理士桥上演奏音乐的木偶。

返回广场,来到城堡主入口,游览一下巴洛克式的**主教宫**(Arcibiskupský palác)、斯特恩贝克宫中的**国家画廊**(周二~周日开放,收费)以及在斯瓦尔琴贝格宫(以前名为罗伯科维克宫)中的**军事历史博物馆**(4月~11月周二~周日开放,收费)等,还是很有价值的。从此处有一条小巷通往**罗雷托教堂**(Loreto)**❸**,教堂是一名捷克贵族妇人捐献的。

史特拉霍夫修道院(Strahovský klašter)**❹**是波希米亚地区最古老的修道院,坐落在 Petřín 山坡上。**民族文学博物馆**(周二~周日开放,收费)位于其中,它修建于 800 年前,现在展示西方基督教的优秀文学作品。

小城区

穿越小城到查理大桥的主要道路为**大桥街**(Mostecká),两旁有许多曲径小巷和小巧的屋宇,1541 年的大火幸好未殃及此处。此街上最令人印象深刻的建筑,当推**瓦伦斯坦宫**(Valdaštejnǎký palác),**❺**内设美术馆(周二~周日开放,免费)和若干**庭园**(5月~9月每日开放,免费),不时有音乐会演出。布拉格**圣婴教堂**(Su. Mikuláše)**❻**(4月~9月每日开放,10月~3月周六、周日开放,免费)中有一尊褵褓中的耶稣基督蜡像。它将小城区的主广场一分为二。

旧城和新城

连接城堡区、小城和**旧城**(Staré Město)的**查理士桥**(Karluvmost)**❼**是一个重

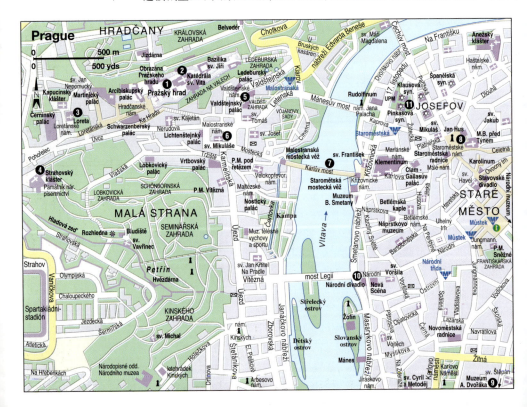

地图
242 页

要的观光胜地。经过塔楼的**赛勒特纳街**（Celetná Street）昔日曾经是皇家巡行的御道，从旧城延伸至查理大桥，直达赫拉德卡尼城堡。

　　赛勒特纳街连接漂亮的**旧城广场**（staroěm stské náměstíl）❽及毗邻的小广场，后者因其**旧市政大厦**（周二～周日开放，收费）上巨大的时钟而闻名，它建于 1338 年。**文塞斯拉斯广场**（Wenceslas square）是一个连接旧城和**新城**（Nové Město）的宽阔的斜坡大道。它的旁边是庞大的**国家博物馆**（Národní muzeum）。建于 1720 年的美洲村位于卡尔路瓦街 20 号，里面有**德优夏克博物馆**（Dvořák Museum）❾（周二～周日开放，收费），收集了大量 19 世纪捷克作曲家的作品。富丽堂皇的**国家剧院**（Národní divadlo）❿（订票电话：24901448）就坐落在河畔。

犹太人

　　Parizska 街或 Maislova 街都通往**犹太人区**（Jewish Quarter），这里欧洲最古老的街区，至少可追溯到公元 10 世纪。当地的**犹太教堂**（Old-New Synagogue）约建于 1270 年，而古老的**犹太陵园**（Old Jewish Cemetery）中共有 1.2 万多座坟墓、墓碑层层排列，两墓首尾相连、气势蔚为壮观。将犹太隔离区与市区分开的隔墙在 18 世纪末被拆除，**国立犹太人博物馆**（Jewish state Museum）⓫叙述着隔离墙的历史。**平卡斯犹太教堂**（Pinkasová Synagogue）（每日开放，收费）中保留着 77000 名波希米亚和摩拉维亚犹太人的姓名，他们都是被纳粹屠杀的。　❑

　　文塞斯拉斯广场本身就是一个娱乐广场。人们聚集在这里，来看各种各样的人可以收获不小。

下图　布拉格旧城广场

华沙与克拉科夫

波兰是由两种文化组成的，华沙和克拉科夫是它的两个大
城市，它们共同代表了波兰的过去、现在和未来

地图
246 页

维斯杜拉河（River Vistula）将华沙一分为二，左岸经过精心创建，对游客极
具吸引力。据说华沙的美人鱼曾住此处，因此美人鱼便成为华沙的市徽
图案。旧集市（Rynek Starego Miasta）❶至少从 13 世纪起就十分兴隆了。

旧集市一带还是个风景如画的地区，艺术家在街头出售他们的作品，不少
古玩商店和艺廊都是昔日的贵族豪宅。咖啡厅雅座上的阳伞五颜六色，马拉出
租车在鹅卵石路上发出清脆的马蹄声。

华沙历史博物馆（Muzeum Historyczne m st Warszawy）（除周一外每天开放，
收费）定期演出一部纪录短片，介绍华沙重建前后的风貌。这些短片在包括"黑
人之屋"的一排房子中演出，而这些房屋实际上并未遭到影片中所记录的毁灭
性破坏。附近有一座**文学博物馆**（Muzeum Literatury im A Mickiewicza）（除周六外
每日开放，免费），以诗人亚当·米奇维茨（Adam Mickiewicz）之名命名。

圣约翰大教堂（Katedra sw. Jana）❷（周日关闭）离旧集市不远，是华沙最古老最
重要的教堂。第二次世界大战后完全从废墟中重建，直到 14 世纪才完全恢复原貌。

Swietojańska 街的尽头是城堡广场，广场上有**皇家城堡**（Zamek Królewski）❸
（周一关闭，售票处位于 Swietojańska 街 2 号）。城堡
原建于 13 世纪，当时是作为 Mazovian 王公的宫殿
而建的。从 16 世纪末以来，它一直作为皇家的居住
地，同时也是议会的所在地。在两次世界大战期间，
城堡是当时国家元首的官方住所。城堡内部大都保
持着 18 世纪的风格，其中的艺术品和家具既有城
堡原有的，也有后来博物馆和私人的收藏品。城堡
中还有一座小型**展览馆**，收集了各种各样的小块
毯。这座巴罗克风格的皇宫中还有华沙最古老的纪
念碑，建于 1644 年的**齐格蒙三世纪念碑**（Kolumna
Zygmunta Ⅲ wazy）❹。这个广场也是被称为"皇家大
道"的一条道路的起点。皇家大道是市内历史最悠
久的街道，有一尊由丹麦艺术家伯特尔·托尔丹德
森（Bertel Thorvaldsen）雕刻的哥白尼塑像。这条路还
与肖邦颇有干系，他逝世后其心脏送回波兰，存放
在圣十字教堂的一根柱子里。

走完皇家大道，从克拉科夫斯基普泽德米舍街
转入新世纪街（Nowy Swiat）之前，不妨到旁边的小
巷里走走。在此回走几步，在戏剧广场上有庞大的
歌剧暨芭蕾大剧院和华沙英雄纪念碑。这座剧院在
战争中曾被彻底破坏，而纪念碑则是为纪念被炸死

左图　旧华沙
下图　天主教仍然
是波兰的主要教派

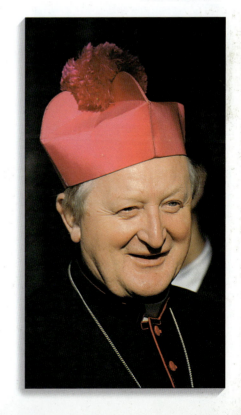

乘华沙市内火车游览城市。

搭乘 116 路、122 路或 193 路公共汽车可以到达肖邦公园和皇宫。

电话:6257944

可提供带导游的游览线路。

下图 华沙的皇家城堡

在剧院中的平民所建。位于 Krakówskie Przedmie cie 路 68 号的**圣安娜教堂** (St Anna's Church)❺(每天开放),是建于 15 世纪的哥特式教堂,到现在已经被重建了许多次。沿路继续走下去,来到坐落在由小火车铁轨围绕起来的花坛中的**亚当·密茨凯维奇** (Adam Mickiewicz)**纪念馆**,这座纪念馆建于 1889 年,用于纪念这位伟大的波兰诗人的诞生。另一个显著的建筑物是建于 1994 年用作波兰总统府的 **Namiestnikowski 宫**❻。位于 Krakówskie Przedmiescie26—28 号的是**华沙大学**❼(每日开放),校园里有几座作为演讲厅的建筑物,其中的庭院和天井清晰可辨。Plac Bankowy 路通向**萨克逊花园** (Saxon Garden)❽,它是华沙最早的公共花园,1727 年开放。花园的一边是**无名烈士墓**。它是 1925 年修建的,包括在卡廷大屠杀中牺牲的波兰政府官员。

克拉科夫——波兰的知识和文化城

作为波兰曾经的首都,克拉科夫有许多景点,在它的**旧城**中很容易步行到达所有的景点。**市场广场** (Rynek Glówny)上总是挤满了当地人和旅游者。广场的中心是**布商大厦** (Sukiennice)Ⓐ(每日开放)。从前,小食摊、商店和仓库遍布其中,它的正面是文艺复兴时期风格的设计,是 1556 年～1560 年期间帕多瓦大学的 Giovannia Maria 的作品。从**市政厅的塔楼** (Wieża Ratuszowa)Ⓑ(周一关闭)可以直观地看到城市的景观。古罗马风格的**圣阿德伯特教堂** (Kościól św. wojciecha Ⓒ(每日开放)从 11 世纪～12 世纪开始使用;内部装饰极为华丽的

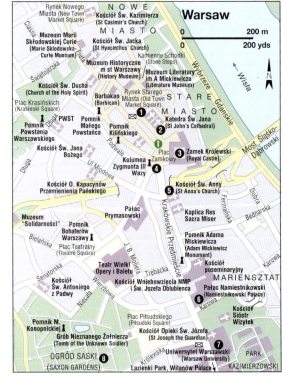

双塔**圣玛丽教堂**(kościół Mariacki) **D**(每日开放)建于 14 世纪～16 世纪具有奇特的后哥特时期风格。每隔一小时，教堂的双塔上就会响起四声短促的号角声，然后是悠长的尾角,这声音曾经是用来报警的,通知城内人有外敌侵入。从市场广场沿弗洛里安斯卡 (Floriańska) 街可以走到**扬·马迪柯博物馆** (Dom Jana Matejki) **E**(周一关闭),他是波兰最伟大的历史题材画家,他出生在这里,此后的工作时间里也经常回到这里,馆内仍保留着他生前的布置。沿着街道向上,来到山顶的**圣弗洛里安城门** (Brama Floriańska) **F**,它是旧城区仅剩的一座城门,从 14 世纪起它就与城墙一道守卫着这个城市。城墙上挂着许多当地艺术家的画作。**沙尔托里斯基博物馆**(Muzeum Szołoyskich)**G**(周一关闭)收藏了许多 1764 年以后的画作和雕刻作品,其中一些是从小波兰周围的教堂里收集来的。

　　该城最早的巴罗克风格教堂**圣彼德和圣保罗教堂** (Kościól Św. Piotra i Pawla)**H**(每日开放)位于 Grodzka 街上。沿着这条街走到底,你将看到**瓦维尔城堡** (Wawel) **I**(周一关闭),它建在维斯托拉河畔的石灰石山上,1038 年～1596 年期间作为皇室的居住地。这座颇为复杂的建筑包括中世纪城墙和塔楼、皇家城堡、皇家大教堂、珍宝殿等。城堡的分割比率极其完美,三层带拱廊的庭院伸向城堡的 4 个配楼,是欧洲文艺复兴时期最精致的建筑典范。波兰作曲家、指挥家、民族歌剧的创始人斯坦尼斯拉夫·莫纽什科曾这样描述瓦维尔城堡,"这里的一切都是波兰,每一块石头和每一片碎瓦,就连每一个进入的人都变成了波兰的一部分。"　　　　　　　　　　　　　　□

地图 246
～247 页

卡兹米尔茨是克拉科夫的犹太人聚居区。电影《辛德勒名单》中的许多犹太人就是在克拉科夫城内和周围被枪杀的。

下图 克拉科夫的市场广场

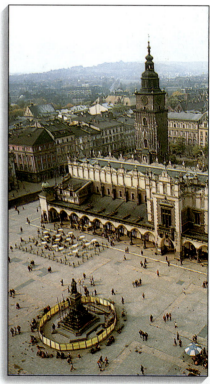

布 达 佩 斯

自古罗马时期就开始受到珍视的"多瑙河女王"温泉疗养地,到今天仍是这座现代化城市从奥匈帝国继承财富中的精华所在

地图 250 页

尽管布达佩斯横跨于多瑙河两岸,但直到 19 世纪 40 年代,才由威廉·克拉克设计,亚当·克拉克负责建造,在多瑙河西岸的布达与东岸的佩斯之间架起了一座巨大的**链桥**(Chain Bridge)。

布达、旧布达和佩斯于 1872 年合并为一个统一的城市,随后又建了几座大桥。链桥于 1949 年重新建成通车,距第一次竣工时整整 100 年,而单孔长跨度的伊丽莎白大桥直到 1964 年才完工。

目前市区的林荫大道和环城马路多为 20 世纪初建造的。

在西岸布达的一座山坡上,品德高尚的瑞士籍盖勒特主教(Bishop Gellert)于 1046 年向原来不愿接受基督教义的当地人传教,但当地人恩将仇报,将盖勒特主教强行塞入一个装满铁钉的木桶里,从山上将木桶推下山谷坠入河中。后人为了纪念他,以他的名字命名此山。盖勒特山是俯瞰布达佩斯全景的最好地方,远眺市区以外广袤的平原以及多瑙河蜿蜒流淌穿越市区的景色一览无余。

城堡山

贝拉四世(Bala IV)在 13 世纪关于建造布达新城的规划以在城堡山修建一座**要塞**(vár)❶而展开,此举旨在保卫盖勒特山以北的平民居住区,然而布达新城随后屡遭攻占。1526 年土耳其人攻占布达但未大肆破坏该城,1686 年布达再度陷落,城市饱受摧残。土耳其占领军将市内的教堂统统改为清真寺,带来一些东方风情。

土耳其人被赶出布达之后,满目疮痍的城市以当时的晚期巴洛克建筑风格予以重建,其代表有**大学教堂**(University Church)、老布达区的**热奇庄园**(Zichy Manor)和**丝绸工厂**(Silk Factory),以及巴色阿尼广场(Batthyany Square)的**圣安娜教堂**(St Anne's Church)。1867 年匈牙利君主制复辟,开始大兴土木,到处都建造华丽的庄园宅邸,昔日的要塞堡垒也纷纷改建为雄伟的宫殿。

德国纳粹在 1944 年于城堡山作垂死挣扎时几乎将此城全部摧毁。有一条隧道从城堡山中穿过,在链桥桥头的**克拉克–亚当广场**(Clark Adam Square)乘坐缆索铁道火车可到达城堡山。有几条公路曲折盘绕于山坡,公路间由许多窄狭的通道相连,目前私人车辆不得驶入。城堡残留下来的部分被很聪明地重建为**布达佩**

左图　连接布达和佩斯的大桥

下图　街上的乐队

城堡山地区的中世纪陡坡小巷。

斯历史博物馆（Budapest Historical Museum）和**匈牙利国家美术馆**（Magyar Nemzeti Galéria）❷（周二～周日开放，3月～11月10：00～18：00，12月～2月10：00～16：00，收费），美术馆中收藏了匈牙利从中世纪到现代的艺术精品；此外还有展示当代艺术的**路德·维希博物馆**(Ludwig Museum)。

　　漂亮的**维也纳门**（Bécsi kapa tér）是这个城堡最早的一个入口。在城堡山的西边坐落着**军事历史博物馆**（Hadtörténeti Múzeum）❸（周二～周日开放，1月～9月10：00～18：00，10月～12月10：00～16：00，收费），馆内能看到1848年匈牙利与奥地利及俄罗斯之间战争的历史片段。

　　马加什教堂（Mátyás tenplom）❹也叫做圣母玛丽亚教堂(它一度还是一座重要的清真寺)，因为匈牙利国王、民族英雄马加什曾在此教堂两度婚娶。教堂现在的外观是1873年～1896年重新修整过的。一旦你的眼睛适应了教堂内幽暗的光线，便可以观赏到柱子、墙壁和天花板上精美的装饰。教堂外有一尊匈牙利开国国王圣伊斯特万的塑像。

　　从教堂到**渔人堡**（Halászbastya）之间距离很短。渔人堡是为纪念中世纪时奋起抗击土耳其人保卫布达的渔民而建的。

佩斯地区

　　前往多瑙河东岸佩斯地区最合适的路线是步行600码穿越**链桥**（Széchenyi Lánchíd）❺，这里有人行便道。桥的另一端是**罗斯福广场**（Roosevelt tér），广场上

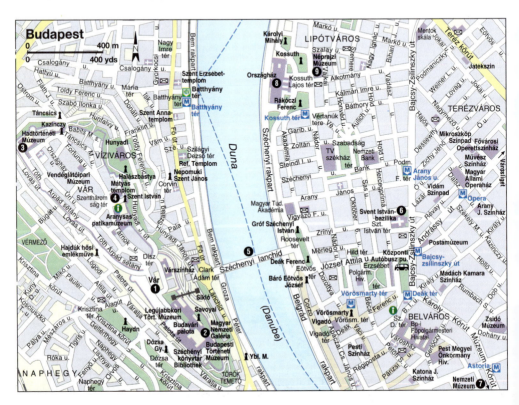

有赛契尼伯爵和柯苏思的雕像。新文艺复兴时期风格的**科学院**就是由赛契尼伯爵斥资修建的。**科佐路**(Corzo)是南下通往**维加多广场**(Vigado Square)的步行大道。广场上有一座**音乐厅**,几乎所有的音乐大师都在此演出过。演出记录表明最早演出的大师是勃拉姆斯和李斯特。

与科佐路平行的是**瓦西路**(Váciutca),这是布达佩斯最时髦的**购物街**。

这里令人惊奇的建筑建于 19 世纪,高耸的金属柱、架高的步行道和倾斜道,一派非凡。广场北面是新文艺复兴风格的**圣史蒂芬大教堂**(Szent István bazilika)❻,匈牙利的天主教徒皆以此为朝圣教堂,朝圣者滚滚如潮,礼拜圣徒史蒂芬的右手。附近有座**歌剧院**,因一票难求,不妨购买旅游团体票,甚至两场之间也可插入观赏。

国家博物馆(Nemzeti Múzeum)❼(周二～周日开放,3 月～10 月 10:00～18:00,11 月～2 月 10:00～17:00,收费)里有匈牙利第一个国王圣徒史蒂芬的冠冕以及加冕典礼的披篷、国王的权杖等。匈牙利国家改制以后,国家博物馆被重新装修,所有珍贵展品都被重新布置过。

与国家博物馆紧紧相邻的是**大犹太教堂**(Great synagogue),规模为世界之最,洋葱形的教堂屋顶是最明显的特点。巨大的**国会大厦**(Országház)❽仿照英国风格建造,无论是宪法精神或倒映在河里的国会大厦的景致,均与英国如出一辙。国会大厦对面的原王家法庭所在地,现在是**民俗博物馆**(Neprajzi (Múzeum)❾(周二～周日开放,3 月～10 月 10:00～18:00,11 月～2 月 10:00～16:00,收费),收藏了 17 世纪～20 世纪的匈牙利民族艺术品。 ❑

地图
250 页

布达佩斯的城市公园(Városliget)是该城最大的公园,人们可以在这里尽情地休闲放松。这个地区还有富有浪漫色彩的沃伊道胡尼奥德堡,它位于公园人工湖中的一个人工岛上。

下图　布达佩斯的温泉疗养宾馆吸引了大量游客

意 大 利

意大利的艺术和建筑吸引着世界各地的人们，就像它的
美食和醇酒一样

在意大利旅行的游客对那儿经常都有似曾相识的感觉，因为人们对它的许多标记性建筑物早已耳熟能详，中古时期的城镇和城市中心看上去就像是文艺复兴时期绘画作品的翻版。然而游客也不会感到孤独，一到夏季，在主要的游览胜地如罗马、佛罗伦萨和威尼斯等，到处都热闹喧哗，游客人人兴致勃勃。如有可能，他们还要在一年之内另择时间再度光临呢。

意大利也是一个充满生机的现代化国家（米兰是欧洲时髦事物的中心），生活节奏，尤其是路人的脚步总是快速而行色匆匆。游览意大利各城市，最好是以步当车。如果你想开车，请径自开往历史中心或大教堂，到那儿去找个停车场泊车。

意大利面积为 30.1 万平方公里，领土呈靴状，靴顶浸入地中海中央，亚平宁山脉（Appenine Hills）是领土的脊梁，将意大利分为南北两半，北方工商业发达，南方以农业为主，相对较穷困。据说在意大利北方，一个人的资产指他的股票和房地产；而在南方，一个人的唯一资产就是他的名誉：因此即使一个穷人也可能是富有的。南北两部分以罗马分界，罗马大致与纽约处于同一纬度。

除了观察意大利人如何生活外，大概少有比此更有意思的乐事了。意大利人是炫耀大师，个个擅长保持健美的体型。但是他们的公共及社交生活却充满繁文缛节。政府在接二连三的危机中摇摇欲坠，丑闻不断侵扰公共生活，贪污腐败横行，黑手党无所不在。外国女性游客可能发现，这里的青年男性富于进攻性并抢劫成性，而意大利妇女在家里而却扮演着十分关键的作用。吕基·伯兹尼（Luigi Barzini）在《意大利人》一书中写道："拥有家庭的意大利人没有一个是孤独的……。他若在外面遭受挫折，可以回家寻求避风港——有人给他舔伤养病，或是获得追求胜利的动力。" ❑

前数页图　暮霭之中的佛罗伦萨空中轮廓线；在昆塔拿节上身穿传统服装的美女
左图　威尼斯狂欢节的最大特点是它的面具

258

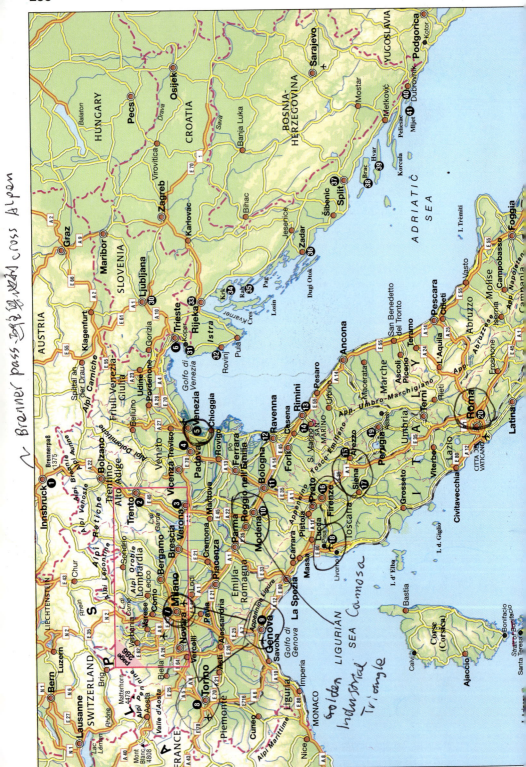

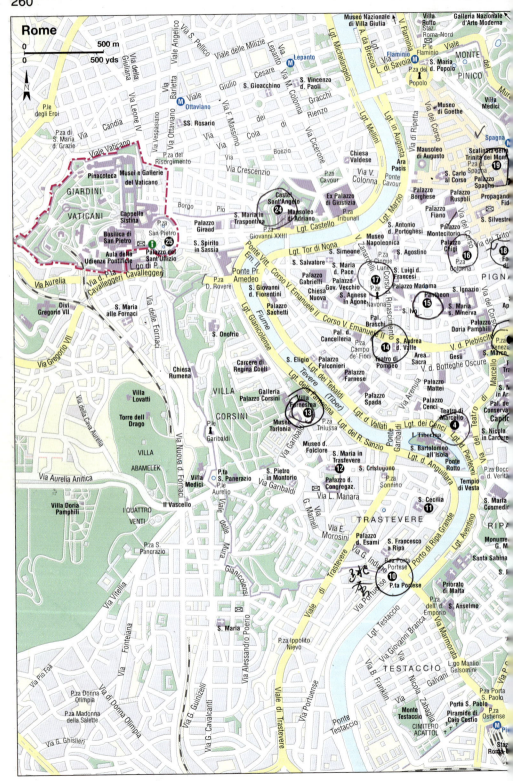

Rome

罗 马

跟随帝王、圣灵的足迹，你可以找到无数石碑和教堂，这些标志
着罗马是意大利和远古时代的都城

罗马

拜伦是这样描写田园风情的**帕拉蒂尼山**（Palatino）❶ 的，"柏树和长春藤、野草和桂竹香，或伸展或蜷曲，铺开在这小山丘的房屋、拱门和碑柱上，在屋顶、地窖和壁画的每一块碎片上，在地下的潮湿里⋯⋯"。它们仍残存于这里，在废墟、断墙和雕梁画栋以及傲立的方尖石之中。这样的残垣断壁比比皆是，这就是罗马最好的写照。罗马城的故事就发生在这里。公元前 8 世纪，孪生兄弟罗慕路斯和勒莫斯被遗弃在洪水泛滥的台伯河中，是在河边饮水的一只母狼发现了正在哭泣的他们，并用自己的奶喂养他们。兄弟俩从小练武，终于长大成人，并为自己的母亲和舅父报了仇。他们带领自己的人马建了一座新城，新城市的地方就选在他们出生时被抛弃的地方，帕拉蒂尼山岗。

从东边上帕拉蒂尼山可以选择**古罗马广场**（Foro Romano）❷开始的一条小路（每日开放至日落前的一个半小时，夏季有夜晚特别开放时间，收费）。古罗马广场是古代罗马的商业和政治中心。在昏暗的光线中，人们可以想像出，这些高耸的圆柱和受风雨侵蚀的阴森大理石雕像都变成了血肉之躯，古罗马仿佛在数分钟内又恢复成以往辉煌的世界商贸、宗教和社会生活中心。如果广场中有一石一物遗失，都得责怪历代教皇和王公贵族，因为千百年来他们一直将广场当做现成的露天采石场，向宫殿提供源源不断的建筑石材。

广场前面是**神农庙**（Tempio di Saturno），但更加吸引人的是**拱门**（Arco di Settimio Severo）。拱门是公元203 年为纪念古罗马皇帝而建立。

左图 圣彼得大教堂内部
下图 罗马城的象征——母狼

凯匹托里尼山和犹太人聚居区

罗马城的另一个地标性景点是**凯匹托里尼山**（Capitolino）❸ ，这里有**文物史料馆**（Palazzo dei Conservatori）和**凯匹托里尼博物馆**（Palazzo del Museo Capito lino）（周二～周六及周日上午开放，收费），里面都收藏着无数艺术珍宝。凯匹托里尼山西侧是罗马古老的犹太人聚居区，靠近**马尔赛罗剧院**（Teatro di Marcello）❹的遗址。自共和时代，这里便有犹太人社区，后为反对宗教改革派和保罗四世强迫他们搬到其他地区。从那时起，这里的大门一直紧闭着，犹太男人要戴黄帽，女人要戴黄围巾，许多行业都不让犹太人经营。一位 19 世纪的美国人愤慨写道："大批犹太人遭迫害，这些伤害深深地烙在他们的灵魂里。"在那时，

Sti Marco

一年中有几次犹太人被迫到佩斯奇里亚的圣安琪罗教堂听多米尼克教会修士的长篇大论。

在罗马，并非所有的景点都是古建筑，最能体现现代城市风貌的地方是**威尼斯广场(Piazza Venezia)** ❺。这里是城区主要道路的交汇处，在这里横穿马路比较危险，但通常车辆会让行人通过。

Victor Emanuel Monument

⚠ 广场的一侧是**威尼斯宫（Palazzo Venezia）**，它是罗马文艺复兴时期的第一座巨大宫殿，1922 年 ~ 1945 年期间是意大利独裁者墨索里尼的总部所在。它修建于 1455 年，中间的阳台是 20 世纪 30 年代墨索里尼发表演讲的地方。现在这里成为**威尼斯宫博物馆**(Museo del Palazzo di Venezia)(周二 ~ 周日上午开放，收费)，里面收藏了大量的绘画、雕塑及刺绣作品。

康斯坦丁二世
塑像。

古罗马竞技场及周围

在凯旋门旁边屹立着，貌似巨大战舰的**古罗马竞技场**（Colosseo）❻（周一~周六开放至日落前一个半小时，周日开放至 13：00，收费），以大石块砌成，全盛时期可容纳 5.5 万名观众。国王维斯巴辛把尼罗**金宫**（Domus Aurea）❼ 一侧的湖底淤泥清除干净，兴建起圆形竞技场。金宫是尼罗国王的宫殿，于公元 64 年在罗马城大火中被毁坏。

尼罗皇帝是历史上有名的暴君与逼迫者，彼得和保罗两位使徒都是在尼罗皇帝的任内遭逼迫而殉道的。几乎毁掉了罗马城的大火是尼罗皇帝想把旧城毁

下图　古罗马竞技场

掉,另建新城而下令制造的。但他怕触怒百姓,所以就把放火的事转嫁在基督徒身上,于是基督教会大受逼迫,基督徒为道殉难者甚多。

从竞技场沿 Via di San Giovanni 大街走一段路,就来到了**圣乔凡尼广场**(Piazza di San Giovanni in Laterano) ❽ ,广场上有些重要的基督教建筑。其中宏伟的**圣乔凡尼教堂**(San Giovanni in Laterano)是康士坦丁大帝修建的,在 1309 年当时的教皇被放逐至埃维农以前,这里一直是教皇的位置。虔诚的教徒还可以拾级而上**圣阶**(Scala Santa)(跪行),据说耶稣在受到犹太审判的申斥后,是从这些台阶下来的,后来由康士坦丁的母亲把他从耶路撒冷救回。

世界上最大的浴池

从广场沿 Via Amba Aradam 大道向前,然后拐向 Via Druso 路,在下一个拐角处坐落着**卡拉卡拉大浴池**(Terme di Caracalla) ❾ (周二~周六开放至 18:00,冬季开放至 15:00,周日和周一开放至 13:00,收费)。

从前的帝王将相们建造了许多浴池,但罗马最大的浴池还是公元前 212 年建造的卡拉卡拉大浴池。它可能同时容纳 1500 人泡澡,一直保存完好,并发挥其功能,直到浴池建成 200 年之后,哥特人入侵罗马,肆意破坏殃及了向浴池供水的高架渠。

罗马浴池是罗马人社会生活的一个重要组成部分;谈生意、吃饭、搞政治阴谋……。古罗马历史学家塔西托这样描述罗马人的生活:"白天睡觉,夜晚办

地图 260
~261 页

指 南

将野餐食物带入旧时伯爵的领地并不是官方允许的,但只要你小心一些,不把废物留下,也不会有什么问题。

下图 康士坦丁凯旋门

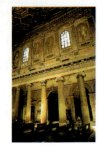

特拉斯特维尔
广场上圣母堂的马
赛克镶嵌。

事,并且寻欢作乐。怠惰是他们的爱好……。"公共浴场就是过这种舒服日子
人的天堂。

台伯河两岸

　　特拉斯特维尔位于梵蒂冈的东西侧,在台伯河畔。这里有许多价格合理的
餐馆,在**波尔提斯**(Porta Portese)❿,有一个受人欢迎的周末跳蚤市场,从老式
家具到各种皮包、衣物和时尚用品应有尽有,而且通常都可以以比标价低 30%
的价格成交。

　　大街的南边有两座教堂值得看一看,**圣塞西利亚教堂**(Santa Cecilia)⓫ 建
在一位基督教殉教者的房子上面,她于公元 230 年殉难,她的墓后来与教堂一
起被人们发现。现在教堂已被改建,内部最著名的是卡瓦利尼 13 世纪的壁画作
品《最后的审判》。另一座教堂是**特拉斯特维尔圣母常**(Santa Maria in Trastevere)⓬,
它是罗马最古老的教堂之一,其中圣母生活镶嵌画十分著名(这是第一座专门
为贞节圣女建造的教堂)。

走近拉斐尔

　　沿着这些教堂北边一条紧挨台伯河的小路可以来到**法尼西娜别墅**(Villa
Farnesina)⓭(周二~周六上午开放,收费),它由一位富有的银行家建于 16 世
纪的最初十年。这是文艺复兴时期的一颗明珠。拉斐尔的天花板壁画具体描绘

**下图　罗马人的乡
村生活**

了邱比德与塞奇的爱情。在隔壁的房间里，有拉斐尔的《坚牢的条纹布》，描绘了美女在逃离独眼神魔爪的瞬间情景。楼有佩鲁尔设计极妙的居室，面向一片恬淡的乡村风景，卧室内有索德马的作品《亚历山大与罗克安妮之婚礼》。

台伯河对岸的**圣安德烈堂**（Sant'Andrea della valle）**⓮** 是普西尼曾上演他的杰作歌剧《托斯卡》的地方，很值得前去参观。这座建筑宏伟气派的正面是巴洛克风格的，内部的豪华装饰也能给人留下深刻的印象，堂内安葬了两位教皇的遗体，它最吸引人的是色彩绚丽的圆顶，是罗马城里仅次于圣彼得大教堂的建筑。圣安德烈堂内装饰着著名画家多梅尼基诺和兰弗兰科的壁画。

万神殿（Pantheon）**⓯**（周一～周六开放，周日开放至 13：00，免费）建于公元前 27 年，当时是作为一座神庙修建的，公元 80 年时多米田皇帝对它进行了重建；公元 2 世纪时哈德里皇帝又重修过一次。早期信奉基督教的罗马皇帝曾将它关闭，终于在公元 7 世纪时将它变成了教堂。这里是保存最完好的古罗马建筑，布局合理，显示出罗马人在内部空间上的高超设计。它所效仿的并不是像波尔里广场中寺庙那样的圆形建筑，但它的浴池是圆形的。西方人在建筑上所运用的穹顶和圆顶应归功于罗马人。建筑物的光线来源于圆顶的中心，表明万神殿已有 2000 年的历史了。在万神殿边上，深受贝尼尼喜爱的大象驮着最小的一座方形尖顶碑，位于超乎智慧的圣母堂（Santa Maria Sopra Minerva）前。在教堂的里面（罗马唯一一座歌特式的教堂），有一座由菲力普修士装潢的礼拜堂。大

地图 260
~ 261 页

指南

罗马的博物馆的开放时间比其他任何地方博物馆的开放时间变化都多，所以当你计划一天行程的时候，最好先问一问当地的游客咨询中心。

下图　迎合甜食爱好者

罗马与巴罗克风格

巴罗克（1600 年～1750 年）产生于罗马，后来的教皇运动使之得到发展，罗马也因为"神与教堂的无上光荣"成为无可媲美的城市。**卡拉维吉奥成为巴罗克风格的第一位艺术家**，他年轻时生活奢侈无度，后来成为现实主义艺术家。《圣马修的召唤》（The Calling of St. Matthew）是他不朽的宗教绘画作品，他在小酒馆里的神圣举动震惊全城。

由贝尼尼设计的圣彼得教堂的内部装饰深受罗马人喜欢：在主坛上有一螺旋柱子的铜帐篷；一束神圣的阳光照射在教堂的下面，制作华美的宝座，周围有一群天使飞舞着；在外面，古典简洁的拱廊环抱着教堂。

贝尼尼的对手是博罗米尼，他的风格与贝尼尼正好相反。他的著名设计大量采用凹凸的效果，你可以在方济教堂和圣阿格尼斯教堂看到这种风格的装饰。

著名雕刻家贝尼尼的作品——纳佛那广场上的四河喷泉的细部特征。

祭坛的左侧,是米开朗基罗的十字架上的耶稣像。离这条街不远,就是教会的其他一些珍宝。《马修的召唤》(弗朗切斯圣路吉堂)(San Luigi dei Francesi)、《朝圣者的圣母》(圣阿戈斯提诺堂 Sant'Agostino)都是卡拉维吉奥的壁画。智慧宫的庭院中有波洛米尼的《圣伊伏》(Sant'Ivo)像。这座教堂和圣卡里诺堂一样,里面一片雪白。最令人惊叹的是其螺旋状的钟塔。

教堂入口处由 16 根大柱支撑,一旦你进入其中,马上就能领略到它的非凡之处,殿堂内部几何比例十分协调。艺术大师拉菲尔 1520 年去世以后就葬在万神殿里。

从万神殿向东是科尔索大道,这里曾是罗马通向外部的要道,被称为大街。大道上宫殿林立,店铺密集,在与另一条主要商业街 Tritone 大道交汇处是**圆柱广场**(Piazza Colonna) ⑯。广场中央有马可·奥勒利乌斯圆柱,教皇西克斯图斯在这根石柱上放了一尊圣保罗的雕像,在图雷真圆柱上放了一个圣保罗的雕像。

喷泉和西班牙阶梯

罗马有太多的教堂和历史名胜,旅游者一定要注意防止过度疲劳。**纳佛那广场**(Piazza Navona) ⑰体现罗马的现代城市风貌,它位于万神殿的西边。成群的游客聚在一起吃着冰淇淋,艺术家们坐着摇椅卖画,骑着摩托车飞驰而过的罗马人……沿着 Tritone 大道往上去,经过巴贝里尼广场后便来到威尼斯路

下图　西班牙阶梯
右图　在纳佛那广场上休闲

(Via Veneto)，它是罗马的"星光大道"，从科尔索大道一直延伸到 Tritone 大道。它已成为 20 世纪 50 年代一部著名电影——甜蜜的生活的象征。来罗马的游客必然会去位于威尼斯路上的露天咖啡馆坐坐，一睹电影明星、新出道的演员、阔佬以及名人们的风采。然而，尽管今天咖啡馆仍在，系着白围裙的侍者仍然穿梭其间，大道上的汽车一辆紧接一辆，但啜饮着卡普契诺奶油浓咖啡、马提尼酒和堪培利汽水的游客们，却因看不到半张有名气的面孔而大感失望！另一处适合人们碰面的地点是**许愿池**(Trevi Fountain) ⑱，它是这座城市里最引人入胜的水中雕塑。但是，罗马最著名的景点可能要数**西班牙阶梯**(Spanish Steps) ⑲，它位于**西班牙广场**(Piazza di Spagna)上。

贝尼尼的大作

沿科尔索大道向东，来到奎利内尔大街，你可以看到贝尼尼（1598～1680年）设计的椭圆形小教堂，**奎利内尔圣安德鲁教堂**(Sant' Andreal al Quirinale) ⑳。它与附近的圣卡里诺教堂风格迥异。教堂的每一处都装饰大理石和镀金，墙上的一尊菩提如从天而降。建筑师贝尼尼对空间的处理简明快。

贝尼尼的另一部杰作是**维多利亚圣母堂**(Santa Maria della Vittoria) ㉑，位于圣苏珊娜大街（九月二十日大街旁边）。在这座教堂里有一尊 17 世纪西班牙神秘家圣德勒萨的雕像，贝尼尼捕捉住了她被爱神之箭射中时刹那间的神情。

意大利的圣母堂比其他教堂多，因为意大利人对母亲十分崇敬。其中最大

下图 特雷维许愿池

地图 260
~261 页

的是**马齐奥内的圣母堂**(Santa Maria Maggiore) ㉒是罗马四大高级主教的教堂之一。这座教堂融入了多种风格，但却非常和谐：教堂的长方形设计及楣梁上的 5 世纪镶嵌画体现了早期基督教风格（如想仔细欣赏，必须用望远镜）。罗马最大的钟楼、寇斯马人行道圆形后殿的镶嵌画体现了中世纪风格。但最主要的还是巴罗克风格，据说天花板是用哥伦布从美洲带回的黄金粉饰的。

帝王的浴池与《托斯卡》的大结局

位于圣母教堂北边的是一座非宗教建筑，**戴克里先浴池**（Terme di Dio-colezian）㉓（周二～周日上午开放，收费）的遗址，这个浴池是公元 298 年～306 年间由米开朗基罗改建而成的，可以同时容纳 3000 人泡澡。位于共和广场附近的安吉里圣母堂（Santa Maria degli Aageli），曾经也是浴池。

如果你从圣安吉罗桥（Ponte Sant' Angelo）穿过台伯河，在你的眼前就将呈现**圣安吉罗城堡**（Castel Sant' Angelo）㉔（除每月的第二个和第四个周二外每日开放，收费）那中世纪无窗城墙。公元 139 年，这里曾是国王哈德里的文化教育基地，后来成为一座城堡和监狱。在动荡岁月里，教皇曾在此避难，现在它是一座收藏 16 世纪家具和壁画的博物馆。著名歌剧《托斯卡》中的女主角就死在这里的墙边，游客们现在还可以感觉当时的情景。

过了圣安吉罗城堡，沿着康西里亚泽大街前行就到了**圣皮埃特罗广场**（Piazza San Pietro）㉕。这个广场是贝尼尼的得意之作，有人认为它是圣母堂在展臂拥抱。宗教节日时教皇会出现在阳台上向众多信徒们传教并祝福，这一活动使广场闻名全世界。康西里亚泽大街建于 20 世纪 30 年代，是为了纪念教皇十一世与墨索里尼的重新合好，但它已改变了空间的原始状态。一张通票可以让你游至**圣彼得教堂**（St Peter's），广场的入口处在狭窄的街道上。　❑

下图　从圣安吉罗城堡观赏到的景色

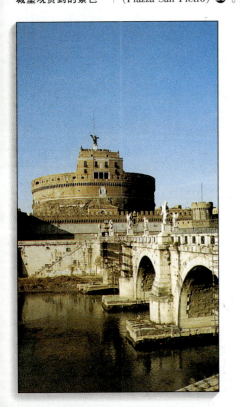

梵蒂冈

罗马与梵蒂冈在一起度过 1500 多年的共栖生活，虽非总是完美、愉快，但总算能相互回馈、照应。教会因罗马的众多殉道者而声名大噪，康士坦丁大帝也于 337 年在罗马正式将基督教定为国教。作为回报，梵蒂冈又一步步为罗马营造了另一个心灵上的帝国，在世俗的罗马帝国数度论入野蛮人之手时，心灵上的帝国却长盛不衰。

梵蒂冈原系台伯河右岸一山坡的名称。盖尤斯(Gaius)在此修了一座圆形竞技场，并从埃及运来一方尖石碑（石碑目前屹立在圣彼得广场中央）安放于此。竞技场直到尼罗时代才全部完工。尼罗为使自己残酷的梦想变为现实，竟然在此将基督徒当成肉身火炬。作为一种象征，康士坦丁大帝将这片"殉道者之坡"赐给教会；教会在此地圣彼得的坟墓上方修建了第一座教堂，随后不断扩建，最终成为世界上最巨大和复杂的建筑群。

全世界 7 亿天主教徒都听命于围墙内这座叫做梵蒂冈城的山坡，其边界线确定于 1929 年的拉特兰条约 (Lateran Treaty)。这个主权国家只有 365 人，而雇员却多达 2000 名。梵蒂冈有自己的超级市场、加油站、银行、讲 37 种语言的广播电台，还有自己的汽车牌照、护照、邮局、火车站及直升飞机。

普通游客是不可能洞察这座围墙中的梵蒂冈城的，但可以爬上 244 级台阶到圣彼得圆顶大教堂，俯瞰罗马城全景及梵蒂冈花园；可以买到精美的梵蒂冈邮票并在梵蒂冈邮局寄发；可以参观梵蒂冈博物馆；如果幸运的话，还可以得到一张每周三谒见教皇的票，也许还可以参加周日中午在圣彼得广场的奉告祈祷会。

游客应花点代价去参观梵蒂冈的宝藏，该博物馆是全世界最伟大艺术的宝库，有教皇的马车和现代宗教艺术展，陈列于从波尔吉亚展室到西斯廷小教堂 (Sistine Chapel)底层的 55 间展室中。

西斯廷小教堂是个集神奇与显赫于一身的地方，教皇仍在此处选举产生。墙壁上有米开朗基罗的真迹《最后的审判》，它描绘了善人升天堂，恶人下地狱的情形。天花板上有他亲手所绘的《创世纪》，画中的上帝以手指轻触亚当的指尖，于是便有了人类。

梵蒂冈图书馆保存有 6.5 万份手稿，包括完成于四世纪的最古老的新约全书、罗马诗人维吉尔(Virgil)的原始手稿等。

米开朗基罗 72 岁高龄时设计了圣彼得教堂的圆顶，为葬于此处的开山祖师及继承者历代教皇的尸骨遮阳。中央大堂置着一尊黑色的门徒——彼得的铜雕坐像，铜像的足部被前来朝圣的无数信徒不断地抚摸和亲吻而变得斑驳不堪。 ❑

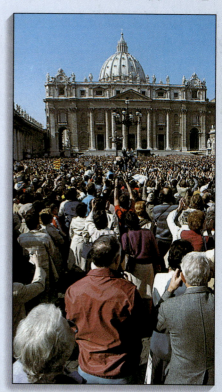

左图　教皇的听众

罗马竞技场

"竞技场存在，罗马存在；竞技场倒塌，罗马也衰败了；罗马衰败了，世界也将衰败了。"

公元8世纪令人尊敬的比德的预言一直令人不安，此后出现的罗马竞技场应验了。古老的竞技场是罗马最显眼的建筑，规模巨大，空间比例和谐。竞技场的兴建始于维斯帕先，其子提图斯于公元80年为其奠基，多米提安国王时期竣工。提图斯抓来犹太俘虏修建竞技场。竞技场有80个拱形入口，5万观众可于10分钟内就坐。公元2世纪的讽刺家朱维诺，用"面包和马戏"来嘲讽罗马人用灵魂来换取食物和娱乐。

衰落和被毁

随着帝国的衰落，竞技场也停止使用。在文艺复兴时期，人们纷纷掠夺竞技场的残体宫殿，包括现在的法国使馆法尼斯宫。在18世纪，教皇贝尼迪克十四世对竞技场大肆挖掘，这片废墟成为基督教的殉难地。1787年，德国诗人高斯参观了竞技场，只提到了"摇摇欲坠的穹顶下面"的隐士和乞讨者。在1817年，拜伦被竞技场"完美废墟中的残骸"所吸引，而艾伦·波，这位浪漫诗人则为竞技场的"宏伟、昏暗和光荣"而赞咏。

在法西斯时代，墨索里尼为了直接观赏大剧场，把威尼斯宫前的一片建筑物全部拆除。人们把竞技场进行了复原，以此迎接神圣的2000年。

△ 四面临海
文艺复兴时期的历史学家认为，在古代，罗马竞技场不断有海战，但有材料证明这类活动曾发生在竞技场里。

▽ 角斗表演
失败的代价：生命之门是为获胜的角斗士准备的；失败的则去死亡之门。

△ 幕后
从最高层往下看，是竞技场和通道。竞技场由网围住，以防野兽跑出来。可移动的木地板用沙子盖住，可以用来吸干血迹。下面是装野兽的笼子，还有复杂的机关，有绞车和重物来控制大门。

大众的娱乐

▽社会等级

虽然罗马竞技场是公共的，但也是等级森严的，位于竞技场矮墙上的座位是专门为国王、议员、执行官和维斯托家族人准备的。在他们的上面是对国王效忠的封建主，最底层的普通百姓只能坐在最高的地方观看。

罗马人的好斗由来已久，这种血腥的运动是从希腊传入的。从非洲进口的有狮子、大象、长颈鹿、鬣狗、河马、野马和斑马。他们用这种比赛来杀死奴隶、驱除异教和罪犯，政治犯和战犯。比赛种类多样，可用网、剑、三股叉，与野兽搏斗，也可以让小丑来挑斗拉四轮车的野兽。尼罗的教庭教师想能看到"有趣、聪明和消闲一点儿"的表演，但却被屠杀和叫喊吓呆了："杀死他！抽死他！他看到剑这样害怕？"

公元 248 年，罗马成立 2000 年，罗马人用 2000 名角斗士和大批长颈鹿、河马甚至大猫来为他们庆贺。尽管有大批罪犯喂了狮子，在竞技场内被杀害的基督教徒也不计其数。圣伊格纳提斯自称是"耶稣之麦"，于公元 107 年被狮子吞食了。404 年，角斗表演被禁止。公元 5 世纪时，动物相残也被停止了。

◁皇家硬币

带有国王维斯帕先头像的硬币，描绘的是在英德加强罗马统治时期的职业军人形象。公元 69 年～79 年，他创建了弗莱文王朝，开始修建体育场。

◁浪漫的罗马

这幅由沃尔帕托绘制的 18 世纪风景画反映了浪漫时期的思乡情。探险的游客被月光下的废墟或是失去的文明所深深感染。拜伦的诗中写道："松柏不因为时间而毁坏，看似在地平线上舞动，实际上巍然未动，凯撒眠于一箭之地。"

佛罗伦萨

地图 276 页

世界伟大艺术中心之一的佛罗伦萨，充满了美感的艺术巨作，是探究文艺复兴艺术及建筑艺术的学生的最佳去处

佛罗伦萨和文艺复兴基本上是同义词。没有哪个意大利城市像佛罗伦萨这样产生如此之多的天才，达·芬奇、米开朗基罗、但丁、勃鲁耐勒斯契、多那太罗、马基雅弗利、波提切利、弗拉·安哲利科、弗拉·腓力彼诺·利比、基尔兰达约、乔托、季培尔蒂以及乌切洛等。世界上没有哪个其他城市像佛罗伦萨那样重塑现代思想和艺术，也不可能像她那样在城内聚集如此丰硕的艺术与建筑宝藏。佛罗伦萨引入了文艺复兴，并将艺术成就推向连希腊人也望尘莫及的顶峰。

佛罗伦萨
●罗马

华丽的圆顶建筑

著名的**大教堂**(Duomo) ❶（每日开放，免费）位于佛罗伦萨的中心地区。数世纪以来，它那由勃鲁耐勒斯契(Brunelleschi)设计的悬空圆形大顶令全世界的建筑师和设计师瞠目结舌。佛罗伦萨人称这座教堂为"圆顶中之圆顶"(Il Cupolone)。无尽的阶梯通向穹顶回廊，在外圆顶内侧另有一隐蔽的小圆顶，两者相互支撑着。你可以爬上它的285级台阶的钟楼，去看一看教堂的**圆顶**(Campanile)（每日开放，收费）和屋顶。在广场南侧的咖啡馆内，你也可以欣赏到教堂的外部。

7世纪的小八角形**洗礼堂**(Battistero)（每日开放，收费）位于大教堂西侧，内部是重新设计的，天花板上有《创世纪》和《最后的审判》的镶嵌画。

最能同时代表这座城市的宏伟及其褊狭性的人，非米开朗基罗(1475～1574年)莫属。据说这个从不洗澡且连高帮鞋套也不脱就上床睡觉的艺术大师与当时许多佛罗伦萨人一样，既节俭成性又傲慢无礼。

向美第奇家族夺权未遂的佛罗伦萨多米尼克修士萨伏纳诺拉(Savonarola)于1498年被判以火刑，铁杆共和公民米开朗基罗也到场志哀。1494年～1497年，整个佛罗伦萨都被这位火暴修士的符咒所迷住，他一直阻止实行《穷人法规》，直到他被教皇下令逮捕、惨遭酷刑、悬吊示众到烧死后，这项残酷的法规才取消。在**塞诺瑞亚广场**(Piazza della Signoria) ❷ 这位伟大修士殉难的地方有一匾额，以向这位备受当地史学家恶意诽谤的人物致敬。

午夜之后，当全城的人都已入睡，一个鬼魂出现在广场上。这个白色的幽灵（海神）一会爬上喷泉，一会在广场上穿梭，一会与他的朋友们说话。佛罗伦萨人认为他就是真正的河神，以拒绝女人的爱情而著

左图　大教堂
下图　海神喷泉

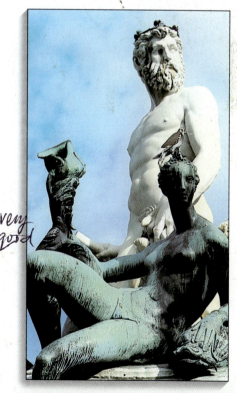

称。

若干世纪以来，佛罗伦萨人相信所有的精灵都被羁绊在大理石雕像之中。每当夜幕降临，世界上最大的美术馆**乌菲兹美术馆**(Uffizi Gallery)❸（每日开放，收费）关闭之后，行人从街道上消失，这些精灵便开始互相走动、聊天。这个美术馆本是建在**市政厅**(Palazzo Vecchio)旁边的办公室，展品按年代顺序排列，便于观赏，展品包括从 13 世纪哥特时期的正统风格作品到 16 世纪矫揉造作时期的作品。从这里再往前走一点来到**巴杰罗**(Bargello)**博物馆**❹（每日开放，收费），在这里你能欣赏到唐纳太罗及米开朗基罗等艺术大师的雕塑及其他艺术作品。

从乌菲兹美术馆穿过**韦奇奥桥**(Ponte Vecchio)❺，这是一座古老的廊桥，桥上有珠宝商人、街头艺人及聚集的人群。这座桥建于 1345 年，屠夫和制革工人的作坊便建在桥上。

乌菲兹美术馆中波提切利的名画《圣约翰与天使》细部。

麦迪西大公爵的府邸

巨大的城堡式的**皮蒂宫**(Palazzo Pitti)❻并不存在场地问题。1550 年，这里成为麦迪西大公爵的府邸。和乌菲兹美术馆一样，宫殿里也有无数艺术珍宝。有几家博物馆，如帕拉廷画廊、现代艺术展馆、银色博物馆和服装博物馆等。如果你只能参观其中之一，就去**帕拉廷画廊**(Palatine Gallery)（每日开放，收费）吧，在那里你能欣赏到那些天花板上绘有皮埃特罗壁画的屋子。在阿尔诺河那一边有**卡米列圣母堂**(Sanata Maria del Carmine)（周三～周一开放，收费），其内部的布兰卡

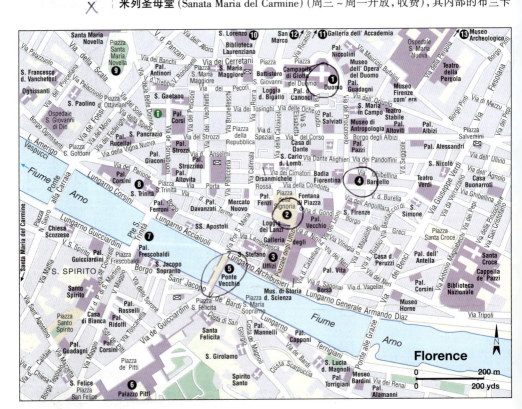

西小教堂内有马萨其奥的壁画《圣彼得的一生》，是文艺复兴初期的杰作之一。

从阿尔诺河往回走，河上的桥以附近的教堂命名为**圣三者桥**（Ponte Santa Trinita）❼，这座桥上有代表四季的雕像，1944 年纳粹分子撤退时把它炸毁，后来人们把桥体挖掘出来按原样重建。

圣三者堂（Santa Trinita）❽里有著名的格尔兰达奥的壁画《圣弗兰西斯生平》。它的背景并不是圣徒的家乡阿西西，而是佛罗伦萨的建筑。在这条大街上的安提诺里宫有一家相当不错的酒吧兼饭馆，但如果价钱太贵的话，你可以去**诺维拉圣母广场**（Piazza Santa Maria Novella）❾上品尝较便宜的中国菜，而且你还可以看到圣母堂的正面外墙。圣母堂出现在薄伽丘的巨作《十月谈》的开首篇，还有格尔兰达奥的色彩丰富的壁画《处女一生》。

回到佛罗伦萨市中心你很容易在**圣劳伦堂**（San Lorenzo）❿附近的街上迷路，因为这里是每周最为拥挤的街头市场。尽管政府想禁止这个市场，但它依旧很繁华，这里是理想的购物场所。一定要找时间到**学院画廊**（Galleria dell' Accademia）⓫（每天开放，收费）去看一看米开朗基罗的传世之作《大卫》。画廊位于这个区的东北部，排队参观的人很多，门票很贵。附近还有**圣马克堂女修道院**（San Marco）⓬（周二～周日开放，收费）里几乎藏有圣徒艺术家安吉里科全部的绘画及壁画作品，值得一看。返回市中心时，你还可以在孤儿院前部精巧的文艺复兴式柱廊转一转，看一看**考古博物馆**（Museo Archeologico）⓭（每天开放，周日和周一交替休息）。

地图
276 页

佛罗伦萨人洞察出文艺复兴的远景，并画出文艺复兴运动中的第一批艺术裸体像。第一名人文主义者彼特拉克（Petrarch）出生于此；薄伽丘（Boccaccio）在此开创了文学批判的先河，并写下了第一部现代爱情小说《十日读》。

下图 韦奇奥桥

pass through
22, DEC, 2015

威 尼 斯

地图
280 页

1000 年来，威尼斯一直在抵御着外来的侵略。如今，这座完全建在水上的城市以自己特有的方式拥抱着潮水般涌来的旅游者

清 晨时分，海湾雾霭未散、只闻水声不见水影之际，如有人认为威尼斯只是一座在时空中溶化了的海市蜃楼，也不足为奇。

在威尼斯 (Venice)，平静的海湾正在腐蚀地基，海湾中 1000 多年前就存在的 490 座岛屿，已被吞噬掉 30 座。那些一度金碧辉煌的宫殿现有如贫民窟的后巷那样阴暗污秽。昔日的威尼斯人用虚张声势、摆架子、耍诡计，以及圆滑的外交手腕等将其城市保护了 986 年之久，然后它未经打击地便倒地不起了。这座一度是世界大集市和国际生活的中心，今天仅是座巨大空洞的博物馆，唯有昔日辉煌历史的余音回荡其间。

威尼斯共和国于 1203 年以其狡诈邪恶的方式，使国力达到鼎盛。盲眼而大块头的、有着极大饭量的丹多罗总督以允许使用其港口为条件，说服了这支有 500 艘战舰的十字军去进攻君士坦丁堡——这座当时最富有的城市在军事和海洋实力方面一直是威尼斯的眼中钉。

1203 年，这支假借宗教之名的十字军将君士坦丁堡洗劫一空，屠杀城中所有市民。在战利品的分赃过程中，威尼斯分得了传说中的"四分之一又加八分之一的"东罗马帝国，威尼斯的水手们把最珍贵的纪念物都搬到圣马可广场，包括从君士坦丁堡马术表演场的土耳其皇帝包厢中抢来的御座马车，以及尼古波依亚圣像。威尼斯成了拜占廷艺术品的主要收藏者。

早期旅游的纪念

18 世纪，随着一大批富有的游客开始涌向威尼斯，一批新兴风景画家形成了威尼斯画派。为首的是安东尼奥·卡纳尔 (Antonio Canal)，后来成名后的卡纳莱托 (Canaletto) (1697～1768 年)，他致力于迎合外国游客对纪念性作品的意见，迫于压力，甚至还仿作其他名画家的画和雕刻品。武断专横的老威尼斯商人可能死光了，但仍有一些具有伟大精神的艺术家健在，他们欣然地借着艺术的余晖缅怀昔日的荣光。

这便是往日令意大利冒险家及文人、浪荡公子卡萨诺瓦神魂颠倒、时时萦绕心际的威尼斯，是被诗人拜伦誉为"我想像中最翠绿的一座岛屿"。拜伦如此热爱这个地方，他甚至从头到尾游过这条长 3.5 公里的大运河。

如今，人人都在说威尼斯正在下沉，**圣马可广场** (Piazza San Marco) ❶ 上的交响乐还在继续演奏，也

左图 卡纳莱托画笔下的 18 世纪之威尼斯
下图 威尼斯的城市象征

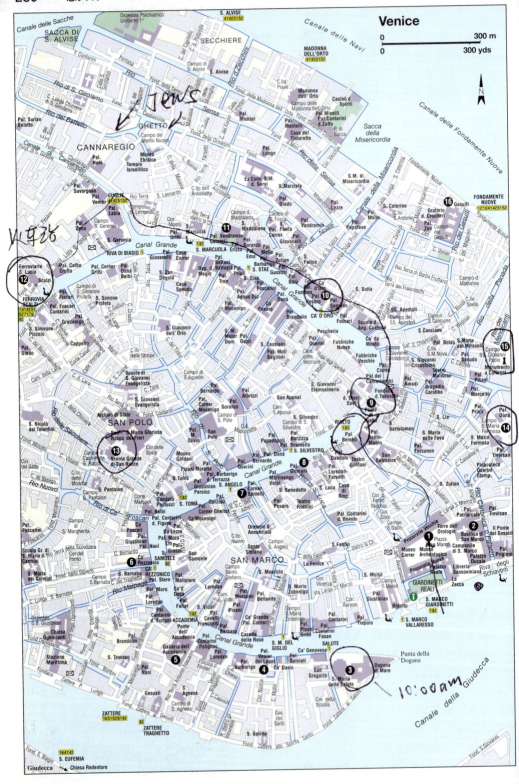

地图
280 页

许已经有些走调,甚至说很糟糕,可是毕竟仍在演奏,似乎不见威尼斯这位"老奶奶"舞进坟墓绝不罢休。

广场上充斥着表演艺术、小贩和音乐咖啡店,给来来往往的游人提供娱乐和消费。拿破仑曾把圣马克广场称为欧洲最典雅的画室,威尼斯的伟大建筑艺术全部展现在这里。德国作曲家瓦格纳(Wagner)经常光顾的著名的佛罗里恩咖啡厅(Caffe Florian),迄今仍然是圣马可广场上最有名的咖啡厅;托马斯·曼(Thomas Mann)曾在此居住并写下《魂断威尼斯》一书;海明威曾在哈利斯酒吧楼上一夜之间豪饮 6 大瓶酒,然后写出一些他最好的散文作品。

一定要去看一看**圣马可堂**(Basilica di San Marco)❷(每天开放,部分收费),它是以福音书作者圣马可命名的。教堂里有 9 世纪中威尼斯人从中东带回(偷回)的圣马可的遗骨。黄金祭坛(Palad'Oro)是教堂收藏的一件珍品,是在 10 世纪用宝石镶在黄金和珐琅上制成的。**珍宝馆**(Treasury)(收费)还收藏有大量拜占廷时期的无价之宝。入门后再往里走,就是马可博物馆(Marciano Museum),在这里可以观赏教堂的内部,博物馆外面无棚的台阶可以让你鸟瞰圣马可广场。以前,总督和官员在这里观看下面的庆祝活动。

广场的重要特色是钟声震耳的**钟楼**(Campanile),是按照 1902 年倒塌的钟楼重建的。里面有电梯,体力充沛的人可爬楼梯。钟楼高 100 米,在顶上可以俯瞰威尼斯和大湖区。在广场上,还有一座科都奇在 1496 年设计建造的钟楼,顶上有两个青铜摩尔人像定时敲钟。如今,这里是一个繁忙的码头,每天都有游船驶向泻湖,还有商船停泊。水上"出租车"和快船也都在这儿停泊。

大运河沿岸

大运河(Canale Grande)是威尼斯的"香榭丽大道";它在市内蜿蜒 3.5 公里长,沿途经过 200 栋宫殿建筑和 7 座教堂,曾经是一条拥挤的"城市大道"。以磨光的桃花心木制成的快艇和水上巴士在运河中争先恐后,穿梭其间的还有许多平底货船、邮件平底船,以及运载送奶员、收款员和观光客的凤尾轻舟等,还有准备参加一年一度运河划船大赛的狭长小船。

在 16 世纪葡萄牙航海家伽马(Gama)发现经由好望角到达印度群岛的新航线之前,威尼斯大运河一直是欧洲最大的港口之一。新航线的发现使陆上的香料之路逐渐衰颓,然而税收带给威尼斯人的财富远远多于当时教廷和整个帝国的收入。当人们想"散步"时,总是不约而同地到大运河划船。

大运河的末端,有一座名为**圣玛利亚的教堂**(Santa Maria della Salute)❸,其外形看似蹲伏在地上的一只大肥鸽。教堂系 17 世纪威尼斯的长老们为庆祝该城从大瘟疫中解脱出来而修建的。距离此处不

下图 威尼斯的一种有效的交通工具——水上"计程车"

威尼斯运河上
划平底船的船夫的
现代形象。

远，在运河的同一岸边，有利昂纳宫 (Palazzo Venier dei Leoni) ❹ (周三～周一开放，收费)，里面收藏着古根海姆的许多近代艺术品。近处的**学院画廊** (Galleria dell' Accademia) ❺ (每天开放，收费)收藏了世界上最优秀的威尼斯艺术家的绘画作品，如贝里尼父子等。威尼斯最受人尊敬的大画家及诗人罗伯特去世的巴罗克式宫殿**瑞佐尼科府** (Ca' Rezzonica) ❻ 现在成为展出 18 世纪威尼斯作品的博物馆(周六～周四开放，收费)。

大运河沿岸的宫殿

　　在河对岸，你会看到科内尔·斯皮内利宫 (Palazzo Corner Spinelli) ❼，它是由科杜奇在文艺复兴早期设计的伦巴底风格的宫殿，它可与格利马尼宫 (Palazzo Grimani) ❽媲美，后者现在是上诉法庭，是桑米凯利的文艺复兴风格的杰作。再向前走，出现在你面前的是威尼斯最著名的丽都桥(Ponte di Rialto)❾，它建于 16 世纪后期，以前在这儿修建的木结构吊桥已全部塌毁，因此又建了一座很坚固的石桥，如今它被称为欧洲的华尔街。威尼斯人每天都会到丽都桥上走走，在这里的小商店里采购物品，西岸的市场很受欢迎。

　　威尼斯最著名的宫殿是金屋(Ca' d' Dro)❿，这是威尼斯最漂亮的哥特式宫殿，位于距丽都桥不远的浮动码头右边，是富商康塔里尼在 1420 年修建的。宫殿上面铺着金叶子，因此得名金屋。在这里，莎士比亚笔下的奥赛罗之妻苔丝狄蒙娜就被其剧情安排生活在这一带，他所写的《威尼斯商人》夏洛克也居住在附

下图　钟楼和总督宫

近。在到达**火车站**（Ferrovia ia S. Lucia）⑫，还有值得一看的**凡德明卡拉基宫**（Palazzo Vendramin-Calergi）⑪，是科杜奇设计的文艺复兴风格的代表作之一。

大运河以北地区，在火车站和凡德明卡拉基宫之间的是犹太人**居住区**（Ghetto）和**卡那莱吉奥**（Cannaregio）。前者的名字来源于此处的钢铁铸造厂，建于 16 世纪初，只有犹太人工作和生活在这个地区。

圣保罗（San Polo）位于大运河的拐弯处，是**圣洛科堂**（Scuola Grande di San Rocco）⑬（周一～周五开放，收费）的所在地，里面有大量丁特莱托（1518 年～1594 年）的壁画和顶画作品，包括《耶稣的生命》及《钉刑图》。

卡斯特罗和离岛

卡斯特罗（Castello）位于城市的最东边，具有迷人的风光，其中最值得参观的是**弗尔摩萨圣母堂广场**（Campo Santa Maria Formosa）⑭，它是一个适宜居住的广场，还有一个漂亮的文艺复兴式教堂，里面收藏有维奇 1510 年画的《圣巴巴拉及圣徒》。再向北走，可以看到卡斯特罗区的更多名胜，如**圣保罗广场**（Campo Santi Giovannie Paolo）⑮是又一个令人愉快的广场，威尼斯人称之为**圣札尼保罗**。哥特式的**圣保罗堂**（Santi Giovanni Paolo）位于广场中央，有 46 个总督长眠于此。

巴罗克风格的**盖苏提堂**（Gesuiti）⑯旁是威尼斯城北岸的主要渡轮码头。教堂有一个翠绿与雪白相间的大理石装饰的内部。里面的艺术作品有提香的《圣劳伦斯遇难图》。

❑　下图　圣米高岛

周游意大利

在意大利之旅中，既有北部托斯卡纳静谧的风景区，也有那
不勒斯阳光灿烂的海湾

罗马

大多数从奥地利翻越阿尔卑斯山来到意大利的游客，都会经过意大利的**布伦纳山口**（Brenner Pass）❶。这一带由木制农舍和洋葱形圆顶教堂点缀其中的阿尔卑斯山风光，倒更具德国风味，而不像是意大利景致。这个地区的居民均属南蒂罗利安人（South Tyroleans），大都讲德语，烹调属奥地利式，而风俗民情则与条顿民族一致。由于独立意识强烈，意大利政府同意他们享有一定程度的自治。

布伦纳公路途经众多城堡、要塞和独立纪念碑，到达尚存 12 世纪大教堂的中世纪城镇**特伦托**（Trento）❷。在到达**维罗纳**（Verona）❸之前，公路在加尔达湖（Lake Garda）右岸拐弯离去。维罗纳是前往意大利的必经门户，传说此城也是罗密欧与朱丽叶生活与相爱的地方。该城 Via Cappello 23 号有一座中世纪风格的宅第，就是朱丽叶居住的地方，现在可供游人参观（周二～周日开放，收费）。从维罗纳向东，有一个公路通向迷人的**帕杜瓦**（Padova）❹。这是莎士比亚经典小说《驯悍记》中姐姐凯瑟琳向男人挑战的地方。

从帕杜瓦继续向东，不久就来到**威尼斯**（Venezia）❺（请参见专门介绍威尼斯的部分）以及亚德里亚海岸。意大利的"亚得里亚"（Adria）始于与前南斯拉夫斯交界的**里雅斯特**（Trieste）❻，长久以来一直处于所有权的纷争之中。1905 年，著名的外国"入侵者"乔伊斯来到这里，开始他并没想到会在里雅斯特居住 10 年之久。今天，这座城市已失去了昔日的光彩，但是还能看出它曾经的辉煌，它拥有一个至今是意大利最大的广场——**统一广场**（Piazza dell' Unità d'Italia）。

再回到维罗纳，沿着 4 号公路向西，来到**米兰**（Milano）❼。这个城市拥有 400 万人口，是意大利最大的城市，也是最工业化的都市和时装之都，有音乐圣殿拉斯卡拉（La Scala）歌剧院，而且因有意大利最大的哥特式大教堂更是遐迩闻名。

米兰、**都灵**（Torino）❽和**热那亚**（Genova）❾组成意大利工业金三角，是最大的工业核心地区。古老的港口城市热那亚与美丽的度假胜地菲诺港口相邻，如今仍是意大利最忙碌的海港。三市之间有完善的公路系统。

热那亚附近有**芬诺港**（Porto fino），它是一个景色甚佳的海边小村，是第二次世界大战后一些富有的游人发现的。以前，只有渔船才能停泊在狭窄深绿的海水渔港中。三面悬崖环绕小岛，现在有许多豪华游艇停泊在这里。芬诺港吸引人的地方是它的

左图　阿西西教堂
右图　传统的意大
利女性

狭小,没有海滩,只有几家大型店铺和饭馆。油漆漂亮的房子倒映在水中,峭壁上的石头与湛蓝的天空交相辉映,小港景色美丽自然。

大湖区

意大利湖区出租船的船夫。

意大利湖区主要有 5 个湖,最西边的一个是**马焦雷湖** (Lago Maggiore) Ⓐ,**斯特雷萨** (stresa) Ⓑ是它湖边最有名最有生机的地方(在海明威《告别了武器》中出现过),附近有许多漂亮的别墅。其中两座特别有名,一个是哲学家罗斯米尼的寓所杜卡拉别墅,另一个是以其花园著称的**帕拉维西诺别墅** (villa Pallavicino)(3 月~10 月每天开放,收费)。从斯特雷萨走不远就到了莫塔罗尼山 (Monte Mottarone),在这儿你可以欣赏到阿尔卑斯山、湖泊和下面的城镇。从斯特雷萨驱车向南到**阿罗那** (Arona) Ⓒ,沿湖的一路景色都很美:马路两旁都是树,湖泊岛屿景色壮观。阿罗那是一个极不出名的小镇,但镇上有一些 15 世纪的建筑。

在地图上,**卢加诺湖** (Lugano) Ⓓ看起来像一只带长长尾巴的卡通动物。湖的大部分位于瑞士境内,只有尾巴部分属于意大利,湖边还有一个小镇也属于意大利,其周围是瑞士国土(使用瑞士货币和邮票)。游人来堪皮奥尼(Campione)赌博、逛夜生活。**科莫湖** (Lago di Como) Ⓔ是其中最有诗意的。它长 31 公里,宽 5 公里。岸边的许多地方都是峭壁,阿尔卑斯山(一年四季可以滑雪)在湖的北端像一堵墙。**科莫镇** (Como) Ⓕ不仅历史悠久且十分繁荣。纺绸业以前一直是在家里或小作坊里从事,现在已集中在几个工厂内进行。

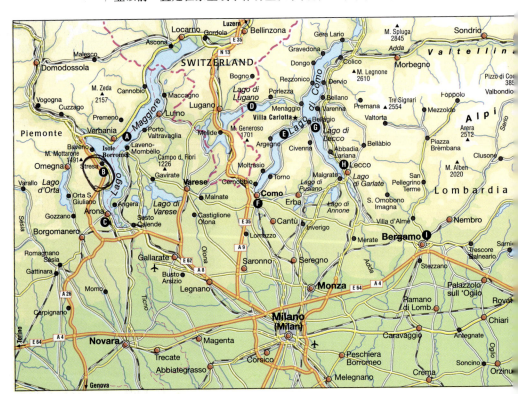

沿着狭窄弯曲的小路从科莫到**贝拉吉奥**(Bellagio) ❻也需一个小时的路程，从科莫镇的码头搭船去那里是最舒服的。贝拉吉奥把科莫湖一分为三。在这儿，你可以看到整个湖面，还可以看到阿尔卑斯山的美景。司汤达在他的《帕尔马修道院》中写道："这里的庄严与典雅和那不勒斯海湾一样。"他客居**卡尔洛塔别墅**(Villa Carlotta)(3月中旬~10月每天开放，收费)时，写了小说的开头。**莱科小窃门**(Lecco) ❼位于科莫湖的东南角，是最吸引游客的小镇，大教堂是镇上有名的古迹。

贝尔加莫(Bergamo) ❶是位于莱科小窃门南边的一个色彩绚丽的小镇，有许多迷人的景点。**卡拉拉学院**(Accademia Carrara)(周三~周一开放，收费)以其收藏的曼迪那和贝尼尼的作品而吸引了众多游客。

贝尔加莫以东是**伊塞奥湖**(Lago d'Iseo) ❿，长24公里，宽5公里，中心的大岛是主要的景观。东南端的布雷西亚(Brescia) ❾有一些很小但很重要的博物馆。**罗马博物馆**(周二~周日开放，中午休息，收费)里面有一尊曾立在寺庙山墙上的铜像。布来斯西亚的早期基督教遗产是**基督教遗产博物馆**(Museum of Christian Antiquities)(周一~周六开放，中午休息，收费)里面收藏着8世纪镶嵌着珠宝的银十字架。**武器博物馆**(Museo delle Armi)(周二~周日开放，中午休息，收费)收藏了意大利的古代武器。

湖区中最大的湖是**加尔达湖**(Lago di Gardo) ❿，也是最受欢迎的湖。北欧人特别喜欢去那里划船、滑水。适宜的气候使那里的索沃酒和沃尔波利塞拉酒十分香醇。湖边有著名的休闲城镇**里维拉花园**(Gardone Riviera) ⓜ，曾是意大利华

指 南

莱科小窃门是一个很好的野营基地。它与米兰之间、与贝尔加莫之间都有很好的铁路系统。

下图 科莫湖边的贝拉吉奥镇

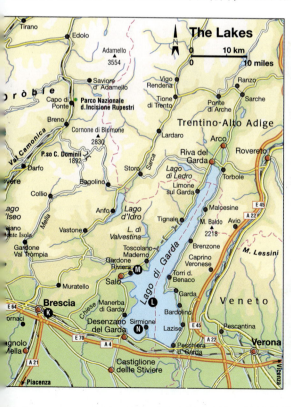

丽风格诗人及爱国者邓南遮的官邸。从沙罗 (Salo) 和加尔多内出发，用不了一个小时便到了建于延伸至湖面陆地的中世纪小镇**西默尼** (Sirmione) ，**斯卡利格拉碉堡** (Rocca Scaligera) (夏季开放，冬季周二上午开放，收费) 守护在小镇的入口处，这里曾是 13 世纪统治加尔达地区的斯卡利格拉家族的城堡。

波河流域

从维罗纳向南，是意大利著名的波河流域上的大平原，遍布灌溉水渠和白杨树。这一块处于米兰与罗维戈 (Rovigo) 之间的肥沃地带，是意大利的粮仓和果蔬产地。

布伦纳公路在**摩德纳** (Modena) ❿附近与阳光公路连接，全长 1200 公里，从米兰沿半岛右侧南下，直达西南端墨西拿海峡 (Strait of Messina) 的卡拉布里亚 (Calabria)。

由罗马人修建的一条年代久远的大道，艾米利亚大街 (Via Emilia) 如今仍然是市中心的主要大街。高大且富丽堂皇的罗马式**大教堂** (Duo mo) 坐落在艾米利亚街边上。教堂建于 11 世纪末，当时摩德纳统治者土斯坎尼的马蒂尔达女伯爵命人建造此堂，收藏摩德纳守护神圣杰米尼亚诺的遗骨。她雇请了当时最伟大的建筑师兰弗兰科来设计这座教堂。摩德纳费拉拉伯爵伊斯特家族的**伊斯特图书馆** (Biblioteca Estense) (周一～周六开放，免费) 位于**穆塞宫** (Palazzo dei Musei) (周二～周日开放，收费)，馆内永久展品有色彩鲜明的手稿，但丁的《神曲》及 1200 幅袖珍画。

下图 博洛尼亚的大广场

艾米利亚——罗马涅的区首府**博洛尼亚**（Bologna）❶是一个 50 万人的城市，以其大学、美食、左翼派及保存完好的古迹而有名。老城有两个相邻的广场，**大广场**（Piazza Maggiore）和**内图诺广场**（Piazza del Nettuno）。圣彼得罗尼奥堂位于大广场的南面，它是博洛尼亚最大的教堂。

意大利最古老的博洛尼亚大学（University）建于 11 世纪，曾因掀起研究罗马法律的热潮而扬名。它位于萨姆波尼大街（Via Zamboni）。佩拉脱克和哥白尼都曾在此上课。今天，各学院遍及市区，它正式的中心在 16 世纪的**波吉宫**（Palazzo Poggi）。附近的**国家画廊**（Pinacoteca Nazionale）（周二～周日开放，收费）收藏有拉斐尔和佩鲁吉诺的画作。

如果你沿着 A14 公路向东，不要忘了去看一下港口城市**拉韦纳**（Ravena）❷，这里的建筑和教堂已成为意大利的艺术和建筑奇迹。其中最为精美的要数 6 世纪的小角教堂**圣维塔莱堂**（San Vitale）（每天开放，收费）。它以合唱席位及半圆形殿内的镶嵌画而闻名于世。对面便是巴罗克风格的**圣方济堂**（San Francesco），但丁的墓就在这里面。

亚德里亚海岸

从拉韦纳沿桑迪海滩向南，就来到亚德里亚海岸的经典度假地**里米尼**（Rimini）❸。从这里向内陆驱车不到半小时，便可以到达世界上最小的共和国——**圣马力诺**（San Marino）❹。这个迷你小国仅 1.8 万人，坚毅的独立性和丰富多彩

左图 里米尼的海滩
下图 费拉拉大街上
出售鲜鱼

或许托斯卡纳最为壮观的景色是圣吉米格那诺小镇（San Gimignano），镇里中世纪的塔楼自即时起一直没有任何变化。它的市立博物馆（Museo Civico）和大学教堂（Collegio）都有著名的壁画。

下图　圣吉米纳诺教堂

的邮票使这个国家名满天下（邮票、观光业和农业是该国的主要收入来源）。

圣马力诺版图虽小，但自 5 世纪以来，半岛上的其他共和国先后都丧失其主权时，它却纵横捭阖巧施计谋，维持了其领土主权。1861 年，美国总统林肯接受了这个城市国家的荣誉市民身份，然而二战德军占领这个国家时，却不能免于美军的轰炸。

该国首都也叫圣马力诺，只有 3000 多居民，由大议会管理，议会 60 名成员，每 5 年改选一次。1960 年和 1973 年妇女两度被赋予投票权和担任公职权。在里米尼，到处都有声名狼藉的统治者马拉太斯塔的痕迹。他反对教权，并把一座 13 世纪的圣弗兰西斯科堂改成极为壮观的文艺复兴式建筑——**马拉太斯塔神殿**（Tempio Malatestiano），这是他献给情妇艾蒂的礼物。

托斯卡纳

从博洛尼亚向南，朝着罗马的方向便到了**阿雷佐**（Arezzo）**⑮**，那里有许多地方可看，如**圣方济堂**（San Francesco）（每日开放，免费）内的《十字架传奇》壁画；**考古博物馆**（Museo Archeologico）（每天 10：00～14：00 开放，收费）和**罗马圆形剧场**（Anfiteatro Romano）都是值得参观的景点。

托斯卡纳与首府**佛罗伦萨**（Firenze）**⑯**（请参看 275 页）一样整洁、严密、运作良好。农田规划明朗，田与田之间由篱笆隔开。房舍皆呈长方形，朴素得一如居住其间的居民，或坐落在圆锥形山坡上，或沿街道排列，如同受阅士兵。耸立的柏树，

高大的"雄株"和蓬散的"雌株"呈几何图形均匀分布着，为山坡围栅、分隔田界、与栅门作邻、为庄稼遮阳等，功能繁多。人们用勤劳的双手重整自然景观，乡间风光备受外来人赞扬，而本地人则以此向上帝表达最真挚崇高的敬意。

文艺复兴期间，托斯卡纳地区所有的城镇都必须遵守规定，保证所有事物相互协调，每栋房舍都涂成规定的颜色，有特定的窗户、造形、高度或宽度。房舍门户森严，入口把守严密，常被比喻为保险箱或具有保护功能的城堡。

这里的葡萄酒是很有名气的，但你得对付**锡耶纳**(Siena)⑰令人头疼的交通问题。要想找到停车的地方十分困难，但在中世纪镇的中心几乎没有机动车，因粉红色宫殿之间的路太窄，无法通车，你可以步行。所有的路都可以到达巨大的中心广场**卡姆波**(Campo)，外形像一个圆形剧场。锡耶纳人说钟楼看起来像保护处女玛丽亚的大斗篷，她和圣凯瑟琳是锡耶纳的守护神。

比萨斜塔继续向地球引力挑战。

每年的 7 月 2 日和 8 月 16 日，锡耶纳人要在卡姆波附近进行豪华的赛马大会，这是中世纪遗留下来的传统。这不仅仅是一项旅游活动。市区的居民挤满了广场，他们的代表赛手和赛马在钟楼周围飞驰而过。获胜的赛手则赢得一面彩旗，成为当地一时的英雄人物。壮观的开幕式由穿着 15 世纪服装的侍童、骑士、执旗兵及重骑兵组成五彩缤纷的游行队伍展开。

尽管一些政府机构仍设在共和宫内，这已有 700 多年的历史了，但宫殿的大部分已移交给**城市博物馆**(Museo Civico)(每天开放，收费)，里面藏有锡耶纳最重要的珍宝。锡耶纳市议会曾在宽敞的地球厅(Sala del Mappamondo)举行会

下图　锡耶纳的赛马会

在托斯卡纳的阳光照射下，奇扬第的葡萄园硕果累累。

议，但当时装饰墙壁的大地球已不存在了。哥特式锡耶纳**大教堂**(Duomo)（每天开放，免费）的正面墙由绿色、粉色和白色大理石组合成快乐图案，内部则是黑白相间的几何图形。

挽救比萨斜塔

比萨(Pisa) ⑱的斜塔建于 1173 年，似乎因其悬疑气氛而名扬天下，许多人都要在这座 12 世纪的建筑倒塌之前到此一睹其风采。这座塔是否越益倾斜或是的确停止了倾斜，专家们对此至今没有定论。最近的一次诊断指出，斜塔将于 100 年内倒塌，最近的这次测量表明这座高 54 米的斜塔比前次测量时下陷 4.25 米。

比萨的名气不仅因斜塔而得，它也是意大利一座伟大的艺术之都。这个古老的海上贸易共和国，一度为阿诺河口上欣欣向荣的大海港，也是诺曼人征服西西里岛时的盟友。比萨的船队还将第一批十字军运往圣地，此次旅程使比萨的贸易足迹远涉东方。由于吉伯林派城市比萨与日尔曼霍亨斯陶芬王朝皇帝腓特烈·芭芭罗沙的特殊关系，使比萨于 12 世纪时在托斯卡纳地区中居于首位，但比萨在 1284 年被热那亚击败，托斯卡纳的领导地位也随之告终。第二次世界大战时，比萨横遭劫难，日后又精确地予以重建。其他历史古迹有**奇迹广场**(Campo dei Miracoli)、洗礼堂以及斜塔旁边的大教堂。从锡耶纳出发的 N222 公路，才刚出城郊，马上就进入**奇扬第**(Chianti) 连绵起伏的立陵地了，油绿的圆丘上满布着葡萄园及橄榄田，不时还点缀着深绿的柏树，山头上立着城堡和别墅，

下图 圣方济大教堂中的圣弗朗西斯像

阿西西的圣弗朗西斯

翁布里亚的小镇阿西西(Assisi)风景如画，悬垂的花饰由墙上的烛台垂下来，狭小的花园储蓄着每一缕阳光，玫瑰与木柴的烟味弥漫在空中。镇上的圣方济堂是由翁布里亚之子圣弗朗西斯创建的。

弗朗西斯生于 1182 年冬季，其父为一殷实的纺织商。青年弗朗西斯并无敬神的倾向，反倒向往士兵的荣誉并矢志献身于与佩鲁贾 (Perugia) 一场永无休止的战争。后来他幡然醒悟，将华丽的衣服与乞丐的破衣衫交换，并决心过隐居生活。他的父亲曾把他拖到法院控告他偷了家中库存的布匹，并将变卖所得拿去赈济教堂的重建。

建于 13 世纪的圣方济大教堂包括两座叠置教堂——下教堂和上教堂，两者都建于自古被称为"地狱之丘"的高原上，但很快就被圣弗朗西斯易名为"天堂之丘"。在这位圣人谢世后的第二年即 1228 年，其遗骨从圣乔治教堂简陋的墓穴中移至大教堂地窖中壮观的陵墓内。移骨一事在当时曾引起强烈争议，因为这座华丽排场的陵墓与圣弗朗西斯安贫乐道的志向完全背道而驰。

放眼望去,是全托斯卡纳,甚至全意大利最秀丽的景致,这里出产的红酒是全意大利知名度最高的红酒"奇扬第"。

地图 258 ~259 页

翁布里亚

托斯卡纳东边是翁布里亚省,它的首都是**佩鲁贾**(Perugia)❶。这座城市体现着翁布里亚人好战的习性,人们崇尚武士精神,但又夹杂着对人对神灵的向往,犹如橡树与橄榄树毗邻而立,粗犷与斯文共存;牧羊人残酷地割断羊只的咽喉,再无限怜悯地用哀婉的笛声抚慰亡羊的灵魂。市民忙于战事、争领地、掠夺以及谋杀。佩鲁贾没有一座教堂是在一代人手中完工的。这座古老的城市战事频繁,传说圣厄尔科莱恩教堂(San Ercolane)墙壁上溅满了在夜间大开杀戒时喷上去的血渍,在缺水季节还必须用酒来清洗这些血污。

当然佩鲁贾也具有创造性的一面。1307 年它创立了一所欧洲最悠久、最有名气的大学,那就是围墙里面的"外国人大学"。这所大学专供那些移民到美国、澳大利亚和加拿大并发了横财的意大利侨民子女就读。

1997 年佩鲁贾大地震中,城市受到破坏,但它仍是一个令人鼓舞的精神之都。有一些历史建筑,特别是教堂,至今仍未对外开放。但翁布里亚仍有许多可看的地方,如**翁布里亚民族美术馆**(Galleria Nazionale dell' Umbria)(除每月的第一个周一以外每天开放,收费),里面藏有居住在翁布里亚的杰出艺术家的作品,如里米尼、安吉里科、皮埃罗和宾图里奥奥等。从广场一直走下去便是瓦努齐路(Corso Vanucci),不管白天还是晚上总是人涌如潮。大路的右边是**普里奥里宫**(Palazzo dei Priori),又称市政厅。

那不勒斯湾

从**罗马**(Roma)❷(请参看 263 ~ 271 页)向南的路上,那不勒斯湾将吸引你前去游览,就像它曾经吸引了腓尼基人、希腊人、古罗马人、哥特人、旺达尔人、萨拉森人、土耳其人、诺曼人、日尔曼人、西班牙人、法国人和英国人一样。**那不勒斯**(Napoli)❷是欧洲人口最为稠密的地方,极度贫困,失业率高,政府无能和团伙犯罪,它已被当做意大利的"加尔各答"。实际上,那不勒斯也是意大利最漂亮的城市之一,居民友好,有悠久的文化传统,如艺术、教堂、城堡和广场是它有吸引力的一面。但是那不勒斯的小偷会以微笑和礼貌把受害者的财物洗劫一空。挑夫、出租车、商人和小贩在笑嘻嘻地为你送上各种头衔——博士、教授、将军和阁下的同时,也乘机加价而占你的便宜。

希腊人建立了这个地方,并称之为尼亚波利斯(Neapolis,意即"新城")。这座城市一度是大希腊领

下图 那不勒斯海湾

这幅画证明了比基尼并不是现代的发明，这是从西西里岛上一座古罗马时期的别墅里发现的马赛克镶嵌画。

土的一部分。公元前 326 年罗马人占领那不勒斯并予以开发，修建神庙、体育场、水道、露天竞技场以及地下墓地。这座城市是许多帝王最喜爱的居住地，臭名昭著的尼禄也曾在这里一家剧院舞台上露面。

罗马帝国灭亡后，那不勒斯于 7 世纪成了拜占廷的大公国，12 世纪初又落入西西里的封建诺曼王国之手。自那以后，不同的欧洲君王将她变成一个蒸蒸日上的王国首都，住着一群很快就能学会如何去适应外国统治者的居民。那不勒斯人狡黠、机智、圆滑、无赖，但又忠心且自傲。100 万那不勒斯人中有 1/4 靠直接或间接地走私买卖来维生，主要是走私香烟。

◑ **那不勒斯大教堂**位于具有历史意义的市中心北部，夹杂在一些民宅之中。教堂的地穴中供着那不勒斯最珍贵的圣物：一个装有 305 年殉道的圣贞纽厄斯（又称圣纳若／San Genaro）血液的小玻璃瓶。如果那不勒斯希望能消灾避祸、逃过劫难的话，这瓶血液必须每年予以液化和煮沸三次（分别是 5 月的第一个星期日、9 月 19 日及 12 月 16 日）。尽管梵蒂冈在最近将圣贞纳若从圣徒名单中正式除名，但圣血的液化仪式仍然是那不勒斯教会每年度最重要的活动。

◐ 那不勒斯有一条很不错的游览线路，即前往**新城堡**（Castel Nuovo），它距城里游客服务处不远。它是安茹王朝查尔斯一世于 15 世纪建成的，今天仍是那不勒斯的政治中心。从这里沿圣卡洛大街走一段路，便到了**圣卡洛剧院**（Teatro San Carlo），它是意大利最大的剧院，一直保持着良好的音响效果。1816 年大火后，剧院在四周墙内插入了成千上万个瓦罐，所以才有这样好的效果。在游客服务处，你可以买到《那不勒斯》月刊，里面有关于音乐会、歌剧和朗诵等节目的介绍。

在火山下

住在那不勒斯湾沿岸的人们，每天都会情不自禁地将目光投向矗立在他们上方那位不怀好意的看守者。人们从不称它为"维苏威火山"（Vesuvius），而仅称它为"他"。这座火山锥的高度原为 1280 米，但每次喷发后高度都有变化。他最近的一次喷发是在 1944 年，火山的熔岩顺着山坡缓泻而下，造就了适宜种植优质葡萄和橄榄树的肥沃土壤，这也是千百年来当地农民顽固地死守着这块斜坡地的主要原因。

"他"最著名的一次喷发发生于公元前 79 年，当时人们都认为他早已熄灭，是一死火山群，那时每一座山峰顶上都长出了茂密的森林，野猪已出没其中。斯巴达克斯及其起义的奴隶们逃入这些树林之中，以逃避罗马军团第一次远征军的军事讨伐。罗马人小庇利尼对那次著名的喷发有过详尽的描述，繁荣的**庞培城**（Pompeii）㉒（每天开放，夏季有夜场，收费；电话：081－8610913）和**赫尔库莱尼厄姆**（Herculaneum）（每天开放，收费；电话：081－7881243）被硫磺石和灰烬

下图 阿马尔菲沿岸的索伦托

所形成的山丘所掩埋，这两座城市的生活及最后一场人生之戏被保存在火山岩尘之下，直到上个世纪才由考古学家从这座密不透气的坟场中挖掘出来重见天日。

在旅游季节里前往庞贝城游览会非常拥挤，这时候选择去赫尔库莱尼厄姆是一个不错的主意。尽管这座城市里没有那么多商业化的设施，但仍有许多东西值得看。

庞培古城中大部分最有价值的文物都已送到**那不勒斯国立博物馆**（Museo Archeologico Nazionale di Napoli）（每天 8:00～22:00 开放，收费）予以展览了，包括动物镶嵌画以及春宫图画，都存放于一个秘密的馆室中，未经特别许可是看不到的。这里是世界上最伟大的博物馆之一，收藏着庞贝古城和赫尔库莱尼厄姆古城的出土文物，还有一些希腊雕刻和塑像。来这里参观得用一个上午的时间。

卡普里岛和阿马尔菲海岸

从那不勒斯或索伦托乘轮渡很容易到达**卡普里岛**（Capri）㉓，岛上的历史遗迹有**提倍瑞厄斯别墅**（Tiberius's Villa）（每天开放，收费），可以从卡普里镇前往。岛上受欢迎的景点是**蓝洞**（Grotta Azzurra），会发光的外层（因日光反射所致）使卡普里岛成为这个海岸线上仅次于庞贝古城的旅游胜地。

阿普利亚：意大利的靴子跟

从那不勒斯向南，可以开车去，经过波坦察，来到意大利亚德里亚河岸的阿普利

地图 258 ~259 页

下图　眺望卡普里海湾

亚。阿普利亚形成了意大利的靴子跟，这里有壮丽的教堂、城堡和洒满阳光的海滨。

古老的**巴里** (Bari) ❷是由希腊人建立的，罗马人把它发展成一个重要的贸易中心。1156 年被坏人威廉毁坏，1169 年又由好人威廉修复。今天，巴里是阿普利亚最大的、最重要的商贸中心。城市可分成两个不同的部分：一个是有中世纪街道和白房子的旧城；一个是街道宽阔笔直的现代化的新城。

沿着海岸公路从巴里继续前行，来到**布林迪西** (Brindisi) ❷，渡船港口上竖着一根圆柱，它是古代第一条通往罗马城的阿匹亚古道(Via Appia)的起点。

塔兰托 (Taranto) ❷正好位于意大利靴子的腰部，是古代斯巴达航海者于公元前706 年建造的，当时它是希腊地区最大的城市。它的**民族博物馆**(Museu Nazionale)(每天开放，收费)是意大利南部位居那不勒斯之后的第二座重要的博物馆。

再来到卡拉布里亚，它位于靴子的跟部，从**雷焦卡拉布里亚** (Reggio di Calabria) ❷可以乘轮渡去往西西里岛。这个肥沃的岛屿是地中海地区的交汇点。从海外来的《青铜战士》，是卡拉布里亚最为自豪的早期开拓者作品。

西西里岛

肥沃的**西西里岛** (Sicilia) 一直是地中海世界的交汇点，向来成为野心征服者的跳板。游览西西里岛最好取道公路，长年冒烟的埃特纳火山(Etna)是岛上的一个最吸引人的景点。在岛上的中部恩纳(Enna)附近都是绵延起伏的金色玉米田。在岛的中心部位，即靠近皮亚察阿梅里纳附近的卡萨列(Casale)罗马纳别墅

西西里岛风味的餐馆里，服务员为顾客送上面食。

下图　在那不勒斯湾享受阳光

右图　西西里岛市井生活

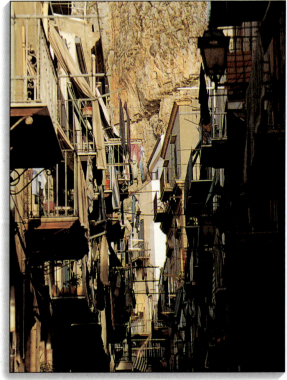

(Villa Romana)内，曾发现一些最精制的罗马马赛克画作，其中一幅马赛克镶嵌画中画有一组穿着比基尼泳装的年轻女郎在海滩下玩球，证明了太阳底下没有新奇之事。**巴勒摩**(Palermo)㉘是西西里首府。它闻名于世的原因有二，一是此地与黑手党渊源颇深，二是这儿还有一些极其优秀的建筑物。

从卡塔尼亚宽阔的平原，穿过充满古典美的考古遗址，便到了**锡拉库萨**(Syraeuse)㉙。定居在小岛奥蒂基亚(Ortigia)的科林斯农民在公元前734年建立了锡拉库萨，在很短时间内它逐渐壮大起来，而且还在西西里海岸上建立了新的殖民地。公元前485年，它已成为一个繁荣的小镇，于是被暴君革隆占领。从这时起，锡拉库萨的政治、经济和艺术方面更加昌盛，成为地中海最重要的中心之一。巨大的考古花园内有**希腊剧院**(Teatro Greco)，是古希腊的建筑典范。它可容纳1.5万名观众，每年5月、6月都要上演一系列高水准的剧目。

西西里岛的东北边尖端上是**奥欧利安群岛**(Isole Eolie)，古希腊人相信风神埃俄罗斯将风囚禁在这些岛上。现在这儿是极受欢迎的度假盛地。　□

地图258
~259页

下图　西西里岛上天然纯净的海滩和临海小镇

巴尔干海岸

亚德里亚海岸上的前南斯拉夫地区，是拥有地中海
风情的东欧的很小一部分

巴尔干海岸已经从上个世纪 90 年代的战火纷争中恢复起来，尽管速度很慢，但它已经变成欧洲最为引人入胜的天然纯净的海岸了。巴尔干半岛北部是斯洛文尼亚蜿曲在意大利和奥地利的中间，向巴尔干海岸贡献了 47 公里长的海岸线。南边是塞尔维亚和黑山共和国与阿尔巴尼亚隔界相望，他们分享着 140 公里长的海岸线，科托尔海湾位于其中心地区。克罗地亚在亚德里亚海岸所占比例最大，包括达尔马提亚和历史城镇杜布罗夫尼克。它那 1600 公里长的海岸线上，有 1100 个岛屿、500 个港口以及 50 个海洋基地，这个地区的可航行区域仅次于土耳其和希腊在地中海沿岸的区域。

这个东欧海岸的地中海风情可以从这里夏天午后有小睡的习惯看出，而且这里的人们还有晚饭后散步及开车兜风的习惯。如果这些城镇看起来比较相似，也是因为这个地区曾经都属于威尼斯帝国，它们因为黑色的山脉而取名为黑山，建起意大利风格的港口。食物风味也深受外来影响：面食来自意大利；苹果派（一种甜饼）来自奥地利；土豆烧牛肉来自匈牙利。但是餐前、餐后要喝的酒绝对是要当地的。

语言也是非常不同的，就拿斯洛文尼亚和克罗地亚的拼读来说吧，它们使用的都是斯洛文尼亚南方语言，读起来很难。但是不用太担心，因为英语、德语、意大利语在主要的休闲度假区里都可以使用。这两个地方的有些语言是很相似的，比如，Zdravo 在两地都是"你好"的意思，ne 都是"不"的意思，而 hvala 都意味着"谢谢你"。但是，斯洛文尼亚语中 ja 表示"是的"，而 prosim 表示"请"；在克罗地亚语中，这两个意思分别用"da"和"molim"代表。两个国家的人民都非常礼貌；他们小心地互相问候，希望与欧洲西方建立联系。在从前的共产主义国家中，宗教信仰在日常生活中起了重要作用，在斯洛文尼亚和克罗地亚，75% 的人信仰罗马天主教。他们幸运地拥有各种风格的教堂，如文艺复兴时期风格的教堂、古罗马风格的教堂和巴罗克风格的教堂。 ❑

前数页图　杜布罗夫尼克老城区

左图　克罗地亚的港口城市科尔库拉岛（Korcula）

斯洛文尼亚和克罗地亚海岸

由于南斯拉夫的解体而出现了许多国家，这个地区又重新
受到了旅游者的青睐，同时它又是一个避免拥挤的地方

地图 258
~259 页

从的里雅斯特(Trieste)前往**克罗地亚**是你进入**斯洛文尼亚**的捷径。这个只有 2 万平方公里和 200 万人口的小国充满了绿色的田园风情，有一个登山运动的大本营；还有巴罗克风格的城堡；在匈牙利一侧的边境上，静静的湖群波光粼粼。它有 50 多个滑雪胜地，主要集中在尤利安山和波霍列山一带，而且有很好的赛马场。1580 年，奥地利查理大公为维也纳的骑士学校在这里建立了一所驯马学校。今天，人们可以在这里观赏驯马学校表演的马术，这所学校现在叫做**利比萨**(Lipica)，正好位于斯洛文尼亚与的里雅斯特边界一侧。

斯洛文尼亚的首都**卢布尔雅那**（Ljubljana）**⑳**所处的地点距奥地利边界和海边都是 90 公里，有一个供人们交往和散步的广场。它的这个中央广场将新城和旧城连接了起来。在中央大药房(Central Pharmacy)附近有一些传统的聚会场所，都是些 19 世纪和 20 世纪的建筑。河对岸的老城区每天都举行集市，城堡山上树木葱郁，那都是于 1511 年的一场地震后重建的。城堡的塔楼和土堤为人们提供了一个很好的景观。

由于缺少沙滩来吸引意大利、德国和奥地利的游客，这个国家仅有的一小片沙滩在夏季里很快就挤满了人。但是，从前的威尼斯镇仍然有很大的吸引力。在**科佩尔市**(Koper)**㉛**的主广场上，有一座 15 世纪的精致廊桥，**皮兰**(Piran)古城那铺着鹅卵石的小路使斯洛文尼亚成为引人入胜的旅游景区。在一座精美的 17 世纪宫殿里，有**海洋博物馆**(Maritime Museum)（4 月~6 月每天开放，收费）。紧邻度假区的**普里莫尔斯卡港**（Primorska）拥有这个国家最好的沙滩和最好的休闲度假地。附近还有一个废弃的中世纪盐场，位于与克罗地亚交界的塞乔夫列(Secovlje)。

左图　克罗地亚的哈瓦镇广场
下图　利比萨学校的 Lipizaner 马

前往克罗地亚

克罗地亚的海岸地区，以喀斯特高原为背景，形成了这个国家两条腿中的一条，另一条是首都萨格勒布（Zagreb）所处的低地盆地，它们位于斯洛文尼亚和匈牙利的下方。无论是从面积上看，还是从人口上看，克罗地亚都几乎是斯洛文尼亚的两倍半，差不多是前南斯拉夫的一半。

海岸线上布满了背景为松树的小海湾，以古老的梨形半岛克伊斯特拉半岛（Istra）为起点。西海岸

克罗地亚民族服装。

的中部有一座中世纪的城镇**罗维尼**(Rovinj)**❸❷**,它是一个如诗如画的小镇,河水清澈见底,大海在阳光下显得异常平静美丽。这里还有一些非常意大利化的小街道,也有比萨饼。镇上 18 世纪的**圣埃菲大教堂**(Cathedral of St Euphemia)不容错过,值得参观,即使只是去看看它那巴罗克风格的圣埃菲墓也很有意义。这里有活跃的钓鱼码头和**罗维尼水族馆**(Rovinj Aquarium)(复活节~10月中旬每天开放,收费),向人们展示着克伊斯特拉半岛五光十色的潜水活动和繁忙的海洋生活。

　　普拉镇(Pula)位于半岛的尖端上,是一个重要的海军基地,沙滩不多,而且处于一个不显眼的位置;但是那里有许多古罗马时期的遗迹,包括一座公元 1 世纪的圆形剧场,从上面可以俯瞰整个海港。岛上的主要公路环绕半岛的尖端并将东岸的**里耶卡**(Rijeka)**❸❸**和克万尼亚海湾连接起来。里耶卡在景色上无法与克伊斯拉特和海岸上的其他休闲度假区相比,但它是这个地区的交通运输中心,铁路四通八达。而且,这里还有轮船通向杜布罗夫尼克市和斯普利特市,但由于船是在晚上启航,所以到达斯普利特之前,你什么也看不见。

　　从里耶卡向下去往达尔马提亚海岸的路非常迷人。一座大型的混凝土桥可以将你带到**克尔克岛**(Krk Island)**❸❹**上,这座桥建得很粗糙,只能允许轻型物体通行,但桥的南端有一小片海滩,而且克尔克镇带着迷人的中世纪风光也在那边等你来。**拉布岛**(Rab Island)**❸❺**尤其有吸引力,从里耶卡乘公共汽车就可到达,也可以从克尔克岛乘船前往,岛上的休闲氛围正在吸引着越来越多的游客。克罗地亚还有为数不少的老教堂,如罗马风格的大教堂,12世纪的圣安东尼修道院。

下图　斯普利特大剧院

达尔马提亚海岸的历史古迹

　　前往杜布罗夫尼克市的道路,走完了亚德里亚海岸线以后,就全部被达尔马提亚海岸所占据。这段海岸线有着丰富的历史名镇、海滩度假区和生产这个国家最好的葡萄酒的村庄,有最宜人的气候和景色,与地中海地区的风光相比毫不逊色。第一站将来到**扎达尔**(Zadar)**❸❻**,这座古城里有众多教堂和博物馆,夏季里每周有两班从威尼斯开过来的轮船。城里最值得游览的教堂是**圣陶纳多教堂**(St Donatus),建在原来的遗址上,夏天的晚上,这里将举办文艺复兴时期的音乐会。**教堂艺术博物馆**(Museum of Church Art)(每天开放,免费)位于对面的一座修道院内,展品包括遗迹、古董和一些绘画作品。

　　公元 3 世纪末,罗马帝国的戴克里安皇帝曾选定**斯普利特**(Split)**❸❼**,并把它作为退休后的居住地,海港上仍然可以找到他的行宫遗迹。如今,在原来的戴克里安皇帝的行宫原址上建起了一座大教堂,原来的墙院和厅堂主体被保留下来,大理石壁和岩柱也保留下来,游客可以登上教堂的塔楼(要收费)眺望整个城镇的景色。斯普利特还有许多值得参观的博物馆,包括一个**画廊**(Meštrovió Gallery)(周二～周日开放,收费)和一个**考古博物馆**(Museum of Archeology)(周二～周日 10:00～13:00 开放)。入夜时分,海边宫殿遗迹前面的道路被路边咖啡馆的灯光照亮。白天的海港由于轮渡穿梭显得格外繁忙,从达尔马提亚海岸乘船前往杜布罗夫尼克是克罗地亚游览的重点行程。

愉快的岛屿

    布拉克岛(Brac Island)❸❽是亚德里亚海岸的第三大岛屿,经营旅游的公司已在这里建起了一座小型国际机场。小岛位于克罗地亚南海岸,岛上是成片的松树林,它已成为这一带最好的度假地。岛上有仿真小火车连接起商店区和餐馆区以及旅游酒店。小岛的空地上建起了一个 630 米高的沙吧,岛上的白色大理石用于建造美国的白宫和德国的议会大厦,早有盛名。水晶般透明的海水边上有格外整洁的**金喇叭沙滩**(Zlatni Rat),尽管当地的细砾沙滩没有其他地方的海滩那么拥挤,但这个沙滩上总是人头攒动。这个岛上有一个小小的首府,名声虽然不大,但却有保护得很好的沙滩。

    号称是"亚德里亚的亚马逊",并且被《旅行者》杂志评为全球最美丽的 10 座岛屿之一,**哈瓦岛**(Hvar Island)❸❾光彩夺目、松木葱郁,岛上还有丰富的橄榄树、薰衣草等植物,使岛上的空气中弥漫着芳香。游客从斯普利特机场乘飞机,

地图 258 ～259 页

指南

    在克罗地亚的众多美食当中,最值得品尝的是黑色烩饭。它以奶酪、虾、墨鱼和米饭为原料制作而成,吃的时候配上新鲜的巴马干酪和 Postup 葡萄酒

下图 哈瓦镇及它的海港

地图 258
~259 页

只需 2 小时就能到达这里,但是一到这里就安静下来并羞于奔跑了。哈瓦镇的中世纪氛围来自它那 16 世纪的威尼斯建筑、13 世纪的城墙和古堡,还有宽阔的海港广场。自然景色本身就是一张多彩的明信片。当地人以日照充足和气候温和而骄傲。

杜布罗夫尼克 = 对威尼斯的补充

历史城市**杜布罗夫尼克**(Dubrovnik)**40**之所以有如此辉煌的过去,是因为它所处的地理位置,它是进入地中海及其支海伊奥尼亚海之前的最后一个安全的港口。直到 1806 年拿破仑侵入之前,杜布罗夫尼克都是独立的拉古萨共和国,它是当时世界贸易之路上对威尼斯的补充,老城区部分保存完好。经过时间冲刷的石头房屋沐浴着明亮的阳光、古老的广场和泥顶建筑,这些都是 1991 年大轰炸之后联合国教科文组织雄心勃勃的保护计划中的项目。在那次大轰炸之中,这个镇上有 2/3 的古建筑受到了损伤。

汽车对城市的影响很小,在狭窄的街道和人行道上散步也是非常安全的。杜布罗夫尼克的仲夏节开始于 7 月中旬,在之后的 1 个月时间里,将在室内、室外表演许多场音乐和戏剧节目。这个城市及其附近的岛屿最为吸引游客的要算它那丰富的传统海鲜菜肴。龙虾、1~2 杯当地葡萄酒、炖鳗鱼加上达尔马提亚的熏制火腿都值得你到 Prijeko 街上各种餐馆的菜单上去搜寻。

在这个城市里还可以参加多种旅行团队。夏季里有前往 **Lokrum 岛**的轮船游览,那里有美丽的海滩及一座中世纪修道院的遗址。**姆列特岛**(Mljet Island)**41**上有给人深刻印象的国家公园,除周日外,每天下午都有轮渡从杜布罗夫尼克市开来这里。岛上的两个咸水湖之中稍大一些的是 Veliko 湖,湖中也有一个小岛叫做圣玛丽岛,有小型出租船往返于岛上的一座 12 世纪修道院和湖畔,修道院现在已被改建为餐馆。

在姆列特岛上有许多休闲项目,多数酒店都有自行车提供给游客,度假酒店周围还有可游泳的沙滩。一条运行线路为 20 公里的公共汽车从杜布罗夫尼克南端延伸到一座小型休闲城镇**杜瓦塌**(Cavtat)。小镇那古老世界的舒适风格,特别能吸引英国游客,镇上还有不少现代化的酒店、酒吧和路边餐馆、方便旅行。

杜瓦塌旁边是**黑山**(Montenegro)和波光粼粼的**科托尔海湾**(Bay of Kotor)。中世纪的**科托尔**(Kotor)镇位于海湾的一头,在海拔 1770 米的 Lovcen 山脚下,使它看起来似乎是世界的尽头。1979 年的大地震对黑山的海岸城镇造成了影响,而它的邻居阿尔巴尼亚的某些政策也使旅游者不容易靠近它。❏

> 如果有人想看地球上的天堂,那他就去杜布罗夫尼克吧。
> ——萧伯纳,1929

下图　杜布罗夫尼克老城区

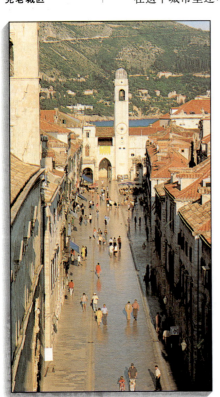

阿尔巴尼亚

阿尔巴尼亚可能一直是欧洲国家中观光者最少的地区，破产的经济使其贫穷与落后暴露在世人面前。不过阿尔巴尼亚毕竟还是生存下来了，只要刮掉这个弹丸小国死气沉沉的表面现象，你会发现一些令人敬畏和永恒的东西：巴尔干的心脏与灵魂。虽然那本来就寥若晨星的旅游设施已日益破败，但对于喜欢冒险的游客来说，仍不失为一块令人感动充满神奇的土地。

拜伦描绘阿尔巴尼亚时写道："一泓未知的海岸，虽令人崇敬，但也使许多人不敢近观。"从飞机窗口往外扫一眼这崎岖不平的山地国家，少有不被这可怕的景象所惊慑住的。

但是一踏入阿尔巴尼亚的国度，你便成为众人注意的对象，当地人对你半是尊重半是好奇。他们可能不会首先开口交谈，虽然有不少人能说流利的英语。但是一旦相互介绍认识后，他们便会打开话匣子，并将你奉为上宾，以古老传统的热甜汤和刚刚宰杀的山羊为你献上一顿丰盛的宴席。

阿尔巴尼亚比斯洛文尼亚大不了多少，它拥有300万人口，他们主要生活在亚德里亚海岸沿线200公里长的狭长地带。上世纪90年代，霍查的独裁专治致使人民成批外逃。霍查的执政期始于第二次世界大战结束时，当时许多人试图乘小船逃往100公里以外的意大利。

地拉那是国家的首都，中心有斯坎德培广场，还有外表看起来厚重呆板的地拉那酒店。斯坎德培是阿尔巴尼亚最伟大的民族英雄，他为这个国家带来了1443~1468年的独立时期，但这个国家在1912年又沦陷了。他的塑像位于广场的南侧。从这里可通往一条宽畅的大道，即民族烈士大道，此大道经过达吉饭店，许多非官方的大型工商会议在此召开，会议厅及附设餐厅均属市内一流。城里还有一些历史遗迹和考古博物馆。

阿尔巴尼亚观光局，负责组织参观全国值得游览的城镇和名胜。大多数城镇和都市各有其特色和吸引力的博物馆，比较成熟的旅游地区有阿尔巴尼亚的主要港口都拉斯（Durrës），市内有罗马圆形剧场，还有南部的美丽海滩。

萨兰达（Saranda）号称阿尔巴尼亚的"里维埃拉"（Riviera），这里的海滩风光优美，附近有许多果园和精美的木结构别墅，系以前特权阶层的度假胜地。这一带的布斯罗特姆墟址据说是古代特洛伊人所建。

山城克鲁亚（Kruja）也值得游览，特别是斯坎德培博物馆和土耳其集市。吉诺卡斯特（Girokastër）是阿尔巴尼亚最南端的城市，被设计成"博物馆城"。城内较古老的房舍均被保存下来，建筑呈希腊风格，坡度极大的街道可通往古老护城碉堡遗址，现为国家武器博物馆。

阿尔巴尼亚许多考古学及种族学丰富的宝藏都有待开发。自这个国家开放以后，观鸟人、植物学家、远足者和登山者受惠良多。其实，去结识阿尔巴尼亚人，倾听他们描述崇山峻岭的家园、悠久的历史及其与世隔绝的岁月，或许就是对你的最大回馈吧。□

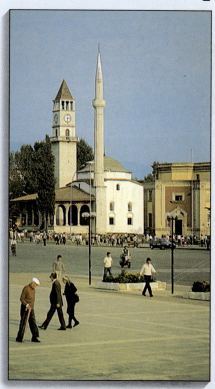

右图　地拉那斯坎德培广场

希　腊

历史、戏剧、政治、哲学，这些词语和概念的根基都在这里

现代希腊崛起于 19 世纪，那时它已经历了 500 年奥斯曼帝国的统治。希腊位居地中海东部巴尔干半岛的底部，附近岩石半岛和大小岛屿密布。希腊的语言和景观仍保存着西方世界文明史的源头痕迹。西方国家的历史、戏剧、政治、哲学等，从其概念到文字，无一不在希腊找到发祥的根源。

希腊有几处土壤肥沃的平原，如在本土的塞萨利 (Thessaly) 和位于南部连着科林思运河 (Corinth Canal) 与希腊本土遥遥相望的伯罗奔尼撒半岛。一般说来，希腊境内多山，山峦起伏；希腊是欧共体中相对贫穷的成员国。希腊全国面积约 13.2 万平方公里，北部与巴尔干半岛的热点地区阿尔巴尼亚、前南斯拉夫的马其顿共和国，保加利亚等国接壤，也与其昔日统治者土耳其领土相连数英里。距希土边界不远处是伊斯坦布尔，又名君士坦丁堡，是昔日拜占庭帝国的首都，也是东正教重镇，希腊东正教的所有教会莫不以此为心灵依归之地。伊斯坦布尔以东便是亚洲的起点。

在这片崎岖不平的土地上，2000 多年前有许多著名的城邦：科林思、斯巴达、迈锡尼、色雷斯、雅典，在地海中东岸各自雄踞一方。而如今在德尔法、帕台农神庙及奥林匹斯山仍然充满了古代希腊神话的传说和遗迹。

在希腊游览并不困难，喜欢冒险的观光者可从雅典的比雷埃夫斯港口乘船游览爱琴海和爱奥尼亚海上的数百个小岛，一窥古代希腊众神在各地留下的痕迹。　　　　crete?　　　　❑

前数页图　海神庙的日落美景；在雅典的希腊国会大厦前无名士兵墓处护墓
士兵交接班的情形
左图　海岛纺棉手工业

Greece

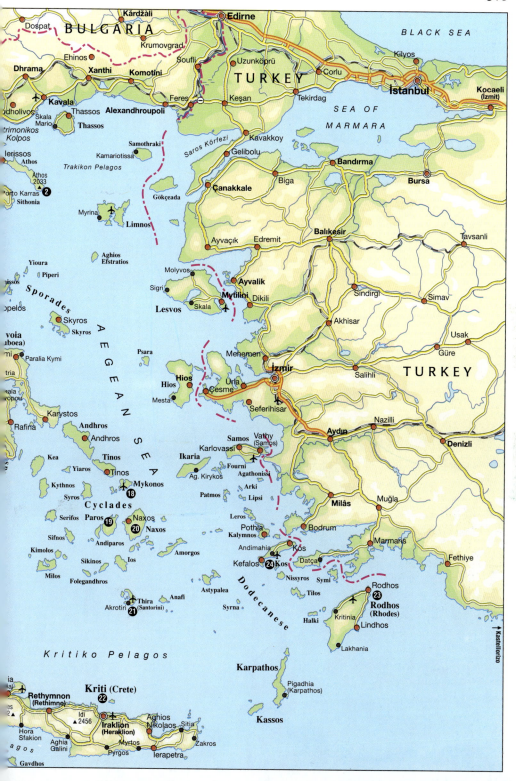

雅　典

古希腊帝国的权威和美丽气息通过这座现代化的城市散发出来，从每条街条上的古典建筑中散发出来，令人想起神殿

地图
318页

英国小说家傅敖斯（John Fowles）将雅典描述为骰子滚过阿蒂卡平原（Attica Plain）。它肯定不是欧洲最漂亮的城市，从山下看下来，你会发现它的建筑懒散地平铺在那里，一个混凝土块接着一个混凝土块。将这种景象和它拥堵的交通放在一起，再加上严重的空气污染，你可能会头也不回地登上一艘轮渡，开往那些岛屿。

但是，请你对雅典耐心一些，最好在人迹稀少时来欣赏雅典；与当地人交朋友；和他们一起跳希腊舞；在它的布拉卡购物区转转，你对雅典的印象可能就会好起来。

雅典卫城

雅典卫城（Acropolis）❶高于城市 61 米，是雅典最闪亮的一颗耀眼之星。集合在卫城之下的其他大多数重要遗迹都仿佛沐浴在它的光辉之中，备受瞩目。

左图　雅典卫城
下图　许多雅典人会带上自己的椅子，到路边公共场所聊天

雅典卫城是希腊所有这类建筑中最为典雅和壮观的，雅典城的形象因此而无比辉煌。雅典卫城的入口"山门"设计精美，全部采用附近的彭特里孔山（Mt Pentelicon）中的大理石建成，位于山顶西部前面，长达 50 米。右侧是 19 世纪完美的仿造建筑雅典娜女神庙（即无翼胜利女神庙）。原始女神庙被土耳其人拆毁，而这座仿造建筑又因其地基部位有未经察觉的土耳其贮水槽而逐渐损坏，但 8 根爱奥尼亚式列柱仍完好无损，向世人展现其典雅美丽的身姿。

迈入卫城入口，眼前的景致顿令人产生似曾相识之感。在人类历史篇章中占有重要一页的**帕台农神庙**（Parthenon，即处女之宫）（夏季周一～周五 8：00～18：30，周六～周日 8：30～14：30 开放；冬季周一～周五 8：00～16：30，周六～周日 8：30～14：30 开放，除周日外都收费），尽管其金色的光辉正一点点地被雅典含高浓度硫磺的烟雾咬蚀成一抹惨白，但仍然闪烁着微弱的金色光芒。

1687 年对抗威尼斯人期间，帕台农神庙中的一座土耳其弹药库爆炸，神殿顶部被炸得粉碎。1801 年英国驻君士坦丁堡大使厄尔金勋爵带走了若干雕像和碎片。如今能在**卫城博物馆**（Acropolis Museum）❷（周一 11：00～18：45，周二～周五 8：00～18：45，周六～周日 8：30～14：30 开放，除周日外都收费）中看到。

在女神的庇护下

从南边去往雅典卫城的路上有建于公元前 6 世

传说黑德克神殿是主神宙斯的大哥波赛冬放下他的三叉戟的地方。雅典的橄榄树就是从这里发芽的。

纪的**狄厄尼苏斯剧场**（Theatre of Dionysus）。❸（入口在酒神法官大道上,比阿蒂卡斯剧场高,每天开放,收费）。剧院最前排正中的座位,是每年夏天酒神庆典之时主祭牧师的席位。埃斯库罗斯(Aeschylus)、索福克勒斯和欧里庇得斯等悲剧大作家写的著名悲剧,以及阿里斯托芬创作的诙谐小品,都在此剧场上演,愉悦着场内的1.5万名雅典市民。

　　酒神法官大道上的另一家剧院是罗马式**阿蒂卡斯半圆形剧场**（Theatre of Herod Atticus）❹,它建于2世纪,为纪念阿蒂卡斯的妻子。剧院为半圆造型,座位排列呈同心圆,座位坡度很大。每年希腊人和各地游客前来参加雅典音乐戏剧节,这一节庆是从古老的酒神庆典演变而来的。

　　从剧场朝向卫城走,便到古代**集市**（Agora）,这是伯里克利时代的公众生活中心,最引人注目的是**阿塔鲁斯柱廊**（Stoa of Attalus）,两边长达122米的排柱,令人印象深刻。闪尔特人于267年入侵时将其付之一炬。1956年,美国洛克菲勒基金会赞助150万美元,由美国雅典古典研究学会予以重建。它的东侧耸立着精美的**风塔**（Tower of Winds）❺,这是一座公元2世纪的建筑,保存良好,呈八角形,以大理石为材料。从塔上可俯瞰罗马广场的残留遗迹。塔内曾藏有水钟。

现代雅典
　　蒙纳蒂拉齐广场使人想起公元前2世纪欧布罗在喜剧中描述的场景：“在

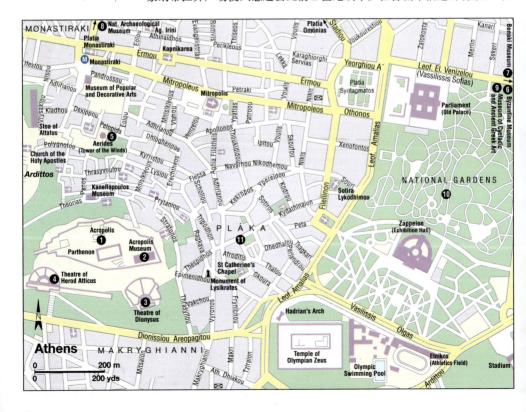

雅典的某个地方，供出售的东西应有尽有，无花果、法院传票、葡萄、萝卜、梨子、苹果、证人、玫瑰、山楂、蜂窝、鹰嘴豆、讼诉案件、布丁、爱神木果、机器零件、蝴蝶花、小羊羔、水钟、法典以及诉状。"牛乳布丁和机器零件听上去令人迷惑不解，但如今市场里出售的其他怪异商品同样让人好奇。

　　喜欢收集工艺品以炫耀的人在这里能发现很多让他们感兴趣的东西，因为希腊可能是世界上最擅长生产此类产品的国家。大量为游客生产的小件饰物的生意相当兴隆。实际上，即使在米特罗波利斯(Mitrópolis)附近，专营教会用品的商店也转变成旅游商店，也许是生产者发现了这样的事实：游客常常认为铜质烛台可用于花园晚会，而牧师华丽的长袍可不用任何裁剪就能变成炫目的晚礼服，甚至他们胸前的十字架也胜过最华丽的人工珠宝。

　　可是，当你离开生机勃勃而略显俗气的潘德罗索大街(Pandróssou Street)，来到跳蚤市场(Flea Market)旁的这条狭窄小街时，你就像步入了前工业化时代。这里出售传统手工制品(没有艺术性的手工制品)。你可以看到批发商店出售的很实用的物品，它们没有任何装饰，却令人耳目一新，像改锥、粗细不同的链子、钉子、箱子、刷子、扫帚、捕鼠器和草药(希腊的山峰绝对是植物学家的天堂)。琥珀色松香和用于植物的浅蓝色硫酸铜放在柜台里，相映成趣，这的确是难得的运气，得以目睹这样的场景。

　　在阿西那斯大街(Athinás Street)的北边，蒙纳斯蒂拉齐和奥摩尼亚斯广场之间有一个19世纪建成的珠宝市场(你也可从欧罗大街80号直接进入这个

地图
318 页

指　南

　　由于缺少工作人员，雅典的博物馆或其他场所的开放时间可能会有变化。为了确保不吃闭门羹，最好在9:00～12:00期间去参观。

下图　参观了名胜古迹后稍事休息

古兰德里斯博
物馆中的雕塑

下图　雅典的跳蚤
市场
右图　土耳其人聚
居区

市场)。这里也是雅典主要的家禽鱼肉市场,小贩在露天的摊位上摆着各式各样的你所能想像的家禽鱼肉海鲜,他们大声叫卖着自己的商品。在阿西那斯大街的南边,有个不怎么兴隆的蔬菜水果市场,但同样可以看见热闹的场面。

雅典的博物馆

拜占庭博物馆(Byzantine Museum)❻是一座以佛伦庭为原型而建起的大楼。出资者是19世纪一性情古怪的女公爵。馆内藏有很多光彩夺目的神像和13～18世纪的教堂文物。贝纳基博物馆(Benáki Museum)❼开放的时间不长,馆内藏有希腊历史各时代的文物,包括珠宝、服装以及艾尔·格雷科绘制的两幅神像。他年轻时名叫多梅尼科·塞托库布罗斯,是克里特岛画家(两座博物馆均为周二～周日开放,收费)。

国家考古博物馆(National Archaeological Museum)❽(每天开放,周一上午和周六、周日下午休息,除周日和公共假日外收费)藏有大量来自远古时代各个时期的文物,可它们的标签却写着模糊不清的文字。参观该馆的最好时间是上午,因为一旦与旅游团一起挤在大理石大厅里,声音非常嘈杂。

古兰德里斯博物馆(Museum of Cycladic and Ancient Greek Art)❾(周一、周三～周六开放,除周六外收费)的历史可追溯到公元前3000年。它收藏了许多风格独特、极具风采的基克拉泽斯的大理石像。

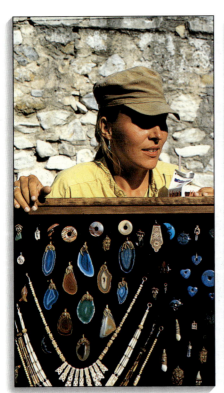

前往丘陵

  雅典地形起伏，有些地方足以称作丘陵，而其他地方仅仅是土堆而已。我们算了算，一共有8座，但可能我们并未算全。其中的**利卡维多斯山**（Mount Lycabettus）（夏季每天8:00～22:00，每隔20分钟，从Ploutárhou街有上山的团队）是你绝对要去游览的，山上有很好的餐馆和咖啡馆。

  但如果你并不喜欢爬山，那就可前去参观离拜占庭、贝纳基和战争博物馆仅一箭之遥的**国家公园**（National Gardens）❿。沿着希罗德·阿提卡斯大街（Herod Atticus Street）向南走，你可以看到艾瓦桑卫兵的换岗仪式，海明威曾把这些卫兵描述成"穿着芭蕾舞裙的高大娃娃"。然后向右拐就能进入公园，突然就出现了相对宁静的一大片树荫，错综交错的凉亭和带着浪漫气息的乔木。

  在阿克罗波利斯山脚下的古老城区**普拉卡**（Pláka）⓫，虽然不能被称为郁郁葱葱，可也算得上是一块绿洲了。经过翻修整复，它又恢复了原貌（或者说是一个相当好的复制品）。原来灯红酒绿的夜总会和迪厅都已销声匿迹，在大部分地区，机动车已禁止通行。此外房屋重新粉刷，街道也清扫得相当干净。普拉卡已经成为一处赏心悦目，处处有树荫的步行区。你简直可以想像自己正处在一个远离魔鬼城市的乡村。这里还有很多小型的精美建筑：拜占庭风格的教堂、风塔、古代大学以及古代拱门和城墙的遗迹。❏

地图
318页

指 南

  如果你住在 Aegon 酒店或是海滩上的宿营地，你就能很好地欣赏与外界隔绝的波赛冬海神庙。但需要提前预订。

下图 从国家图书馆和大学的综合楼仰望利卡维多斯山

行。体育馆北边有 12 排座位,南边有 6 排(现多已坍塌)。游客依然可以清晰地分辨出起跑线和终点线,石灰线界定的跑道,甚至可以看到为运动员起跑而设计的脚位。

埃维亚岛

埃维亚(Évvoia)是仅次于克利特的希腊第二大岛,距希腊大陆非常近,地貌恰似一只摆错了位置的拼图块。岛上的主要小镇是哈尔基斯(Halkidha)❻,紧临希腊大陆,两者中间由一座小吊桥连接。近年来另一座大悬桥也已建成投入使用。据说亚里士多德曾对这狭长的通道内的浪潮百思不解,因为这里的浪潮极无规律,有时甚至非常湍急。

哈尔基斯是一个工业小镇,但附近的**卡斯特奥**(kástro)却值得一游,这里有庙宇,又有**圣帕拉斯可维教堂**(Aghía Paraskeví)。另外一处可参观的地方是该镇新区的考古博物馆。镇里还有一座筑于 19 世纪中期的犹太教会堂。这里的犹太人群体虽小却非常积极,他们仍然经常在此会堂活动。南边的**埃雷特亚**(Erétria)是一个拥挤的消夏胜地,有渡船频繁往来于这里和大陆的斯卡拉·俄洛普(Skála Oropoú)之间。和哈尔基斯一样,埃雷特亚也没有什么值得参观的地方,但这里的考古博物馆(Archeological Museum)非常不错,可惜极少向游人开放。

斯波拉狄斯群岛和萨罗尼克海湾

下图 德尔斐的阿波罗神庙

爱琴海岸边的斯波拉狄斯群岛中最受欢迎的是**斯基亚索斯岛**(Skiáthos)❼,

它是清爽绿色和美丽沙滩结合。它是这一群岛中最小的岛屿，直到 20 世纪 70 年代，它还只是一个偏远的小岛，现在已经成为希腊最吸引游客的岛屿之一。**Koukouariés** 是最适宜拍照片的岛屿，形状像一个大镰刀，有金色的沙滩和墨蓝色的海水。**Papadhiam**ántis 岛上的夜生活十分丰富，夜晚的灯光最为明亮而闪烁。如果你租一辆车沿盘山公路往上行驶，还能看到更加壮观的景色。

雅典以南，有萨罗尼克海湾（Saronic Gulf）。乘轮渡前往距此地最近的**爱颐纳岛**（Aegina）❽大约需要半小时。

离比雷埃夫斯约 3 小时航程的**海德拉岛**（Hydra）比较贫瘠（五彩缤纷的码头除外），然而却是赤足的放荡不羁者的理想去处。19 世纪初，岛上居民多为成功的航海商人和偷渡者，岛上清一色白色小屋，一些偶有豪门大宅建于其间。

伊奥尼亚群岛

伊奥尼亚的降雨量很大，因此，希腊诸岛屿中，其树木是最繁茂的。随处可见的橄榄树和葡萄果园似乎在提醒我们，这儿的农业比旅游业在国民经济中所占的比重还要大。

科孚城（科基亚）（Corfu Town）❾的北边有老港口和旧贸易市场，前者至今停靠来自希腊大陆的轮船，而后者的历史可追溯到公元 8 世纪。科孚城的南边是卡诺尼，从这里可俯瞰风景如画的庞迪克尼希岛（Pondianíssi）。南北之间是漂亮的意大利风格建筑、狭窄的街道、小型广场以及教堂。

下图　阿卡迪的养蜂场

香橙这种水果是第二次世界大战以后从美国引进的，现在在希腊各地生长。

在广阔的圣约格基奥斯海湾（Ághios Yeórghios）周围，西海岸的沙滩最为著名。从顶端的克里尼（Kríni）海滩出发可到达建于 13 世纪的古城堡。随后出现在你眼前的是**帕洛卡斯提萨**（Paleokastrítsa）的两个海湾，这里曾经颇有田园情趣，可现在到处都是游客。戈莱法达（Glyfádha）和圣戈迪斯（Ághios Górdhis）的开发程度很高，其沙滩颇受游客欢迎。科孚岛东岸最著名的景观之一是自命不凡的阿其雷翁宫殿（Achilleion），它建于 19 世纪晚期，是为奥地利王后伊丽莎白修建的。

凯法利尼亚（Kefallonia）❿在伊奥尼亚群岛中面积最大，属高山地形。俄诺斯山（Mount Énos）（1628 米）是群岛的最高山，山上的主要植物是杉木。

扎金索斯（Zákynthos）是另一个青山绿水的岛屿，岛上建筑是威尼斯风格，海滩的景致让人叹为观止。游客一般都要去拉格纳斯（Laganás Bay）的狭长白色海滩，那里有很多酒店、餐馆、酒吧以及快餐店和迪厅。然而，拉格纳斯的飞速发展只是近年来的事情。岛上的海滩景致无与伦比。经过**阿加希**（Argási）后就到达了扎金索斯下部的南方半岛，**耶拉基**（Yeráki）在其顶端。这里也是海龟孵蛋的海滩，因此游客在日落之后不能在海滩逗留。

伯罗奔尼撒半岛

从阿蒂卡（Attica）开车出来，很容易就忽略了这个地方，这里是科林恩运河隔开的一块土地——伯罗奔尼撒半岛。**古科林斯**（Corinth）位于现址科林斯（Kórinthos）⓫西南 4 公里处，由于其位于地峡有利位置，该城在运河开挖前曾

下图　吉卜赛女孩

富极一时, 公元前 146 年, 罗马人几乎把这座希腊古城夷为平地。但一个世纪后, 又得到重建, 成为希腊首都, 虽历经 375 年和 521 年两次毁灭性大地震, 但这里仍是全希腊保存最完整的罗马帝国时代古镇。

迈基尼斯 (Mykínes) 是一个主营橘子种植和旅游业的小村子, 古代的大道就是从这里起进入阿尔戈利斯 (Argolidha) 平原。附近就是**古迈锡尼** (Mycenae) (每天开放, 收费)——一系列**坚固的宫殿建筑群**, 位于一条深谷边缘, 地势易守难攻, 迈锡尼文明时代跨越整个青铜器时代晚期。该文明哺育了海恩利奇·施莱曼这样一位伟大的古典日耳曼学者(同时也是一位白手起家的百万富翁), 1874 ~ 1876 年, 他曾完全凭借直觉和对荷马史诗的准确理解在此进行考古发掘。虽然希腊考古学家早已发掘出了宏伟壮阔的**狮子门** (Lion Gate), 但施莱曼所发现的富人墓葬才真正证实了荷马史诗中关于"迈锡尼富藏黄金"的记述, 该发现现藏于雅典国家博物馆。

横越阿尔戈利斯平原的大道自阿尔戈斯 (Árgos) 分为两路, 南边, 通往特利波里的路却可将游人引入希腊最古老的居住地之一——**古阿尔戈斯** (aneient Argos) 遗址。这里最引人注目的是巨大的高度倾斜的**剧场**, 它全年免费开放。由此循径登山便到了拉利萨山顶的法兰克风格城堡, 即古阿尔戈斯**卫城** (acropolis) 遗址。登高远眺, 其景观优美, 可与科林斯卫城相媲美。

纳夫普利翁 (Náfplio) ⑫ 以上是更加宏伟的**卫城** (Akronafpliá), 由 4 个分别建于不同年代的城堡组成。偏东的山上是建于 18 世纪的**帕拉米蒂城堡** (Palamídhi), 蜿蜒的辅墙内有 7 处独立的堡垒。约 900 级台阶通往山顶, 游客可

地图314
~315页

下图 马尼牧尼及其羊群——一片祥和气氛掩盖了该地区骁勇好斗的历史。

更加尽情俯视阿戈利达全貌。

阿卡迪亚省府特利波里(Trípoli)⓭苹果树、梨树遍野的高地。受泰耶托斯山南部山脉阻挡，**马尼 (Máni)** ⓮山区干旱闭塞，也是希腊最晚接受基督教思想的地区（在9世纪），但当地人很快就建起了数十所乡村小教堂，这里最主要植物是橄榄，但每年9月刺梨成熟时，这里也多了一分亮色。

1986年**卡拉玛塔 (Kalamáta)** ⓯爆发了毁灭性大地震，约一半的人口无家可归，不过现已初步恢复重建。虽然震后不时有人外迁，卡拉玛塔还是附近最大的镇，人口达4万。这里濒海风光非常迷人，尤为值得推荐的是那些充满生机的小餐馆及油亮的橄榄。

基帕利西亚(Kyparissía)是纳斯特宫以北的一个美丽小镇，一条赏心悦目的海滨公路从这里通往**古奥林匹亚 (Olympia)** ⓰——科拉迪奥斯河与阿尔夫伊奥河交汇点。2000年来，这里的神殿被用作宗教或体育盛会的中心。所有希腊竞技运动中，4年一度的奥林匹克运动会最富盛名，在深秋满月时举行。最卓著的历史遗址包括**帕拉耶斯特拉(Palaestra)**培训中心，庭院内的廊柱已重新竖起来了；**菲迪亚斯工作室(Workshop of Phidlas)**，考古工作者在此发现了一只刻著名雕塑家菲迪亚斯名字的杯子，**赫拉神庙 (Hera temple)** 及其独特的廊柱；宏大壮丽的**宙斯神庙(Zeus temple)**，现已破坏得只剩下了一小部分；**古体育馆(Stadium)**，其跑道长192米，且拱形入口也幸存了下来（每天开放，收费）。北海岸的**帕特雷(Pátra)**⓱是希腊第三大城市，也是通往意大利、伊奥尼亚诸岛的主要港口，这里交通秩序极差、

下图　科孚岛的
Paleokastritsa 海湾

建筑多为战后兴建，且鲜有海滩，因此不是度假的好去处，这里的古卫城（有一座古拜占庭城堡）却很宁静。不过，如果你恰好在希腊的狂欢节来到这里，则可以看到希腊最棒的庆典——游行、彩车及兴高采烈的居民和学生。

地图314
~315 页

色克拉德斯群岛

　　爱琴海更远处的色克拉德斯群岛（Gyclades），是希腊岛屿的精华，观光业十分发达。往来各岛的船只和班机定时，停靠港都铺有迎宾毯，飘扬着不同风格、优美婉转的"海妖之歌"。

　　色克拉德斯群岛中，有 24 座岛屿有人居住，**迈可诺斯岛**（Mykonos）**⑱**经过50 年的旅游开发，如今仍魅力无穷，白色风车和小型教堂在阳光下闪闪发光。衣冠楚楚者依旧在海滩和酒吧中流连忘返。

　　8 月里来**帕罗斯岛（Páros）⑲**的游人源源不断，你得作好露营或是住昂贵酒店的准备，因为便宜的房间很快就客满了，而这些房间一到傍晚就人去屋空，大家都去享受帕罗斯的首府**帕瑞凯亚**（Parikía）著名的夜生活了。帕瑞凯亚像米科诺斯岛一样美丽，地形和布局却没有那么错综复杂。

　　纳克索斯岛（Náxos）**⑳**是基克拉泽斯诸岛中最大、最壮丽的岛屿，其首府**纳克索斯镇**（Hóra）各种建筑杂陈，有威尼斯式的住宅和城堡院墙，后拜占庭风格的教堂，中世纪的废墟以及花园餐厅。

　　乘船进**锡拉岛海湾**（Thìra），其经历让人难忘。位于火山边缘的锡拉岛及其附

指　南

　　纳克索斯岛上的海滩以圣叶格欧斯（Ághios Yeórghios）最为著名；半裸海滩圣安娜（Aghía Ánna）的房子很好；它后边的米克里·维格拉（Mikri Vigla）（海滩有个不错的客栈）；最南边的卡斯特拉奇（Kastráki）海滩宁静安然。

下图　卡利姆诺斯色彩艳丽的屋宇

克里特岛上四条腿的居民在晒太阳。

属岛屿零散地散布在一个极深的环礁湖周围。在火山爆发前(公元前 1500 年),这里曾是该岛的中心,位置很高。因此,有人猜测传说中的亚特兰蒂斯就是此地。

圣托里尼岛古时叫锡拉,这也是该岛的官方名字。然而希腊人更偏爱圣托里尼这个中世纪的称谓。此名依据萨洛尼卡的圣女艾琳的名字而取,她在 304 年卒于此。圣托里尼的首府费拉(Firá)高高地居于岛屿边缘的峭壁上,城里的房屋涂成了白色(为防震,许多房屋建成方形),就像朵朵盛开的水仙。

费拉以东,地势平坦开阔,这里土地肥沃。东南部有几座光秃秃的山。古锡拉城(Ancient Thíra)就盘踞在其中一座山上。基于安全原因,交通工具尚难到达该城。南部的阿克罗蒂里(Akrotíri)建于公元前 9 世纪,属于弥诺斯古城,该城像庞贝城一样被火山灰覆盖而得以保存,至今仍在发掘当中。这里出土的那些漂亮的壁画、陶罐只能在雅典的历史博物馆见到。当地人对此大为恼火。

克诺索斯——欧洲文明的发祥地

克里特岛 (Kriti) ㉒是希腊最大的岛屿,既是观光游览胜地,又能让游客领略海滩的美妙感受,比其他风景点更胜一筹。位于**克诺索斯**(Knossós)的弥诺亚遗址(每天开放,收费)将游客带回到 3500 年以前的年代。另外希腊式的、罗马式的和威尼斯式的遗址以及 20 个博物馆也各有特色。岛上还有许多拜占庭式的教堂,其中相当一部分都绘有举世罕见的壁画,极其珍贵。如果教堂外有铁将军把守,那么到最近的咖啡馆打听打听,这样即使还是寻不到钥匙的下落,邂逅当地人也是一种乐趣。

下图　圣托瑞民

多德卡尼斯群岛

　　往爱琴海东南方更远一些的岛屿叫多德卡尼斯群岛，从名字的希腊语意思看是 12 座岛屿，实际上是 14 座。其中最大、最著名的一座是**罗得岛**（Rodhos）㉓。自然气候宜人，碑刻古迹非常丰富。古罗得岛原先由三个城邦组成，即卡梅罗斯、伊利索斯和林都斯。随着雅典人的入侵，三个城邦决定联合，他们在该岛东北端，距小亚细亚仅 13 公里处兴建了罗得镇。城堡于公元前 408 年竣工，布局属较为时尚的网格结构。

科斯岛

　　佐泽卡尼索斯群岛中，**科斯岛**（Kós）㉔人口居第二位，岛屿面积居第三位（仅次于罗得岛和卡帕索斯岛）。该岛与罗得岛有许多相似之处：不相上下的历史；港口的骑士城堡；由棕榈树和教堂塔尖构成的风景线；被旅游业取代了的农业经济。然而科斯岛却比罗得岛小，也平坦得多。唯一的一座山——蒂科奥斯（Dhíkeos）耸立于东南岸。岛的周围是无数优良的海滩，交通便利，乘摩托车或脚踏车都可方便到达。镇中心整个成了考古公园，有古罗马的**集市**（Roman agora）（东部）、18 世纪的**洛吉亚清真寺**（Loggia Mosque）、希波克拉底的千年梧桐树（Plane Tree of Hippocrates）（树龄远不可能与希波克拉底这位医药之父同代）。西部发掘出土的有马赛克图案、室内跑道的廊柱；稍往南是卡萨·罗马那（Casa Romana）——一座已修复的罗马**别墅**（周二～周日开放，收费），藏有更多的马赛克和宗教经书。　　❏

地图314
～315 页

左图　克里特岛上的克诺索斯遗址

下图　晾晒中的八爪鱼

花之岛

每年春天和初夏，希腊诸岛成了花的海洋，漫山遍野、姹紫嫣红

　　春天的希腊是植物学家的天堂，园林专家也不会失望。希腊大陆和诸岛屿共有野生植物 6000 余种。3～5 月，游客可看到万紫千红的场面，闻到扑鼻的清香。

　　山崖就像是巨大的野生植物园。与北欧精心养育的花园相比，希腊成片未经护理的荒郊野外要更胜一筹。冬雨和早春的晴朗、温和、无霜的天气使得花季盛开在夏天前几周短短时间内，因为夏天过于炎热和干旱了。5 月下旬和 6 月，花已凋谢，可种子却已成熟，昭示着下一个美丽的春天，树叶由绿转黄，正好与沙滩上的游客相映成趣。

沉闷的夏天

　　除高寒山区外，大部分植物在沉闷的夏天都进入半沉睡期。第一场秋雨的时间既可能在 9 月上旬，也可能是 11 月下旬。这场秋雨会使少数几种植物蠢蠢欲动，同时促使其他种子发芽。野生植物在冬天生长，并为来年春天漫山遍野的姹紫嫣红积蓄力量。

　　希腊植物品种繁多，首先是因为希腊岛屿处于亚洲、欧洲、非洲三大陆之间，地理位置独特；第二个原因是希腊温带地区存活下来的前冰川时期植物；还有一个原因就是希腊的生态环境变化多样。希腊大部分地区的土地是石灰石，这有利于植物的成长，可提供植物所需的矿物质、水分和必要的保护。

▷ **山是活的**

　　岛屿的阳光、色彩和数量意味着春天的到来，4 月中旬克利特岛山区就是这样。

△ **茂盛的芦苇**

　　这不是竹子，可用途与竹子差不多。特别高大的芦苇制作笛子。

▽ **色彩之杯**

　　希腊的毛茛比较特别，花的大小与罂粟差不多，颜色有白色、粉红、橘黄、红色，偶尔也有黄花。

▽ **血红的纪念**

　　Anemone coronaria 的盛开标志着春天的来临。在神话故事中，它是被死去的阿多尼斯神的鲜血染成如此触目惊心的红色。

▽ **夹竹桃**

　　由于夹竹桃的花期较长，因此这种花在希腊各种花园里很常见，同时也种在路边，作为行道灌木丛。

甲虫、蜜蜂和蝴蝶

植物花草的繁盛使昆虫的数量也大大增加。从春天到秋天，蝴蝶随处可见，上图中这只可爱的凤蝶就是其中一种。小蝴蝶靠茴香叶生存，成年的蝴蝶不仅个头大、颜色白一些，而且数量更多。

蝴蝶、蜜蜂和白天活动的飞蛾都是为了甘露而停留在花上，而甲虫则是为了花粉。有些昆虫甚至因花冠累积阳光的热量而利用此地作为交配的场所。

草食昆虫以植物叶子为食，同时它们也是更高级昆虫的食物。希腊的一些蚱蜢甚至会吞吃幼虫，有时连成年同类也不放过。

◁**如火的茴香**

传说中，火由普罗米修斯带到人间，他潜伏的地方是一棵巨大的茴香根茎。

▽**天然食品**

野生蓟的刺比较多，不适合食用。但希腊人在花园里培育的无刺蓟的味道很好，种类繁多，它们的市场价格也随之上涨。

«Las Señoritas de Avignon».

西 班 牙

轻松休闲的气氛、充足的阳光，以及中世纪风情的城镇，所有这些都为西班牙增添了魅力

西班牙大陆涵盖了 4/5 的伊比利亚半岛（Iberian Peninsula），该半岛位于欧洲西南角，斜卧在比利牛斯山脉（Pyrenees）的向阳一侧。半岛的另外 1/5 属葡萄牙所有，在顶点还有一小块叫直布罗陀（Gibraltar），目前有争议性地归英国所有。西班牙分为 50 个省，其中一省巴利阿里群岛（Balearic Islands）位于地中海，在大西洋的加纳利群岛（Canary Islands）则涵盖两个省。西班牙面积为50.5万平方公里，系欧洲仅次于法国的第二大国。

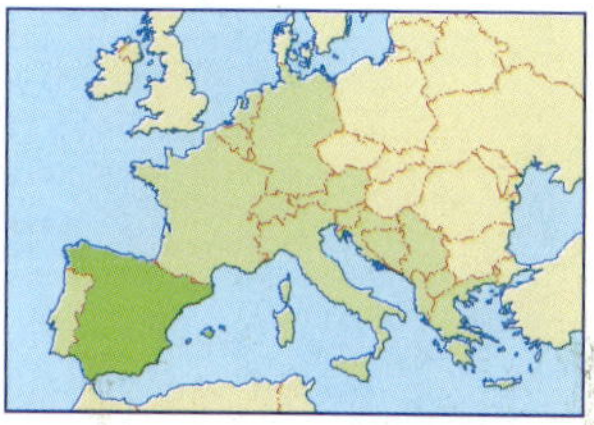

西班牙是个多民族国家，有勤奋的巴塞罗那（Barcelonans）人（他们的历史与居住在法国边境那边的居民有着千丝万缕的联系），有喜欢热闹的塞维利亚（Seville）人，以及在穆尔人（Moors）统治 500 年期间深受其影响的南部人。西班牙很多地区享有半自主权，故各民族可以保持其民族特色，而在加利西亚（Galicia）、加泰罗尼亚（Catalonia）和巴斯克（Basque），当地人完全使用自己的语言。

从北部潮湿的大西洋沿岸（经常被比做苏格兰），到内华达山脉（Sierra Nevada）的滑雪坡，以及无与伦比的海岸沙滩，说明西班牙是个充满对比的国家，她是除瑞士以外欧洲最大的多山之国，美丽开阔的自然风光令人叹为观止。西班牙还是个充满幻想的国家，在晴朗明亮的日子里，远在地平线上的风车仿佛近得触手可及，几乎每段实际行程都比地图上的标示更远些。这里有成千上万座充满浪漫色彩的城堡和许多宏伟华美的城市，而市中的旧城区仿佛是中世纪的古城再现。

西班牙中部高原占全国面积 40%，其中心坐落着首都马德里。这个经过精心规划的首都，离沿海的度假胜地尚有一段路程。相反，其对手第二大城市巴塞罗那，则成为地中海沿岸的第一大都市。这两个激动人心的城市都将在随后的章节中为您介绍。 ❑

north celt & southern natives & African origins carthagic
Roman
visigoth 4~8
moorish 8~12
Reconquer

前数页图　拉芒乍的风车；在潘普洛纳的斗牛场上年轻男子纷纷下场一博，以展现其勇气

左图　毕加索的一幅早期壁画

Spain

0 ____ 60 km

0 ____ 60 miles

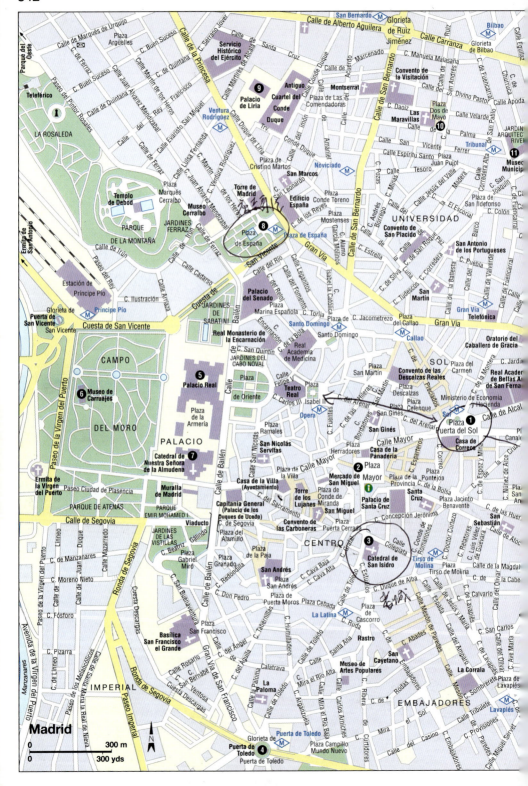

Madrid

0   300 m

0   300 yds

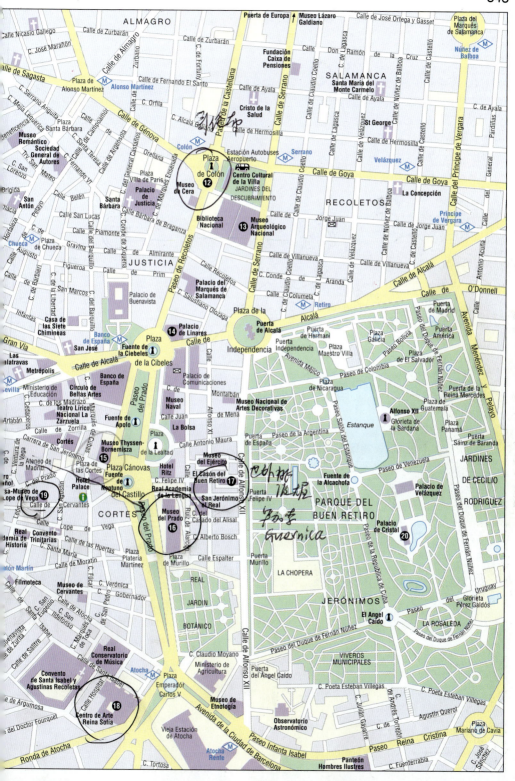

马 德 里

*欧洲最高贵的首都，拥有辉煌的历史遗迹，唤起人们对它过去
帝王生活的想像，夜生活十分浪漫*

地图 342
~343 页

马德里 (Madrid) 是西班牙本土的地理中心，深居内陆，远离海洋，海拔 655
米，系欧洲最高的首都。人口 320 万（加上偏僻地区人口，则超过 450
万）。由于地处中央高原，四周群山环绕，不仅得不到海洋气候的滋润，而且文化
与社会生活也有所孤立。大部分西班牙居民为卡斯蒂利亚人，与其他西班牙人
一样都自认为和其他同胞不同（常自以为高人一等），坚信自己才是正统的纯血
西班牙人，他们强调使用的卡斯蒂利亚语才是最纯粹、最精美的西班牙语。中央
高原有很多深受游客喜爱的旅游点。10 世纪时，这座西班牙未来的首都还只是
一个名叫马耶瑞特 (Majerit) 的穆尔式城堡，一个世纪之后，卡斯蒂利亚国王阿
尔封索六世攻占了这座城市。1561 年西班牙帝国黄金时代期间，菲利普二世从
托莱多迁至此地，并宣布马德里为其新首都，除了菲利普三世于 1601～1607 年
曾短暂地迁居巴利阿多里德 (Valladolid) 以外，多年以来马德里就一直是西班牙
的首都。

左图　马德里皇家宫
殿
右图　塞万提斯纪念
馆

　　1808 年法国入侵，并强立拿破仑之兄约瑟夫·波拿巴为西班牙国王，城市
因此发生起义。戈雅 (Goya) 的两幅著名油画《1805 年 5 月 2 日》和《1805 年 5 月
3 日》陈列在马德里普拉多美术馆 (Museo del Prado)，
这两幅作品清楚地描绘了那场死亡 1000 多人的街头
巷战。作为那次战事后果的半岛战争，即西班牙独立
战争，由于英国人的帮助，1814 年终于将法国势力逐
出西班牙。

　　一个世纪之后，马德里和巴塞罗那成为共和政府抵
抗佛朗哥 (Franco) 将军军事政变的先锋。1936 年 9 月，在
民族主义阵线对共和政府的暴乱持续了 3 个月后，开始
围攻马德里。共和国的中央邮局遭到民族主义分子 155
次炮火轰击。这座城市最后不敌弗朗哥叛军压倒优势的
军事进攻，而于 1939 年 3 月 28 日陷落。

帝国的余音

　　大多数马德里观光胜地都与昔日皇家寓所及帝国
中心地区有着深切的历史关联。皇宫（也称东方宫殿）
与普拉多大道 (Paseo del Prado) 之间是城内最古老的
地区，工这里有主广场，太阳门 (plaza puerta del Sol) ❶
和古阿拉伯区摩瑞利亚 (Moreria)。总的说来，这里仍
停留在 17 世纪初的情景，街道狭窄，布局杂乱无章。

　　主广场 (Plaza Mayor) ❷四周在早期被 14 世纪的
城镇房舍所环绕，经常举行竞赛、斗牛、政治集会、焚书

等活动,偶尔也执行绞刑或宗教裁判的火刑。随着岁月的流逝,活动已变得更为温和,例如周日早上的钱币和邮票展览,夏季的戏剧演出,以及杂货集市或祭奠庆祝活动等。

指 南

　　主广场是马德里购买各种帽子的好地方。无论你喜欢高贵的还是普通的。在街边的老式商店里都能买到。

传统服装和旧货市场

　　辉煌的 17 世纪的**圣伊西多大教堂**(San Isidro)❸位于马德里的主要大街托莱多大街上。幽暗的教堂里,保存有马德里农民守护神的遗骨。人们说,马德里又变回以往的马杰里特(Magerit)——**旧货市场**(Rastro),一个大型的露天集市,范围遍及四面八方好几个街区。衣服、家具和动物都能在这里讨价还价,在这里还能找到一些专用的商品如万能钥匙、老式酿酒蒸馏器以及法西斯党的大事记(在此处要提防扒手)。

　　在这里,马德里的喉音城市腔很浓,它也是芭洛玛贞女的八月节(August fiesta de la Virgen de La Paloma) 的聚会中心,届时包着头巾、穿着荷叶边裙的女士,在传统的朝蒂斯(Chotis)舞曲和摇滚乐的伴奏下,与身着马甲的男伴在大街上翩翩起舞。就在**托莱多门**(Puerta de Toledo)❹的南面,旧鱼市场改建成三层楼商场,内有小商品、高档商品、时装、工艺品、古玩及食品店。

　　皇宫(Palacio Real)❺(除周日下午外,每天开放,收费)位于**皇家剧院**(Teatro Real)的对面,它是马德里吸引游客的第二大景观。1734 年的圣诞前夜,哈布斯堡阿卡沙被焚毁,迫使腓力四世建造了一座更适合波旁王朝的宫殿,而

下图　旧货市场

拿破仑也承认他兄弟约瑟夫的住所比他在巴黎的土伊勒(Tuilleries)皇宫更为气派。宫内有药房,玻璃箱中装满了过去几世纪以来的外来药物;皇家军械库装有科蒂斯(Cortés)和天主教君主费尔南多的宝剑以及各种盔甲;皇族的居室非常气派,当你漫步于餐厅、皇帝的觐见场所时,你不得不为它豪华的装饰而折服。皇宫西侧的 Moro 花园后面有一座**四轮马车博物馆**(Museo de Carruajes)❻,南面是人们排着长队等待进入的**阿穆纳圣妇大教堂**(Catedral de Nuestra Señora de la Almudena)❼,1995 年保罗二世在它建成 110 年以后为它祝圣。

　　马德里西区的中心是**西班牙广场**(Plaza de España)❽,广场上体积比真人还大的唐·吉河德和桑丘·巴桑的铜像,向着日落的方向并辔而行。广场位于大道的末端,而在广场的北面是**百合宫**(Palacio de Liria)❾(预订参观的联系地址是:Don Miguel, Calle de la Princessa 20, 28008 Madrid),百合宫是 18 世纪阿尔瓦公爵(Duchess of Alba)华丽的宅邸,是由专门从事马德里宫殿建筑的罗德里格斯负责设计,宫内藏有珍贵的家具、迷你小画像和欧洲的绘画。

　　五月广场(Plaza Dos de Mayo)❿曾是 1808 年西班

牙人与拿破仑军队激战的地点。

在佛恩加拉街(Calle Fuencarral)附近的**市立博物馆**(Municipal Museum)(周二～周日开放,其中8月的周六和周日下午休息,收费)坐落于一幢原为贫民院的建筑物内,外观采用新巴洛克式的装饰。其中引人注目的是戈雅的作品"马德里城的寓言"(Allegory of the City of Madrid),一座精美的1830年马德里的模型及1850年拍摄的一些照片。

隔几个街区向东是**科隆广场**(Plaza de Colón)❶,也称作哥伦布广场(Columbus Square),旁边是迪斯古布里曼托花园(Jardines del Desculbrimiento)。1885年,在广场上一座新哥德式的雕像台上竖立起发现者哥伦布的雕像。广场另一面是四座巨型混凝土雕塑,看上去有点像大型臼齿,它们也是为了纪念哥伦布而建,上面的碑文描述了美洲的发现。在广场西端,一道吸引人的、喧闹的瀑布护卫着城市的**文化中心**,该中心包括剧院、音乐厅和展销厅。**国立考古博物馆**(Museo Arqueoló gico Nacional)❸有展示史前西班牙的丰富收藏,以及伊比利亚的财富,如神秘的、泰然的"埃尔切女士"、罗马雕像、马赛克和一顶缀满珠宝的西哥特人皇冠。在花园里一个经改建的洞穴里存有阿尔塔米拉(Altanira)洞窟壁画的复制品。

阿卡拉街与普拉多大道在宽阔的希比雷斯广场(Plazade Cibeles)处相交叉,莱纳宫(Palacio de Linares)❹(周二、周四、周五9:30～11:30,周六、周日11:30～13:00开放,收费)就在这个地区,它是研究拉美文化的中心。有一些英

五月广场里的拱门是为纪念在1808年法国入侵中死去的人们而建的。

下图　两位女士在马德里吉涌咖啡馆外相互亲颊问安

西班牙腓力四世的宫廷画师维拉斯奎兹所绘的"青年女子"中的玛格丽特公主。

文版的旅游指南介绍了 19 世纪 70 年代其内部的奇异装饰，墙上因缀满了金箔、丝状物和大理石而嘎吱作响。

艺术宝藏

蒂森——波内密河美术馆（Museo Thyssen-Bornemisza）⑮（周二～周日 10：00～19：00 开放，收费）的艺术收藏品是上世纪 90 年代来到西班牙的，经过了与其他国家之间的激烈竞争，现在它们将永久地留在这儿了。花费了大约 3.72 亿美元，购回的画作包括 17 世纪荷兰大师、19 世纪北美画家和 20 世纪俄罗斯画家及德国画家的作品。别墅宫（Palacio Villahermosa）和它在一起。

普拉多美术馆（Museo del Prado）⑯是当地的一流美术馆（周二～周日 9：00～19：00，周日 9：00～14：00 开放，收费）；馆内收藏了 6000 幅画作，几乎包括了全部前西班牙皇室的收藏品。在楼上，首先映入眼帘的是 17、18 世纪艺术大师的杰作。西班牙黄金时期最伟大的艺术家维拉斯奎兹（Diego Velá Zquez，1599～1660 年）创作出许多杰出的皇室肖像，著名的有"青年女子"（Las Meninas，1656 年），描绘的是在宫中的玛格丽特公主（Infanta Margarita）。在这一层还有葛雷柯（El Greco，1541～1614 年）和戈雅（Francisco de Goya，1746～1828 年）的作品。他们以逼真、生动地描绘卡洛斯四世及其家庭成员的肖像而闻名。进入普拉多美术馆，可同时参观与之相连的世外桃源大屋（Casón del Buen Retiro）⑰，它收藏了 19 世纪的精品。

下图　在普拉多美术馆中

世外桃源大屋多年来一直珍藏着毕加索的油画"库尔尼卡"(Guernica)。在画中，毕加索用讽喻的方式描绘了西班牙内战中遭受轰炸的巴斯克镇。但 1992 年，经过激烈的争论，该画作为现代艺术品被运往马德里新的展馆，即**索菲亚女王艺术中心**(Centro De Arte Rcina Sofía)**⑱**(周三～周六 10：00～21：00，周日 10：00～14：30 开放，收费)。该中心位于普拉多南端的圣伊莎贝拉大街上，自 1986 年开放以来，对中心的争论就一直没有停止。

在早上，文学的朝圣者们可从普拉多大道，沿着塞万提斯大街(Calle Ceruantes)走到**洛贝·德维加之屋**(Casa de Lope de Vega)**⑲**。在这里，伟大的剧作家创作了他们最重要的作品。

公园和其他休闲地

世外桃源公园(El Parque del Buen Retiro)的建立，起初的设想是 17 世纪西班牙贵族为了摆脱马德里令人不快的街景的休闲的场所。在锻造的铁门内举行游园盛会，在腓力四世时期达到巅峰。喷泉、雕像和精致的**水晶宫**(Palacio de Cristal)**⑳**(周二～周日开放，收费)，为桃源增添了一丝皇家园林的气氛。慢跑和玩滑板的人如今已成为景色的一部分，但对大多数马德里人来说，去公园是一件盛装出行的大事，从身着深色西装的老绅士到穿着白鞋在泥土中玩耍的小女孩，都是一样。附近的皇家植物园是 1774 年卡洛斯三世所建。❑

地图 342
~343 页

 指 南

埃尔埃斯科亚尔宫中最引人入胜的要数它的图书馆，藏有 5 万多册图书和手稿，据说它的收藏数量仅次于梵蒂冈图书馆。

下图　埃尔埃斯科亚尔宫的严谨外观

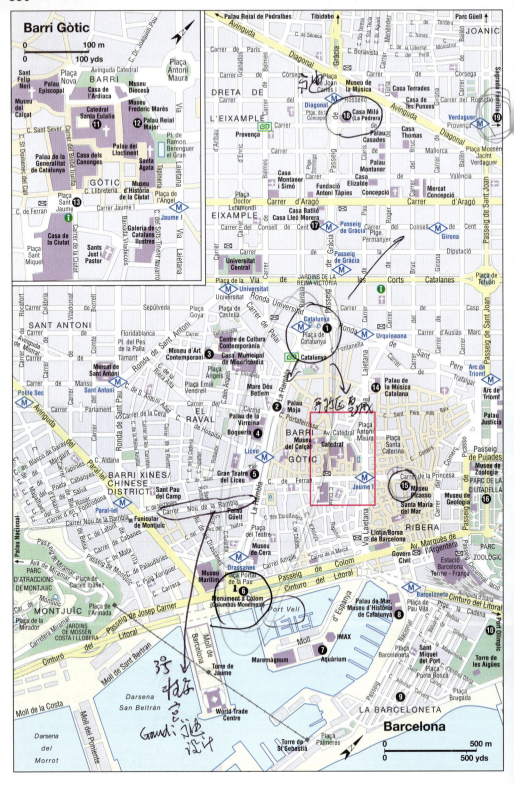

Barri Gòtic

Barcelona

巴塞罗那

加泰罗尼亚省几乎有一半的人居住在巴塞罗那。它是西班牙第二大城市,也是欧洲最活跃最具感染力的地方

地图
350 页

巴塞罗那的中心是**卡塔鲁尼亚广场** (Placa de Catalunya) ❶,它是一座位于中世纪围墙之外的空旷场,于 19 世纪 50 年代扩建。广场上有 7 条马路从中穿过,有一个车站和一个游客服务中心。广场是政治集会的中心,尤其是每年 9 月 11 日的国庆节期间。广场上最新的人物塑像是为纪念 1931 年任加泰罗共和国总统的 Francesc Maciá 而建的。

巴塞罗那
● 巴德里

大道区

巴塞罗那著名的**大道区** (La Rambla) ❷是一处生气蓬勃的数英里长的人行大道。起初大道区是一个河床,由卡塔隆亚广场(Placa Catalunya)直下通往港口处的哥伦布纪念碑,如今延伸至木制通道对面的购物休闲区(包括水族馆和 I-MAX 剧院),这里被略带讽刺地称为旧港 Port Vell。

穿过大道区尽头的街道,即城市地铁穿上地表的地段上,有家苏黎世咖啡馆,这里是在阳光下喝咖啡、看报纸、与朋友相聚的近便场所。大道区的下一段,工作室大道 (Rambla dels Estudis),左边是摩哈宫 (Palau Moja),一座 18 世纪的宫殿,现被自治政府用作书店。在伊丽莎白路 (Carrer Elisabets)离开大道区,你便来到白色板墙的**当代艺术博物馆** (Museu d'Art Contemporani) ❸(每日开放,收费),收藏有大量描象艺术品、雕刻及装置艺术作品。

群花大道 (Rambla de las Flors) 或圣约瑟大道 (Rambla de Sant Josep) 是下一个主要散步区,区内列有花坛,并毗邻着摄政女王府 (Palau de la Vir-reina)和场面壮观的**水口**(Boqueria)❹市场。18 世纪的摄政女王府是以秘鲁摄政总督遗孀命名的,这座光彩照人的路易十四式建筑,富含各种雕刻饰物。如今它成为城市的信息中心。水口市场是巴塞罗那最大的露天市场,覆以高顶篷和钢质骨架,市场里,亮光下排列整齐的水果蔬菜,散发盐碘味的海鲜,市场嘈杂的气氛,以及大理石吧台使得这座市场成为本城最令人兴奋的观光场所之一。

中央大道 (Rambla del Centre 或 Rambla dels Ca-putxins) 始于一小型广场,小广场上有胡安·米罗制作的马赛克人行道。广场对面是**利休大剧院** (Gran Teatre del Liceu) ❺ (1862),巴塞罗那著名的剧院,1992 年遭到火灾破坏,1999 年重新开放。从剧院过街是剧院咖啡馆 (Café de I'Opera),一个大家非常熟悉

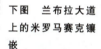

下图 兰布拉大道上的米罗马赛克镶嵌

哥特区圣欧拉利亚大教堂(Santa Eulàlia Cathedral)外观。

的聚会地点。大道区外诺乌踏(Carrer Nou)三号是**桂尔宫**(Palau Güell)(周一～周六开放，收费)，1890年安东尼·高迪设计。这座宫殿拥有巨大的阳台，是高迪为他的资助人桂尔伯爵建造的最佳作品之一。高迪还负责它的内部装饰，木质和金属质的装饰格外引人注目。拥有绿林如荫的棕榈树和整齐划一的柱廊式外墙的**皇家广场**(Placa Reial)是巴塞罗那最引人入胜的景点之一。广场周围的啤酒厅和咖啡馆穿插于柱廊的空隙间，是享用酒、辣椒马铃薯和鱿鱼的舒适场所。

大道区尽头悬挂着本城最著名里程碑之一——**哥伦布纪念碑**(Monument a Colom) ❻，它是由盖塔(Gaietà Buigas)为1888年世界展览会(Universal Exhibition)设计的。电梯将游客带到60米高的塔顶。这以前是到达该城的登陆点，如今是小旅游艇和燕子光顾的港口。大道区尽头右边(南边)是海上博物馆(Museu Marítim/Drassanes)(周二～周日开放，收费)，博物馆位于巨型的哥特式船厂内，这里曾一次生产过30艘战舰。馆内展品包括小型模型、与真船大小相仿的复制品、海洋图、文件、加仑数字和航海仪器。

在旧港(Port Vell)附近漫步，可观赏快艇俱乐部的船只。在这些休闲区内的景点中，有可唤起人想像力的**水族馆**(Aqüàrium) ❼(每天开放，收费)，馆内海生物来自本地及外地水域。在临近的码头边上是海上宫(Palau de Mar)，宫内楼下是很多餐馆，楼上是**加泰罗尼亚历史博物馆**(Museu d'Història de Catalunya) ❽(周二～周六以及周日和节假日上午开放，收费)。这所地区艺术博物馆开放于1996年，向你展示了加泰罗尼亚从史前至1980年的历史发展，其中许多可用于触摸的展品深受儿童欢迎。虽然资料图片主要是用加泰罗尼亚语提供的，但不妨碍你在中世纪马术比赛方面一试身手，或体会到西班牙内战空袭的恐怖。

能够在早上漫步哥特区后，前往丰富多彩的**小巴塞罗那**(Barceloneta) ❾海滩是个完美的安排。这里的窄巷如同南欧的渔村，有着油漆得光亮的阳台和房舍、挂满街道两侧晾晒的衣物及从风味餐厅传来的海鲜香味。新的**奥林匹克港**(Port Olímpic) ❿排列着餐馆、音乐酒吧和咖啡馆，每晚尤其夏季这里都挤满了人。

哥特区和皇城

巴塞罗那的老城区，也叫做哥特区(Barri Gòtic)，这里的建筑物好像在展出石头艺术，在小商店、咖啡馆、酒店、美食餐厅的墙壁上有各式新奇的石头。

要想很好地了解该城的考古和历史，应从新广场(Placa Nova)的大教堂(Catedral) ⓫开始旅程，接着穿过大教堂前的台阶，继续下去沿达宾内里亚路(Carrer Tapineria)，直达伟大的拉蒙贝伦格广场(Placa de Ramon Berenguer el Gran)，它位于罗马古墙的东边尽头。再走一段达宾内里亚路，穿过天使广场(Placa de l'Angel)，沿穆尔拉斯罗马路(Carrer Murallas Romanes)可看

下图 港及加泰罗尼亚历史博物馆

到罗马古墙的原始城般。穿过古墙来到圣公义广场（Placa Sant Just），然后回转走上书店路（Carrer Llibreteria）、贝格路（Carrer Veguer），直达国王广场（Placa del Rei）和加泰罗尼亚独立王国君主的皇家建筑。

主王宫（Palau Reial Major）⑫（周二～周日开放，收费）和圣阿加达教堂（Capella de Santa Agata）位于圣马丁塔楼（tower of St Martí）下面，穿过教堂登上塔楼，可看到古城的美丽景色。圣阿加达是加泰罗尼亚纯哥特式建筑的代表，它是皇宫的礼拜堂。王宫是当年巴塞罗那伯爵的宅邸，伯爵又于1137年成为阿拉贡国王。**市立历史博物馆**（Museu d' Història de la Ciutat）（周二～周六开放，周日下午开放，收费）是王室生活区的一部分，它建于原有罗马地基的基础之上，从其底座仍可看到原有的地基。此处王室生活区还包括引人注目的帝内尔厅，即早期王宫的哥特式大厅和与之毗邻的尤克帝能宫（Palau del Lloctinent），普遍认为这里是哥特区最有生气的地方。

巴塞罗那大教堂被称为教区（La Seu，意为主教所在地），始建于1298年，经历两个多世纪才完工，但其主外墙直至19世纪末才完成。两个八角钟楼或许是大教堂最有纪念意义的特征，而其内部修道院中的玉兰花、棕榈树、橘子树和天鹅是本城最美的风景之一。

沿毕士卑路下行，向右转进**圣豪美广场**（Placa Sant Jaume）⑬，就可看到亚自治政府（Palau de la Generalitat de Catalunya）它是加泰罗尼亚地区自19世纪以来的自治政府所在地。任何对加泰罗尼亚自认为是一个独立国家的怀疑，在看到

地图
350 页

在西班牙，估计有600万人讲加泰罗尼亚语。尽管西班牙的学校将加泰罗尼亚语作为第一语言，但是在许多移民地区西班牙语仍然被广泛使用。

这幢装饰精致的自治政府大厦后立即一扫而空。兴建于 15～17 世纪的这座建筑中,最有趣的是带有外部楼梯的哥特式庭园、圣荷迪教堂(Sant Jordi Chapel)、橘树园(Patí dels Tarongers)以及拥有描绘加泰罗尼亚山脉、河谷、平原和海滩壁画的金辉厅(Saló Daurat)。

圣豪美广场本身原为古罗马广场的一部分,是一件惊人的艺术杰作。从自治政府出来,圣豪美广场正对面的新古典式正墙,是市政厅(Casa de la Ciutat)(需事先预约,事先写信征求同意)。厅内,一座黑色大理石阶梯直通向百人厅(Saló de Cent),它是欧洲第一个共和国议会议事的场所。

里贝拉区和毕加索博物馆

沿哥尔德斯路(Carrer Corders)到达羊毛广场(Placa de la Llana),又一座典型的中世纪遗址。由此继续沿窄巷进入宏伟的**音乐宫**(Palau de la Música Catalana) ⓮ 这座外形颜色杂乱的建筑是现代建筑大师多明尼克·孟塔奈(Domènechi Montaner)1908 年建造的,是本城首要的音乐厅。

离开海上圣母玛丽亚教堂东端,立即左转,直通蒙特卡达路(Carrer Montcada)。它是 14 世纪巴塞罗那最贵族化的一条街,如今也是最美的一条街。这条街上几乎所有的 14 世纪府邸都保持完好。其中鹰宫(Palau d'Aguilar)已成为今日的**毕加索博物馆**(Museu Picasso) ⓯ (每天开放,收费)。实际上这座博物馆的建筑与其内部的展品一样有趣。馆内提供了对这位艺术家早期天才发展历程的详细介绍。展品包括从毕加索作为艺术系学生的解剖学习作到临摹戈雅(Goya)、维拉斯奎兹(Velázquez)、葛雷柯(El Greco)大师们风格的早期画作,而这些大师作品赋予了毕加索独特活力。

海上圣母玛丽亚教堂(Santa María del Mar)是这座城市最精美的教堂建于 1329 年～1384 年之间,是当时巴塞罗那商业社区中心,代表了加泰罗尼亚称霸地中海的光荣时代。

腓力五世于 1714 年建此城堡,用来镇压围攻期间内的长期抵抗。为建此城堡,拆除了位于河岸区(Barri de la Ribera)的 1162 间房屋,因此这座城堡变成中央集权分子憎恨的焦点,最终于 1888 年被拆除。如今这座**城堡公园**(Parc de la Ciutadella) ⓰ 成为动物园、动物博物馆(Museu de Zoologia)、地质学博物馆(Museu de Geologia)、植物园、儿童图书馆和**现代艺术馆**(Museu d'Art Modern)(周二～周六开放,周日上午开放,收费)艺术馆藏有加泰罗尼亚籍画家卡萨斯、米罗、诺内尔和塞尔特的杰作。

现代化的城市

几乎很少有建筑师能与高迪对巴塞罗那的贡献相媲美。出生于 1852 年巴塞罗那附近的雷乌斯(Reus)的安

1926 年,西班牙最伟大的建筑师之一安东尼·高迪被有轨电车撞倒。人们把他当作游民送进了当地医院的"贫民病房"。

下图 巴塞罗那圣家殿

东尼·高迪·柯内特创造的革命性模式正好与新艺术（Art Nouveau）或现代（Modernisme）艺术运动不谋而合。**格拉西亚通街**（Passeig de Gràcia）上，由多明尼克·孟塔奈于 1905 年建造的**莱欧莫里拉宫**（Casa Lleó Morera）**⑰**位于 35 号，它可能是最纯粹的现代艺术建筑你可以在领到参观城市主要现代艺术建筑的票。

位于 41 号的**阿麦·勒宫**（Casa Ametller），是普伊格（Puig i Cadafalch）于 1900 年建造的；它的邻居，巴特娄宫（位于 43 号）是有名的"不协调区"的一部分，因与本城 19 世纪建筑大师设计的与其相邻的 3 栋建筑风格形成强烈对比而得名。

沿着格拉西亚（Gràcia）街继续走，在路的右边，就是高迪著名的工程作品**米拉宫**（Casa Milà）**⑱**，也叫石头宫，外形如水平的波浪，铁铸阳台像枝叶，天台上则有很多趣怪的烟囱。

高迪完成了米拉宫后，就把自己投入到他的最著名的工程杰作**圣家堂神殿**（Sagrada Família）**⑲**的建设之中。如今，美丽的风光中最耀眼的还是那幢建了一百多年还是脚手架林立的圣家堂大教堂，教堂外墙上有无数精彩的雕塑，有美丽的花儿、饱满的果实，有生命之树，有基督和他的弟子们，那就是高迪心目中的天堂。真不知道为什么当地人还要续建这座教堂？宏伟的诞生门、受难门、荣耀门都已经建好了，生命的所有隐喻已经可以让智慧的人明白。当高迪 1926 年死去时，圣家堂就已经完工了。它的残缺就像断臂的维纳斯、没有头的胜利女神，永远都是一个建筑史、宗教史上的丰碑。

桂尔公园（Park Güell）是巴塞罗那的尤塞比·桂尔出资举办的一项城建项目：一套由花园和格拉西亚上方的上城居住区构成的组合区。

贝德拉贝斯

从光荣的迪亚龙纳穿过本城进入上城区，不远处便是贝德拉贝斯（Pedralbes）的时髦住宅区。位于通街北面的**贝德拉贝斯王宫**（Palau Reial de Pedralbes）是本城议会于 1925 年为阿方索十三世兴建的，现其中的一部分已成为精致的**陶瓷博物馆**（Museu Ceràmica）（周二～周日开放，收费）。其主要焦点放在当代艺术品和米罗、毕加索创作的陶瓷艺品上。宫殿右边，由高迪设计的龙形锻铁制的大门暗示出这曾是桂尔农场地产的一部分。穿过大门到达美丽如初的**贝德拉贝斯修道院**（Reial Monestir de Pedralbes）（周二～周日开放，收费）。在这座可爱的三层修道院中装饰有来自**巴朗提森—波内密沙**（Baron Thyssen-Bornemisza）珍藏的早期杰作。钟楼、修道院及圣米盖教堂（Sant Miquel Chapel）是加泰罗尼亚哥特式建筑的完美典范。❑

 指南

从巴塞罗那前往蒙瑟拉特（Montserrat）的距离为 45 分钟车程，可以安排一日游。人们来到这里的修道院朝拜黑色圣母，这位加泰尼亚的守护神。

下图　Tibidabo 游乐园的娱乐项目

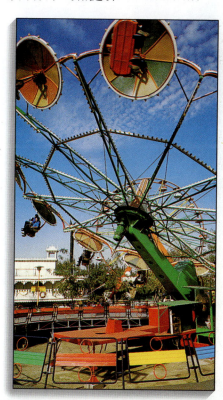

周游西班牙

大多数游客的目标是西班牙的海滩，但西班牙的许多城市
中却有大量古罗马时期的遗迹，如塞戈维亚和马德里；南方
的摩尔人却具有东方国家的传奇色彩

这 个国家的最西北地区，众多的河流山川纵横交错，是个具有难忘美景、海
岸线轮廓分明的地区。西班牙的第一旅游目的地圣地亚哥 (Santiago de
Compostela)❶，有一半的土地海拔在 400～600 米之间，不到 1/5 的地区海拔在
400 米以下，四周的高山环抱着内陆地区，并将这一地区与西班牙的阿斯图里
亚斯、莱昂及萨莫拉等其东邻的省份以及南面的葡萄牙截然分开。

马德里

春、夏季，这里像一块色彩鲜明的调色盘——深绿、黄、橘黄各色花朵竞
相开放，加上气候变得更暖，吸引成千上万的游客涌向海滩。在长达 380 公里，
惊涛拍岸、犬牙交错的海岸地区，有古雅的渔村、繁华的休闲度假胜地以及维哥
(Vigo)和科鲁尼亚(A Coruña)的主要港口。北方和西南部的河口(rías)分别称为
上河口(Rías Altas)和下河口(Rías Baixas)。

左图　为弗拉门科
传统舞蹈喝彩
下图　欧罗巴山脉

阿斯图里亚斯与坎塔布连

坎塔布连与阿斯图里亚斯 (Asturias) 这两个自治区，位于巴斯克地区与加利西亚
之间，濒临比斯开湾或坎塔布连海(Mar Cantábrico)。

在这里的任何渔村，你都会品尝到美味的鱼汤
(calderea)、苹果汁浸鳕鱼或是当地捕捉的贝壳如海
胆等。苹果汁，阿斯图里亚斯传统的饮料，从瓶口远远
倒入杯中，会有许多气泡。游人倒时会洒出一些，但无
关紧要。

除非你能全面参观阿斯图里亚斯，否则你应先
到它的首府奥维耶多 (Oviedo，人口约 20 万)❷。它
位于草原上，四周环绕着玉米田、苹果园及一些小型
繁华的都市。

自 18 世纪以来，当法国人掠夺海岸地区时，桑坦
德 (San tander)❸这座现代化的重要港口，就一直作为
省会所在地。市中心于 1941 年遭到火灾的严重毁坏
后，得以重建，由此向南望去，可看到一处受保护的美
丽港湾。在风轻云淡的日子里，你可在繁华的市区远望
坎塔布连山脉。市区有一个博物馆(每日开放，收费)收
集了许多令人感兴趣的物品。

莱昂的城堡

凉爽、庄严的莱昂 (León)❹从许多方面来看，都
可称得上是一个门户城。它位于坎塔布连山脉

(Cantabrian Mountains)的山麓,距马德里314公里,这种地理位置使得该城成为半岛城市中游客较少光顾的城市之一。然而,偶然游历此地的西班牙人及外国游客无不惊讶于其高贵的中世纪风格美景。

参观莱昂应从大教堂开始,大教堂拥有近1800平方米的宏伟壮观的彩色玻璃窗。

位于老卡斯提尔高原中部的**布尔戈斯**(Burgos)❺,几千年来一直是西班牙的十字路口。它建于884年,当时是抗击摩尔人的防御城堡,因此是一所相当年轻的城市。

城市中心的西边是**拉斯韦尔加斯修道院**(Monasterio de Las Huelgas)(周二~周日开放,收费),这是一座12世纪的女修道院,只有来自社会最高阶层的妇女才有资格入内修炼。

巴利亚多利德(Valladolid)❻虽遍布值得自豪的建筑,但反而却是一座无吸引力的城市,它是重要的学术和工业中心,拥有有趣的历史协会,但该城因车辆过多而无计划地向外延伸造成混乱。在**埃斯卡杜拉国家博物馆**(Museo Nacional de Escultura)(周二~周日上午开放,收费)可领略到文艺复兴时期的雕塑品,其中包括朱安·胡安(Juan de Juni),阿朗索·贝鲁古提(Alonso de Berruguette)及迪戈·席洛(Diego de Siloé)的艺术作品。

萨拉曼卡(Salamanca)❼蜜色的砂岩大学城是西班牙前所未有的最伟大胜利和荣誉 Ávila ❽是半岛上最高的城市,有一段高10米,拥有88个塔堡和9个城门的城墙值得一看。

在所有卡斯提尔城市中,**塞哥维亚**(Segovia)❾或许是一个一眼就能看到其魅力的城市。沿 N-VI 和 N-603 号公路,距马德里92公里的塞哥维亚,在每个周末都吸引着如潮的马德里人来此瞻仰罗马人的高渠、童话般的**阿卡沙**(Alcazar)(每天开放,收费)及品尝当地出名的美食。该城常被比做航行于克拉莫雷斯河(Rios Clamores)和莱德斯马河(ledesma)之间一艘轮船,将高架渠比做一把石制的竖琴。

酒乡里奥哈(Rioja)、巴斯克地区和阿拉贡地区

布尔戈斯东边是西班牙著名的葡萄酒产地**里奥哈**(Rioja)。中世纪的纳瓦拉王朝留有大量的古迹,它的首府,潘普洛纳(Pamplona)每年都举办世界闻名的蛮牛狂奔节,里奥哈的葡萄园种植西班牙最好的红葡萄。当西班牙在1822年变成52个省份时,**洛格罗尼奥**(Logrono)❿就是其中之一,包括了里奥哈所有8000平方公里的自然面积。后来,费尔南多七世重新修订了西班牙的版图把洛格罗尼奥的面积减至刚刚超过5000平方公里,并且变成了历史上著名的老卡斯蒂尔地区的一部分。直到1980年,里奥哈才再一次获得自

欧罗巴山上 Fuente Dé 山峰的缆车。

下图 欧罗巴山脉的壮丽景色

由地位，并在 1982 年取得自治权。**哈罗**（Haro）位于洛格罗尼西北 35 公里处，是里奥哈的葡萄首府，每年 6 月 29 日举行葡萄酒节，参加者互相抛撒刚酿出来的葡萄酒，以庆祝丰收。

里奥哈南边的阿拉巴省是古代讷瓦拉王朝的所在地。阿拉巴省首府**维多利亚**（vitoria）❶是巴斯克三省中最大且巴斯克人最少的城市，是巴斯克自治政府所在地。维多利亚虽以 1813 年英国威灵顿将军（Wellington）击败法国将军乔丹的血腥战争而闻名，但早在 1181 年智者桑乔（Sancho the Wise）建立围墙环绕的城市于此地时，就已经获得它的名字了。城里有一座白贞女雕塑，白贞女是本城的守护者，她俯视着繁华的**白贞女广场**（Plaza de la Virgen Blanca）上的凉廊，以及 1917 年为纪念维多利亚战役而竖立的纪念碑。巴斯克地区的主要港口是**毕尔巴鄂**（Bilbo）❷，城内有令人惊叹不已的**新古根海姆现代艺术博物馆**（Museo Guggenheim de Arte Contemporáneo）（周二～周日开放，收费），自 1997 年起对公众开放。该城为这座"钛金属之花"投巨资进行宣传，从而使该城出现在国际文化的地图上。

巴斯克食品是西班牙的美味之一，海岸边上有许多供应海鲜和其他食品的地方。**圣塞瓦斯蒂安**（San Sebastian）❸是女王的度假地，有大量美味餐馆，还有一片酒吧区和一个私人美食俱乐部。

潘普洛纳（Pamplona）❹是古代纳瓦拉王朝的首都。土生土长的潘普洛纳人（Pamplonicas）对当地的工业化引以为荣，瞧不起诸如弗拉明科类的西班牙普遍

地图340 ~341 页

下图 小城潘普洛纳（**Pamplona**）的圣佛明节的蛮牛狂奔场面

存在的消遣活动，尽管年轻一代人也追逐快节奏的热闹非凡的酒吧娱乐。西南不远处，在**呼拉山**(Montejurra)山脚下，也就是 1873 年卡洛斯党徒击败共和军的具有历史意义的战场所在，坐落着伊拉契修道院。

在阿拉贡王国成立不久，桑乔·拉米雷斯国王 (King Sancho Ramirez) 建立了贝纲圣胡安修道院（Monasterio de San Juan de la Peña）(4 月~9 月周二~周日，10 月~3 月周三~周日开放，收费)，位于哈卡西南 27 公里的这座修道院正嵌入巨石与陡峭悬崖之间。院内有精美奇特的罗马式回廊、一座 10 世纪的教堂、僧侣的寝室以及装有早期阿拉贡国王陵墓的贵族祠堂。从这里向北不远，是另一主要城市**哈卡**(Jaca)⓯，城内的大教堂是西班牙罗马式建筑珍品之一。藏有罗马壁画精品。腓力二世建造的城堡(La Ciudadela)如今在军队的管辖下，但可由导游引领参观。阿拉贡的首府**萨拉戈萨**(Zaragoza)⓰有两座大教堂，其中的**圣妇大教堂**(Basílica de Nuestra Señora del Pilar) 有 11 座圆顶，具有最与众不同的特色。其巨型支柱将教堂划分为三个区域，其圆顶的部分壁画系戈雅的作品。但最重要的部分是圣妇小教堂(Lady Chapel)，在那儿，你会看到支撑着深受人们尊重的圣妇雕像的大理石柱，木制的圣妇雕像镶饰银制外壳，其华丽的外壳每天都在变化。

加泰罗尼亚

阿拉贡是由它从前的邻居巴塞罗那于 12 世纪时组成起来的，但加泰罗尼亚时刻在维护着它的独立、权力和语言。

下图 位于阿兰谷(Vall d' Aran)沙拉尔都(Salardú)的一座 12~13 世纪教堂

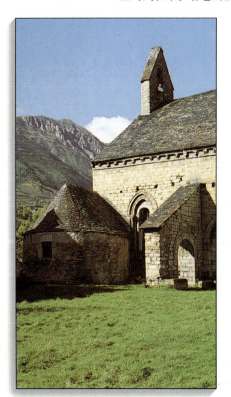

阿兰谷(Vall d' Aran)位于加泰罗尼亚西北角。山谷中通用的语言阿兰语（L' Aranès），是法国南方土语加斯科尼（Gascon）的一个分支。阿兰谷东行的最佳路线是从南面穿过**毕耶拉隧道**(Tunnel de Vielha)⓱，并驶向波伊谷（Vall de Boí），该谷与艾奎斯托德斯国家公园（Parc Nacional d' Aigüestortes）和艾斯波特（Espot）相连。西班牙王室欢度复活节的地点**巴基拉—贝雷特**(Baqueira-Beret)是西班牙最佳滑雪胜地之一。

安道尔（Andorra）⓲的官方语言是加泰罗尼亚语，这是一个方圆 468 平方公里的小国，人口 6.8 万，13 世纪以前是法国和西班牙两国相互争夺的地方，1278 年根据法国和西班牙的合约独立成为大公国。法国获得行政管理权，西班牙获得宗教管理权。因此法国总统兼任安道尔的国家元首。安道尔没有独立的外交，一般是驻西班牙大使兼任安道尔大使。没有正规军队，只有警察。

加泰罗尼亚的比利牛斯山谷以其罗马式建筑遗产而著名。**艾奎斯托德斯国家公园** (Parc Nacional d' Aigüestortes)，正好位于波伊谷的北边，景色十分壮观。**利波尔** (Ripoll)⓳是一座重要的中世纪首府，有加泰罗尼亚摇篮(bressol)之称。利波尔圣母玛丽亚修道院教堂雕刻精美的门廊堪称西班牙罗马式建筑雕刻的经典之作。康布娄东山谷在巴尔特(Vallter)有座滑雪场，在摩洛(Molló)和贝赫特(Beget)则有两座别致的罗马式教堂。

布拉巴海岸和达利

布拉巴(Brava)的意思是旷野和崎岖不平，这条海岸从法国边境绵延90多公里到布兰内斯(Blanes)，是地中海沿岸除巴塞罗那以外最长的海滩，海岸线缠绕众多小海湾和崖岩峭壁之间。这里是古罗马侵略者登陆这个半岛的地方。位于恩布里斯(Empúries)的希腊人遗址可令人深刻领略到这个地区丰富的历史。这处遗址包括一座希腊神庙、一座市场和会议厅、两座罗马古镇和一座圆形剧场的遗迹。海湾的北面是西班牙东北部最重要的陆地城镇达奎斯(Cadaqués)[20]。它是一个闪亮的白港，云集了许多艺术家和文学家，尤其是在夏季。卡达奎斯北面8公里处的克瑞乌斯角（Cap de Creus），在利强冈即当地称为过山冈的情况下，将是一个疯狂的地方。再往北是森林港(Port de la Selva)渔村，是加泰罗尼亚诗人喜欢吟诵的地方。卡达奎斯镇上的达利纪念馆(复活节~10月周二~周日开放，收费)至今保留着他离开时的情景。罗德斯圣彼得(Sant Pere de Rodes)修道院俯视着森林湾（Gulf of La Selva），恐怖的废墟作为历史的见证与海岸村镇及其下面的地中海波浪形成对比。

希罗纳(Girona)[21]城原本是罗马人的聚居地，其地理位置具有战略意义，正

加泰罗尼亚曾是西班牙最重要的古罗马绘画中心，深受拜占廷风格的影响。

下图　从布拉巴海岸眺望艾瓜布拉瓦山(Aigua Blava)

地图340
~341页

占据市区险峻街上的希罗纳大教堂。

处于四条河交汇之处。希罗纳直至今日都被城墙围绕着,由于历史上屡遭围攻,故有"千围之城"的称号。其著名的犹太区是加泰罗尼亚早期地中海式建筑中最有趣味的模式之一。位于古城北面加伊冈特斯(Riu Galligants)附近的加伊冈特斯圣彼得原为一所修道院,如今是**考古博物馆**(周二~周六开放,收费),其最重要的收藏品是犹太人的墓碑。河对岸的阿拉伯澡堂(Banys Arab)建于 1295 年,并非阿拉伯人所建,而是基督徒兴建的。

塔拉戈纳和德达拉海岸

从巴塞罗那乘火车只需 45 分钟就能抵达**西吉斯海滩**(Sitges)❷,它是一个聚会的好场所,但自然资源匮乏。德达拉海岸的沙滩从这里绵延着穿过酒乡 Valafranca del penedès 到达**塔拉戈纳**(Tarragona)❷,被称为黄金海岸。

塔拉戈纳(Tarragona)本身拥有极丰富的罗马艺术古迹。它还有一座宏伟的 12 世纪大教堂,以及新鲜的地方特色,这一切构成了新与旧、城市与乡村的独特结合。罗马人的遗迹费瑞雷斯高架渠(Aqüeducte de les Ferreres)和贝拉拱门(Arc de Berá)位于城市郊区。考古通街(Passeig Arqueològic)是一条穿过本城古墙的步道,其巨大圆石是公元前 3 世纪安置于此的,是塔拉戈纳最壮观的美景之一。利用海岸自然倾斜度而建于海滩附近的圆形剧场保持得也十分完好。

塔拉戈纳以南,有数英里沙滩,其中沙娄(Salou)是开发得最好、最有名的海滩,是**冒险港**(Port Aventura)**主题公园**(4 月~10 月每天开放,收费)的所在地。

下图 波布勒特修道院 (Monestir de poblet)

园内各种游乐活动惊险刺激包括滑行铁道、中国杂技等。公园有自己的火车站，每天提供从巴塞罗那到塔拉戈纳的多班列车服务。

地图340
~341 页

巴伦西亚和布兰卡海岸

巴伦西亚（Valencia）㉔位于欧洲农业开发最稠密地区的中心。它是西班牙的**第三大城市**，以道路两旁的橘子树和柠檬树构成的美丽景色而闻名，每年3月19日举办盛大的法亚火节。稻田旁边耕种甜玉米，波光粼粼的运河交织在大地上，带来勃勃生机，一片精耕细作的灌溉平原，被视为人间天堂。15世纪是巴伦西亚的黄金时期，它取代了巴塞罗那成为地中海帝国的财政首都。除了富饶的农产品和处于萌芽阶段的港口外，它的陶瓷和丝绸业也蓬勃发展，还设立全国第一家印刷厂。

公元前138年罗马人发现了巴伦西亚，并把它作为老军人退役后的休养地。这里全年气候温和。

海岸沿线有许多休闲胜地，如**德尼亚**（Denia）和**阿尔特阿**（Altea）两地有引人入胜的古镇，**尼斯科拉**（Peñiscola）则是建于一岩石岬上的城堡。贝尼多姆（Benidorm）由于拥有迷人的沙滩和高级酒店，已成为团队旅游的首选驻扎地。

沿海滨继续南行，便来到风景胜地**阿利贝特**（Alacant）㉕，这是一座繁忙的港口兼会，从它的圣巴巴拉城堡（Castillo de Santa Bárbara）可眺望到该城的景色。附近的**埃尔切**（Elche）以其棕林而著称，其中许多棕榈树被围圈在花园之内。埃尔切的名胜还有一尊埃尔埃女士的塑像（原作在马德里，这里是复制品）；每年8月在这里17世纪的圣母玛丽亚大教堂（Basilica de Santa María）都要举办

下图 从加泰罗尼亚南部托尔托萨的中世纪城堡中眺望

圣餐仪式。沿海岸下行，会经过古时迦太基人的海港城市卡塔(Cartagena)，这里有一段出土的建于公元 6 世纪的拜占廷城墙，揭示了西班牙的早期历史。

托莱多和卡斯提尔——拉曼查

西班牙最富戏剧性的城市是**昆卡**(Cuenca)㉖。城市的老区部分拥有以哥特式和文艺复兴时期为主的建筑，并且老城区位于这所现代化城市北部陡峭的山巅上。空中楼阁(Casas Colgadas)摇摇欲坠地屹立在胡卡河上的悬崖边，它是这座老镇最典型的特征。其中的抽象艺术博物馆(Museo de Atre Abstracto)(周二～周日开放，收费)收藏有西班牙最优秀的抽象艺术作品。再向内地一些，就是因唐·吉河德而闻名的**拉曼查**(Mancha)大平原。如今托莱多的**风车村**(Consuegra)中仍保留有许多风车，这里每年 10 月都会收获大量的藏红花(saffron)，这是一种世界上最昂贵的调料，是由阿拉伯引入西班牙的。它是西班牙海鲜饭的一种主要调味料。

托莱多(Toledo)㉗是拉曼查乃至西班牙的历史文化中心，从前的西班牙的首都，现在仍是国家宗教所在地。一座天然屏障居于高地之上，太加斯河(Río Tajo)向它北侧延伸，罗马人于 192 年来此定居，现在留下的罗马人占领痕迹已剩无几，只留下光复大道(Avenida de la Reconsquista)旁的罗马竞技场(Circo Romano)，以及几处马赛克壁画和重新修建的几座建筑。到了六世纪，西哥特人在此建立议会。西哥特议会当时是指西哥特国王及其顾问团之间召开的会议，会址即现在的光辉基督清真寺(Meaquita Cristo de la luz)所在的位置。

下图　被唐·吉河德错当成巨人的风车

唐吉河德的足迹

观光拉曼查对于唐·吉河德的爱好者而言是一个理想的机会去追踪塞万提斯这部世界第一部畅销小说中各篇章的关键地点。

陶波索(El Toboso)位于阿尔巴塞特(Albacete)和奥卡那(Ocaña)之间的 N-301 公路上，也就是唐·吉河德幻想真正爱上的并愿为之牺牲一切的那个女子杜尔西娅所在村庄。当地的一间房屋，被认为是塞万提斯笔下那位姑娘的居屋(名为杜尔西娅之屋，周二～周日开放，收费)，现已重建恢复了 16 世纪的面貌。市政厅有译成 60 多种语言的唐·吉河德副本。Lápice 门位于康苏格拉(Consuegra)东南 20 公里处，唐·吉河德就是在这儿附近的小客栈发誓当一名游侠。

地图340 ~341 页

来自希腊的画家埃尔·格列柯(El Greco)因为深为托莱多所迷,从1575年移居此地,直至1614年谢世。他的**纪念馆**(周二~周日开放,收费)中收藏着其著名作品《奥尔加斯伯爵的葬礼》。托莱多的阿拉伯风格城堡**阿卡沙**(Alcázar)记录着一段悲惨的往事,内战期间,在被围70天它沦为一片废墟。

埃斯特雷马杜拉,古代征服者之地

位于马德里以西的**埃斯特雷马杜拉**(Extremadura)是西班牙游人最少的地区,从这里产生了许多探险征服新大陆的冒险家。其中的弗朗西斯科·奥雷利亚纳(Franisco Orellana)就出身在**楚西尤**(Trujillo)❷。在这个城市的主广场上还有他骑马的青铜雕像。他的兄弟埃尔南多建造的**征服侯爵府**(Palacio del Marques de la conquista)(每日开放,免费)正好位于雕像的对面。其正面装饰有皮萨罗和他的妻子,印加国王阿塔胡阿帕的妹妹伊内丝公主的半身雕像。

位于马德里西南214公里处的**瓜达卢佩**(Guadalupe)❷是天主教徒们朝圣的重要场所。它是以圣母的名声获胜的阿方索十一世进行战争的地方。随后有100多个城市以圣母为名。

瓜达卢佩的西南面有鲁西塔尼亚省(Lusitania)的首府**梅里达**(Mérida)❸。城内遍布古罗马遗迹,当时的剧场现在仍用于举办夏季歌剧节;**古罗马艺术馆**(Museo Nacional de Arte Roman)(每天开放,收费)是1988年由著名的Rafael Moneo设计并建造的,拥有意大利之外最丰富的古罗马收藏品。

指 南

最理想的旅游方式是在托莱多度过夜晚,当如潮的游客散去后,去感受这里的无穷魅力,但要切记大多数纪念馆午餐时休息。

下图 托莱多

闷热的南方

在摩尔人统治下，安达卢西亚成为中世纪最高度发展文明的中心。但其富有、好客的声誉却可追溯至更早些时候罗马人的巴埃地卡（Baetica）省。当时安达卢西亚向罗马帝国鉴赏家提供各种奢侈品。塞维利亚、科尔多瓦、格拉纳达，西班牙南方这三座名声远扬的城市，从其卷舌发音的城市名称就能感到一股傲视群雄的意味，浮华、浮夸、傲气十足。温暖的气候、迷人的景色、便捷的海路使安达卢西亚成为拓居者的首选目标，腓尼基人、希腊人、罗马人、西哥特人及摩尔人相继在此开辟领地。阿拉伯人和柏柏尔人的出现，为该地留下了丰富动人的中世纪文化，也就是令游客心醉的银丝精致饰品和富丽堂皇的清真寺。

塞维利亚（Seville）Ⓐ是西班牙第四大城市，安达卢西亚首府，南方三大城市中最妖娆的一座城市。一句古老的西班牙韵文这样说道："没见过塞维利亚的人，就是还没有见过世面"（Quien no ha visto Sevilla, no ha visto maravilla）。《西班牙的圣经》（The Bible in Spain）的作者乔治·博罗（George Borrow）认为它是"最辉煌的天堂之下，全西班牙最有趣的城市……"即使在一场罕见的12月细雨之下，塞维利亚依然美丽动人。在明媚的安达卢西亚阳光下，她显得更加绚丽多姿。这里正是拜伦（Byron）笔下的唐璜（Don Juan）、比才歌剧中的卡门、罗西尼（Rossiai）的理发师演绎他们虚构一生的合适场所。而从此地开始发展事业的真实人物包括诗人贝克尔（Gustavo Adolfo Bécquer, 1836～1870年）、安东尼奥·马查多（Antonio Machado, 1875～1939年），以及画家迪亚哥·维拉斯奎兹（Diego de Velázquez, 1599～1660

乘坐马车悠闲地游览塞维利亚。

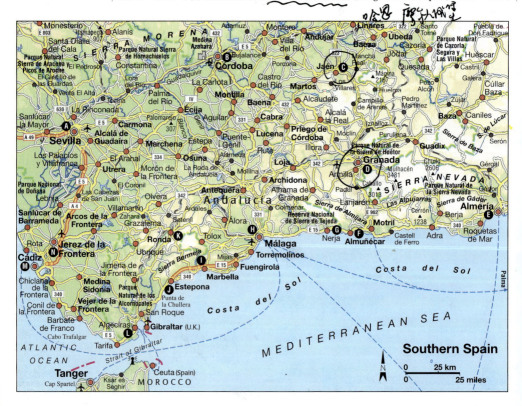

年)和牟利罗 (Bartlomé Estcban Murillo, 1618 ~ 1682 年)。

市里有摩尔人建造的精品阿卡沙 (Reals Alcázars)(周二~周六 10：30 ~ 17：30，周日 10：00 ~ 13：00 开放，收费)。它原为摩尔人宫殿，近 7 个世纪以来，它成为西班牙国王的王宫。

科尔多瓦(Córdoba) **B** 比塞维利亚小，而且更加缺少色彩。它是普通而平凡的，它的街道上既没有塞维利亚交通高峰期塞车造成的混乱，市中心也没有格拉纳达岁月留下的种种痕迹。只有一座建于 8 世纪的**清真寺**(Mezquita) 是将基督教义移植于伊斯兰教西班牙的产物与象征(周一~周六 10：00 ~ 18：00，周日 15：30 ~ 19：00 开放，收费)。清真寺旁的犹太区散散步，可以看到中世纪的城市模样，这个地区有一些 14 世纪时的建筑遗迹。

科尔多瓦的东边是**哈恩省**(Jaén) **C**，是一片拥有 1.5 亿株橄榄树的广阔的山地。它的首府哈恩栖息在平原西边的高地上，市内有一座庞大的教堂；还有阿拉伯式的浴池；山顶上有一座摩尔人的城堡。附近的小镇**巴埃萨**(Baeza) 是一座 20 世纪文艺复兴时期建筑的宝库，是 20 世纪西班牙最伟大的诗人马查多 (Antonio Machado)(1875 ~ 1939 年)的家乡。

西班牙摩尔人的瑰宝——**阿尔汗布拉宫**(Alhambra)(每天开放，收费，门票可与阿尔卡萨巴、轩尼洛里非宫通用)位于**格拉纳达**(Granada) **D**。它是摩尔人在格拉纳达伟大艺术宝藏中仅存的纪念物，坐落于绿树丛生的山脊悬崖之上。任何美妙词句均无法形容其引人入胜之处或精致匀称之美。

指 南

如果打算看到科尔多瓦最生动活泼的一面，可在庭园节 (Patio Fiesta) 期间来参观。该节于每年 5 月的第二周或最后一周举行。

下图 阿尔汗布拉宫 (Alhambra) 的柱廊

龙达山(Ronda)附近丘陵地带的白色村镇。

穿过**内华达山脉**(Sierra Nevada)来到海拔2100米的滑雪胜地**Solynieve**。**阿尔梅里亚**(Almería)**ⓔ**位于南部海岸的中心,该城以11世纪的阿尔卡萨巴为主导,其朴素的摩尔建筑风格被更为宏伟的天主教堂的庭院所掩盖。

太阳海岸

在内华达山脉西端的丘陵地带,有一些白色的山村,它上有新鲜的空气,下有海滨美景,可以被称为人间天堂。**阿尔穆涅卡尔**(Almuñécar)**Ⓕ**温暖的气候足以让异域的水果在这里生长结果。西边的**内尔哈**(Nerja)**ⓖ**位于海湾边的崖石之上。1957年在这里发现了一些史前的山洞。每年在其中较大的村里都举办夏季音乐会。

马拉加(Málaga)**ⓗ**以作为阳光海岸的首府而自豪。然而,它并非是旅游胜地,而是腓尼基人建立的繁忙港口。在成为罗马的一个自治镇(municipium)之前,该城市民曾短期地支持过迦太基人。711年在摩尔人入侵西班牙一年后,该城落入摩尔人手中,并且直到1487年成为格拉纳达王国的港口,当时它被基督教徒在4个月围攻后占领。

海滨市场靠近**富恩吉罗拉**(Fuengirola)。从那儿到马拉加的旅游人群如潮。高层宾馆和公寓大厦将这段海滨挤得水泄不通,夏季的海滩挤满游泳的人们,酒吧和迪斯科舞厅喧闹地竞争着,在**托利莫利诺斯**(Torremolinos)达到高潮,此地曾为贫穷的渔村,直到20世纪60年代初才被人们"发现"。这座奇异而过度

下图 太阳海岸的游泳池边

发展的村庄，拥有上百所酒吧、葱翠的植物、架空的人行道，仿佛是好莱坞电影导演所设想的西班牙胜地。在巴努斯港 (Puerta Banus) 与**马贝亚** (Marbella) 之间的地区被称为黄金地段 (Golden Mile)，是一些巨星、阿拉伯王公、百万富翁、王室贵族及斗牛士游乐的场所。在马贝中心的古镇保存完好，在炎热的夏季，古镇上的拿安纳斯广场 (Plaza de los Naranjos) 变成大片露天餐馆。海滨最西边不断发展的鱼村**埃斯特波耶** (Estepona) 现已变为一座大型城镇，它没有过多的高层建筑，其老城区有狭窄的街道和酒吧。

　　沿海滨 C-369 公路向**龙达** (Ronda) 前进，沿途的乡村变得越来越荒凉。19世纪，在此旅行是相当危险的事情。整个龙达山脉所环抱的城市是那些童话故事般的白色村镇。**格拉沙雷玛** (Grazalema)，位于龙达以西 32 公里处，以拥有比西班牙其他地区更丰富的雨水而自豪。这里长期以来强盗横行，福特曾在书中将其形容为断喉穴 (Cut-throat den)。如今此地拥有市立游泳池、露营地而变得愈来愈受人欢迎，它还是与其同名的自然保护区的入口。

光明海岸和直布罗陀

　　英国所属的**直布罗陀** (Gibraltar) 位于西班牙领土的包围之中，可以自由出入。它海拔 245 米，面积约 7 平方公里，人口达 2.5 万人左右，有酒吧和警察。它所控制的具有战略意义的海峡连接大西洋和地中海，长约 58 公里，周围阿尔赫西拉斯 (Algeciras) 是一个工业城市，令人讨厌的工厂噪音几乎无法避免，它是西班牙通往北非休达 (Ceuta) 和**丹吉尔** (Tangier) 的主要渡运港。

　　直布罗陀的西面，大西洋不停地冲刷着**光明海岸** (Costa de la Luz)。海岸线从韦尔瓦一直向南延伸到**加的斯** (Cádiz) 和**塔里法** (Tarifa) 之间，是风帆冲浪者的理想的胜地。

　　在边境的**赫雷斯** (Jerez de la Frontera) 和大西洋之间起伏伸展的地段现被称为雪利三角 (The Sherry Triangle)，是种植葡萄的理想之地，赫雷斯的酿酒厂将这里的葡萄酿造成绝佳的雪利酒和白兰地。

　　圣卢卡巴拉米达 (Sanlúcar de Barrameda) 以盛产 manzanilla，一种略带苦味的雪利酒闻名，它是繁华的旅游胜地和钓鱼港，由塞维利亚沿 A4 号公路和 C441 号公路的岔道口行走只需不到一小时的车程即可到达这里。该镇横穿瓜达几维河河口，面朝多那拿沼泽地。圣妇教堂 (Iglesia de Nuestra Señora de la O) 引人注意之处在于其精致的穆迪扎尔式的入口。　□

地图
366 页

指　南

　　在马贝亚游览时，一定要去参观市里的主要教堂圣玛丽亚教堂，里面有一个显著标志引导你来到著名现代派艺术家 Grabado 的纪念馆。

下图　在赫雷斯边境之外骑巡

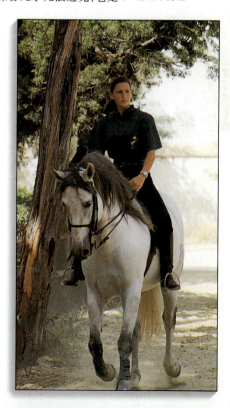

城堡——无法实现的梦想

威严坚固、奇异、浪漫、历史悠久的
西班牙城堡无疑是个无法实现的
梦想。

卡斯提尔位于西班牙中心干燥的高原，卡斯提尔语是西班牙国语。卡斯提尔来源于Castillo（城堡）一词。多年来，城堡一直是这一地区最典型的建筑物，也是卡斯提尔人第一次抵抗摩尔人的侵略扩张的地方。当时边境是以斗罗河、阿兰左恩(Arlanzón)河、埃布罗(Ebro)河为界，其周边还没有城墙、修道院或庄园地产。摩尔人征服西班牙后的100年开始建立要塞堡垒，从著名的费尔南·冈萨雷斯(Fernán Gonzáles, 910～970，卡斯提尔的第一位伯爵)到此后400年的战争中，城堡开始陆续遍布全国各地的村庄。

摩尔人的城堡

摩尔人也是伟大的城堡建筑师。在贝兰格斗罗(Berlanga de Duero)，摩尔人建造了一座带有宏伟幕墙及鼓楼的堡垒，在鼓楼上可观赏到城外壮观的景色(见上图)。

当国土安宁时，城堡用来显示身份、地位。例如方塞卡(Fonseca)家族在塞哥维亚的科卡堡，显示了精致的穆迪扎尔式军事建筑风格。

1492年，西班牙开始禁止建造城堡，但全国已有约2000座城堡，永远地改变了西班牙原有的景观。

△ 瓜达莱斯特城堡

阿里肯特(Alicant)高山上的住所可居高临下俯视外面的风景。在海滨地区需警戒海盗。

◁ 蓬弗拉达

位于通往圣地亚哥康普斯德拉(Santiago de Compostella)朝圣途中的蓬弗拉达由圣殿骑士团把持管理。

贵族的住所

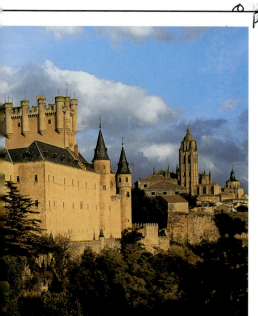

◁ 塞哥维亚阿卡沙

弗尔南多和伊莎贝拉宣称该城堡为最后的童话堡垒。

△ 霍曼纳赫塔

塞哥维亚城堡拥有与众不同的烛台剪式塔楼。这是该城堡住宅区和社交活动中心。

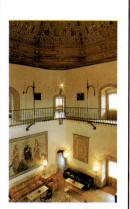

上图为萨莫拉宾馆的内景，一座 15 世纪的城堡，原为建于斗罗河畔的阿尔巴·阿力斯特 (Albay Aliste) 伯爵的宅院。宾馆一词（源于阿拉伯文 waradah，意为停留之所）使用了许多世纪，1928 年政府鼓励在修复的历史建筑物中成立连锁的国营宾馆。设计的国营宾馆之间距离不超过一天的行程，总计 90 家左右。这些宾馆价格低廉，并享有优质服务、可口美食的良好声誉。实际上，他们提供当地最佳风味菜肴，即使你不打算停留一天，但在此享用一餐或喝咖啡观赏周围环境也是值得的。

△ 贝纳菲尔

贝纳菲尔堡是建于斗罗河岸著名的早期卡斯提尔城堡之一，其历史可溯源到 10 世纪。

◁ 唐·胡安的巴伦西亚堡

唐璜的巴伦西亚堡是莱昂最气派的城堡。

▽ 圣卡塔莉娜城堡

位于哈恩 (Jaén) 的这座 13 世纪城堡是由伊地·阿玛 (Ibn-al-Ah-mar) 建造的。如今该城堡已变为一家宾馆。

Jaén

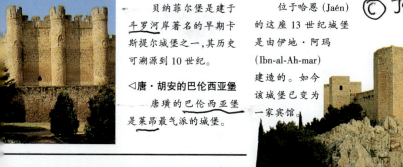

葡 萄 牙

这个位于欧洲最西边的国家人口很少，风景秀丽，平
静而令人印象深刻

欧洲最西边的国家葡萄牙，位于这个大陆的角落，很少有游客经
过，因为经过她之后就再没地方可去了。这是个宁静的国家，
人口稀少，风景秀丽，令人印象深刻。尽管在很多方面好像具有地中
海风情，但其光线较之其他地中海国家更为清澈透亮，海岸也被大西
洋潮汐冲刷得更为洁净。这儿是伟大航海家达·伽马 (Da Gama) 和
麦哲伦 (Magellan) 的故乡，他们从这儿启程远航并发
现了新世界。这里也是一块充满了哀歌的土地。

　　这个国家四海为家的特性随处可见：当葡萄牙昔
日的殖民地于上个世纪 70 年代中期纷纷独立以后，
近 200 万人从殖民地返回本国故土。他们中很多人涌
向乡村而不愿住在都市。比较而言，首都里斯本的人
口很少，在全国 1000 万人口中，首都人口不到 100 万。

　　虽然葡萄牙 (Portugal) 是欧洲修建高速公路最晚的国家，但周游
这个国家的城乡各地仍很方便。连接里斯本与第二大城市波尔图
(Porto) 的主干线，呈南北走向，直到 1991 年才开通。葡萄牙人热衷于
自己开车，即使在上下班高峰期间也鲜有人乘坐公交车，连里斯本市
区内最新颖的缆索铁路和电车也吸引不了他们。令人惊奇不已的是，
境内公路稀疏，典型的标准公路地图连最窄的巷街也标得一清二
楚。中部与北部的山区公路路况不好，开车不易，但是也无任何理由
开飞车。去北部碧绿海岸 (Costa Verde) 的旅客，不妨乘坐特地保留的
蒸汽机火车，以体验古老的风情。

　　葡萄牙面积 92100 平方公里，紧邻西班牙。在 12 世纪以前葡萄
牙一直是西班牙的一部分，不过其语言，包括各自的南美洲语言，都
令人惊讶地截然不同。葡萄牙受惠于西班牙注入其境内的三条礼物
般重要河流，北部有米纽河 (Minho) 与杜罗河 (Douro)，这两条河流都
可以行驶漂亮的驳船，将加度葡萄酒运往波尔图 (Oporto)。里斯本坐
落在塔古斯河 (Tagus) 河畔，南面紧靠阿连特茹 (Alentejo) 和人口较多
的阿尔加维海岸城市。这些城市各有其鲜明的特点，人们也因其不同
而自豪。葡萄牙人总结的看法是：科英布拉 (Coimbra) 人爱唱歌，布拉
加 (Braga) 人好玩乐，里斯本人爱炫耀，波尔图人迷工作。　　❑

前数页图　蒙萨拉兹的主要街道；米拉海滩

左图　身着法学院服装及红色绶带的科英布拉大学学生

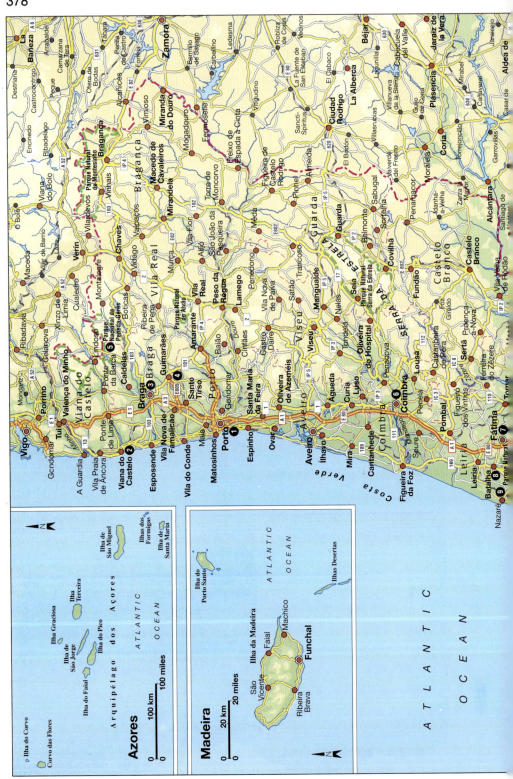

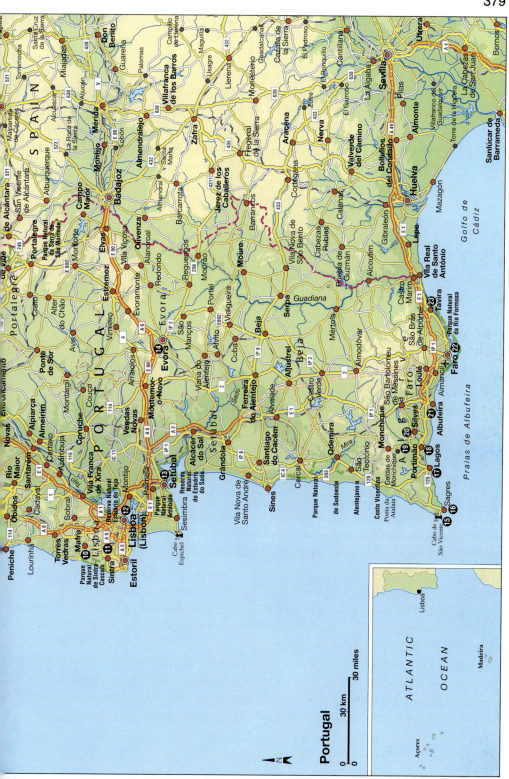

Portugal

0   30 km
0   30 miles

ATLANTIC OCEAN

里 斯 本

地图
382页

里斯本的人口只有100万，给人的感觉像是个大城镇而非
重要城市；但不管怎样，它也是个世界性的都市

里斯本(Lisbon)是欧洲最小的首都之一，但它昔日却是个将巴西到澳门等海外殖民地都纳入其帝国版图的城市。里斯本坐落于塔古斯右岸，坐北朝南，跨越7座山坡，市内有很多登高点、阶梯设施能俯瞰市区风光。其中之一为**圣乔治城堡**(Castelo de São Jorge) ❶ ，始为罗马人所建，随后穆尔总督将其作为官邸。1147年穆尔人被逐，这儿便成了葡萄牙皇宫，国王迪尼斯一世和曼纽尔一世入住后均予以修缮。后来皇室向河边宫廷迁移，这儿便变成了一座堡垒，尔后又充作军营。目前尚有10座塔楼和坚固的城墙，四周被壕沟所环绕。

城堡周边的阿尔法玛地区(Alfama)是里斯本最古老的部分。渔妇们常在这条窄巷中兜售当天所捕海鲜，或者在充作餐厅的临街小屋内兀自大嚼鲜鱼。市内**大教堂**(sé) ❷面朝城廓的两座瞭望塔楼，楼内有一扇精美花窗，教堂内有一个圣水盆，里斯本非正式的守护神帕都厄圣安东尼(St Anthony of Padua)曾于1195年在此受洗礼。圣维森特是里斯本的正式守护神，他的遗骸安放在教堂的宝库内。大教堂对面还有一座**圣安东尼奥教堂**(Sant Antonio de Sé)，由圣安东尼出生的房间扩建而成，教堂规模较小。

左图　乘电车游览市容十分便捷
下图　罗西奥街头的花贩

君主广场

城堡皇宫后来下迁到河畔一带，即现在的**商业广场**(Praca do Comércio) ❸，当地人称之为宫殿阶梯。16世纪皇宫迁此，并接待乘坐豪华驳船抵达这儿的贵宾。1755年大地震将里斯本夷为平地，这座宫殿也未逃此劫难。当时那位专制的总理大臣蓬巴尔侯爵迫不及待地下令开展大规模重建工程，因而新兴的城市全都依山而建。广场上新古典主义风格的粉红色拱廊是典型的"蓬巴尔里斯本"式建筑。广场中央耸立着约瑟一世的雕像，出自葡萄牙最著名之雕刻家马查达德卡斯特罗(Machada de Castro)之手。

1908年2月1日，国王卡洛斯一世及其继承者路易·菲利浦坐乘敞篷马车经过广场的西北角时遇刺身亡。

两年后，在离广场西侧不远的19世纪所建之**市政大楼**阳台上，葡萄牙共和国宣告成立。市政大楼中央竖立着扭曲状石柱，柱上缠着球形体装饰，扭曲状石柱是典型的曼纽尔建筑形式，也是里斯本的城市象征。

市政大楼的中央拱门通向市内最热闹的购物区**拜伊克沙**(Baitxa)，有不少历史悠久的商店、茶馆、餐厅，以及一座小巧典雅的电影院。乌洛路(Rua do Ouro)、普拉塔路(Rua da Plata)、黄金街和白银街各

在达奇亚多购物中心的 Trinidade 广场小憩。

具时代特点,这几条街集中了许多金银铺,专门打造和销售昔日从美洲新大陆运来的金银及其手饰等。

拜伊克沙西侧是**高地区**(Bairro Alto),所在位置的坡度很陡,不少陡峭的街巷只能借助缆车、电梯等才能到达。这种电梯是个古怪离奇的铁架建筑,由法国工程师埃菲尔(Gustave Eiffel)设计。乘坐电梯会很快到**达奇亚多**(Chiado),这是里斯本最时髦的购物中心,曾于 1988 年被一场大火焚毁,目前一幢崭新时髦的大饭店在原址上赫然屹立。

18 世纪大地震幸存下来的**卡尔莫**(Carmo) ❹修道院房顶倒塌,至今仍未修复;地震还震塌了圣洛克(Church of São Roque)教堂正面墙饰。这个教堂还收藏了许多黄金、大理石、琉璃材料与紫水晶,8 座附属小礼拜堂令人赏心悦目。

高地区一带有不少餐厅和夜间娱乐点,可以听到以最原始或最商业化的形式演唱的葡萄牙传统歌谣费多(fado),1792 年的**圣卡洛斯歌剧院**(Teatro de São Carlos)也在此区,是座典型的意大利风格歌剧院。

傍晚出游,最好从**"波尔图酒沙龙"**(Solar do Vinho do Porto)❺开始。这个坐落在阿尔康塔拉(Alcântara)区圣佩德罗路(Rua São Pedro)的波尔图酒协会,实际上是个有着俱乐部气氛的酒馆,出售红白两大类的波尔图葡萄酒。

乘光荣缆车往回走可到达复兴广场(Praca de Restauradores)和新曼纽厄尔式的**罗西奥火车站**(Rossio Station),在此可乘火车前往本菲卡(Benfica)和辛特拉(Sintra),这是里斯本市郊游的首选之地。罗西奥曾经是里斯本最主要的广场,经常进行斗牛、狂欢活动,以及宗教法庭审判或处决等。

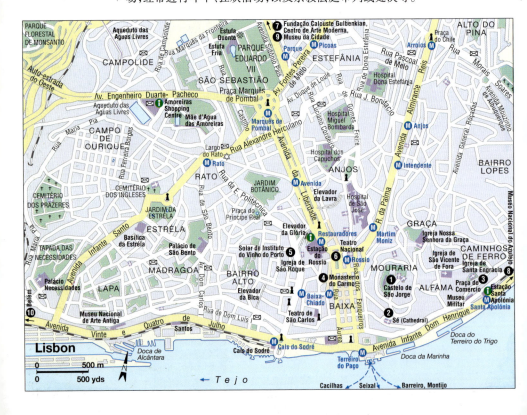

今天,主要的娱乐活动都集中在建于 1840 年的**国家剧院**(Teatro Nacional **⑥**,广场上有两座大型喷泉,于 1890 年自巴黎迁移到此,喷泉四周环绕着美丽的花坛。

穿越复兴广场来到自由大道,不少航空公司办事处和银行均在这条大道旁。在大道的一端为蓬巴尔广场,蓬巴尔侯爵的雕像高耸,俯瞰着四下他所创造的一切。

百万富翁的博物馆

对里斯本有很大贡献的另一位大人物是卡罗斯特·古尔本基昂 (Calouste Gulbenkian),这位亚美尼亚石油巨子在二战期间被英国驱逐出境后,定居于中立的里斯本。他回馈给这座城市的礼物是**卡罗斯特·古尔本基昂基金会美术馆**(Fundacão Calouste Gulbenkian)**⑦**,是里斯本最主要的文化中心,收藏包罗万象;另有一个**现代艺术博物馆⑧**。基金会美术馆位于蓬巴尔雕像上方、爱德华六世公园(Parque Eduardo Ⅵ)旁,附有两个精美的植物园。

坐落在大广场的匹门塔宫 (Palacio Pimenta) 内的**市立博物馆⑨**,原是国王觉昂五世(King João V)在位时所建的一座领主庄园。在里斯本东侧,过阿尔法玛区不远,是国家纹饰瓷砖。这种色彩非常艳丽的青釉瓷砖是葡萄牙重要的民族传统艺术品。博物馆位于马德瑞德杜斯教堂(Madre de Deus Church)内。

本市其他重要博物馆有:安蒂加美术馆(Museu de Arte Antiga),靠近城西河岸;马车博物馆和航海博物馆位于西面更远的**贝勒姆区**(Belém)**⑩**。

尽管贝勒姆位于市中心以西 5 公里,但此地不可不游。那里才是航海家、理想追求者和幸运士兵们心目中的里斯本。在平坦的河畔上耸立着**贝勒姆高塔** (Torre de Belém),是里斯本的永久性标识,建于 1521 年,旨在捍卫当时的雷斯特罗 (Restelol) 的港口,也是航海家们乘风破浪扬帆远航的起点。

1497 年达·伽马在此开始其划时代的远航印度之旅,先在雷斯特罗港旁边由航海先驱亨利修建的一座小教堂内祈祷。这座教堂此后不久被推倒,在原址上建起了宏伟壮观的**吉诺尼穆斯修道院** (Mosteiro dos Jerónimos)及其附属的**圣母玛利亚教堂**。

这座修道院是曼纽厄尔一世于 1502 年下旨修建的,成为地理大发现时代的完美象征。这件葡萄牙曼纽厄尔式风格的登峰造极之作,包括规模宏大的修道院建筑群及回廊等,均以航海题材装潢和修饰,尤其用浑天仪(armillary sphere)取胜。

穿越贝勒姆,塔古斯河道变宽,注入大西洋。位于同侧河畔的**卡斯凯思**(Cascais)和**伊斯图里尔**(Estoril)这两处滨海胜地,离里斯本码头区凯思德索得瑞火车站(Cais de Sodré Station)仅有 30 ~ 45 分钟的路程。两地之所以昔称"国王海岸",盖缘于 20 世纪有好几个惨遭废黜的欧洲君主的流放之地。两地皆为时髦的滨海胜地,都有上好的餐馆和夜总会。❑

指南

步行是游览这个城市的最好方法,但里斯本有很好的公共交通系统,电车、巴士、出租和缆车都很方便。选用轨道交通是避免遇到堵车的有效方法。

下图 高高在上的蓬巴尔侯爵俯视着下方的自由大道

科英布拉的色彩

渡重洋到非洲的葡萄牙殖民地去经营农场。在它的旁边,有一座 7 万公顷的**国家公园**(Peneda-Gerês National Park)❺,里面成串的湖泊上可以进行各种水上运动。

学习的地方

古老的**科英布拉**(Coimbra)❻大学位于波尔图南侧,建在一座山坡上,俯瞰着蒙德戈河 (Mondego R.)。古老大学城中狭窄的街道围绕着城镇中心相互交错,经过 17 世纪的菲利亚城门(Porta Férrea)通往埃斯科拉斯(Escolas)庭院。在觉昂三世雕像后面,可以一览无遗地瞭望山坡下的潺潺河流。位于大学城远处一隅的是世界上最美丽的一座图书馆,天花板上的壁画秀美精致,各个阶梯经过精心雕刻,整座图书馆雕梁画栋,美不胜收。葡萄牙最伟大的诗人卡蒙斯 (Luis de Camões)曾是科英布拉大学的学生。这座大学的传统长达数百年,每年夏天都要举办历时一周的"焚烧绶带"活动,本科生将系在袖子上显示各自专业系属的绶带取下来点燃焚烧,研究生演唱当地传统歌谣颇有独到之处。这里的歌谣比在里斯本流行的歌谣更严肃、更具理性。听众不会鼓掌赞美,而是清清喉咙。

葡萄牙最伟大的传统是**法蒂玛**(Fátima)❼朝圣活动。1917 年 5 月 13 日,三位牧羊女看到圣母在一棵橡树上显灵,要求她们为全世界的和平祈祷,并许诺自此之后直到 10 月,每月 13 日她都将再次显灵。从此在这些日子里当地便举行盛大庆祝活动,从世界各地来此的游人都要参观那座建在广场边的柱廊大教堂,而在教皇来此时,聚集的人群则以百万计。

下图 耶稣祭坛

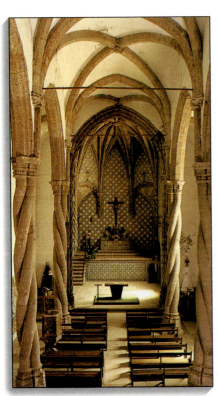

法蒂玛以西 20 公里的**巴塔利亚**(Batalha)❽有座美丽的哥特式小修道院——维多利亚圣母修道院(Santa Maria da Vitória)。修道院外观装饰华丽高贵,内部典雅质朴。在创始者之小教堂内安放着觉昂一世与阿维茨(Aviz)干朝历代君主的陵墓。另外,在"未完工教堂"内还有航海家亨利王子 (Prince Henry) 的陵墓,他是葡萄牙伟大航海家们的赞助者。这座修道院回廊的建筑风格是葡萄牙精致细腻的曼纽厄尔 (Manueline)的表现手法,曼纽厄尔是葡萄牙历史上从南美洲丰富艺术文化中受益最多的一位君王。曼纽厄尔风格的典型特征是以航海题材及葡萄牙人的知识与权力、浑天仪等作为象征,精雕细刻于建筑物上。最引人注目的是**"未完工教堂"**,当皇家金库日益空虚之际,这座正在建造之中的教堂惨遭打劫和破坏。

往南便是阿尔科巴萨 (Alcobaça),有一座全葡萄牙规模最大的教堂,完全以中世纪最精致的石雕艺术修建而成。石雕作品叙述着佩德罗一世(Pedro I)奇异怪诞的行为,包括他曾挖掘出皇后的遗骸,给她戴上皇冠,并下令诸臣亲吻她的手。

传统渔村**纳扎雷** (Nazaré) ❾位于海岸上,在那样渔民们喜爱储存帽子,妇女则穿着衬裙,沙滩上是五颜六色的渔船。夏季,旅游公司在这里建起帆布帐篷的营地,创造出一种浪浪的气氛。

里斯本周围

马夫拉(Mafra)❿邻近里斯本,因为镇上的一座嘉布遗会修道院(Capuchin monastery)而最先发迹,后在觉昂五世时大肆扩建。在此建立了一所技术学校,其中的一名教师是约厄金·马查多·德·卡斯特罗。

嘉布遗会修道院的正墙长 220 米,修道院后面是一座教堂,向人们展示了葡萄牙最上乘的大理石以及从意大利运来、用加拉拉(Carrara)大理石雕成的六尊圣徒雕像。该教堂中最值得一看的是其 35000 册藏书、巴罗克式图书馆,典藏有首版《加蒙斯·奥斯·卢西阿达斯》以及用希腊语写就的最早版本(荷马史诗)。

从里斯本出发旅游,马夫拉是个很好的地方,不过在里斯本西北 25 公里处的**辛特拉**(Sintra)⓫则更是不可错过的旅游胜地。去过那里的人无不为之所迷。最迷人的建筑是**皇宫**,曾作为葡萄牙帝王的宫殿达 600 多年,14 世纪末,觉昂一世国王在位时修建,16 世纪的曼纽尔一世时期又大规境扩建。皇宫四周秀丽清幽,晚上华灯齐放一片辉煌,仲夏之夜,常有声光表演,游人流连忘返。

另一处皇宫位于**基卢兹**(Queluz),这是一个相当沉闷的小镇,在**里斯本**(Lisboa)⓬西北 14 公里。宫殿建于 18 世纪,有"小凡尔赛"之称。皇宫内部的金銮殿用镀金纹饰和玻璃装潢,如今每个季度都在这个大殿内举行盛大音乐会。

地图378 ~379 页

马夫拉是圣安德雷教堂(Santo André)的所在地。梵蒂冈的第二十一世教皇 Pedro Hispano 在 1276 年当选为教皇前一直在这里。他是梵蒂冈历史上唯一一位来自葡萄牙的教皇。

下图 巴塔利亚的"未完工教堂"

为了避免强烈阳光的直接照射，可以购买草帽。

从里斯本乘渡船经塔古斯河到达锡图巴尔(Setúbal)⓭工业腹地。在此不妨参观耶稣会教堂，这是波伊特克的早期作品，他是负责修建吉诺尼莫斯修道院的建筑大师。耶稣会教堂扭曲绳索状堂柱尤其与众不同，在博物馆内还藏有丰富的原始绘画作品。

阿连特茹(Alentejo)即"特茹之后的土地"，意思是"河流南岸之地"。与葡萄牙北部不同，这是最平坦的一个地区，茂盛葱郁的橡树林和橄榄树大约覆盖了整个地区的 1/3。主要城镇埃武拉(Evora)⓮，是布尔戈尼历代国王和阿维斯王朝(Avis Dynasty)最喜爱的一座古城。

阿尔加维

葡萄牙南部沿海朝南绵延 150 公里的狭长海岸，景观截然不同。阿尔加维的建筑清一色穆尔风格，植物蔬菜多属亚热带品种，冬季的海水温度很少低于15℃。从 1970 年开始，此地逐渐成为旅游热点。法鲁(Faro)机场的飞机频频运来游客，欧洲北部人，尤其是英国佬，纷纷在此购置骤然兴隆的分时享用(time-share)度假别墅、公寓以及"第二个家"，城镇四周环绕着这些新建筑，雨后春笋似地平地而起，宛若世外桃源般的"不动产度假胜地"。

阿尔加维(Algarve)一词源于阿拉伯文的"el gharb"，意为"西方"。其西边极点为圣维森特角(Cape St Vincent)⓯，也被形容为"天涯海角"。几百年来，这一带一直鲜为人知。仍为远离城市的一隅之地，挂满果实的杏树被风吹弯了枝头。客君可在此看到欧洲最明亮的灯塔，3 千瓦的强烈探照灯将 96 公里开外的海域照得如同白昼。沿海的红土峭壁高得令人咋舌，最高一处被称为埃斯帕塔楼(Torre de Aspa)，高达 150 米。

位于圣维森特角以东 2 公里的萨格雷斯 (Sagres) ⓰是个盛产龙虾的渔港。航海先驱亨利(即亨利王子)在此建立了一所航海学校，达·伽马、哥伦布以及其他许多探险家都在此学到了航海技术。这所学校坐落在福特雷萨，那是一座巨大森严的堡垒，重建于 17 世纪，一座高 39 米的石罗盘竖立其间。罗盘曾是亨利常用的仪器。

亨利对萨格雷斯的钟情有助于这一地区对外人开放。在萨格雷斯背后绵延展开的卡尔德杭山 (Caldeirão)和蒙奇克山(Monchique)见证了它的开放过程，它东面的瓜迪亚纳河(River Cuadiana)则与西班牙为邻。

忙于冒险的 16 世纪是个激动人心的年代，当西方人将东方的财宝大量掠回自己家园之际，圣维森特角东面的拉古斯 (Lagos) ⓱港则停满了西班牙的多桅帆船，在欧洲建立的第一个奴隶市场便设于此。

拉古斯拥有罗马早就用过的天然良港，在穆尔人时代是与非洲通商的贸易重镇。亨利王子昔日的宫殿现已

下图 萨格雷斯的堡垒

成为医院。防御城墙迄今仍守卫着港口,港口停满了渔船。当地最优美的圣安东尼奥小教堂,内部华丽的巴罗克风格及镀金的装饰赢得了"黄金小教堂"的美称。

地图378~379页

渔趣重镇

阿拉德河流经锡尔维尔,在**普莱亚达洛查**(Praia da Rocha)注入大海,是沿岸最著名、历史最久远的海滨胜地,宽阔的沙滩背后衬以盘旋于峭壁山顶的步行大道,两侧别墅与大饭店林立。20世纪初**波蒂芒**(Portimão) ⓲的阔佬富婆们来此度假,使其渐成海滨胜地。波蒂芒是个迷人的古老渔港,离出海口仅3公里,如今成为葡萄牙西部海岸最大最繁忙的港市。波蒂芒是个极好的购物中心,而在当地很多餐馆中可以品尝到鲜活的金枪鱼和沙丁鱼。著名的餐馆兰特纳(the Lanterna)所供应的烤箭鱼是当地的特产,烹制的鲜鱼汤据称是当地沿岸餐馆中最有名的。海鲜杂烩浓汤(caldeirada)是所有餐馆中必有的佳肴,以蛤蜊与肉类同烩的卡塔普拉纳(cataplana)也是一道名菜。在波蒂芒可租用渔猎游艇,随艇出海观赏渔猎。据说这是全欧最后一处迄今还能渔猎的地方。可以猎捕鲨鱼的珊瑚礁距离海岸20公里处,乘船约需2小时,大蓝鲨、紫铜鲨和美味可口的灰鲭鲨就在那儿恭候你的光临。阿拉德河东岸的**费拉古多**(Ferragudo),是风帆冲浪和横板冲浪运动的中心。

卡尔达斯-德蒙奇克(Caldas de Monchige) ⓳是位于锡尔维什山坡上的一个温泉城镇。据说此地温泉水具有治疗功效,不过也有人来此并非为泡温泉,而

阿尔加维有许多美丽的海滩,但位于波奇斯(Porches)以南的Praia da Marinha海滩是最适于拍照的。一望无际的大沙滩衬着五颜六色的岩石,非常漂亮。

下图 阿尔布费拉平静的港湾

地图 378
~379 页

是为了购买一种从鹃树浆果中提取汁液而酿成的烈酒，名为"麦德龙荷酒"。这种山果植物会开白色或粉红色花，结出红色的浆果，温泉周围地区都有。在**蒙奇克城**中的卡门女修道院(Carmen Convent)可以观赏山坡及海岸风光。

拉古斯的腹地**锡尔维什**(Silves)❷⓿，是穆尔人统治时期该区的首邑，当时称为切里伏(Chelib)，位于阿拉德河(River Arade)可以通航的河段。切里伏曾为学术与文化的中心，在其全盛时期人口多达 3 万。1189 年葡萄牙桑乔一世(Sabcho I)，经过 6 周的围攻终将其攻占，此后葡萄牙历代君王都自称为"葡萄牙及阿尔加维国王"。锡尔维什有一座建于 13 世纪的大教堂，祭坛后面还保留了一座穆尔人清真寺。锡尔维什那巨大的城堡、城墙环绕的要塞，以及坚固的方形阿尔巴拉塔楼等，是葡萄牙尚存最精美的穆尔建筑群。1755 年大地震令该城大部化为废墟，而今当地居民已增至 2 万。**葡萄牙十字架**(Cross of Portugal)是 16 世纪的石雕镂花十字架，屹立在城外不远处锡尔维什至麦西纳斯的公路上。锡尔维什南部的**拉哥亚**(Lagoa)是个产酒中心，酿酒人合作经营的酒窖很有趣，附近的波奇斯(Porches)以盛产精美陶器制品而闻名。

阿尔布费拉(Albufeira)❷❶的清晨鱼市是最吸引人的地方。鱼市实则为小渔港，街道陡峭而狭窄，白色房屋分布杂乱，为典型的穆尔风格圆形屋顶的建筑。不过这一道风景，由于阿尔加维海岸上最大的度假胜地而黯然失色。现在这一鱼市已完全成了一处旅游点，有很多海鲜餐厅，主要购物街上分布着大大小小的纪念品商店。购物街地处奥图布洛 5 号大道(Avenida 5 de Outubro)附近，穿越隧道可直达海滩。海滩最注目的是阳光海洋大饭店(Sol e Mar hotel)，每逢夏季，饭店人满为患。

下图 葡萄牙阿尔热
祖尔(Aljezur)海岸
右图 "世界之窗"
后数页图 天主教牧
师及其衣帽

地区首府

法鲁 (Faro) ❷❷坐落于阿尔布费拉以东约 36 公里，自 18 世纪以来一直是该区的首邑，堪称沿岸最美丽的城市。1755 年大地震使早期的建筑悉数倒塌，然而仍有部分华丽精美的巴罗克式建筑完好地保留下来。老城就在古城墙的废墟遗址内，可经由 18 世纪所建的维拉拱桥(Arco da Vila)抵达老城。与本地大多数的教堂一样，位于城中心广场上的大教堂就建于昔日穆尔人清真寺的遗址之上。教堂内装饰细腻华美，免戒室呈文艺复兴风格，并有一架喷漆管风琴。

法鲁以东 32 公里的**塔维拉**❷❸(Tavira)是这一段海岸中最漂亮的渔村，至今丝毫未遭污染。塔维拉渔村所在的阿塞卡河(River Asseca)上，横跨一座罗马人架设的七孔大桥，不过河道已被泥沙长期淤积。渔村内点缀着一座白色城堡、数栋教堂、若干花园和许多穆尔式圆屋顶民宅。塔维拉可谓是阿尔加维地区城镇的缩影。 ❑

旅行指南目录

基本指南

熟悉环境

地　理

就陆地而言，总面积为1050万平方公里的欧洲大陆算不上幅员辽阔。在各大洲中，只有澳洲大陆在面积上次于欧洲大陆，但欧洲大陆的人口却非常稠密。如果将英联邦独立国家在欧洲的领土计算在内，全欧洲总人口可达6.7亿，平均每平方公里64人。欧洲人口中60%居住在都市，而比利时的城市人口更高达95%。

欧洲大陆除东面外，三面临海。海岸线分布相当不规则，众多的海湾、半岛、峡湾和岛屿交织在一起构成了长达80500公里的海岸线，其长度也已超过了非洲海岸线。阿尔卑斯山脉是欧洲地势最高也是最主要的山脉，它是许多主要河流的发源地。

在欧洲大陆的西部和南部分布着很多山脉、峡谷和低地。事实上可以说，欧洲大陆是一个由陆块组成的向东延伸的半岛。在最近的一次（大约于1.2万年前结束）的冰河运动造成了欧洲北部地区排水不畅，融化的冰河河水形成了大大小小的湖泊。在欧洲南部，冰河使峡谷更幽深，山峰更陡峭。阿尔卑斯山和比利牛斯山皆为冰河运动的遗迹。与阿尔卑斯山脉中高达3404米的最高峰

—勃朗峰形成鲜明对照的是荷兰境内低于海平面的海岸线。目前复杂的堤防系统防止着海水的倒流。

时　区

几乎欧洲所有国家都位于欧洲中部时区，即比格林尼治时间早1小时，比美国东部标准时间早6小时。希腊则是例外，希腊比格林尼治时间早2小时，比美国东部标准时间早7小时。所有国家都遵守称为"日光节约时间"的原则，从每年的3月28日到9月26日，将时间提前1小时，只有荷兰是从每年4月的最后一个星期日到10月期间将时间提前1小时。

气　候

要对欧洲大陆的气候作一概括性结论不容易，不过如将阿尔卑斯山脉作为分界线，或许有助于说明。

阿尔卑斯山脉以北地区在冬季又湿又冷，天空也总是灰蒙蒙的，在夏季则是温暖多雨。西部的海洋性气候使这一地区终年温度适中。比大西洋暖流是海洋湾流的延续，使得沿海地区保持温和的气候。比如西班牙的西北部地区，夏季与冬季温差不超过10～18℃之间。全年降雨量分布相当平均，东部和北部的大陆性气候使这一地区在冬季和夏季形成了截然不同的风貌。冬季里最寒冷时，气温可大大低于摄氏零度。

阿尔卑斯山脉以南地区与以北地区完全不同。地中海地区的夏季干热，7月的平均气温可达22℃。而冬季则相当温和且多雨，1月份平均温度为8℃。

第四类是山地气候，其中以阿尔卑斯山区为代表，气候变化多端，1月时可出现－4℃的低

温，但在7月则可上升至16℃。

植物及农作物

西欧大部分地区曾是一片茂密的落叶树森林，但大部分森林为给农业提供便利条件而砍伐掉，树木以坚硬的橡树和桦树为多。这里的土壤相当肥沃，因为落在地上的落叶腐烂后变成了肥料。北欧斯堪的那维亚半岛（Scandinavia）的森林多作为商业用途。

在地中海地区，多分布着抗旱的植物，如常绿灌木类、柏树、橄榄树及矮木丛。如果土壤是微红色，意味着铁含量较高。在大多数西欧国家里，一半土地是可耕地。小麦是主要农作物，但燕麦、大麦和马铃薯的产量也不低。柑橘类水果、橄榄及葡萄的主要产地为地中海地区。乳酪生产业四处可见，尤以丹麦和荷兰为多，山坡地区则放牧牛羊。

动　物

欧洲分布着许多小型哺乳类动物，如兔子、松鼠、鼹鼠及刺猬。在山区及北部林地，有狼及狐狸的踪迹。在大部分森林里均可见到野鹿。

欧洲海域常见的鱼类有鳕鱼、黑线鳕鱼、鲱鱼、鲭鱼，地中海则分布着金枪鱼和沙丁鱼。

矿　藏

欧洲的煤矿和铁矿藏量丰富，因此造就了工业革命。品质最佳的煤矿位于德国的鲁尔区，法国北部及比利时南部。尽管法国东北部的洛林省和位于欧洲境内的俄罗斯领土仍有铁矿资源，但欧洲已不再是铁矿的生产大户了。

品质良好的铝矿来自于法国

南部和匈牙利；碳酸钾来自于法国、德国和西班牙。另外一些如铅、锌、铜等矿产资源在欧洲的蕴藏量有限。

行程安排

衣　着

游客的两项基本原则是：旅行时要轻松；穿着要舒适。不要带只会穿一次或是不能舒舒服服穿上过 24 小时的衣服（因为有时两个逗留地之间距离可能很远）。夏季带上棉质衣服外加一件轻便的夹克衫或毛衣就够了。冬季，一双结实而又防水的鞋，一件保暖的外套和几层衣服就可使你又暖和又舒适。可折叠的雨伞和轻便的雨衣是永远随身携带的有用之物，同时一双穿着舒适、行走方便的鞋则是最重要的东西。

在欧洲穿着不需拘谨，除了偶然在晚间出门欣赏歌剧、看电影或到豪华餐厅赴宴时穿着需要较正式。女士们应该记住，去参观教堂或大教堂时要衣着端庄。尤其在意大利，穿短裤或背的服装会被拒之门外。有时，有些教堂可能会要求妇女遮盖裸露的手臂。

携带物品

电　器

欧洲大部分地区采用 220 伏电源，50 赫兹。有些地区，特别是地中海地区的乡村仍使用 110 伏电源。使用 220 伏电源的电器插到 110 伏电源上不会有危险，只是效能降低。然而，如果 110 伏电器插到 220 伏电源上可能会短路甚至燃烧起来。因此，来自美国、加拿大和东南亚一些国家（这些地方一般使用 220 伏电源）的旅客需要携带变压器来改变电压以适应所带电器的需要。几乎欧洲各地都使用二相插座。但各国之间又有所不同，因此最好能携带不同的转换插头，或者直接请饭店服务员提供可用的插头。

入境规则

签证与护照

各国签证规定有所不同，而且随时可能有所变化。因此最好先向大使馆或旅行社询问现行签证规定。前往欧洲旅行的旅客都需持有效护照，但少数几个欧洲国家的公民只需持国籍身份证。加拿大、英国、爱尔兰共和国、美国、澳大利亚和新西兰的公民如在本书介绍的欧洲国家内停留 3 个月以下不需签证。马来西亚和新加坡公民入境希腊需办签证。16 岁以下儿童与成人同行，且列入成人护照时不需另办护照。16 岁以上者必须具有单独的护照。需要办理签证的旅客应在自己本国内向有关大使馆或领事馆咨询和办理有关事项。护照应放在安全易取的地方，不要放在手提箱内，因为无论是过境、办理住宿手续还是兑换钱币时都需出示护照。

海　关

准确的海关手续因国而异，但一般说来，非欧洲籍旅客在进入本书介绍的欧洲国家时，可免税携带以下物品入境：

个人用品（衣物、行李、洗漱用品、摄影器材、业余摄像机及胶片、露营及运动器材、个人的饰物等），但要求这些物品要携带出境，而不是在境内出售。

过境时所需食品。

纪念品、礼品和个人购买物，但总额不能超过各国规定。

400 支香烟或 200 支小雪茄或 100 支雪茄或 500 克烟草也可以是相应数额的各种香烟、雪茄和烟草。在欧洲任何一个国家停留 24 小时以上的欧洲居民或非欧洲居民只准许上述所列数额的一半免税。

1 升白酒（酒精浓度在 22% 以上）；或 2 升香槟酒，甜酒或其他酒精浓度在 22% 以下的饮料；和 2 升不起泡的酒或其他酒。

50 克香料。

0.25 升香水。

500～250 克咖啡（依照各国规定）或 200～100 克咖啡精。100 克茶或 400 克茶精。

17 岁以上旅客携带的烟草及含酒精饮料方能免税，而免税咖啡的携带者则是 15 岁以上的旅客。

带入欧洲的猫、狗需具备家畜的健康证明，该证明要由官方翻译机构或大使馆、领事馆翻译成入境国家的语言。

医　疗

只有来自某些官方宣布的疫区国家（一般是指定的一些非洲国家）的旅客才需提供接种疫苗证明书，或是在该地区停留 5 天以上的旅客也需提供此证明书。

在欧洲一般不需要接种疫苗，阿尔卑斯山以北一直就不存在需要接种预防的疾病。但欧洲南部地区时有天花、霍乱、伤寒和肝炎的流行。在疾病流行期间，禁止没有相应的预防接种证明书的旅客入境。如希望注射上述疫苗，请在启程前最少 8 周内进行接种。天花疫苗接种证明必须为国际疫苗注射证明书。请向有关医生询问其细节要求。

一般说来，在北欧国家饮食都相当安全。然而在地中海国家则需注意。如有疑问，最好饮用瓶装水或茶，有可能的话，在接触食品前要注意洗手。

欧洲各地医疗费用相当昂贵，尽管旅客在有些国家（如荷兰）可以免费得到紧急医疗。

英国公民可通过欧洲共同体国家互惠体系得到全免或部分免的医疗，但需在起程前向卫生和社会保障部索取 No. E111 表格。

在紧急情况下，您如需要一位讲英语的医生、牙医或药剂师，可向美国或英国领事馆索取这样的人名单，有时当地旅游部门也可提供这类名单。如遇节假日或夜间，您所在饭店或警察也可为您提供有关信息。在本书所列的几个国家，周日和夜间采用药房轮流营业制，最近的营业药房通常都会有标志。

特别值得向旅行者推荐的是在您出门旅行时，要对您出门期间的您本人和财产进行投保。所投险种应包括医疗费用、行李及财产的丢失与损失（包括支票和现金）、个人意外、第三者责任以及当您改变计划时，因取消或缩短旅行而产生的大量额外费用。这种保单必须确保您能立即得到赔偿以便获得急需的服装、行李和相机，而不是需等待数月。

如果护照遗失或被窃，请向警方报案，然后向最近的本国大使馆或领事馆备案。大使馆可重新为您办理护照或是临时证件，以便您办理出、入境手续时间一般需 1～2 周，而且护照有效日期是有限的（回国以后可办理延期手续）。请务必记住您的证件号码，更好的办法是将其复印下来并与证件分开保存，并携带供办理新护照用的照片，这样可大大加快办理护照的速度。

所有国家的报警电话、火警电话以及急救电话均为全天候 24 小时服务。这些电话号码可以在电话号码簿和电话亭里找到。这类电话和其他一切常用电话号码都部分别列入本书各国章节的有关项目里。

货　币

在本书内所介绍的国家里，大部分国家对携带出入境的外币数量没有严格规定。然而，值得建议的是在进入某些国家时最好向海关申报，特别是所带外币数量较大，而且所有外币还要携带出境。欧元区国家对当地货币出入境没有限制。但在其余国家则对此有某种限制（详情请见各国具体章节）。由于这些规定常有变化，因此行前请咨询旅行社或银行。

旅行支票是外出旅行时携带花销费用的最好方式之一，并且还具有能够很快得到补偿的优点（如果旅行支票丢失或被窃的话）。在遗失或被窃到挂失这一段时间内，您仍对支票被冒领负有责任（也就是支票在挂失前被冒领，您不能得到补偿）。因此发现支票遗失或被窃后要立即通知支票发行处或其海外代理处。要将支票的所有连号记好并与支票分开保存，用一张划一张。这种几乎是苛刻的要求对您届时得到补偿有帮助。从兑现和偿还能力来看，美国的运通旅行支票是您的最佳选择。其他可以考虑用于购买旅行支票的货币有英镑、欧元或瑞士法郎。这些在欧洲各地都很容易兑换成现金。澳大利亚元的旅行支票在欧洲不易兑换。

通常信用卡可以在所有银行里兑换成现金，也可以在大多数饭店和商店里使用。美国运通卡仍是最受欢迎，也是用得最多。持有人在欧洲任何美国运通办事处均可提取现金。

欧元区包括以下欧洲国家：奥地利、比利时、芬兰、法国、德国、希腊、爱尔兰、意大利、卢森堡、荷兰、葡萄牙和西班牙。这使得在欧洲的旅行生活变得更加容易。欧元和美元的价格基本相当。

在欧洲各国，外币和旅行支票都可在指定银行和官方的兑换处的营业时间内兑换。如在非营业时间，可在主要的火车站、机场、港口以及边境通道处兑换。那里往往设有兑换营业窗口，营业时间通常延续到晚上，周末和假日也营业，有些是 24 小时营业。外币还可以在国际列车及一些设有外汇业务部门的邮局兑换。外币也可以在大饭店（如四星或五星级）、旅行社或一些商店里兑换，不过在这些地方的汇率要低。尽量在出境时将硬币用完，因为硬币是不能兑换的。

节　日

欧洲各国公假各不相同，即使在一国内，各地、各村也不一样，因此不可能列出一个完整的公假清单。以下是大部分本书介绍的国家共同的节日。

新年　1 月 1 日
复活节　3 月 21 日
劳动节　5 月 1 日
耶稣升天节　复活节后第 40 天
耶稣降临节　Whit Day
万圣节　11 月 1 日
圣诞节　12 月 25 日
圣·史提芬节　12 月 26 日或 27 日，也称为礼品节，在这天里往往向雇员分发礼物。

上述节日之外，可参阅本书各国具体章节。

由于天气炎热，大部分地中海国家（如意大利、西班牙、希腊及法国南部）都实行午休制。机关和商店一般在中午 13：00～16：00 午休，不随天气变化。冬季几个月内的午休时间也许会较夏季短一些。大部分商店和机关一般要工作或营业至 19:00~20:00。公共交通运输在午休期间往往视具体情况采取不定时行驶制。一些酒吧、药店在午休时间也不正常营业。医生和牙医一般也很重视午休,但提供急诊服务。

如何抵达

航 空

大多数前往欧洲的旅客往往搭乘飞机经伦敦或直接抵达欧洲主要国际空港,包括阿姆斯特丹、布鲁塞尔、法兰克福、卢森堡、巴黎、罗马和苏黎世。欧洲航线可通往世界各地,众多国际航空公司均提供可选择的定期航班和包机服务。

如果您从伦敦出发,希斯罗机场(Heathrow)和盖特维克(Gatwick)机场每日均有飞往欧洲各主要城市的航班。盖特维克机场目前比欧洲任何一个机场都有更多来自美国的航班,并且还可接受任何包机的降落。

大多数欧洲国家的主要国际机场位于各国首都,但德国的主要国际机场是在法兰克福,而在瑞士人们通常飞抵苏黎世或日内瓦,而不是首都伯尔尼。

铁 路

前往欧洲,旅客可通过由远东出发的西伯利亚大铁路,途经莫斯科而直接抵达柏林、巴黎等城市。途经保加利亚和前南斯拉夫的火车、汽车将伊斯坦布尔与欧洲大陆连接起来。自行驾车前往欧洲大陆的人可取道西班牙的阿尔赫西拉斯(Algeciras,从摩洛哥进入西班牙)以及位于法国、比利时和荷兰的英吉利海峡沿岸的港口城市。从欧洲东部进入欧洲,可走贝尔格莱德和维也纳。

水 路

伦敦和欧洲大陆各处都有火车和汽车连接,一般来讲横渡英吉利海峡的轮渡费包括在车费里。英国的港口城市哈里奇(Harwich)、多佛(Dover)、福克斯通(Folkstone)、费利克斯托(Felixstowe)、希尔内斯(Sheerness)均有运送旅客和客车的轮渡前往荷兰的荷兰湾(Hook and Holland)、比利时的奥斯坦德(Ostend)和泽布勒赫(Zeebrugge)以及法国的敦刻尔克(Dunkergue)、加来(Calais)和布洛涅(Boulogne)。从多佛和拉姆斯盖特(Ramsgate)到奥斯坦德、布洛涅和加来之间有气垫船来往运营。

实用指南

紧急情况

推荐几项旅客常用的预防措施:

不要将所有的钱、信用卡或旅行支票放在一个钱夹里或一个行李包中,分开存放可使您免被窃贼偷得身无分文。

提包要抓紧、看好,绝对不能离人。

通过某种方式将您的有关证件放在您的钱夹里,因为小偷有时会将偷来的钱夹丢在当地邮筒里,或是个可被人发现的地方

(当然钱是没有了,但其他可能完整无缺)。

物品丢失后要立即向当地警察局和最近的领事馆或大使馆挂失备案,并可查看丢失物品是否被捡到后送交警察局、领事馆和大使馆。如果停留时间允许,也可定期到主要邮局查询。

计 量

欧洲大陆使用公制,常用的换算比率如下:

1 克(g) = 0.04 盎司(oz)

1 公斤(kg) = 2.20 磅(lb)

1 升(l) = 1.76 品脱(pt)

1 厘米(mm) = 0.39 英寸(in)

1 米(m) = 3.28 英尺(ft)

1 公里(km) = 0.62 英里(mile)

8 公里(km) = 5 英里(mile)

衣服、鞋子尺寸的换算,可查阅购物一节。

宗教服务

大多数旅游咨询处可提供采用英语进行宗教服务的教堂名单。如果您愿意花上一点钱,您就可以得到一份全欧洲英语宗教服务的所有教堂名单。提供这种名单的机构是位于 175 Tower Bridge Road London SE1 的英联邦及欧洲教堂协会。

旅游咨询

本书所列各国均有分布密集的旅游咨询服务。各国遍及国内和海外的旅游机构无论在您出行之前或到达之前均可向您提供旅游咨询服务。市级或地区级的旅游机构通常设在游客较多的地区以便提供该地区更详细的资料。而这些旅游机构则是获取城市及道路图、咨询手册、文化活动目录表、旅游指南、旅馆目录以及周刊的最佳来源。这些资料都是英文版。这类机

构的地址均列在本书后面的各国章节中，因为各国旅游部门可以提供更详细的咨询服务。

大使馆和领事馆

通常情况下，外国大使馆和领事馆都设在该国首都，但不少外国政府，特别是一些大国政府在欧洲的主要城市或旅游区设有领馆或外交使团。如您旅行时丢失护照或碰到其他问题，这些外交机构将会为您提供很大的帮助。如遇到一些极其严重的情况，如您的机票或旅行支票或钱被丢、被窃或因其他原因被损，他们可安排您回国（尽管是以最慢、最便宜的方式），通常他们会扣留护照作为抵押，以便当事人尽快归还费用。

大使馆和领事馆常常列在各种旅游办事处分发的册子里。如果没有这类册子，您可以参阅电话簿，您也可以在本书有关章节里查阅。

出游

公共交通

航　空

欧洲密集的航线网将所有欧洲大陆国家连接起来，从一个国家飞往另一个国家早已成为一件容易、方便的事情。往来于这些航线的国际和国内航空公司举不胜

举。详情可参阅本书各国具体章节。

铁　路

在欧洲旅行，旅客可以选择各种类型的火车，如高速的 TGV，豪华的 TEE，现代化的城市间火车，还有 Rapidos，Talgo 和 Corail。时间充裕的人可选乘一般的火车，尽管这种火车路线比较迂回，但沿线风景美丽。几乎所有路线均有夜间行驶的列车。

由 16 个西欧国家（英国除外）的国营铁路提供的欧洲铁路联票和欧洲学生铁路联票是在欧洲旅行的最经济的方式之一。持有此种联票者可无限次搭乘所有国营和许多民营列车以及汽船、轮渡。欧洲铁路联票持有者可在有效期内（15 天至 3 个月不等）乘坐头等车厢旅行。26 岁以下的旅行者可购买欧洲学生铁路联票，他们可以在 1 个月或 2 个月的有效期内无限次乘坐二等车厢旅行。这两种联票都需您在出行前通过所在国的发行处或旅行社购买。欲知详情，请与法国国家铁路、德国联邦铁路和瑞士联邦铁路办事处联系。

出租车

大城市里出租车很多，随处可见。出租车费因地而异，但通常小城市的出租车费低得多，当然这种地区的出租车数量很少。所有正规的出租车都装有计程表，要特别注意那些没有计程表的出租车。以罗马的"海盗出租车(taxi pirati)"为例，他们用私车拉客，要价是正常车价的 2 ~ 3 倍。携带过多行李或乘车人数超过一般数额时，或前往市区以外地点（如机场）时往往需加价付费。小费数额一般为车费的 10% 或以凑整的方式付小费。

自驾车

租车

主要的国际租车公司在全欧洲各大城镇、机场、火车站均设有办事处。旅行可前往租车。大多数办事处可提供单程租车业务。如只租 1 ~ 2 天，最省钱的方法是寻找那些当地的小租车公司，当地报纸的广告和电话本 (在意大利是列在 Autonoleggio 一项里，法国是列在 Location des Voigtures 里，而德国是列在 Autovermietung 里) 可提供有关租车公司的信息。当地的旅游机构也可提供汽车租赁公司的地址。如果您飞往欧洲，并希望在目的地租车，可以请旅行社提供全包的 Fly-Drive 的服务，这种服务通常将租车费用包括在机票款中，租车期限通常为一周。

公路网

全欧洲布满密集的、由主路和次路构成的公路网。欧洲以号码区别各条公路，并在号码前加上字母 E。这些四通八达的公路构成了公路系统，并将主要城市以及一些较小的城市连接起来。主要公路沿线均设有 24 小时营业的休息站，能提供地图、咨询、必要装备以及供故障车辆使用的紧急电话。

驾车须知

因私将汽车驶入某国境内，一般不需入关文件。外国驾驶执照和有关车辆证明在很多国家都予以承认，但计划在欧洲驾车四处旅行的驾驶员则需具备国际驾照。国际驾照可以在驾驶员本国的有关部门申请。汽车第三人责任险在全欧洲是强制性的规定。没有上这类保险的驾驶员有责任在进入每一个国家时投保临时第三人责任险（这项规定不适用于租来的车）。所有高速公路和道路的记号和标志均为国际通用的记号和标志。交通规则也相当规范，其中包括以下基本规定：

——靠右行驶，从左边超车（严禁从右边超车）。

——驾驶员和前座乘客必须扣紧安全带，就如同摩托车驾驶员和其所载乘客均需戴安全帽一样。

——只有在无其他座位的情况下，允许 12 岁以下儿童坐在前座。

——除非另有标记，否则一般市区车速为 50~60 公里/小时。高速公路时速为 100~130 公里/小时。双行线道路时速为 40~70 公里/小时。德国的高速公路没有时速限度，其他道路时速为 80~100 公里/小时。

每个国家几乎起码有一个汽车俱乐部，俱乐部的作用在于提供故障车的维修工作以及有关行车咨询服务。酒后驾车在欧洲要受到严厉处罚。驾驶员血液中酒精成分达到 8% 时，被视为醉酒。在某些国家，驾驶前或驾驶中饮用任何含酒精饮料都属于违法，并课以罚金。

住宿

如果行程基本确实，知道何时抵达何地时，您最好预订房间，特别是在每年 7~9 月旺季时旅行。旅客可以通过当地旅行社或在飞行途中通过航空公司的旅馆预订部进行预订。各国旅游部门也可为您预订房间或提供旅馆目录以便

直接预订。向有关机构索要资料时，要说明您希望在某个地区留宿。如果您很想得到回音，不要忘记随函附上国际回条，这种回条可以在大多数邮局里索取。

尽管事先预订房间不是很灵活，因为如果客人取消预订，其定金就不能拿回，或要对旅店进行其他形式的补偿，但预订能够节省时间和精力并能防止旅客初到某地常会产生的忙乱与不安。没有预订房间的旅客，明智的作法是事先查一下在您停留期间是否有可能造成旅店房间爆满的大型活动。当地旅游部门设在主要火车站和飞机场的办事处往往也提供旅馆定房服务，数目不高的手续费即可为您当场定好房间。

青年旅馆在欧洲处处可见，这是出家旅行寻找歇脚之地的最经济的选择。如果您想得到一份青年旅馆的正式目录，请致函设在 8 St. Stephen's Hill, St Albans, Herts AL1 2DY, UK 的国际青年旅馆协会索取。协会电话号码是 01727 855215。在青年旅馆办理入住手续时需要出示有效的会员证。这种会员证可在出行前在本国购买或在当地购买，大多数情况下，旅游部门可提供青年旅馆的地址。

特色艺术

建　筑

欧洲建筑所具有的风格多样

化是世界上任何一个国家与地区都不可比拟的，这也反映了多元文化的相互影响与结合。

希腊与罗马式

希腊建筑物的特色在于其柱子及过梁的特殊排列，刻有凹槽的形成直线的圆柱以及尖顶柱廊。爱奥尼克式(Ionic)、多瑞克式(DoMc)和科林斯式 (Corinthian)之间的区别在圆柱的高度与宽度的比例，以及柱头的形状与装饰。多瑞克式风格最著名的例子是位于雅典卫城的巴特农神台，而另一座位于雅典卫城的伊雷克西恩神殿则是爱奥尼克式建筑的典范，另外雅典的另一座奥林匹亚神殿则是科林斯式建筑。

圆拱形屋顶是罗马建筑的典型特征，继而发展成圆形屋顶和大厅（圆形或椭圆形结构）。最好的例子就是由罗马皇帝哈德连在公元 120~124 年修建的巴特农神台，现已成为罗马的一所基督教堂，也称做圣玛利亚教堂(Santa Marria Rotunda)。

拜占庭式

拜占庭式建筑起源于公元三世纪，并延续到公元 15 世纪，其名称来源于古希腊城市——拜占庭，即现在的伊斯坦布尔。拜占庭式建筑风格特点在于其以三角拱（由交叉的拱形构成球面三角形）支撑的巨大圆顶。威尼斯的圣马可（St. Mark）教堂是拜占庭式建筑的一个极好的例子。

罗马式

罗马式建筑是在帝国衰亡之后（公元 467 年）在中欧及西欧发展起来的。这类建筑通常都是中间有大厅，两旁有通道或走廊和高台或半圆形高台。罗马式建筑

物的墙很厚,门窗小且呈圆拱型,柱子短而粗且配有沉重的柱头。而用于隔开建筑物中央大厅和两侧通道的是方柱或群柱。罗马式建筑的最好例子是意大利的比萨大教堂和德国科隆的信徒教堂(Church of the Apostles)。

哥 特 式

哥特式建筑的特点是建筑物呈细长状而又充满活力,这反映了天主教的权力与精神力量。始于 1150 年的哥特式建筑特征还有高耸的尖顶以及由描述圣经场景的彩绘玻璃所做成的拱形大窗。不过令人印象最深刻的是建筑的垂直感和光亮度。哥特式建筑在其鼎盛时期留下的佳作是沙特尔大教堂(Cathedral of Chartres)。哥特式代表性建筑物还有巴黎圣母院、科隆大教堂和布鲁塞尔大教堂。

文艺复兴式

文艺复兴式建筑的基本理念是恢复标准的罗马式建筑形态,并使之与新材料、新技术结合。佛罗伦萨是文艺复兴式建筑的出生地,而这种建筑的开山鼻祖则是一位名叫菲利波·布鲁内莱斯基(Filippo Brunelleschi)的金属工匠。如果说哥特式建筑所显示的目标为奋力直向天国的话,文艺复兴式建筑则力图表现出力量与优秀的结合。当今许多著名建筑物都是这一时期的产物,如威尼斯的圣乔治马焦雷大教堂(San Giorgio Maggiore)、马德里的埃尔·埃斯科里亚尔宫(EL Escorial)和巴黎军事学校(Ecole Militaire)。

巴罗克式

巴罗克(巴洛克)式建筑实为文艺复兴式建筑晚期衍生的一种建筑风格,它主导了 17 ~ 18 世纪的建筑特点。这种起源于罗马的建筑风格后来遍及欧洲,但是流行欧洲各国的巴罗克式建筑由于本国的不同情况而产生了一定的变化。这不仅反映了不同气候条件,不同的材料,不同的技术方法,也反映出许多皇室逐渐脱离教会。这种着力表现富贵与华丽的巴罗克式建筑可视为贵族财富与权力的象征。罗马的特雷维喷泉(Trevi Fountain)、巴黎的卢浮宫(the Louvre)、凡尔赛宫(Versailles)里的宫殿与花园以及维也纳的卡尔教堂(Karlskiche)都是巴罗克式建筑范例。

洛可可式

这是一种巴罗克建筑与艺术的变体,较之巴罗克建筑风格,洛可可式更富有嬉戏性,更加装饰化。洛可可式建筑盛行于 18 世纪末。

帝 国 式

帝国式建筑(法国人发音为om-peer)泛指出现于法国拿破仑执政期间的一种庞大的新古典式建筑风格。这种建筑重现了罗马帝国的宏伟与豪华。帝国式著名建筑物有巴黎众议院以及它的翻版位于美国华盛顿特区的最高法院。

新艺术式

在德国称为新艺术的建筑风格是新古典式在 19 世纪末的一种变体,这种持续时间短暂的建筑风格更具装饰性。它的内装饰与外装饰都反映出东方国家(如日本和中国)的风格,但给人留下印象的不是建筑的匀称感而是建筑的坚固性。

购物

大多数欧洲国家商品价格通常不讲价,只有在阿尔卑斯山以南的国家如意大利、希腊、葡萄牙和西班牙可以讨价还价,而且也只有在跳蚤市场或杂货店购买那些悬挂在小车或摊子上的货物时才有讨价的余地,商人和小贩往往把降价的余地事先算在价格里。在决定购买之前最好多转几家商店并进行对比,这就是所谓"货比三家"。

欧洲各地很多大型商店和百货公司都标有"免税"的牌子,这是说来自欧洲联盟以外国家的旅客可以享受退税待遇。退税的范围是准备带出欧盟国家的商品所具有的增值税和消费税。您只需在购物处填写好税单,就可以在离开该国时得到所购商品价格的 25% 的退税金,您也可以请他们将税金邮寄到您指定的地方。由于退税程序因国而异,最好向购物的商店咨询。这是一种很有效的省钱方法,因为有些商品的增值税(VAT)高达 20% 以上。

在离开某国或过境某国时,机场或船上也能购买到免税商品,不过退税方式不同:为免除繁琐的退税手续,所购商品价格中已扣除了增值税。

服装尺寸对照表

女装(包括套装)

欧洲大陆	美国	英国
38 / 34N	6	8 / 30

40/36N	8	10/32
42/38N	10	12/34
44/40N	12	14/36
46/42N	14	16/38
48/44N	16	18/40

女鞋

欧洲大陆	美国	英国
36	4 1/2	3
37	5 1/2	4
38	6 1/2	5
39	7 1/2	6
40	8 1/2	7
41	9 1/2	8
42	10 1/2	9

男装

欧洲大陆	美国	英国
44	34	34
46	—	36
48	38	38
50	—	40
52	42	42
54	—	44
56	46	46

男衫

欧洲大陆	美国	英国
36	14	14
37	14 1/2	14 1/2
38	15	15
39	15 1/2	15 1/2
40	16	16
41	16 1/2	16 1/2
42	17	17

男鞋

欧洲大陆	美国	英国
—	6 1/2	6
40	7 1/2	7
41	8 1/2	8
42	9 1/2	9
43	10 1/2	10
44	11 1/2	11

语言

欧洲南部以拉丁语系为主，如法国、比利时南部、西班牙、葡萄牙和意大利使用的语言均属这支语系。

德国、奥地利、瑞士、荷兰和比利时北部所使用语言属于日耳曼语系。

东欧国家如俄罗斯、捷克、斯洛伐克、波兰、保加利亚等国则使用属于斯拉夫语系的语言。

希腊使用希腊语，某些古老语言仍在有些地区使用。法国西北部的布列塔尼人使用一种凯尔特语，而西、法边境的巴斯克人讲巴斯克语。

熟悉环境

地理

法国面积约为 54.4 万平方公里，人口约 5900 万。法国境内主要有 3 种地理形态：大部分由原始残留土地与森林组成的山林；北部和西部平原；以及崎岖不

平的介于南方和东南方新出现的山脉间的狭长平原。海岸区在北部和西部，临北海之海岸为沙岸，而面对英吉利海峡的诺曼底地区和毕卡蒂 (Picardy) 地区则为白垩悬崖，因此说欧洲的海岸各区就和乡村一样，地形不同。比利牛斯山是法国与西班牙二国间的天然屏障，而侏罗山 (Jura) 则是靠近瑞士一方。阿尔卑斯山当然更是法国境内最雄伟的山脉，作为贯穿欧洲各地的阿尔卑斯山，它在法国境内的部分包括了其最高峰——勃朗峰，高度为 4807 米。

气候

欧洲具有的 3 种气候类别在法国境内都可以找到：北部和西部为海洋性气候；内地为大陆性气候；而南部则为地中海气候。里维埃拉地区冬暖夏热，而北部地区则冬冷夏温。阿尔卑斯山和比利牛斯山都具有滑雪所需的天然条件。1 月是冬季运动的理想季节。巴黎 1 月平均最高温度为 6℃，而 6 月平均最高温度为 25℃。里维埃拉 1 月为 12℃，而 7 月和 8 月为 27℃。

经济

法国是欧洲主要工业国家之一，大部分工业区集中在东部一带，从北边的勒阿尔法到南边的马赛，而西部地区仍以农为主，一般说来较少开发。法国主要工业包括酒、农产品、时装、汽车和科技业。

货币及兑换

法国为欧元货币区，使用欧元。

一般说来，银行营业时间为周一至周五，每天 8：30～12：00，下午 13：30～17：00。在较大城市，银行一般在周六营业，周一不营业。

节日

除了在前文中提及的那些假日外,法国还有巴士底日(7月14日,法国国庆日)和停战纪念日(11月11日,第一次世界大战停战日)等节假日。

抵 达

航 空

几家航空公司经营从英国到法国间的航班运营,限制的取消意味着选择的不断变化。

法国航空公司是主要的公司,经营飞往里昂、图卢兹(Toulouse)、巴黎、尼斯和斯特拉斯堡(Stras-bourg)的航班。**英国航空公司**经营美国各地飞往马赛、波尔多、图卢兹、尼斯、里昂和蒙彼利埃(Mont-pellier)的航班。另外**British Midland 航空公司**经营飞往巴黎和尼斯的航班。提供飞往卡尔卡松(Carca-ssonne)和圣艾蒂安(St-Etienne)航班的是**Ryanair 公司**;**Easyjet**航空公司也有飞往尼斯的航班。

从北美及其他地方前往法国的旅客可乘坐法国航空公司或其他国家航空公司的航班直达巴黎和主要大城市(如尼斯、里昂)。美洲航空公司(American Airline)、联合航空公司(United Airline)、TWA 公司和 Delta 公司均有前往法国的航班。

另外法国航空公司、Air Littoral、Air Libertè 和 AOM 航空公司从事国内航班运输服务。

巴黎机场

巴黎有两个机场:

戴高乐机场(**Roissy-Charles de Gaulle**),位于巴黎以北约 23 公里处,可取道 A1 或 RN2,机场电话为 0148621212;

奥利机场(**Orly**),位于巴黎市中心以南 14 公里处,可取道

A6 或 RN7,机场电话为 0149751515。

有关两个机场间的交通信息可详见交通一节。

铁路联运

法国航空公司提供空路与铁路联运服务,其中包括从英国和爱尔兰各地 15 个机场(没有伦敦希索罗 Heathrow 机场)前往巴黎的航班,然后坐火车可前往 3000 个火车站。这种一切费用都包括在内的票还可包括 15 天内有效的称做 France Vacances 的火车票。法国航空公司在海外设有办事处,他们可以就在法国度假提供建议与信息。

学生

学生以及青年人一般可以通过设在他们本国的指定旅行部门得到折扣票。欲知详情,可以与设在英国伦敦 52Grosvenor Gardens London SWIW OAG 的 Campus Travel 联系,电话为 020-77303402。Campus 隶属于国际集团组织。他设在美国的主要机构是纽约学生中心,地址为 895 Amesterdam Avenue, New York, NY 10025,电话(212)6635435。

常用电话

在英国按以下电话联系:

Air France 电话 020-87426600
Air UK 电话 08705 074074
British Airwāy 电话 0345 222111
British midland 电话 0345 554554
Easyjet 电话 08705 292929
Ryanair 电话 020-74357101
在法国按以下电话联系:
Air France 电话 0141 567800
Air Littoral 电话 0467 206720
Air Libertè 电话 0149 792300
AOM 电话 0149 791000
在美国、加拿大按以下电话

联系:

Air France New York 电话(212)8387800
Air France Los Angeles 电话(310)2716665
Air France Montréal 电话(514)2884264

水 路

英国、爱尔兰共和国以及海峡群岛与法国北部的港口之间有一些轮渡服务,并且都可以运送车辆与人员。距离最短的是从多佛到加莱的轮渡,但自从英国海底列车开通以来它已失去了竞争力。

英法海底隧道

英吉利海峡海底隧道以欧洲之星列车提供从伦敦滑铁卢站至里尔(2 小时)和巴黎北站和迪斯尼乐园站(3 小时)之间高速而频繁的交通服务。电话:08705-186186,网址:www.eurostar.com。这项服务是一家由法国、英国和比利时合资的铁路公司提供的,车票可以通过英国和法国的铁路公司预订。(参见火车部分)。

Le Shuttle 公司提供从福克斯通到加来运送旅客和他们的汽车的服务。这段行程穿过隧道,耗时约 25 分钟。不需预订,直接前往即可。但如果你在高峰时段乘车的话,最好预订。该公司每天 24 小时运营,全年无休,每小时至少一班车。高峰时段的价格与平时相差甚大,所以你可以选择较早或较晚的时段乘车,以节省花费。电话:08705-353535,网址:www.eurotunnel.com。

铁 路

由法国全国铁路协会管理的法国铁路网可提供迅速有效的铁

路运营服务。其备受赞扬的 TGV 运营系统一直在不断发展，向公众提供经过巴黎和里尔前往很多地方的舒适铁路运营服务。对从巴黎出发的游客来说，乘坐这种列车是前往法国任何主要城市的最舒服的方法，很多快车均提供娱乐活动（甚至为小孩提供游乐区）。有 5 个主要的车站从事从巴黎到各列车的运营，你出发前可咨询其中一个火车站，但乘坐列车穿行这个问题就没有如此容易了。大多数大型火车站均有小汽车和自行车出租站，如果您希望这么做，租借小汽车和自行车手续可与您购买火车票一起进行（欲知详情可与法国铁路联系）。

购票及咨询

从法国境外可以预订境内全程车票。

英国的任何一个火车站都可预订车票，其中包括轮渡费。英国铁路旅行中心可提供欧洲大陆铁路服务的详细情况，旅客也可以与 British Rail International Enquiries International Rail Center 联系，地址 Victoria Station, London SW1，电话 08705 848848。如果您是一个 26 岁以下的学生或已退休，不要忘记询问有关对这两类人的票价折扣情况。欲知 Eurostar + TGV 或 Motoral 公司的详情，请与当地旅行社联系，或与一个称为"铁路商店"的电话预订服务联系，这种电话预订服务是法国铁路公司在英国开办的。但要提醒的是，这些线路很忙，需耐心等待。

"铁路商店" 可提供轮渡预订、年轻人的折扣票以及老年人的 Carte Vermeil，这类车票的折扣幅度很大，另外买欧洲火车通票也可得到很大的折扣。咨询、预订电话 08705 300003，线路开通时间为周一～周五，8：00～20：00，

周六 9：00～16：00。

法国全国铁路协会（SNCF）在巴黎设有预订中心。有关法国国内的信息可与 0836353535 联系，电话 0153902020 可提供巴黎的信息。

大多数法国火车站均接受 Visa 卡和 American Express 卡付款。

火车通票

外国旅行者可以购买各种通票，但要在前往法国以前购买。

在英国可以购买叫做 "Eurod – omino Pass" 的通票，持票人可在一个月内的 3、5、10 天内在法国无限次乘坐火车。这种通票也可以和法国航空公司火车联票一起购买。

在美国，旅客购买各种通票的选择余地较大，其中包括 Eurailpass，Flexipass 和 Saver Pass。咨询电话为（212）3083103；预订电话为 800223636。法国铁路的 "n" Driver Pass 提供灵活的铁路和汽车租赁的包价服务。

在其他国家也可购买到类似的通票，但通票的名称和具体标准略有不同。

公路

公路可以使旅客摆脱由于前往远距离度假地而产生的紧张疲惫感，而使你到达一处后就可以驾驶自己的车。

在夏季从一些港口城市，如布洛涅到比亚里茨（Biarritz）、布里夫（Brive）、波尔多（Bordeaux）、图尔兹（Toulouse）、纳尔榜（Narbonne）；加来到尼斯；迪埃普（Dieppe）到阿维尼翁（Avignon）和弗雷儒斯（Fréjus）。另外从里尔（Lille）到阿维尼翁、布里夫和纳尔榜的高速公路对轮渡旅客也很有用。大约从巴黎出发的高速公路大约有 30 多条，有些线路全年

每天发车。可以预订车票，车票款中会将使用 Stena、P & O 或者 Hoverspeed 作为轮渡工具的费用包括进去。

公共汽车

Euroline 是一个由几乎 30 多家公共汽车公司组成的，经营法国境内及欧洲境内的公共汽车运输服务，运营线路为伦敦与法国主要城市。有些线路（如巴黎）每天有车，另外的线路是季节性的，还有的线路全年每周都有几次班车。

这是前往法国最省钱的方式，年轻人及老年人还可购买折扣票。票款中包括了通过多佛抵达法国行程中的轮渡费。National Express（国家快车公司）的公共汽车线路将法国与英国各主要城市连接起来，因为这些主要城市与伦敦间也有公共汽车往来。

欲知详情，请与设在 52 Gros – venor Gardens, Victoria London SW1W OAU 的 Euroline UK 联系，咨询电话 01582404511，也可与位于法国 28，Avenue du Générale de Gaulle，93541 Bagnolet 的 Euroline 联系，电话 0149 725151。

驾 车

几乎所有的法国公路都是私人所有，收费也有所不同（一般可用信用卡付费）。从北部港口城市到法国南部单程各收费点收费总计大约 50 英镑，合 84 美元。高速公路使用费用于维护公路处于高标准状态以及沿线众多的休息处、就餐处以及住宿设施。

高速公路服务处以及咖啡馆中都有免费提供的高速公路地图。由于这些地图上标出了沿线所有的休息处的地点和设施，非常有用。

如果你无需赶路，也就是驾车是你假期的一部分的话，你可以沿绿色的假日路线标记行车前往目的地。这一路线是国家 bisonfute 网络线路的一部分，建立这种线路的目的是躲避高峰时期的交通拥挤。同时你会发现你从未了解的法国地区，并且可能使你轻松地到达目的地。8月的第一个和最后一个周末以及8月15的公假期间通常是最糟的旅行日子，因此要尽量避开这时候旅行（有关在法国驾车的具体事项请参阅交通一节）。

常用地址

英国和爱尔兰

法国航空公司

- 英国：10 Warwick St, London W1R 5RA，电话 020 - 87426600（预订）。
- 爱尔兰：29 - 30 Dawson Street, Dublin 2，电话 778272 或 778899（预订）。

法国政府旅游办事处

178 Piccadilly, London W1V OAL；电话（0891）244123；传真 020 - 74936594；

电子信箱：piccadilly@ mdlf. demon. co. uk；

网址：http://www.fran ce - guide. com

法国驻外领事馆

- 伦敦：21 Cromwell Road, London SW7 2EN，电话 020 - 78382000，传真 020 - 78382001，签证处地址 6a Cromwell Place, London SW7 2EN，电话 0891887733。
- 爱丁堡：11 Randolph Crescent, Edinburgh EH3 7TT，电话（0131）2257954，传真（0131）2258975。

法国大使馆

商务处地址：21 -

24Grosvenor Place, London SW1X 7HU，电话 020 - 72357080，传真 020 - 72358598。

文化处地址：23 Cromwell Road, London SW7 2EL，电话 020 - 78382055，传真 020 - 78382088。

摩纳哥政府旅游及会议办事处

3 - 18 Chelsea Garden Market, Chelsea Harbour, London SW1O 0XE，电话 020 - 73529962，传真 020 - 73522103。

美国和加拿大

法国国家航空公司

- 纽约：666 Fifth Avenue, NY10019，电话（212）3151122，免费预订电话 8002372747。
- 洛杉矶：8501 Wilshire Boulevard, Beverly Hills, CA90211，电话（213）6889220。
- 蒙特利尔：979 Ouest Boulevard de Maisonneuve, Québec H3A 1M4，电话（514）2842825。
- 多伦多：151 Bloor Street West, Suite 600, Ontario M5S 1S4，电话（416）9223344。

法国政府旅游办事处

- 纽约：444 Madison Ave. NY 10022，电话（212）8387800，传真（212）8387855。
- 芝加哥：676 North Michigan Avenue, Suite 3360, Chicago IL 0611 - 2819，电话（312）7517500，传真（312）3376339。
- 得克萨斯：Cedar Maple Plaza, 2305 Cedar Springs Road, Suite 205, Dallas, Texas 75201，电话（214）7204010，传真（214）7020250。
- 蒙特利尔：1981 Avenue McGiU Collège, Tour Esso, Suite 490 Montreal PQ, H3A 2W9，电话（514）2884264，传真（514）8454868。

- 多伦多：30 St. Patric Street, Suite 700, M5T 3A3 Ontario，电话（416）5934723。

法国

法国国家航空公司

119 Champs Elysées, 75384 Cedex08，电话 0144082424；预订中心电话 0144082222。

法国政府旅游办事处

8 Avenue de 1'Opéra, 75001 Paris，电话 0142961023，传真 0142607512。

实用指南

紧急医疗服务

药店（绿十字标志）一周营业6天，9：30～12：00，14：00～19：00。周日和夜间值班表贴在药店窗户上。晚间也可找到值班药剂师，你可以按门上的夜间铃。医生也实行周日、夜间轮班制。医生和药剂师的名字可在当地报纸的"轮班药房"和"轮班诊所"两个栏目中找到。

营业时间

一般商店 9：00～19：00 营业，食品店营业时间通常为 7：30～19：30（20：00）。13：00 左右关门为午饭时间，到 15：30（16：00）再开门营业。大型百货商店、超级市场和巨型超级市场往往每周有一天营业至 21：00（22：00）。有些商店周一不营业，而有些中午没有休息和进餐时间，而大城市里的商店在周日上午营业。

小费

全法国的旅店、餐馆和咖啡馆的账单上都已附加 12%～15% 的服务费，不需再付额外费用，但大部分顾客仍会再付小费。根据账单一般多付 1 欧元。服务好的饭店服务员和餐厅服务员都会得到小费，而出租车司机的小费通常为车费的 15%。

邮政服务

省级邮局营业时间一般为周一～周五，9:00～12:00 和 14:00～17:00，周六为 9:00～12:00(营业时间都贴在邮局外面)。在巴黎和一些大城市，营业时间从 8:00～19:00(中午不休息)。在巴黎的 52Rue du Louvre 75001 有一家 24 小时营业的邮局。

邮票可以在邮局、咖啡馆和烟草店的柜台上买到。邮筒是黄色的。在大邮局里，国内邮件和国际邮件要投入分别的邮筒。通过邮局可以进行取、汇款业务。

电话

法国所有电话号码都为 10 位数。巴黎以及法兰西岛屿的号码为 01 打头，而法国其余地区被分为四个区(西北区为 02，东北区为 03，东南区及科西嘉为 04，西南区为 05)。免费电话为 0800 打头，拨 0836 打头的电话要付溢价费；而以 06 打头的电话是移动电话。

在巴黎有两种不同的电话机拨打本地电话和国际电话使用。一种是投币电话，这种电话现已很难找到，取而代之的是插卡电话，但也许找到一部能用的电话不是一件易事。如果您在平时 20:00 至翌日 8:00 之间以及周末的 14:00 以后拨打电话，您可以付一样多的钱币而享有比平时多 50%的通话时间。

电话卡可以在书报亭、香烟店和邮局买到。先将卡插入，然后即可按电话机屏幕上的指令操作。所有邮局均提供电话服务，邮局电话机分投币和插卡两种。如果拨打长途电话，请先向柜台申请使用电话专用间，您打完电话后再付款。在咖啡馆和香烟店的卫生间旁常设有公用电话。这种电话通常为投币式的或者是自动

收费式(你需要在酒吧买一枚或几个像硬币一样的小币)。

从法国拨打国际电话，需要首先拨打 00，然后拨打国家号码，如澳大利亚 61，英国 44，美国和加拿大为 1。如果使用美国电话信用卡，要首先拨打进入磁卡公司号码，如 Sprint 公司号码为 190087，AT&T 公司为 190011；MCI 公司为 190019。

接线服务电话号码为 13；查号台号码为 12。

在邮局中营业时间内可发送电话，电话是 24 小时服务。发英文电报请拨打 05334411，发法文电报请拨打 3655。

出　游

航空

法国航空公司与它的伙伴公司国内航空公司一起提供法国境内密集的航线服务。其中很多是从巴黎飞往各地，但也有飞行于尼斯和土鲁斯之间；里尔与波尔多之间以及里昂和比亚里茨之间的航班。一些小型航空公司也提供服务质量好的飞往小城市、小镇或是旅游景点的航班。

铁路

全国优秀的铁路运作系统由法国铁路司 SNCF 经营。火车线路遍及法国各地与欧洲铁路相连。火车一般分为头等和二等车厢。在高峰时乘坐超级高速火车(TGV)和高速火车(High Speed Train)需付额外费用。乘坐只有头等车厢的 TEE 也需增加额外费用。在法国购买的任何火车票都需在站台入口处使用一种橘黄色的自动日期打印机打印日期，否则持无打印日期车票的乘客将被罚款。双层车厢火车是为了让游客在法国东南部沿途观赏风景，某些贯穿全国的路线上也有双层车行驶。SNCF 在巴黎有预订处，

电话(01)45656060；用英文提供信息的服务电话为(01)45820841；用法文提供信息的服务电话为(01)45825050。SNCF 在巴黎办公地址为：10 Place de Budapest，75436 Paris Cedex 09。电话为(01)42856000；传真为(01)42856378。多数法国火车站都接受 Visa 信用卡和美国运通卡(American Express)付账。

公路

法国公路网全长 150 万公里，其中包括 4828 公里的高速公路。除了从大城市出发后的最初几公里外，所有高速公路都需收费。法国公路在夏天很拥挤，特别是从巴黎到地中海和大西洋沿岸的公路。想了解当时的路况，请拨打(01)48943333。想了解法国公路路线可与巴黎公路信息服务处联系，电话：(01)47533700。

驾驶须知

所有汽车需带有红色三角形警告标志和数个车头灯备用灯泡。天黑后或下雨都需打开近光灯或停车灯。在有些地区，只有遇到非常紧急情况，否则不许鸣喇叭。在市内停车目前越来越困难。如果把车停在蓝色地带(Zones·Bleues，指法国城市内白天停车不得超过一小时的地区)，必须出示特殊的标记。这种标记可以在旅游局、烟草店、警察局、海关办事处、加油站或是旅馆饭店免费领取。全国汽车俱乐部可以称为全法 40 余家汽车俱乐部的保护伞。它可向任何一位司机提供帮助，只有这位司机所参加的俱乐部与全国汽车俱乐部签有协议。

汽车俱乐部地址：9 Rue Anatole-de-la-Forge，Paris

电话：01－43809463

传真：01－40540015

在高速公路上每隔 2.4 公里就有一部橘黄色的报警电话。

水路

从马赛、土伦、尼斯到科西嘉之间都有渡船往来，且与 SNCF 铁路线连接。在马恩(Marne)、米迪运河(Canal du Midi)及其延伸地带和布列塔尼、布尔戈尼(Burgundy)以及卡马格(Camarue)的运河上都有轮船航线。

语 言

法国的官方语是法语。同时还有三种完全不同于法语的方言。布列塔尼的布列塔尼语，西南部的巴斯克语和比利牛斯山东部鲁西莱地区的加泰罗尼亚语。另外在阿尔萨斯，人们使用一种阿尔萨斯式的德语。学校里教授的第一外国语为英语，但除了在旅游区之外几乎无人讲英语。即便法语讲得不好，当地人也可以听懂，而且使用法语会打破有时在英语谈话中出现的由于语言表达障碍引起的冷场。

巴黎

抵 达

航空

巴黎有两个主要机场。一是戴高乐机场 (Roissy-Charles-de-Gaulle)，位于巴黎北约 23 公里处。戴高乐机场有两个候机大楼，其中 2 号楼主要为法国航空公司航班离、进港使用。二是位于巴黎东南 14 公里处的奥利机场，这一机场也有两座候机大楼，一座称为奥利南楼，一座称为奥利西楼。

从戴高乐机场出发

火车 这是从机场到巴黎市中心最快捷，最可靠的方法。在二号楼(主要为法航班机)出港的旅客可直接在二号楼乘坐火车。如在一号楼出港，旅客可搭乘机场免费班车前往二号楼乘车。前往巴黎市中心的火车从 5：00 ～ 23：45 每 15 分钟一班。市中心到达地点为 Métro Gare du Nord 或是 Chatelet，全程 45 分钟。

汽车 从戴高乐机场到市区的 Rue Scribe 之间每天 6：00 ～ 23：00 每 15 分钟有一班汽车。发车地点为一号楼 30 门，二号楼 A10 号门和 D12 号门。全程 45 分钟。

旅客也可乘坐法航班车(市中心到达地点为 Métro Porte de Mailot 或 Charles-de Gaulle E-toiue)。此线从 5：40 ～ 23：00 每 12 分钟从二号楼的 2A 和 2B，或是一号楼的出港 34 号门均有车次出发。

出租车 乘出租车无疑最简单、最昂贵。从机场到市区出租车依交通情况需行驶 30 分钟或一小时以上。出租车费会显示在里程表上。对每件大件行李，手推椅和动物都要另收费。

从奥利机场出发

火车 首先从奥利南楼的 H 门或奥利西楼的出港 F 门乘坐机场班车前往奥利火车站。火车中途停靠的车站有 Austerlitz, Pont St-Michel 和 Quai d'Orsay，从 5：50 ～ 22：50 每 15 分钟发车。奥利火车站到 Austerlitz 约需 30 分钟。

汽车 开往 Place Defert-Rochereau 的奥利汽车从奥利南楼 H 门或奥利西楼出港 D 门出发。运营时间为 6：00 ～ 23：30，每 10 ～ 12 分钟有车出发。

另外还有开往 Antony 的自动火车。周一～周六的 6：20 ～ 21：15，周日的 7：00 ～ 22：55 为其营业时间。每隔 5 ～ 8 分钟发车，

全程 30 分钟。

开往 Invalides 和 Gare Mont-parnasse 的法航班车从奥利南楼的 J 门或奥利西楼的出港 E 门为始发站。从 6：00 ～ 23：00 有车，每隔 20 分钟发车，全程 30 分钟。车票可在法航终点站处购买。

出租车 出租车行驶时间为 20 ～ 40 分钟。

机场间交通 戴高乐机场至奥利机场之间有法航班车往来。从 6：00 ～ 23：00 每隔 20 分钟一班。

铁路

巴黎的主要火车站是与英国连接的 are du Nord 火车站和开往里维埃拉，西班牙、意大利的 Gare de I' Est、Gar d' usterlitz, Gare SaintLazare 和 Gare delyon 火车站。

海底隧道火车 长度为 50 公里的海底隧道提供了连通伦敦(滑铁卢车站)或者是阿什福与巴黎间最快捷的铁路服务。汽车和旅客均可在隧道英国一边的福斯通和在法国一边的加来乘坐这种可以开汽车上去的火车。这种隧道火车不仅速度快（约 35 分钟）而且车次多（全年 365 天，每天 24 小时服务，大约每小时有车一次）。若想了解详情，请拨打电话 08705353535(英国) 或 03210 06000(法国)。

海路

从英国开出的轮船和气垫船通过来自法国加来和布洛涅的快速火车相连可抵达巴黎的 Gare du Nord 火车站。车、船费都包括在一起。从伦敦维多利亚车站到巴黎间也有这种水陆联运。

实用指南

紧急号码

警察：17

消防队:18

救护车:15

紧急救援热线：47238080（3：00~23：00,有时会有变更,英语服务）

丢失信用卡求助电话：

美国运通卡办事处：01 4777 7200

大来卡办事处：01 4906 1750

维萨卡办事处：01 4277 1190

医疗服务

以绿十字为标记的药店对治疗一般小病可能有帮助,同时药店也能提供帮助注射的护士或进行特别护理的护士。位于香榭丽舍大街 84 号的 Dhery 药店每天24 小时营业,电话号码为 4562 0241(可乘地铁到 George V 下车)。巴黎还有两家为英裔美国人服务的医院,他们是位于 63Bld Victor-Hugo 92202 Neully 的巴黎美国医院（电话号码为 014641 2525）和位于 48Rue de Villiers Levallois-Perret 的巴黎法英医院（电话号码:0146 392222）。

急救电话：43377777 或 47077777。

旅游咨询

巴黎最主要的旅游咨询办公室坐落于 127Champs-Eysées, 75001(地铁站名为 Ge geV)。英语咨询电话为 08 36683112,除圣诞节、元旦和劳动节外,周一~周六,早 9：00~20：00 为营业时间。在主要火车站、机场和汽车终点站都设有旅游咨询处。

欲知有关巴黎及周边地区详情,可与位于巴黎 73-75Rue Cambronne, 75015 的 CRT 地方旅游局联系,电话号码为 01 45678941;或拨打电话 01 46071773 与 Gare de I'Est 联系;或 Gare du Nord 电话 01 4526 9482; Gare du Lyon 电话 01 43433324; Tour Eiffel 电话 01 45512215。

出 游

辨别方向

法国首都巴黎是世界上人口密度最大的都市之一。巴黎分成 20 个区, 800 万人口。塞纳河(Seine River)横贯巴黎,将市区分为二部分——右岸和左岸。横跨两岸的 35 座桥上南来北往的人群川流不息。面积较大的右岸是巴黎的商业区和政府所在地,大部分历史纪念碑、林荫大道和博物馆也位于塞纳河右岸。另一方面,左岸则是知识界聚集地。尽管巴黎现在已被郊区高层建筑和卫星城包围,但仍保持着其他城市与之不可比拟的特点。

公共交通

地铁

巴黎地铁运营时间从 5：30~12：30。完整详细的地图和清楚醒目的标志完全可以使人不迷路。各条线路用数字和其终点站站名标明。地铁与 RER、郊区快速列车相连。巴黎有四条郊区列车线路,分为 A、B、C、D。平价票可在地铁站和一些香烟店购买。欲知详情,可拨打电话：0836087714。

巴黎游览卡可在连续的 3 天或 5 天内搭乘地铁、公共汽车和火车,搭乘车辆范围在法国 Paris 和 Ile 地区。持卡出入旅游景点可享受优惠折扣。游览卡可在各大地铁站、SNCF 站和机场购买。持 Formule I 卡可在一天内不限次乘坐地铁、公共汽车、郊区火车以及夜间公共汽车（这些夜间公车可以延长路线直至欧洲迪斯尼乐园）。这种 Formule 卡可以在地铁服务处或位于香榭丽舍大街的旅游局购买。

公共汽车

公共汽车运营时间从 6：20~20：30。公共汽车速度快且

准时,全部有编号。所有汽车站牌都有详细的地图来指明行车方向。地铁票可用于乘坐公共汽车。根据搭乘汽车所经区域,所需车票 1 张或 2 张不等。乘客也可以向司机购票。

住 宿

位于香榭丽舍的巴黎旅行社及其分支机构可提供各种档次、各种价位的旅店信息,他们在收取微不足道的少量手续费后可代订房间。

特色活动

若想在巴黎参加文化活动的旅客可参阅 Pariscope 或 L'Officiel des Spectacles 这两种期刊。这两种周刊可在报亭购买。周刊上列有当时在博物馆、画廊及展览厅正在展出的展览,还有正在上映的戏剧与电影。周刊还辟有专栏介绍夜间娱乐活动和餐馆。另外,旅游局还办了一份称为"Paris Selection"的月刊,此刊提供巴黎当时正在进行的活动信息。

导游和观光活动 初访巴黎的旅客可搭乘环市旅游公共汽车对巴黎进行一次粗略的了解,这种旅游活动是由 Cityrama 公司或 Paris VIsion 公司组织。前者位于 4Place des Pyramides 75001, 电话 (01) 44556000;后者位于 214Rue de Rivoli 75001, 电话： (01) 42603125。这种玻璃顶的双层大轿车的行车路线包括了巴黎主要景点。这两家公司还向游客提供称为"巴黎闪亮之行"的活动,带您去观赏巴黎令人屏息的夜景。您也可以搭乘玻璃顶的轮船沿塞纳河顺流而下,站在甲板上体味巴黎景色。

购 物

高档百货公司如 Galeries La-fayette 和 Au Printemps 都位

于河右岸，价目不菲的精品店聚集在位于塞纳河右岸的香榭丽舍大街。年轻人的时装（价格较低）可以到河左岸的 St Michel 和 St Germain boulevards 一带的商店购买。

跳蚤市场每逢周六、周日和周一营业（乘地铁在 Porte de CLignancourt 站下车）。如果对花、草、植物有兴趣，可以到 Île de la Cite (Quai de la Corse)去看看，营业时间是周一～周六，8:00～19:00，(乘地铁在 Citè 站下车)。其他的街市还有 Rue Moufetard 和 Rue Poncelet(分别在地铁的 Rue Poncelet 和 Rue Cler 站下车)。营业时间为 9:00～13:00，16:00～19:00,周一和周日上午不营业。

参阅书目

一般图书

France Today，作者为 John Andagh，由伦敦 Pelican 出版社出版。

Easy Living in France，作者为 John P Harris 由伦敦 Arrow Books 出版社出版。

The French,作者为 Theodore Zeldin，由纽约 Random House 出版社出版。

A Holiday History of France，作者为 Ronald Hamilton，由伦敦 The Hogarth Press 出版社出版。

Pauper's Paris，作者为 Miles Turner，由伦敦 Pan Books Ltd. 出版社出版。

其他图书

几套丛书的其他书籍详细地描述了这一地区的名胜古迹。

异域风情系列中有详细介绍法国、布尔戈尼、诺曼底、法国里维埃拉、普罗旺斯、卢瓦尔河谷、布列塔尼、阿尔萨斯和巴黎的书。

袖珍异域风情系列丛书旨在帮助读者不费时间就能准确地安排旅行。该书从 7 个方面介绍了法国的名胜古迹，同时备有介绍很多景点的可折叠地图。

简明探访指南则是一套介绍巴黎、诺曼底、布列塔尼、布尔戈尼和普罗旺斯的书籍。

比利时

熟悉环境

地理

比利时面积约为 3.1 万平方公里，人口约为 1000 万，每平方公里人口密度为 800 人，是世界上人口密度最高的国家之一。

首都布鲁塞尔居民约 100 万，其中包括 24 万外国居民。地处两个语言带之间（北面是佛兰德文，南面是法文）的布鲁塞尔是一个双语城市。所有正式告示和街道名称均用法文和佛兰德文(与荷兰文相似)书写。布鲁塞尔是政府、王室宅邸所在地，也是布拉邦特省的主要城市。

气候

比利时气候因受海洋影响温和怡人，没有太冷或太热的天气。12 月～4 月天气较冷(严寒天气极少)，温度为 0～6℃。5 月天气较暖并持续到 9 月，温度为12～22℃。

经济

比利时首都布鲁塞尔是欧盟，北约以及许多民间、公众国际机构总部的所在地。在切割和工业用钻石、平板玻璃和强化玻璃方面，比利时和卢森堡是世界上两大主要输出国。

政府

比利时为君主立宪制国家，有两个经选举产生的国会议院，全国分为 9 个省。

货币

比利时为欧元货币区，使用欧元。

信用卡

国际流通的信用卡在城市的大部分地方都可以使用。如丢失信用卡，可与下面联系：

美国运通卡（American Express)026762111；

达来卡(Diner's):022069800；

欧元卡（Eurocard）、万事达(Master card) 和维萨卡（Visa）:070－344344。

节日

除前文中提及的公假外，还有下列公假：

7 月 21 日 比利时国庆节；

11 月 11 日 停战纪念日；

11 月 5 日 王朝日。

抵 达

航空

比利时国家航空公司以及加拿大、英国和其他一些国家的航空公司将比利时和世界各地连接起来。比利时的主要门户是位于扎旺特姆的布鲁塞尔国际机场，它距市中心只有 10 公里路程，有火车连接。每日 6：00～23：00 每隔 20 分钟有从机场和中央站对开的快速火车。另外，机场与市区南站间的快车每小时 3 班。

铁路

比利时的大多数地区都有火车与欧洲大陆其他地方相连，许多国际列车途经比利时，还有汽车、火车和轮船服务。国际列车一般在布鲁塞尔以下 3 个主要车站停靠：布鲁塞尔北站、中央车站和布鲁塞尔南站。这些车站有铁路通往比利时的其他地方。查询可与比利时国家铁路（NMBS）联系。地址：Shell Building, Ravenstein 60, Box 24, 1000 Brussels。

电话：022192880（荷兰语），或 022192640（法语）。

公路

比利时北接荷兰，南邻法国，东连德国和卢森堡，很多欧洲 E 线公路均通往比利时。如连接伦敦和科隆的 5 号公路途经布鲁塞尔，从阿姆斯特丹或巴黎过来的 E10 号公路穿过安特卫普和布鲁塞尔；而 E10／E40 号公路从安特卫普出发经过布鲁塞尔到达卢森堡。

从英国到比利时最快的行车路线是采用 Leshuttle 的海底隧道，联系电话为 08705353535。连接英国福克斯通和法国加来的海底隧道火车使车连同旅客一起穿梭往来。在夏季每小时可达 4 班车。

水路

气垫船、水翼飞船、客轮和货轮终年往来于比利时的奥斯坦德、泽布勒赫、安特卫普和英国各港口城市之间。在各个港口与火车连接的城市均有直达火车开往比利时各主要城市。

实用指南

紧急号码

报警　101
救护车（红十字急救）02－6491122
意外情况和火警　100
青年紧急援助　02－5129020

医疗服务

药店在周六下午和周日全天不营业。遇紧急情况可参阅当地报纸周末版，从中可查出当周末值班的药店、医生、牙医和兽医。药店窗户上也往往贴有药店值班表。

营业时间

百货公司营业时间为 9：00～18：00，有些 12：00～14：00 休息，但是通常营业至 20：00。在比利时的许多城市，商店每周有一天营业到 21：00，一般都在周五。

小费

出租车，大多数饭店、美容院等均将小费包括在账单内，因为他们认为他们的服务一定会给客人留下好印象。剧院、电影院领座员要付一些小费，而如您上卫生间不付小费的话，您会遭到白眼。

邮政服务

邮局营业时间为周一～周五，9：00～18：00（通常在 17：00 以后不再受理大宗业务），周六 9：00～12：00。规模较小的邮电所一般 12：00～14：00 休息，而到 16：00（17：00）停止营业，周六不营业。比利时的邮筒是红色。布鲁塞尔南站邮局 24 小时营业。

电话服务

比利时全部电话为自动电话，主要城市电话和电报服务为 24 小时。标有各国国旗的电话亭办理国际长途电话。

发电报需拨 1225 或通过饭店前台办理。

旅行咨询

布鲁塞尔旅游与咨询办事处　地址 Brussels Town Hall, Grand' Place, 1000 Brussels, 电话 02－5138940，传真 02－5144538。电影和音乐会预订电话 080021221，电子信箱地址为 tourism. brussels@ tib. be. 开通时间：夏季 9：00～18：00。冬季 10：30～14：00，每年 1 月～2 月的周日不营业。

比利时旅游办事处　地址为 61 Rue du Marché－aux－Herbes, 1000 Brussels, 电话 02－5040390，传真 02－5040270。营业时间 11 月至第二年 4 月，周一～周六 9：00～18：00，周日 9：00～13：00。5 月、6 月、9 月和 10 月，每天 9：00～18：00，7 月～8 月每天 9：00～19：00。

比利时旅游饭店预订部　地址为 111／4 Boulevard Anspach, 1000 Brussels, 电话 02－5137484，传真 02－5139277

国外旅行办事处

日本　Tameike Tokyo Building, 9F1－14, Akasaka-1-Chome, Minatoku Tokyp

电话：0335867041，传真：0335123524

英国　255 Marsh Wall, London E14 9FW. 传真：(020) 75310393。

美国　780 Third Avenue, Suite 1501, New York, NY 10017. 电话：(0212) 7588130，传真：(0212) 3557675。

领事馆及大使馆

澳大利亚　Guimard Center,

Rue Guimard/Guimardstraat 6-8，电话：02 - 2310500

加拿大 Avenue de Tervuren/Tervurenlaan，电话：02 - 7410611

爱尔兰 Rue Froissart/Froissartstraat 189，电话：02 - 2305337

英国 Rue d'Arlon/Aarlenstraat 85，电话：02 - 2876211 或 2876267

美国 Boulevard du Régent/Regentschapstraat 25-27，电话：02 - 5082111

出 游

航空

由于比利时国内最长的从东南到西北的距离仅为 314 公里，所以国内航空服务需求很小。

铁路

比利时具有绝对一流的铁路网覆盖全国。另外很多国际快车线路将比利时与巴黎、阿姆斯特丹及德国很多城市联系起来。比利时国家铁路公司（SNCB）还可向旅客提供平价短途旅行、迷你旅行（可在比利时境内或境外旅行）、团体旅行、包租旅行或包价旅行。这里边最经济合算的车票是 B. Tourrail。持这种车票在 17 天期限内可以搭乘任何铁路线路，乘车运行时间可达 5 天。另外还有一种与 B. Tourrail 票相似的 TTB 票。TTB 票的优越性在于此票不仅对火车有效，并且对汽车、地铁有效。有关铁路事宜可向比利时国家铁路公司咨询，电话：02 - 5552525。

公路

比利时公路距离相对较短，除阿登（Ardennes）高原山区外，高速公路可达全国各地。比利时全国无收费公路。

驾驶须知 该国北部地区路标用荷兰文书写，南部地区路标用法文书写。一些城镇村庄有两个分别用这两种不同的官方语言表达的名称，但非常重要的是路标仅仅用该地区所用语言标出地名。雪地专用轮胎只有在气候状况异常时才可使用。在遇到紧急情况，人员出现伤亡时，请拨打急救电话 100 寻求帮助。

以下机构可提供很好的交通信息服务：比利时皇家汽车俱乐部（RACB）地址为 Aarlenstraat 53，B-1040 Brussels，电话 02 - 2870900。比利时旅游俱乐部（TCB）地址为 44 Rue de la Loi，B-1040 Brussels，电话：02 - 233 2211。

住 宿

到布鲁塞尔的人会发现这里有各种档次的饭店供客人选择。其中很多大饭店对周末入住的客人实行特殊的优惠价格。饭店必须在前台张贴该饭店的房价，并按上述价格收取房费。

在布鲁塞尔官方的饭店指南小册子中列出了这座城市里的 120 个左右饭店的全部情况，包括地址与房价。位于 Rue du Marchè aux Herbes(Grasmarkt) 61 和 Tow Hall(TIB) 的旅游办事处均提供这种饭店指南书。上述两地还办理饭店预订业务。另外比利时旅游预订中心（Belgiàn Tourist Reservations）也可为游客办理饭店预订。预订中心的地址是 111Boulevard Anspach，1000 Brussels，电话：02 - 5137484，传真：02 - 5139277。

特色活动

娱乐

有关比利时所有文化活动的资料可向比利时国家旅游局各分局索询，电话：02 - 5138940。布鲁塞尔旅游信息服务中心发行一本"What's on"的周刊来介绍比利时的娱乐活动。有关布鲁塞尔定期的活动刊登在 BBA Agenda 一书里。

购物

比利时有很多著名的产品，其中有迪南特（Dinant）人工打造铜器；列日（Liège）瓦尔圣兰伯特（Val-Saint-Lamber）出的水晶；安特卫普（Antwerp）产的钻石；布鲁日（Bruges）、布鲁塞尔、班希（Binche）和梅赫伦（Mechelen）产的手工镂空花边；梅赫伦、圣特尼可莱（Saint-Niklaas）、布鲁塞尔和根特（Ghent）产的挂毯以及赫斯塔尔（Herstal）产的体育竞赛用枪，其中列日产的产品世界闻名。信用卡在比利时到处可用。很多商店给予游客很多优惠条件，其中包括免除某些商品的增值税。

语 言

比利时有 3 种官方语言：北部地区使用佛兰德语（荷兰语的一种变体），南部地区使用法语，而东部地区使用德语。讲德语的人不多。英语被广泛地使用于旅店、餐厅、商店以及生意场合。

布鲁塞尔

实用指南

货币

兑换外币 街头上有些兑换外币处所收取的手续费可能会使您有被骗的感觉，在银行及各火车站兑换外币是最明智的决定，否则应先问清楚汇率及中间手续费。

信用卡和支票 所有的主要国际通用信用卡都可在大部分商店使用。旅行支票最好在银行、外币交易所或旅店兑换成欧元。

紧急号码

警察局、宪兵队 101

意外事故 100

医 生 02－4791818 或 02－6488000（24 小时）

牙医 周一～周六 9：00～19：00，电话：02－4261026 或 02－4285888

救护车（非紧急情况）02－6491122（24 小时）

药店 轮流值班表贴在每家药店门口，每周轮换。

火警 100

营业时间

商店营业时间一般为周一～周六，9：00～18：00，但有些商店周一休息。几乎没有商店营业到很晚，不过在街角的便民商店营业到21：00。银行营业时间为9：00～16：00（17：00）。周五百货公司和许多商店营业至21：00。

邮政

邮局正常的营业时间为周一～周五9：00~17：00。有些邮局周五晚上和周六上午也营业。位于 Gare du Midi 的邮局每天24小时营业。

电话

比利时的国家区号为32。如拨打国际长途电话，请先拨00，然后再拨该国国家区号，澳大利亚区号为61；美国和加拿大为1；英国为44。如果使用美国电话卡，应先拨该卡公司的号码：AT&T 公司为080010012；MCI 公司

为 080010012；Sprint 公司为08001014。

出　游

辨别方向

布鲁塞尔可以被比喻成一只浅浅的碗。老城中心在下城，包括大皇宫（Grand Place）。严格地说上城就是指大皇宫以东地区，环路易大道（Avenuce Louise）地区。市区不断扩展，现已向四面八方的山坡地发展。布鲁塞尔是个大都市，包括19个地方政府单位称为 Communes，而布鲁塞尔市是其中之一。

公共交通

由 STIB 管理的布鲁塞尔优秀都市公共交通网络向旅客提供各种类别的车票，其中有一次性车票；在司机处购买的5次乘车票；在 STIB 或火车站购买的10次乘车票以及24小时票。24小时票是一种可以乘坐城市内汽车、电车或地铁的经常被人使用的车票。

5次和10次乘车票要在月台或乘车入口处刷卡，而每次刷卡只限一个人在一小时内朝同一方向搭乘公共汽车、电车和地铁。

地铁的服务也适用于公共汽车和电车。不过公共汽车在高峰时行车很困难而电车则通常是最快捷的交通工具。

地铁

在布鲁塞尔有2条快捷、便利的现代化地铁线路，他们将城市的东部与西部连接起来。地铁线还有3条称为"前地铁线"的线路做补充。所谓"前地铁线"是指目前同时供电车使用的地铁线。在很多地铁站里摆放着比利时著名艺术家们创造的壁画、绘画和雕塑。地面火车也提供很好

的服务，但在城市范围里不太方便。

公路

从周一至周六 8：00～19：00（可能只有7月份除外）驾车旅游，会使人感到痛苦不堪，因为在此期间拥挤的交通不仅使人疲惫，且行车速度很慢。如果您驾车来到布鲁塞尔，也最好不要开车观光旅游。所有的常用国际汽车租赁公司在布鲁塞尔都有办事处，同时还有一些当地的汽车租赁公司。欲知详情，可与位于263 Avenue de La Courenne 的 Rent-A-Car 公司接洽，电话：02－6496412。电车和公共汽车在行车中总享有优先权，除有橘黄色菱形标志外，行车通常右行。

市区旅游

Chatterbus（为个人提供个性化导游）地址为12Rue des Thuyas，电话：02－6731835；De Boeck's（提供比利时全境内旅游），地址 8 Rue de la Colline，电话：02－5137744。

ARAU（主要参观建筑和古迹），地址 55 Boul-evard Adolphe Max，电话：02－2193345。

购　物

布鲁塞尔有两个主要购物区，一个是在下城中心（Rue Neuve to Rue des Fripiers 和各种商店街），另一个是上城中心（Avenue Louise, Chaussée d'/xelles, Boulevard de Waterloo and Avenue de la Toison d'Or）。这些百货商店营业时间为9：00～18：00。星期天和节假日不营业。周五20：00停止营业。

城里有各类集市：

古董市场 Grand Sablon，周六9：00~18：00,周日 9：00～14：00。

花市 Grand Place，每天

8：00～18：00。

鸟市 Grand Place，周日 7：00～14：00。

跳蚤市场 Place du Jeu de Balle，每天 7：00～14：00。

食品和服装纺织市场 Place Bara，周日 5：00～13：00。

参阅书目

"**异域风情丛书**"中有关于比利时和布鲁塞尔的一本，这本书是由 Apa 出版公司出版，为获奖系列丛书。

Guide Delta Bruxelles 此书列有近 1700 家饭馆。

The Grneat Beers of Belgium 由世界权威人物 Micheal Jackson 撰写。

History of the Belgians 作者为 A. de Meeiis，这是一本全面介绍比利时的历史书籍。

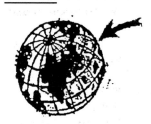

荷兰

熟悉环境

地理

荷兰是一个面积约为 3.4 万平方公里的小国。她地处西北欧，南与比利时接壤，东与德国为邻，北部与西部面临北海。荷兰大部分土地围海而造，因此有 1/5 的土地低于海平面，这片土地土壤相当肥沃，又称为堤围泽地。

虽然政府所在地为海牙（The Hague），但荷兰首都为阿姆斯特丹。

气候

荷兰属海洋性气候，冬暖夏凉。冬季从 12 月～4 月，气温在 0～8℃，5 月～9 月的夏季气温在 12～21℃。

人口

荷兰全国人口为 1600 万。

经济

荷兰是欧盟国家中主要的农业生产国之一，经济主要依赖出口蔬菜、乳酪制品和花卉。旅游业、渔业和港务在荷兰经济方面起着主导作用。鹿特丹是世界上最大的货物港口。

货币

荷兰为欧元货币区，使用欧元。

兑换外币 荷兰国家金融机构 为 GWK（Grenswisselkantoren NV），在这里可以兑换任何外币，也可使用信用卡、旅行支票及欧洲支票。GWK 的办事处遍在荷兰 35 个主要火车站以及出入境检查站。外币兑换处营业时间为周一～周六 8：00～20：00，周日 10：00～16：00。火车站及机场的办事处有时会营业到更晚。设在阿姆斯特丹中央火车站的办事处每天 24 小时营业。

邮局也可以兑换外币，但汇率较高，当然银行也有此项业务。不过不同的途径兑换外币所收取的手续费会有所不同，而且兑换时间不同（或白天或晚上）。

旅馆、餐厅、商店、租车公司以及航空公司都接受信用卡付款。捷径卡（Access）、美国运通卡、大来卡、欧元卡，万事达卡、维萨卡以及 JCB 卡都可在荷兰使用，还有一些典范信用卡也被接受。

银行营业时间为每周一～周五 9：00～16：00，周四 9：00～17：00。

节日

除在本书前文中所列公假之外，荷兰的公假还有耶稣受难日（Good Friday）、复活节（Easter Sunday）、女王诞辰日（4 月 15 日）、解放日（5 月 5 日）和圣灵降临节（Whit Sunday）。

抵 达

空路

从美国或欧洲其他地方来的大多数游客多抵达距阿姆斯特丹西南 14 公里的斯希福尔（Schiphol）机场。这座机场与 90 个国家的 196 个城市都有航班往来，往返于斯希福尔机场与所有欧洲主要机场间的航班也很多。每周都有几班来自北美、加拿大和澳大利亚的航班。KLM 是荷兰国家航空公司。

铁路

从伦敦利物浦街经荷兰湾抵达荷兰的线路全天有车行驶。搭渡船过海需 12 小时，乘喷气式气垫船过海需 10 小时。荷兰各地均有与各港口相连的火车，荷兰与布鲁塞尔、巴黎、安特卫普、科隆、汉诺威之间都有频繁的火车班次。

海底隧道 欧洲之星海底隧道公司经营的火车可以用 2 小时 40 分钟从英国伦敦行驶到布鲁塞尔，从布鲁塞尔可搭乘其他车辆前往荷兰各地，电话：08457 881881。

公路

荷兰具有优秀的公路网,指示标记也清楚易认。在大城市里,汽车不但不能提供帮助,反而是个累赘。从荷兰湾到阿姆斯特丹行程约 3 小时 30 分钟。

Le Shuttle 这条海底隧道可以将车连同其乘客用 25 分钟的时间从英国的福克斯通送到法国的加来,再通过高速公路抵达荷兰。

海路

英国的 P&O Stena 公司每天运营两班船从英国哈里奇(Harwish)到荷兰湾,快速轮渡船全程 3 小时 40 分钟,P&O Stena公司电话 08705707070。北海轮渡公司每天有船从英国赫尔(Hull)驶往荷兰鹿特丹,全程 14小时,电话:01482 – 377177。Sheerness 旅行社是东岸从事这条水路航运的主要旅行社之一,电话:01795 – 666 – 666。从英国多佛港到比利时奥斯坦德间的喷气式气垫船是英国到欧洲大陆间最快捷的交通工具。

实用指南

医疗服务

荷兰的医疗服务及牙医服务水平相当高,多数大城市均设有急救医生和牙医的服务制度。如需要,可以询问所住饭店或查阅该地电话簿上的介绍栏。

紧急电话

- **阿姆斯特丹区号**   020
警察局/救护车   112
急救牙医   5923434
挂失 (每天至 15:00)
5593005
- **海牙区号**   070
警察局/救护车   112
急救医生/牙医   3455300
(白天),3469669(晚间)

挂失   3104911
- **鹿特丹区号**   010
警察局/救护车   112
医生   4201100
牙医   4552155

营业时间

正常的商店营业时间为8:30(9:00)~18:30。通常周四下午营业时间延长。周六食品店16:00 停止营业,所有商店每周有半天休息,通常在周一上午。

小费

服务费及增值税往往都包括在饭店及酒吧的账单里,但提供特殊服务或特殊关照时,往往还要多付 10% 作小费,当然这并不绝对必要。出租车计程表也已将小费包括进去,但习惯上还要再付一些小费。卫生间服务员一般也要付给小费。

邮政服务

主要邮局营业时间为周一至周五 8:30 ~ 18:00,周六 9:00 ~12:00。邮票可以在邮局、香烟铺、书报摊以附在红色和灰色信筒上的邮票贩卖机上购买。

在邮电总局设有邮件自取的服务项目,顾客可凭护照领取邮件。

电话

荷兰的电话亭是绿色的,但也有其他更简洁新颖的样式。邮局、大商场、咖啡店和一些街道上都设有电话亭。大一点的邮局都辟有国际长途电话间,收费要比在饭店里打国际长途的收费便宜很多,要特别注意一些小商店提供的所谓低价长途电话服务,因为其中有些商店的话费比正常费用高很多。

从国外打电话至荷兰时,需拨荷兰国家地区号 0031。大多数电话号码为 10 位数(过去的地区号已经成为新号码的一个组成部分,包括最开始的 0,但如从国外往荷兰打电话时,需要将其删除)。如从荷兰向国外拨叫电话时,要先拨 00,然后再拨通话的国家地区号。44 为英国地区号,1为美国和加拿大地区号。AT&T公司电话 060229111,Sprint 公司的电话 062229119。

旅游咨询

旅游咨询服务处都清楚地用VVV 作为标记,而且往往设各主要城市、县城的火车站出口处。这是信息和服务的最好来源,但通常要付费。最好随身携带护照照片大小的照片,以便购买各种身份卡时使用。

旅游咨询办事处(VVV)都有清楚的标记,通常设在主要城市、乡镇的火车站出站处。在旅游咨询办事处操多种语言的工作人员可回答客人提出的各种问题,提供地图和手册,代办住宿预订以及定购剧院戏票,但通常要交一些手续费。另外最好随身携带几张护照相片大小的照片,以便购买各种身份卡时使用。

旅游总局注册地址为:
VVV Amsterdam Tourist Office
P. O. BOX 3901 1001 AS Amsterdam.
电话:06 – 34034066 或0900 – 400 – 4040
传真:020 – 6252869

如想亲自前往,请到 10 Stationsplein (中央火车站外马路对面左边的白楼),工作时间为每天9:00 ~ 17:00。另外在 CentralStation 里边也设有旅游咨询服务处,周一 ~ 周六的 8:00 ~ 20:30为工作时间;设在 1 LeidsepleinAmesterdam 的旅游咨询服务处工作时间为每日 9:00 ~ 17:00。如果您想致函某个城市的旅游咨询服务处,只要在信封上写明该城市名,然后标上 **VVV** 即可。

荷兰旅游局驻外办事处

澳大利亚 Suite 302, 5 Elizaberth Street, Sydney, NSW 2000

加拿大 25 Adelaide Street East, Suite 710, Toronto, Ontario M5C 2Y2, 电话：04 - 1636631577

英国 PO Box 523, London SWIE 6NT

电话：0891 200277，传真：020 - 78287941

美国 355 Lexington Avenue (21层楼) New York NY10017, 电话：0212 3707367

225 North Michigan Avenue, Suite 326, Chicago III 60601, 电话：0312 8190300

90 New Montgomery Street, Suite 305, San Francisco, CA 94105, 电话：04155436772

出　游

航空

阿姆斯特丹附近的斯希福尔机场（Schiphol Airport）是荷兰的主要机场。阿姆斯特丹斯希福尔火车站就设在进港厅的下层，从5:25 到次日 0:15，每 15 分钟均有发往荷兰各主要大城市的列车，其余时间，发车间隔为 60 分钟。

鹿特丹机场距市中心 15 分钟路程，航班往来于阿姆斯特丹、伦敦和巴黎。当地公共汽车行驶于机场与城市之间。

国内航班的主要空港是**埃因霍温机场**（Eindhoven）和**马斯特里赫特机场**（Maastrichut）。荷兰国内航班由 KLM City Hopper 公司经营，咨询电话：020 - 4747747。

铁路

荷兰铁路运输公司提供各主要城市间的快速列车运输服务。在斯希福尔机场与阿姆斯特之间

每隔 15 分钟均有直达快车往返。在夜间，每隔一小时有车往返于乌得勒支（Utrecht）、阿姆斯特丹、斯希福尔（Schiphol）、海牙（The Hague）、鹿特丹之间。各小城市也有慢车行驶往来。在大多数线路上，至少半小时有一趟列车，而在那些客流量大的线路上，每小时有 4～8 趟列车。国内列车不提供预留座位的服务项目。

咨询与订票

阿姆斯特丹 GVB 1 Stationsplein, Central Station, 电话：0900 - 9292，周一～周五 8:00～22:00，周六和周日 9:00～22:00。

全国各地

电话：0900 - 9292。咨询国际列车信息请打电话 0900 - 9296。其他列车信息可参阅免费读物及英语刊物 Exploring Holland By Train.

公路

荷兰拥有密集而又现代化的免费公路网。即使是乡间公路，其路况条件也相当好。荷兰共有 42 条旅游观光线路，约 80～170 公里长，其中有些线路通往邻国。荷兰一些非干线公路横越河流或河处均有轮渡服务。大多数渡船可运载汽车，票价一般不高，但通过荷兰的隧道、桥梁和水坝时要交纳少许费用。

驾驶须知： 在荷兰境内驾车需持有效驾照（不必一定为国际驾照）、车辆注册文件、绿卡汽车保险证明以及遇到意外和汽车故障时使用的三角形警告标志。

水路

荷兰境内各大城市除了定期船班之外，还可提供各种类型的轮船旅游项目，在荷兰的河流、湖泊等各种水域都可提供这些服务。

包租服务 在艾瑟尔湖附近以及北部的格罗宁根（Groningen）和弗里斯兰（Friesland）诸省，租船公司提供各类船只的租赁业务，其中有些具有住宿设备。为喜欢乘船游览的游客提供船只服务的地方还有泽兰省。

了解荷兰的最流行的方式是走一趟"运河之旅"。位于中央火车站对面的运河码头处有很多家运河航运公司可提供这种沿运河的旅游服务。订票可与附近的 VVV 办事处联系。全程游览时间约一个多小时，还有提供烛光晚餐的"夜游运河"。

公共运输

在荷兰乘坐公共汽车、电车、地铁以及有些路段的火车时可以购买一种称为"Nationale Stripenkaart"的卡。购买此卡最方便的地方是 VVV 办事处，电话：0900 - 4004040，传真：020 - 6252869。同时火车站、很多售报亭和香烟亭也出售此乘车卡。当然也可在上车时向司机购买，但价格相对事先购买的票价要高。

汽车线路分为若干子区，乘坐一次要划掉一条磁码，而穿过一个区也要划掉一条磁码（即乘坐路程在一个区内要划掉两条磁码，路程在两个区内要划掉三条磁码。卡在入口处所打记号在 1 小时内有效，无论换乘其他路线或改变交通工具都不需另划磁码。另外一种就是在 1 天、12 天、3 天内有效，无限次（叫做 dagkaart）。20 号电车是有两条路线的环行车，该车可带游客通过市区去游览大部分博物馆和景点，9:00～19:00，每 10 分钟一次车，一张票可让您 1 天内无限次乘坐。

住　宿

欲在夏季或休假季节投宿荷兰，应事先预订房间。如在春暖花

开的 4 月～5 月前往荷兰北部时，也需预订房间。前往阿姆斯特丹时，预订房间尤为重要，因为每年的 6 月～8 月，市中心的旅店通常会预订完。然而，如果临时遇紧急情况需要订房时，也可打电话与旅馆联系，因为有时客人会取消房间预订。预订房间可直接与旅馆接洽，而且预订部一律使用英语进行服务。旅客也可通过荷兰预订中心预订房间，地址：P. O. Box 404, NL-2200 AK Leidschendam, 电话：070-4195500，传真：070-4195519。

特色活动

荷兰有 600 多个博物馆，其中的 440 个都列在旅游小册子上，VVV 办事处出售这种手册。各博物馆门票价格不一，有些博物馆免费入馆。博物馆年卡在各博物馆均有效。

大多数博物馆开放时间为周二～周日 10：00～17：00。在节假日，博物馆通常在周日全天开放。

在标有 i－Nederland 标记的 VVV 办事处，游客还可以得到文化活动方面的信息，也可以预订音乐会和剧场的票。另一个有用的信息来源是一份名为《Time Out》的英文期刊，是《荷兰论坛报》的一个组成部分。在荷兰南、北省份的旅游办事处、所有 KLM 的航班上以及饭店里都可得到这一期刊。

棕色咖啡馆内布告栏也提供当地娱乐活动的信息，这是一种很好的信息来源。

空中旅游 Air Service Limburg 航空公司组织空中旅游，飞机从马斯特里赫特（Maastricht）机场起飞，飞越与德国及比利时为邻的荷兰林堡（Limburg）上空。该公司咨询电话 043－3645030。历时 1 小时的空中旅游，一次飞行

载客最少 2 人，最多 3 人。

语　言

荷兰语属日尔曼语系。除荷兰人外，还有大约 500 万比利时人讲荷兰语。大部分人懂英语。

阿姆斯特丹

实用指南

紧急号码

警察局 6222222
救护车 5555555

紧急就医和治疗牙病均可与中央医疗服务中心联系。电话：6642111（急诊医生），24 小时服务。

离市中心最近的医院为 Onze Lieve Vrouse Gasthuis, Le Oosterparkstraat 197, 电话：5999111。

主要医院是 Academisch Medisch Centrum, Meibergdreef 9, 电话：5669111。两家医院均设有门诊部和临时病房。

药店营业时间为周一～周五，9：00～17：00(18：00)。晚间药店采用轮流值日制，欲知详情可与中央医疗服务中心联系。

邮政服务

位于皇宫后边 Nieuwzijds Voorburgwal 182 号的邮政总局营业时间为周一～周五，8：30～18：00，周四营业至 20：00；周六 8：30～12：00。邮寄包裹业务在位于 Oosterdokskade 邮局办理，时间为 15：00～17：00。营业时间为周一～周五 8：30～21：00，周六 9：00～12：00。邮局、香烟亭、售报亭以及设在红色和灰色邮箱上的自动售货机都出售邮票。邮政总

局设有邮件自取业务，顾客可凭护照领取邮件。

电话

国际长途电话业务可到位于 Raadhuisstraat 48 号的电信局办理，该局 24 小时营业。在这里拨打国际长途电话很方便，顾客可在小隔间内尽情畅谈，通话后付费。

旅游咨询

请见"荷兰"一章有关内容。

外国领事馆

澳大利亚 Koninginnegracht 23 2514 AB Den Haag, 电话：070 630983

加拿大 Sophialaan 7, 2514 JP Den Haag, 电话：070 614111

英国 44 Koningslaan, 电话：6736245

美国 19 Museumplein, Amsterdam, 电话：020-664-5661

出　游

辨别方向

阿姆斯特丹是荷兰首都，也是人口最多的城市，有 75 万居民。阿姆斯特丹位于阿姆斯特尔（Amstel）河畔，由深入沼泽地 18 米的椿柱支撑着，使原本为水域之地一跃而成为这个城市的组成部分。建立在宽阔的一条接一条的马蹄形运河边，阿姆斯特丹有大约 4000 栋建于 17 世纪的商店和仓库以及 1000 多座桥梁。作为荷兰金融、经济中心，阿姆斯特丹是所谓"荷兰卫星城市区"的一部分，这一区域包括了荷兰南北诸省，主要工业区以及大城市（鹿特丹和海牙）。

空路

白天每隔 15 分钟，夜间每隔

1小时均有往返于市中央车站与斯希福尔机场的火车，行程不到20分钟。另外乘火车也可抵达RAI车站以及位于Amsterdam Zuid的世界贸易中心，这两处都在城市南部。荷兰航空公司（KLM）提供每半小时一次的机场至市区的班车服务，价格是火车票价的2倍多，也有较便宜的公共汽车往返于机场与市区。

公路

尽量避免在市区驾车。如果你准备驾车，必须要做应付各种各样问题的准备，如停车车位、横冲直撞、速度极快的自行车、运河旁狭窄的街道（通常被送货车堵塞）、复杂的单行线以及拥有先行权的电车。如果您是驾车抵达阿姆斯特丹，最好是将车停在停车场，然后乘坐公共交通工具。位于Marnixstraat 250号的多层欧洲停车场有足够的停车空间，离市中心不远，步行即可到达。

以阿姆斯特丹为大本营，可前往周边城市进行"一日游"。阿姆斯特丹离旅游城市的距离很近：距海牙52公里，距乌特勒支43公里，距德尔夫特62公里。

铁路

全国境内有密集而又便捷的铁路网。快捷的火车每小时或每半小时一次，将阿姆斯特丹与荷兰大多数城市连接起来。最好购买到"短途旅行票"，这种票价中包括了参观博物馆和名胜景点的门票费和回程车票。

公共交通

除非是到市中心以外的地方旅游，否则您无需乘坐公共汽车或地铁。在市区搭乘黄色的电车是最好的交通方式，如果您能掌握其票价规律的话，车票价格也不贵。位于车站外的GVB办事处

出售英文版的票价介绍，并出售各种单独票（这是最贵的票）、一两天内有效的票、或是在6天、10天、甚至15天内有效的连续票。总之，你买的越多，就越便宜。一小时路程算乘坐一次，另外，计算方法也与您乘车所经过的区段有关。

位于中央车站前的GVB交通办事处提供免费的公共汽车线路图。最好的市区全图是Falkplan公司出版的《这就是阿姆斯特丹》。

特色活动

阿姆斯特丹VVV旅游局出版的Amsterdam This Week周刊介绍该市的艺术、文化、饮食业及购物。同时也提供价格很便宜的每周音乐会和戏剧的节目单，其中包括用英文演出的节目。设在Stationsplein 10号的VVV的票务处可办理影院、歌剧、芭蕾舞和音乐会票的预订业务。营业时间为周一~周日10:00~16:00。要求必须亲自前往该处办事，不接受电话预订。文化活动信息的另一个有用来源是Amsterdam Times月刊，这种月刊由旅馆、旅游服务处提供。

入夜后的娱乐活动集中在3个地区：一是夜总会和活泼的迪斯科舞厅集中的莱德区（Leidseplein）；二是有旅馆、酒吧、脱衣舞表演及其他演出的林布兰（Rembrandt-splein）；三是红灯区，红灯区以坐在橱窗里衣着裸露的女子和写有"出租房间"的通知栏而臭名昭著。

在Oude Zijds Voorburgwal和Oudu Zijds Achter burgwal运河附近集中着脱衣舞表演、色情录像带以及性商店。最好绕开由这两条运河而派生出来的脏、乱小街，另外这里不许照相。

与以上完全相反，您在夜间

也可以享受在烛光映照下的浪漫游轮，同时还可享受美酒、奶酪，也可在夜轮上饱餐一顿。您也可以到咖啡馆小坐，欣赏那里演奏的欢快音乐。

游客无论如何也要去一下那种棕色咖啡馆（Brown cafe）这种咖啡馆古典大方，备有读书台和很多现代化的设施，这一切使得这类咖啡馆富丽堂皇。或者游客也可以体味一下新潮的酒馆（new-wave bar）这种酒馆的墙往往是冷色调的，白色的，并在墙上装上镜子，这类酒馆供应大量丰富的绿叶菜以及各种鸡尾酒。有些咖啡馆和酒吧还演奏现场音乐，常常是爵士乐或伤感音乐。这些场所的窗户上常常对这类活动贴出布告。

巴士旅游

VVV旅游办事处均办理巴士旅游的预订业务。所有巴士旅游的出发地均为阿姆斯特丹。

城市观光

城市观光旅游通常为2~3小时，夏天每天10:00出发，冬季14:30出发。旅游路线中包括参观露天市场、风车、皇家宫殿，并参观一家钻石切割车间，在冬天还增加一张运河游玩的票。城市观光的地点为阿姆斯特丹。

麦肯（Marken）和瓦兰丹姆（Voledam）

夏季每天10:00和14:30发车，冬季只有周日10:00和14:30发车。全程约3小时。参加这一旅游的游客可以观赏到一些传统的服饰，在这些古老的村庄里，许多居民们穿着这些传统服装。另外还可参观叫做De Jacobs Hoeve的奶酪农场，该农场位于Volendam，或参观位于Zaanse Schans称为"De Catharina Hoeve"的奶酪制造

商,同时也还会参观风车。

大荷兰游

夏季每天 10:00 发车,冬季的周二、周四和周日 10:00 发车。全程约 8 小时,不包午餐。该旅游项目的第一站是阿尔斯梅尔(Aslsmeer)的花卉市场(如遇周六、周日则参观木展工厂),然后前往德尔夫特(Delft)和鹿特丹(Rotterdam)参观陶瓷工厂,最后再到海牙(Hague),如在夏季旅游,行程中还包括参观马都洛丹(Maduodam)的小村庄。

郁金香园和金堪霍夫(Keukenhof)花卉展览

3 月 25 日至 5 月 14 日,10:00 和 14:30 发车。全程 3 小时。旅程中经过美丽的花卉种植地区并参观访问郁金香养植户和金堪霍夫花卉展。

阿尔克马尔奶酪市场和风车

从 4 月 21 日至 9 月 15 日间的每个周五,9:00 出发。全程 4 小时。周五的阿尔克马尔给游客展示的是以前荷兰的传统集市生活。穿着古代服装的服务员拎着装满黄色奶酪的篮子,然后游客将前往赞斯斯畅斯(Zaanse Schans)参观风车。

蒸汽火车游览

• 荷兰北部(Hoorn – Medembik 霍恩及麦德必克)古老的蒸汽火车将会带领游客去游览极具特色的风景胜地和充满吸引力的村庄。每年 5 月 ~ 9 月初均有该项旅游项目(星期一除外)。

• 泽兰(格斯 – 奥德兰 Goes – Oudelande)蒸汽火车将会穿过典型的南方贝弗兰(Beveland)风景地,那里的田野被灌木丛分成一块块。每年 5 月中旬 ~ 9 月初以及圣诞节期间有该项旅游项目。

购　物

在荷兰购物一般不可讨价还价,但在集市和小型的特卖店逛逛倒是蛮有意思的。主要的商业购物区是卡弗街(Kalverstraat)和新堤街(Nieuwendijk)。P. C 胡夫街(Hoofstraat)以精美的古董闻名。如果想去档次稍低的商店,可以到市区西北的乔丹区(Jordaan),那里还集中着许多当地艺术家。还有两处值得一去的与众不同的购物中心,一个是皇家宫殿对面的 Magna 广场和位于 kalverstraat 街的 kalvetoren。VVV 旅游服务中心还提供许多购物指南的书籍,书中有地图、道路说明、有特色的购物区以及商店地址和其特点。

参阅书目

由美国明尼苏达州明尼阿波利斯的 Dillon 出版公司出版的 **Of Dutch Ways**,作者是 Helen Colijn。

伦敦 Penguin 出版的 **Dutch Art and Architecture 1600 ~ 1800**,作者是 Jokob Rosenberg et al。

阿姆斯特丹 Rootveldt Boeken 出版的 **The story of Amsterdam**,作者是 Anthony Vanderheiden。

Insight Guide 丛书中有关阿姆斯特丹以及荷兰的介绍。

熟悉环境

地理

德国南北两端距离最远处的约为 1000 公里,而东西两端距离最远处(亚琛与格尔利茨之间)约为 650 公里。德国 35.7 万平方公里的土地上居住着 8200 万人口,但南部人口比北部的密度大。北部地势平坦且多河流与沼泽,南部地势不平且高耸起伏。德国境内最雄伟的山脉是哈尔茨山脉、黑森林的瓦里西安山脉、易北森德斯坦(也称为瑞士)和巴伐利亚阿尔卑斯山,其最高峰为楚格峰(2962 米高)。

气候

德国位于大陆气候带里,因此夏季很热,冬季很冷。然而当你从德国西北到东南旅行时却会感到气候变化不大。北部的汉堡(Hamburg)、石勒苏益格 – 荷尔斯泰因(Schleswig – Holstein)以及波罗的海(Baltic Sea)沿岸,气候比较温和,冬季比较暖和,夏季也不是太热。越往南,气候越具有大陆性气候特征,变化也就越大。

北部 1 月平均气温为 0℃,7 月平均气温为 17℃。而南部 1 月平均气温为 – 2℃,7 月气温为 18℃甚至到 20℃。在冬天有时气温可能会降至 – 10℃,甚至 – 20℃。夏季 7 月 ~ 8 月称为"dog days"的酷热日子里,气温可高达 30 ~ 35℃。另一方面,7 月 ~ 8 月也会出现寒冷、多雨的气候,气温在 15℃左右。因此在温暖多雨的夏季也要有应付各种气候条件的准备,除了带上夏季服装之外,还要带上毛衣和伞。

在德国,全年都会有降雨,但 7 月是降雨量最多的月份,北部地区 7 月平均降雨量可达 750 毫米,莱茵河河谷地区达 620 毫米。如巴伐利亚平均降雨量为 1300 毫米,而奥伯斯利多夫(Oberstdoft)作为雨量最大的地方,年降雨量高达 1750 毫米。

阿尔卑斯山最潮湿,该地区

有一种称为 Föhn 的天气现象，Föhn 是指从阿尔卑斯山吹向巴伐利亚和斯瓦比亚 (Swabia) 的又干燥又热的风。这种热风引起的两个结果是 Föhn，使天空变得清洁，使人们从慕尼黑就能看见阿尔卑斯山，但这种热风也可让人头痛。

北海及波罗的海的水温从 5 月~9 月变化很大，这种变化取决于天气的变化。即使是在夏季的几个月内，水温也不会超过 18℃。

5 月下旬到 10 月上旬是游览德国的最好季节。12 月中到第二年 3 月是滑雪的最好季节。

货币

德国为欧元货币区，使用欧元。

所有主要的信用卡在百货商店、高档商店以及饭店、航空公司、加油站和许多餐馆都可使用，但在小型的商店和酒吧不能使用。因此，建议旅客要带一些现金和欧洲支票。旅客也可在银行或外币兑换所将支票兑换成现金。在德国不能使用旅行支票支付，而需要在支付前兑换成现金。信用卡可以在现金提款机上提取现金。但要记住，很多银行在使用信用卡提款时收取佣金和手续费。

银行营业时间 9：00~15：00（周二和周四至 18：00），但在不同的州有一些不同。

节日

除前文中提到的节假日之外，德国还有耶稣受难日，国庆节（6 月 17 日）和统一日（10 月 3 日）。在一些信奉天主教的地区还有：主显日（1 月 6 日）和圣体节。德国西部信奉新教地区还有 11 月最后一个星期三的忏悔节。

抵　达

空路

多数抵达德国的班机在法兰克福机场降落。德国其他的国际机场有柏林、不来梅、杜塞尔多夫、汉堡、汉诺威、科隆、慕尼黑、纽伦堡、萨尔布吕肯、豪斯特/奥斯纳布吕克、莱累斯顿和斯图加特。德国航空公司（也称汉莎公司）不但有与世界各地相连的国际航线，同时也提供国内航线。

法兰克福机场的候机楼 A 与铁路线相连，因此从法兰克福中心到机场仅 15 分钟。在法兰克福，旅客可乘坐德国国内铁路列车前往德国各地。可靠的公共运输网，将德国每个机场和其最近的城市连接起来，另外也可乘坐出租车。

海路

德国北部的汉堡和鹿特丹与斯堪地那维亚和英国之间有轮船往来（斯堪地那维亚海运公司的路线是哈里奇 Harwich 和汉堡之间）。德国瓦尔内明德港（Warnemünde）也有船开往瑞典的特雷勒堡（Trelleborg）。

下列轮船公司经营从德国至英国的海运服务：

斯堪地那维亚海运公司（Scandinavian Seaways）　哈里奇——汉堡新城（Newcastle – Hamburg）。

Stena Line 公司　哈里奇——荷兰湾（Hook of Holland）。

Seafrance 公司　多佛（Dover）——克莱斯（Calais）。

P&O Stena Line 公司　多佛——克莱斯。

Hoverspeed 公司　多佛——奥斯坦德（Ostend），福克斯顿（Folkstone）——布洛涅（Boulogne）、的海运服务（船型为水翼船（Hovercraft）和海猫（Seacat）。

North Sea Ferries 公司　赫尔（Hull）——鹿特丹、赫尔——泽布吕赫（Zeebrugge）。

铁路

现在可以从英国伦敦的滑铁卢火车站乘坐最快的火车（欧洲之星）通过海底隧道到达欧洲大陆（巴黎和布鲁塞尔）。从布鲁塞尔乘坐火车抵达德国的一些城市。非高峰时间不需预订车票。

连接欧洲北部与德国北部的最好的铁路线是从荷兰的荷兰角出发的铁路，行走路线为芬洛（Venlo）和艾默里奇（Emmerich）。

前往德国南部最好取道奥斯坦德，该地有火车至亚琛和科隆，并有欧洲城市列车和市际列车前往德国南部各州。英国至荷兰角的列车停经哈里奇，至奥斯坦德的列车停经多佛。

公路

德国北部与丹麦接壤，西部与荷兰、比利时、卢森堡和法国为邻，南部与瑞士和奥地利相接，东部则紧靠捷克和斯洛伐克。四通八达的欧洲公路从四面八方抵达德国。

实用指南

紧急号码

药店营业时间为 8：00~18：30。每个药店均有附近药店的轮流值班表，标明夜间及周末附近值班的药店。

警察局　110

火警　112

急救车　115

接线员　03

国内电话查询　11833

国际电话查询　11834

所有造成伤害的事故必须向警察局报告。

营业时间

多数商店营业时间为 9：30 ～ 18：00 或 18：30。小商店如面包店、蔬菜水果店和肉店 7：00 营业，中午休息两个半小时后一直营业到 18：30。位于火车站和飞机场商店一般营业到晚些时候，甚至到午夜。一般工作人员工作时间为 8：00 ～ 17：30。政府机构对外开放时间为 8：00 ～ 12：00。

小费

一般说来，服务费和税金包括在饭店和餐馆的账单里。如顾客对服务满意，通常会付一些小费或将要找的零钱做为小费。另外，按照习惯要给出租车司机和美发师 10% 的小费，给寄存处服务员也要付小费。

邮政服务

邮局营业时间一般为周一～周五 8：00 ～ 18：00；周六 8：00 ～ 12：00。大城市火车站与机场的邮局平常营业到很晚，有的邮局 24 小时营业。

电话

大多数电话机需要用电话卡，邮局、报亭和一些商店出售电话卡，很少的电话亭可以接受硬币。

德国电信的私有化给世界电话通信带来了迅速的变化。私营公司可提供较便宜的通话费，但对于那些不经常打德国电话的顾客来说，私营公司的电话系统并不总是十分方便。

这样的两家公司分别为 Mobilcom（01019）和 Mannesmann Arcor（01070）。在拨打前，要先拨公司的 5 位号码。

每一座城市都有自己的地区号，地区号列在当地电话系统号码簿的扉页。当电话不能接通时，最好查一下，因为最近地区号有变动。大多数新的电话亭内（灰色和粉色的）没有电话簿，但大邮局均可提供最新的电话号码簿共大家使用。如拨打电话查询，话费很高。

移动电话目前在德国发展很快。

0130 和 0800 打头的电话是免费电话。

旅游咨询

德国任何一个可能有游客的地方都设有旅游机构和问讯处（通常用 i 标志）。索取有关资料可致函各目的地的旅游服务中心。

驻外旅游机构

德国在下列城市设有办事处：

● 芝加哥：401 North Michigan Avenue, Suite 2525 Chicago IL 60611 - 4242, USA；电话：（312）6440723；传真：（312）6440724。

● 伦敦：Nightingale House Curzon Street London W1Y BNE；电话：020 - 7317 0908（或 0891 600100）；传真：020 - 74956129；电子信箱：gntolon@ d-z-t. com。

● 洛杉矶：Wilshire Boulevard Suite 750 Los Angeles CA 90025 USA；电话：310 - 5759799；传真：310 - 5751565；电子信箱：gntola@ aol. com。

● 纽约：East 42nd Street Chanin Bldg, 52nd. Floor New York, NY 10168 - 0072 USA；电话：212 - 6617200；传真：212 - 6617174。

● 多伦多：Bloor Street East Noeth Tower, Suite 604 Toronto, Ontario M4W 3R8 Canada；电话：416 - 9681570；传真：416 - 9681986；网页：germanto. ditect. com。

● 悉尼：P. O. Box A 980 Sidney South NSW 1235, Austria；电话：（00612）92678148；传真：（00612）92679035。

大使馆、领事馆

● 澳大利亚：Godesberger Allee 105 - 107, 53175 Bonn，电话：（0228）810330，传真：376268。

● 加拿大：Friedrich - Wihelm - Strasse 18, Bonn, D - 53113，电话：（0228）9680，传真：9683904。

● 新西兰：Bundeskanzlerplat 2 - 10, Bonn 1 D - 53113，电话：（0228）228070，传真：（0228）221687。

● 英国：Friedrich - Ebert - Allee 77, 5300 Bonn 1，电话：（0228）91670。

● 美国：29 Dreichmanns Avenue, Bonn D - 53170，电话：（0228）3391，传真：（0228）3391。

出 游

航空

德国国内各主要空港间均有 Interflug、Aero Lloyd 和 Lufthansa 航空公司提供的定期航班。德国各地均有航班飞抵柏林，包括 Euro Berlin 和 Interflug 航空公司在内的多家航空公司均经营飞抵柏林的航班。

总部设在法兰克福的汉莎（Lufthansa）公司是经营国内航线的主要公司。另外 Deutche BA 和 Eurowings 公司也提供德国主要城市之间的航班以及几个飞往小城市的地区性航班。尽管标准的机票费很高，但如提前订票（起码在 14 天以前），并还没订火车票，坐飞机旅行可比乘火车便宜。

从法兰克福机场每隔 15 分钟就有一趟班车开往主要的交通转运站，市郊火车和地铁在这里交汇。你可从这里搭乘公共交通工具前往市区各处。另外 61 号车是机场和市中心间的班车。国营出租车顶部有黑色的 TAXI 标志，车身为象牙色的 Mercedes 牌和 BMW 牌。

铁路

每天，Deutsche Bahn AG (DB) 公司在德国 4 万公里长的国内铁路网上运送着 3.3 万名旅客，另外还有国际列车。高速铁路线有 3500 公里长，并且还正在扩建、加长。

每隔一小时均有市际列车往返于德国 50 余个主要城市，这种市际列车称为 Intercity Trains（简称 IT）。新并入德国的 5 个州也已加入市际列车铁路运营系统。IC 火车夜间不行车。如果你希望夜间搭车可以乘 D - Zug，这种车由于停靠车站较多而行车速度较慢。还有一种停靠车站更多的 E - Zug，这种车的好处在于能够到达较小的城镇。许多夜间行驶的列车都设有卧铺车厢。

还有一种有着后现代设计的蓝白色相间车厢的列车，称为 IR，每隔 2 小时穿梭往返于各城市。欧洲城市列车（EC）将欧洲各大主要城市连接起来，但车票价格不菲。

旅客可以将自行车带上火车，但需交纳少许费用。由于列车上空间有限，建议提前与 Fahrrad - Hotline 联系，电话：0180 - 3194194。

公路

德国的高速公路世界有名，全长约为 1.4 万公里。蓝色标志上有 A 字号为德国高速公路，黄色标志上有 B 字记号为地区公路。

驾驶须知：车辆在高速公路上出故障时，可用路边橘黄色电话求援，而路边黑色三角形标志则指示着下一个电话的方位。

德国汽车俱乐部（ADAC）可免费提供半个小时以内修复完毕的服务。如修复时间超过半小时，则要收取修理费和零件费。公路援助也为免费服务项目。如果有保险证明，所有修理费用均可退回。

水路

多数河流、湖泊、沿海水域都有定期航运船只，如多瑙河（Danube）、美因河（Main）、摩泽尔河（Moselle）、莱茵河（Rhine）以及易北河（Elbe）、威悉河（Weser）以及它们的入海口流域；阿梅尔湖（Ammersee）、基姆湖（Chiemsee）、柯尼希湖（Konigsee）以及康斯坦茨湖（Constance）；基尔运河（Kiel Fjord）也有船运。轮船来往于欧洲大陆与赫尔戈兰（Helgoland）、东弗里斯岛和北弗里斯岛之间。除此之外，在所有可航行的水域还有特殊的观光航线。

公共交通

汽车

汽车是城市中最主要的交通工具，也是连接乡间小镇的主要交通工具。尽管如此，德国没有全国公共汽车网。这种陆路公共汽车只是铁路列车的替代物——在那些偏僻的、无法通往火车的乡村就有公共汽车。火车站以及旅游服务中心均可提供有关各地公共汽车的情况资料。

乘坐所谓的欧洲巴士是便宜的城市间旅行方式，很多欧洲巴士的起点站设在火车站。属于德国铁路的巴士将城市与乡下较小的村庄连接起来。在一些偏僻地区，这种巴士是唯一的一种公共交通工具。

在这些各种各样的巴士公司中，由德国旅游局管理的 Europa Bus Dienst 公司提供专为旅游者设计的、沿旅游线路的、精彩的行车安排。

BerLinenbus 公司经营的线路将柏林与德国和欧洲的其他地方的城市以及有名的旅游风景点联系起来。

公共汽车

德国每个大城市内都有四通八达的市内公交系统。凡是人口在 10 万以上的大城市都具有便捷的公共汽车网络，这些公交汽车不仅班次频繁而且非常准时。你可以在汽车上的自动售票机或向司机购票，也可在汽车站的自动售票机上购票。在柏林、汉堡、科隆、慕尼黑、法兰克福、斯图加特等大城市，公交汽车线均与地铁、电车、高架铁路相连，形成大型公共运输网络系统。搭乘这四种公共交通工具使用统一车票。

电车

各大城市均有有轨电车，行车速度恰好适合观光游览，但可能会遇上交通堵塞。在公共电、汽车站上寻找标有绿色 H 字样的黄色指标，便可了解行车时刻表。

地铁

地铁车站入口处通常有蓝底白字的 U 字标志。每个车站的墙上均有详细线路图。地铁速度与高架铁路的速度相似。

住　宿

在德国各地寻找住宿的饭店不困难，但如在旅游旺季（6 月～8 月）时前往旅游地区最好能预订旅馆。旅客可以通过 DIRG（德国旅游局）的预订服务处代办预订。其地址：Yorckstrasse 23, D - 79110 Freiburg，电话：(0761) 885 8150，传真：(0761) 88581。

特色活动

多数大城市及旅游城市均发行介绍当地当时娱乐活动的小册子，当地旅游服务中心、售书亭和饭店都提供这类介绍资料。

购　物

作为旅游观光国家，德国有很多纪念品商店。其中有一家叫做 An denkenladen 的商店出售的商品从价格昂贵的纪念品到各类小玩意。

每个城市都有步行区，这种地方的街道两旁商店林立，有大百货商店和小型专卖店。书报亭上出售雪茄、香烟、明信片、文具、杂志和报纸。

语　言

德国的书面文字为高地德语（Hochdeutsch）。德语的口语则因地区不同具有多种方言。由于学校均将英语做为第一外语教授，加上联军长期驻守西德，所以德国人中粗通英语者的比例很高。

柏林

熟悉环境

柏林位于欧洲心脏，从地图上可以看出，柏林与伦敦几乎同在一条纬线上，而在同一条经线上可以找到柏林与那不勒斯。柏林是德国最大的城市，柏林面积为 883 平方公里。

在德国 1945 年分裂之前，柏林这座繁荣的城市一直是自 1871 年帝国建立之后的德国首都。即使是在 1900 年 10 月 3 日德国统一之前，这个城市的东、西两部分就已开始逐渐融合，其中包括代表管理机构。东、西德统一之后，柏林恢复了其首都地位。

实用指南

紧急号码

各大医院均设有急救车和急诊室。在大型邮电局及很多地方都设有免费急救电话。市郊的紧急电话站也很普遍。

警察局	110
救护车及消防队	112
紧急医疗	310031
急救药房	01141
紧急牙医	01141

邮政服务

柏林大多数邮局营业时间为周一～周五 8：00～18：00。

位于 Friedreichstrasse 火车站和 Palast der Republik 的邮电局营业时间为周一～周六 6：00～12：00；周日 8：00～12：00。Tegel 机场邮电局营业时间为周一～周五 7：00～21：00；位于国际会议中心的邮电局营业时间为周一～周五 9：00～13：00，13：45～16：00。

电话服务

柏林地区号	030
国内电话查询台	010
国际电话查询台	118340

如果你想发电报，你可以在邮局或使用免费电话办理。发国内电报时，请拨电话 0800 33 01131，发国际电报时，请拨电话 0800 33 01134。

旅游咨询

柏林旅游信息中心可提供各类旅游信息，该中心位于 Europa Center, 咨询电话(030) 262 6031, 对外办公时间为周一～周六 8：00～22：30，周日 9：00～21：00。

旅游办事处

位于 Am Karlsbad 11, D - 10785 Berlin 的柏林旅游市场部（BTM）可提供所有旅游信息。电话：25 0025，传真：25 00 24 24，电子信箱：reservation@btm.de，网址：http://www.berlin.de。

位于 Europa Center（ Budapester Strasse 街街口）的信息总办事处对外服务时间周一～周六 8：00～22：00，周日 9：00～21：00。另一个咨询处位于 Brandenburg Gate, 对外服务时间为每天 9：30～18：00。在 Tegel 机场（大厅内）也有问讯处，每天 5：00～22：30 对外服务。位于 Unter den Linden 17 的 Dresdner Bank 问讯处周一～周五 8：30～14：00 为对外服务时间，其中周二和周四 15：30～18：00 也办公。设在 KaDeWe department store 的对外服务时间周一～周五 9：30～20：00，周六 9：00～16：00。

波茨坦咨询办事处　位于波茨坦 Am Alten Markt, Friedrich - Ebert Str, 5, 14467 Potadam, 电话：(0331) 27 55 80，传真：275 5899，饭店预订电话：(0331) 275 5855，周一～周五 9：30～20：00，周末 9：00～18：00 为办公时间。

出　游

公共交通

柏林交通运输公司（BVG）经营地铁、快速火车、公共汽车以及东部的电车交通服务，同时提供管理完善的夜车服务项目以及横跨哈弗尔河 (Havel)，往来于万湖 (Wannsee) 和克拉朵耳（ Kladow）之间的轮渡服务项目。地铁是城市最便捷的交通工具，地铁共有十条线路。

BVG 顾客服务中心一天 24 小时提供咨询服务，电话：030 - 7527020。

驾车

目前柏林街头行驶着 120 多万辆汽车，寻找停车的地方不是件容易的事。如果你真想开车进城，那么最好是将车停在停车场，然后搭乘汽车或地铁。

在柏林，对不允许泊车和停车的地方以及限制停车时间的地段实行严格的巡逻管理。如需在上述地段停车，那么你可以使用停车币，但更经常是事先在机器上购买一定时间长度的停车票，停车票只能用硬币购买，且不找零。

如违规车被拖走，违反停车规定的人要付相当多数量的罚款后才能取回来。如你碰到了这种情况，可和离你最近的警察局联系（如在 Bahnhof Zoo）或与电台总部联系，电话：110。

实用电话

德国汽车俱乐部（**AVD**），交通服务中心电话240091。

欧洲汽车俱乐部（**ACE**），汽车故障修理电话01802－33 66 77。

德国汽车协会（**ADAC**），市区故障服务中心电话1802－22 22 22。

天气预报电话11 64

路况报告电话11 69

出租车电话19410，69022，261026，210101，210202，443322或9644

特色活动

了解柏林文化娱乐活动的最好方法是查阅几本杂志，如 City Magazines、Tip 或 Zitty，人们可以从剧场、舞蹈、音乐、电影、歌舞表演以及艺术各分类栏了解当前的文化活动；Zu Gast 的柏林小册子和 Tagesspiegel 周三版上的本周大事活动栏目都可帮助你了解所感兴趣的文化活动。

柏林旅游局市场部可以提供各种活动及演出的资料、购票、预订、招贴及简介服务，详见上面有关章节。

观光旅游

这种旅游最省钱的方式是乘坐汽车、电车或市郊火车，然后从一个终点站到另一个终点站。从双层汽车上，你可以一路饱览这个城市的美丽风光。特别是 100 路车，这条从 Bahnhof Zoo 到 Alexanderplatz 线路把柏林最好的风景都包括在它行走的线路里（详见公共交通一节中的"汽车"）。

夏天，Stern und Kreis Schiffahrt 公司组织的短途快艇旅游和其他各类轮船从这个城市的很多地方出发。这类水上旅游的种类很多，有城市内的两小时旅游，也有在柏林和柏林周围的全天旅游。位于 Puschkinallee 16／17 的 Stern und Kreis Schiffahrt 公司可提供这种旅游的详细情况，电话：536360－0。

提供在柏林水域旅游的其他旅游公司还有：Reederei Bruno Winkler，电话：6913782。Reederei Riedl，电话：6913782。

在波茨坦有 Weisse Flotte 公司，电话：0331 2759210。

有导游的城市旅游

艺术 Berlin Kunstführungen durch Galerien und Ausstellungen: 具有各种主题（如建筑类、犹太人的生活）的对画廊、展览以及城市进行参观的旅游项目。联系地址为 Kufsteinerstr 7, Schoneberg 10825 Berlin，电话：85728182。

Berliner Geschichtswerkstatt: 夏季城市观光船的旅游项目。联系地址 Golzstrasse 49（Schoneberg）10781 Berlin，电话：2154450。

Nicholas Gay 组织一种称为 **Berlin Walks** 的徒步旅游项目，该活动也设有主题，联系电话：3019194（该项活动采用英语进行）。

Kultur Büro Berlin. Zeit für Kunst e. V.: 带有导游的城市旅游，内容强调艺术史。联系地址 Greifenhagener Str. 62, 10437 Berlin，联系电话：4440936。

Schöne Künste: 称为"柏林——音乐和戏剧的城市"的带有音乐的巴士旅游。联系电话：7821202。

StattReisen Berlin: 城市徒步旅游，主题很多，如社会史和政治，用英语、法语或意大利语进行导游服务。地址：Malplaquestr. 5 13347 Berlin，联系电话：4553028。

欲骑自行车旅游，与 **Velotaxi** 联系，电话：44358990。

巴士旅游

以下公司均组织"柏林一日游"，票在车上买。

Berliner Bären Stadtrundfahrt（BBS）： 地址 Alecxanderplatz c/o Forum Hotel, 10178 Berlin，电话：3519270。发车地点是 Corner Rankestr. /Kurfurstendamm，在纪念教堂（memorial church）和 Alexanderplatz/Forum Hotel 的对面。

Berolina Stadtrundfahrten： 地址：Meinekestrasse 3, 10719 Berlin，电话：88566030。发车地点是 corner Meinekestr. 1/Kurfurstendamm。

Busverkehr Berlin（BVB）： 地址：Kurfurstendamm 229 10719 Berlin，电话：8859880。发车地点是 Kurfurstendamm 225，在 Cafe Kranzler 的对面。

Severin und Kühn Berliner Stadtrundfahrten： 地址 Kurfurstendamm 216, 10719 Berlin，电话：8804190。发车地点为 corner Fasanenstr. / Kurfurstendamm。

夜生活

柏林是一座不夜城，晚间到酒吧喝两杯酒。以了解柏林的夜生活是一件不费力的事。

过去的西柏林，夜生活主要

集中在 Savignt-platz 附近的 Charlottenburg，Ku'damm 南面的 Wilmersdorf，Winterfeldtplatz 附近的 Schoneburg 和 Goltzstrasse 地区。Legendary Kreuzbewrg 地区有两个主要集中地，一个是 Bergmannstrasse 和 Marheineke-platz 一带，另一个是距 Marian-nenplatz 不远的 Oranienstrasse。

过去的东德地区现在正在繁荣、热闹起来，人们（特别是那些想显示自己与众不同的漂亮服装的人）愿意去 Mitte，主要是沿着 Oranienburger Strasse 一带。这一地区离 Tacheles 文化中心废墟和修复极具特色的 Kackesche Hofe 不远。

Kollwitzplatz 附近 Prenzlauer Berg 的景象则更轻松多样，在这里人们会发现学生、艺术家、游客和当地人享受着快乐的时光。

购　物

在柏林购物只有一条规律，那就是没有什么东西买不到。旅游咨询中心提供免费的购物指南书《柏林购物(Shopping in Berlin)》。

参阅书目

一般类

George Bailey 撰写的 **Germans**。

Gordon Craig 撰写的 **The Gremans**。

Robert H Lowie 撰写的 **Toward Understanding Germany**。

Lan MacDonald 撰写的 **Get to Know Germany**。

David marsh 撰写的 **New Germany at the Crossroads**。

其他异域风情丛书

异域风情系列丛书中的其他书籍，介绍德国的主要地方如德国、柏林、法兰克福、汉堡、慕尼黑以及莱茵河。

瑞士

熟悉环境

地理

瑞士是欧洲地理环境变化最大的国家，在这块面积仅为 41 285 平方公里的土地，高度差异达 4000 米。瑞士东、西方向最远的距离仅为 348 公里。国土的 50% 多一点为农田草原，25% 为森林，25% 为冰河、岩石以及 1500 个大大小小的湖泊。瑞士的最高峰是海拔 4634 米的罗萨峰（Monte Rosa）；而瑞士地势最低的地方是海拔不到 193 米的地处提契诺（Ticino）的马列乔湖（Lake Maggiore）湖岸狭地。

气候

瑞士的气候分为两个区：一是阿尔卑斯山以北，二是瑞士南部及恩加丁地区(Engadine)。阿尔卑斯山南北气候条件极其不同，从日内瓦湖和提契诺湖一带的温暖的地中海型气候到典型的高山极地气候。位于瑞士中心地带伯尔尼，冬季平均温度为 1℃，夏季平均温度 16℃。瑞士国家旅游局提供各地气候和平均温度的详情表。

欲知当时的天气预报，拨打电话 162 查询，播报天气预报的语言视你拨叫电话的地区所普遍使用的语言而定。

人口

瑞士人口约为 730 万，约 46% 人口信奉天主教，40% 人口信奉新教。

经济

瑞士的工业、手工业及旅游业是该国收入的大部分来源，并为一百万人带来了就业机会。瑞士以其高档精密工业、钟表制造业、珠宝业及化学和制药业而闻名。

货币

瑞士的货币单位为瑞士法郎（SFr），1 法郎等于 100 分（Rappen 缩写为 Rp），硬币的面额分别为 5，10，20 分和 50 分，和 1，2，5 法郎。纸币的面额分别为 10，20，50，100，200 法郎和 1000 法郎。

旅客携带出、入境的外币及其他付款方式的凭证没有金额的限制。

外币、旅行支票及其他付款凭证均可在银行、外币兑换所、火车站、机场、旅行社或饭店兑换成瑞士法郎。大部分瑞士银行均接受欧洲支票。旅客也可在饭店、商店、百货公司和饭馆使用外币结账（最好问清汇率，在通常情况下不如在银行兑换）。另外，最好用瑞士法郎面额的瑞士银行旅行支票。你可以使用这种旅行支票兑换现金，在瑞士兑换时不需付额外手续费。

位于机场、火车站的货币兑换所按当日汇率兑换外币、旅行支票和欧洲支票。营业时间为 6：00～21：00 或 23：00。

节日

除了在本书前文中所列的节假日之外，瑞士还有以下法定假日：耶稣受难日和瑞士国庆节（8 月 1 日）。

抵　达

空路

瑞士共有 5 座国际机场，分别位于苏黎世（Zurich）、日内瓦（Geneva）、巴塞尔（Basle）、卢加诺（Lugano）和伯尔尼（Berne）。瑞士航空公司和跨陆航空公司（Crossair）将瑞士与世界上70个国家的110个城市连接起来。苏黎世和日内瓦机场内设有火车站，是全国快速火车网络的组成部分，每小时有数班火车往返于机场与主要的火车站间。巴塞尔－木路斯（Basle－Mulhouse）机场实际位于法国境内，从该机场搭乘汽车前往巴塞尔的瑞士火车站（SBB）大约需要25分钟。苏黎世、巴塞尔、日内瓦的各国际机场之间也有固定航班。在伯尔尼—贝尔普（Belp）—卢加诺—阿格诺（Agno）、格施塔德（Gstaad）—萨嫩（Saanen）和锡昂（Sion）以及萨梅丹（Samedan）—圣莫里茨（St－Moritz）之间各地机场均有固定航班、包机以及当地空中出租飞机服务。

一种称为"Fly—Rail Baggage"的飞机与火车行李联运的服务项目使旅客不必再拖着行李在机场内行走。这种服务项目是将旅客行李从飞机卸下后直接装上火车，然后送往行李的目的地（目前可送往117个火车站，大多数是设在城市和主要旅游地的火车站）。同样，这种服务也适用于回程——将行李提前24小时送到车站，然后行李会从旅客所逗留的城市直接送往其居住的城市机场。

旅客也可以在24个火车站（其中包括巴塞尔、伯尔尼、日内瓦、洛桑、卢加诺、卢塞恩、纳沙特尔、圣．加仑和苏黎世）办理登机手续，并在飞机起飞24小时前拿到登机牌。

从Fly－Rail Brochure中可得到有关该项服务的详细情况以及航班和列车时刻表。瑞士的任何一个火车站都提供这类小册子。

Swissair 是瑞士国家航空公司，其在海外的办事处包括：

英国 瑞士中心（Swiss Center），3 New Coventry Street London W1V 8EE，预订电话：020－7434 7300，传真：020－7434 7219。

美国 628 Fifth Avenue New York，NY 10020，电话：800－221 4750，传真：212－969 5747；222 Sepulveda Blvd 15ᵗʰ Floor El Segundo California 90245，电话：800－221 6644，传真：310－335 5935。

铁路

市际列车运营于瑞士与周边国家的大城市之间。这种火车设有舒适的头等和二等包厢，每小时发一班。市际火车将所有大城市以及旅游景点连接起来，提供便捷服务，有些班次的列车直接开往瑞士的度假胜地。欲知详情可与瑞士旅游咨询中心（SVZ）或瑞士联邦铁路接洽，电话：051 220 1111。

公路

旅客可从周边任何一个国家通过设在主要高速公路上的边境海关站驱车进入瑞士。当然也有一些小型边境海关检查站，但这些检查站不一定24小时开放。

驾驶须知 3.5吨以上的车辆（包括拖车和旅行车）每年要付30瑞士法郎的汽车税，然后将一张在通常情况下称为汽车完税证的贴纸贴在汽车挡风玻璃上，表示该车可以在瑞士公路上行驶。此证有效期从12月1日至第三年的1月31日（共14个月）。瑞士边境站、邮局、加油站、停车场以及其他国家的汽车协会和瑞士旅游咨询中心均办理此项业务。完税证要贴汽车前挡风玻璃的左侧，以便识别。价格为30法郎的《瑞士最佳公路指南》一书详细列出了高速公路和其他道路的收费情况，此书在瑞士旅游咨询中心（SVZ）有售。

实用地址

瑞士旅游局驻外机构

澳大利亚 Brian Sinclair － Thompson，c/o Swissair，33 Pitt Street，Level 8，NSW 2000 Sydney；电话：(0) 2－9231 3744；传真：(0)2－9351 6531。

加拿大 926 The East Mall，Etobicoke （Toronto） Ontario M9B 6K1；电话：(416)695 2090 传真：(416)695 2774。

英国 Swissair Center，Swiss Court，London W1V 8EE；电话：(020) 7734 1921；传真：(020) 7437 4577。

美国 Swiss Center，608 Fifth Avenue，NY 10020；电话：(212) 757 5944；传真：(212)262 6116；

222 North Sepulveda Blvd，Suite 1570 El Segundo，Los Angeles 1570 CA 90245；电话：(310) 335 0125；传真：(310)335 0131。

实用指南

紧急号码

所有药店门口都贴有轮流值班表。很多医生都可讲英文，很多饭店也有驻店内科医生。诊费和医疗费很高。所有医院都设有急诊处，有医生24小时值班，主要火车站也有医生值班。

每一座城市和大村庄都设有值班医生电话，当地报纸或总信息台111都可以提供离咨询者最近的24小时值班药房的电话号码及地址。

若有突发事件，请先拨合适的区号，然后拨144，通知救护车或其他急救车。

警察局 117
消防队 118
故障台 140

营业时间

办公时间周一～周五

8：00～12：00，14：00～18：00，周六休息。商店营业时间通常为8：00～12：30，13：30～16：00。大城市的商店中午不休息，商店通常在周一上午停止营业，周三或周四晚营业至21：00。

以上的营业时间也适用于不同的服务行业。

大城市的银行和外币兑换所营业时间为每周一～周五8：30～16：30，周六不营业。乡村银行营业时间为周一～周五8：30～12：00，14：00～16：30或17：30，周六不营业。

小费

在瑞士，从道理上说，饭店和餐厅的账单中已包括小费，但流行的做法是通过给小费来鼓励好的服务。在餐馆用餐时，快餐通常是在账单的基础上将所付总额增至到整数法郎，而用正餐则付2～3法郎作小费。

邮政服务

大城市的邮局营业时间周一～周五7：30～12：00，13：45～18：30，周六营业至11：00。邮局、报亭以及邮票机都出售邮票。邮筒为黄色，固定在墙上。

电话服务

瑞士具有全自动化电话系统。邮局以及电话亭的公共电话都备有多种语言的电话簿。大多数电话可接受电话卡付费。服务台电话113；国际电话114或191；英语查询台111。在饭店打电话需另付服务费。

发电报可前往瑞士任何一个邮局办理或拨打110办理，同时110也可提供电报价格。卢塞恩（Lucerne）电报总局设在 Bahnhostrasse 3a。

旅游咨询

瑞士国家旅游局在国外设有办事处。详细资料可向设在苏黎世的总部索取（地址是 Todistrasse 7, 8027 Zurich，电话：01－288 1111 传真：01－288 1205）。遍及瑞士全国11个主要旅游地区的地方旅游机构也提供此类资料。旅客也可拨打电话120询问有关事宜。

外国驻瑞士大使馆、领事馆地址、电话

英国 大使馆／领事馆
Thunstrasse 50, 3000 Berne15, 电话：031－359 7741（伯尔尼）；
领事馆：Rue de Vermont 37－39 1202 Geneva，电话：022－918 2422（日内瓦）；
领事馆：Via Sorengo 22, 6900 Lugano，电话：091－950 0606（卢加诺）。
美国 大使馆／领事馆
Jubilaumsstrasse 93, 3001 Berne，电话：031－357 7011；
领事馆：Rout de Pré－Bois 29 Geneva－Cointrin，电话：022－798 1615。
加拿大 大使馆／领事馆
Kirchenfeldstrasse 88 Berne 6，电话：031－357 3200；
领事馆：Rue de l'Ariane5, 1202 Geneva，电话：022－919 9200。
澳大利亚 大使馆／领事馆
Chemin de Fins 2, 1218 Geneva／Grand－Saconnex，电话：022－799 9100；
领事馆：Via Pretorio 7, 6900 Lugano，电话：091－923 5681。

出　游

公共交通

Offizielle Schweizer Kursbuch 提供所有火车、邮车、轮船和登山火车时刻表，并提供主要的国际交通信息。

航空

瑞士有3个国际机场和40余个小机场，大多数机场在天气允许的情况下均有班机飞越阿尔卑斯山。跨陆航空公司（Crossair）经营巴塞尔、日内瓦与苏黎世、卢加诺、伯尔尼之间的航线。

铁路

5780多公里的密集的电气化铁路通向瑞士的边远地区，起码每一小时就有一班火车。每天到达苏黎世机场的火车班次超过100次。最快捷的交通工具是市际火车。欲知详情，请与设在欧洲国家和海外的瑞士旅游咨询中心（Swiss tourist Information Centers ／ST）联系。

瑞士国家联邦铁路（Swiss Federal Railways）经常以单词第一个字母表示，但又依当地官方语差异而不同：德文中称SBB；法文中称CFF；意大利语中称FFS。每天大概有86列火车设有餐厅，325列火车设有小酒吧。如果旅客与很多人结伴而行或在用餐时旅行，最好事先与设在苏黎世的 Swiss Dining Car Association 联系，预订火车上的餐桌，电话：01－444 5111，传真：01－271 6456。

公路

瑞士有稠密的主要、次要公路网，公路总长超过64600公里，其中9350公里为高速公路。穿行阿尔卑斯山隧道的25条主要干线也是吸引游客的一个景点。这些隧道根据当时降雪情况从5月或6月放至深秋。另外还有一些特殊的铁路设备供希望将其汽车运过阿尔卑斯山的司机使用。

驾驶须知 了解交通状况（如道路是否畅通，是否有冰雪等）可拨打电话01－163（德语），022－163（法语）、091－163（意大利语）。

由警察局发布的瑞士交通报告每半个小时在新闻结束后的正

点和半点播出。

在冬季，道路交通情况每周一～周六在5:30、6:30、7:30和12:15播出，在18:00和22:00的新闻过后会预报当夜的情况。在警察局登记的预期内交通障碍（如建设工地或需绕行的路段）会在5:30、6:30、7:30和12:15的新闻广播后播送。

在高速公路上每隔1.5公里就设有一个紧急电话亭，箭头指明电话位置。最好的高速路用绿色路标表示，主要干线用蓝色路标表明并编有号码。

国外来的驾车者在遇到汽车故障时可拨打140（全瑞士均使用该号码）寻求帮助。

欲知详情，可与瑞士国家旅游局或以下任何一家汽车俱乐部接洽：

Automobile – Club der Sch – weiz（ACS）

地址：Wasserwerkgasse 39 CH – 3000 Berne 13，电话：031 – 328 3111，传真；031 – 311 0310。

Swiss Touring Club（TCS）

地址：Chemin de Blandonnet 4 CH – 1214 Geneve – Vernier，电话：022 – 417 2727，传真：022 – 417 2020。

Federal Traffic Police（瑞士交通警察）

地址：Bundesamt fur Polizeiwesen Abt Strassenverkehr, Bundesrain 20, 3003 Berne，电话：031 – 322 1111，传真：031 – 322 5380。

水路

瑞士各大湖泊均有定期观光游轮。日内瓦湖、苏黎世湖、布里恩茨（Brienz）湖或卢塞恩湖中的汽船将为游客带来一缕怀旧之情。另外旅客也可乘轮船沿莱茵河（the Rhine）、罗讷河（the Rhone）、阿勒河（the Aare）或多瑙河（the Doubs）航行，观赏两岸风景。旅游部门可提供详情。

公共汽车

阿尔卑斯山邮政客运网（PTT）可带着旅客穿行于主要的山间公路，行程总长可达6800公里。欧洲巴士网（Europabus system）的行车路线中则包括了最壮观、最美丽的路段。很多城市和度假地都组织这种以铁路、邮政客运和私人汽车为交通工具的旅游。当地的旅游部门可提供一切必要细节。

住　宿

瑞士大约有6000家饭店、汽车旅馆、公寓旅馆、山区疗养院和度假地，约26.6万张床位。度假别墅和度假公寓有36万张床位，青年旅馆有7000张床位。中档的休息处有22.6万张床位，而23.8万个地方适合野营。欲知详情或索要有关手册，请与**国家旅游局**联系。地址：Todistrasse 7, 8027 Zurich，电话：01 – 288 11 11，电话：01 – 288 1205。瑞士国家旅游局驻外办事处也可提供详情。

每年由瑞士旅馆协会出版一次的《瑞士旅馆指南》（Swiss Hotel Guide）由瑞士国家旅游局提供。另外各地旅游部门还提供更详细的信息和饭店房价以及当地旅馆名单。

特色活动

娱乐

瑞士国家旅游局发行一种年度活动计划表，包括所有的音乐节、艺术展览、观光旅游、贸易博览会以及体育比赛的详细情况，并同时列出100多家向公众开放的博物馆和艺术品收藏馆。

夜生活

在瑞士的大城市里，你会发现五花八门、各种各样的酒吧、俱乐部、夜总会以及迪斯科舞厅，并非像一些谣言所传"瑞士的夜生活非常土气、不入时"。一些著名的旅游胜地提供让游客消磨夜晚的场所，也提供世界一流的娱乐表演。当地旅游咨询中心可提供更详细的说明，游客也可向旅馆服务人员咨询。

购　物

如果想购买一些有特色的商品，你不妨到瑞士的工艺品商店看看，很多大城市及人口稠密的地方都有这种商店。工艺品商店的店员精通业务。在小城镇购买艺术品时，最好直接向艺术家或制造公司购买。

语　言

瑞士是欧洲语言种类最复杂的国家之一，共有四种语言。瑞士中部及东部讲德语，西部讲法语，南部讲意大利语，东南部约有1%的人口讲罗曼什（Romansh）语。从事涉外旅游工作的人往往会讲多种语言，其中包括英语。

参阅书目

综合类

Ronald W. Clark 撰写的 **The Alps**。

Christopher S. Hughes 撰写的 **Switzerland**。

Sir A. H. M. Lunn 撰写的 **The Swiss and their Mountains**。

R. Sauter 撰写的 **Antiquities and Archaeology**。

Jonathan Steinburg 撰写的 **Why Switzerland**。

Jean Ziegler 撰写的 **Switzerland Exposed**。

奥地利

熟悉环境

地理

奥地利是欧洲大陆第三大内陆国,地处欧洲大陆东西走向的中心地段。奥地利国土的 3/4 为山地,最高峰是大格洛克纳山(Grossglockner),海拔 4138 米。奥地利面积为 83838 平方公里。

气候

阿尔卑斯山占据了奥地利大部分地区,因此,阿尔卑斯山对奥地利境内不同的气候条件起了决定性的作用。阿尔卑斯山以北大部分地区气候属欧洲中部气候,即使在气候宜人的夏季,也会出现骤然间的降雨。阿尔卑斯山以南的克恩滕(Carinthia)或称卡林西亚地区的气候为地中海气候——温暖而少雨。在阿尔卑斯地区,夏季炎热、冬季寒冷多雪。奥地利东部地区属大陆性气候。布尔根兰地区气候受潘诺尼亚平原(Pannnnnnonia)的影响,夏季炎热、冬季寒冷。

人口

奥地利人口 810 万。80%的人信奉罗马天主教,6%的人信奉新教。在克恩滕、施泰尔马克及布尔根兰地区,还有克罗地亚、匈牙利和斯洛文尼亚等少数民族。

经济

奥地利的电子、化学及纺织业相当发达。食品业、旅游业以及林业也是国家经济的支柱。

货币

奥地利为欧元货币区国家,使用欧元。

假日

除了在本书前文中所列的节假日之外,奥地利还有以下法定假日:1 月 6 日主显节(也称显现节)、10 月 26 日的国庆节和 12 月 8 日的圣灵受胎节。

抵 达

航空

奥地利国家航空公司每天都有航班从维也纳的 Schwechat 机场飞往欧洲大多数国家的首都。萨尔斯堡、格拉茨、林茨、克拉根福(Klagenfurt)、因斯布鲁克(Inns–bruck)的国际机场也有飞往欧洲国家首都的航班,但航班次数较少。包括欧洲的主要航空公司在内,共有 36 家航空公司的航班飞行往返于维也纳与各国首都之间。

铁路

维也纳有两个主要火车站:连接德国、法国、比利时和瑞士的西站和连接巴尔干半岛、希腊、匈牙利和意大利的南站。

其他主要国际列车有:往返于汉诺威(Hanover)与维也纳之间的 Prinz Eugen 火车、往返于巴黎与维也纳间的 Arlberg 快车(途经瑞士)和荷兰与维也纳间的快车(阿姆斯特丹——维也纳)。如果旅客想以独特的方式到达奥地利的话,可以乘坐"东方快车"(Orient Express),每周一次开往布达佩斯,沿途停靠因斯布鲁克、萨尔斯堡和维也纳。

维也纳旅客服务中心电话:(0222)1717。

公路

大约有 70 条国际公共汽车线路将奥地利与其他国家连接起来。但从北欧没有开往奥地利的直达车。那么想乘汽车的旅客最好先到慕尼黑,然后再搭乘火车。

从北欧驾车前往奥地利是一次漫长又艰巨的旅行,最好的路线是通过德国到达奥地利,这样既能利用其优秀的高速公路,又可省去过路费。提醒注意的是要尽量走不太拥挤的阿尔卑斯山通道,但这些通道在晚间或冬季会关闭。奥地利的高速公路免费。

旅客最好携带用于保险的绿卡,但不是强制的。紧急情况时用的红色三角标志、保险带和急救物品则是在奥地利境内行驶的车辆必须要具备的。

实用指南

紧急号码

药店在晚间和周日实行轮流值班制。当地警察局或电话簿上均可提供这方面的信息。

火警电话　122

警察局电话　133

救护车　144

查询台电话　16

紧急救护热线　1770

维也纳电台医疗服务电话 141

国际空中急救服务电话 (02732)70007

实用号码

维也纳航班咨询电话 7007–2233

铁路服务电话　1700

铁路信息电话　1717

ARBO 公司汽车故障修理电话　123

OAMTC 公司汽车故障修理

电话 120

OAMTC 公司紧急事故服务

电话 982 – 8282

营业时间

一般说来，奥地利商店每周一至周五 8:00 ~ 18:00 营业。周六营业时间为 8:00 ~ 12:00。银行营业时间为周一、周二、周三和周五的 8:30 ~ 12:30，13:00 ~ 15:00。

小费

在奥地利，如果服务质量好，通常要付 10% ~ 15% 的小费。

邮政

一般邮局营业时间为 8:00 ~ 12:00，14:00 ~ 18:00。有些邮局周六 8:00 ~ 10:00 营业。大城市的车站邮局一天 24 小时对外营业。邮票在邮局及香烟亭出售。信箱为黄色。

电话

电话可以在邮局或电话亭打。有些电话机要求使用电话卡，电话卡可在邮局购买。请接线员帮助拨打长途电话时才先拨 1616。

电话查询 1611
电报服务 190
电话服务 1621

出　游

航空

维也纳到格拉茨、克拉根福、林茨、萨尔斯堡因斯布鲁克之间都有直达航班。详情可参阅航班表。

维也纳 Schwechat 机场位于市区以东约 15 公里处（高速公路 25 分钟路程）。候机大厅在 1988 年进行了现代化的改造，到港大厅内设有咨询处，每天 9:00 ~ 22:00 为服务时间（电话 0222 – 700 72233）。机场与维也纳市区两个主要火车站（运营时间为

6:00 ~ 19:00 每 20 分钟发一班车）、希尔顿饭店旁边的航空公司市内总站大厦（运营时间为 8:00 ~ 21:00）之间均有快车往返。咨询电话：(0222) 58002300。往返于中央车站与机场间的火车每天 7:30 ~ 20:30 每小时一班车。

铁路

奥地利联邦铁路系统有 5800 公里与东欧和西欧的铁路网相接的铁路线。乘坐 TEE 和 IC 列车的乘客要付比普通列车高的票价，但高出部分中已包括预订费。

维也纳与格拉茨之间、维也纳与萨尔斯堡之间列车每小时一班；维也纳与因斯布鲁克、维也纳与菲拉赫（Villach）之间列车每 2 小时一班。

几乎所有的白班火车均有餐车，而夜班火车均有卧铺和卧铺包厢。购买车票还有许多打折方法。欲知详情，请与以下电话联系：

维也纳：(0222) 1717
格拉茨：(0316) 1717
克拉根福：(0463) 1717
林茨：(0732) 1717
萨尔斯堡：(0662) 1717
菲拉赫：(04242) 1717

公路

大约有 70 多条汽车路线将奥地利与其他国家连接起来。奥地利公共汽车路线所经之处往往是未通火车的地区。几乎所有的旅游地区均有公共汽车短途旅游服务，以便游客前往周边乡村游览。

驾驶须知：在 3 频道（03）每小时的正点新闻播完之后，均有路况报告。如发生特别混乱的交通路况时，会在节目中插播路况信息。在维也纳市区及周边地区可以收听到蓝色多瑙河广播电台 7:00 ~ 10:00、12:00 ~ 14:00 以及 18:00 ~ 20:00 用英语和法语广播的固定交通报告节目。

有人员伤亡的交通事故，必须要报警。外国人必须填写称为 Comité Européen des Assurances 的事故表。OAMTC 公司和 ARBO 公司在各主要交通路段上提供汽车故障修理服务。非会员也可享受此种服务，但支付费用较高。

实用电话
OAMTC 故障服务电话 120
ARBO 故障服务电话 123
ARBO 紧急服务电话 782528
OAMTC 欧洲紧急服务电话 922245

水路

从 4 月初到 10 月底，沿多瑙河有很多定期轮船航行。维也纳与布达佩斯和帕绍（Passau）水路相连。另外在奥地利较大的湖泊里也有定期的轮船航行。

多瑙河汽艇公司经营维也纳与布达佩斯之间的水翼船交通服务，每天从维也纳和布达佩斯各发三班船。欲知船期时间表，请拨电话：0222 588800。

维也纳与布拉迪斯拉发（Bratislava）之间也有水翼船交通服务。每周三至周日早上 9:00 和晚上 21:30 从维也纳的 Reichsbrücke 渡口开船，到达布拉迪斯拉发的时候分别为 10:30 ~ 11:00。从布拉迪斯拉发启程时间为 17:00 和 17:40，到达维也纳的时间分别为 18:45 和 19:25。

住　宿

在旅游城市的任何一条街道上，你可以找到旅游咨询处，那里的工作人员会向你提供当地私人旅馆的名单。

特色活动

有关歌剧、戏剧、古典音乐的演出安排计划由奥地利旅游中心提供，电话 (0222) 5872000。巴罗克

音乐会及详细资料也可向奥地利旅游中心索取。该机构位于 Vienna 5, Margaretenstrasse 1, 电话 (0222) 5872000。另外奥地利旅游局驻外机构也可提供此类资料。位于 1 Goethegasse 1 国家剧院票务预订电话 (0222) 514 440, 对外服务时间为周一至周六 9:00～17:00。

购物

奥地利有很多高质量、高价值和手工制作的产品, 其中包括玻璃器皿、珠宝、瓷器以及冬季运动器材。

语言

在 800 万人口中, 98% 的人讲德语。

维也纳
实用指南

紧急号码

救护车　40144

急救医生　141, 每日 19:00 至次日 7:00

药剂师 (营业时间)　1550

心理医生　31 8419, 地址: 9, Fuchsthalergasse 18

国际药剂师　512 28251, 地址: Karntner Ring 15

中毒急救　4343439, 地址: 9, Lazarettgasse 14

邮政

位于 1, Fleischmarkt 19 的邮政总局 24 小时营业, 电话 515 90。

旅游机构

维也纳旅游局

Obere Augarten – Strasse 40,

II。电话 211 1401, 传真 216 8492。当地旅游分支机构可提供奥地利详细情况, 奥地利九个联邦州都有自己的旅游局。

奥地利国家旅游局地址

Osterreich Werbung 1040 Viena, Margaretenstrasse. 1, 电话 (222)587 2000。

驻外旅游办事处地址

英国　奥地利国家旅游局, 30 St George Street, London W1R OAL, 电话: (020) 7629 0461, 传真: (020)7499 6038。

美国　奥地利国家旅游局, PO Box 1142, New York NY10108 – 1142, 电话: (212) 944 – 6880, 传真: (310) 477 – 5141; 或 PO Box 491938 Los Angeles CA 90049, 电话:(310)477 – 3332,传真:(310)477 – 5141。

外国大使馆

澳大利亚　IV, Mattiellistrasse 2, 电话:5128580。

加拿大　1, Laurenzerberg 2, 电话:5313830。

南非　XIX, Sandgasse 33, 电话:3264930。

英国　III, Jauresgasse 12, 电话:7131575。

美国　IX, Boltzmanngasse 16, 电话:313 390。

出游

在维也纳, 车是个累赘。维也纳市区拥有相当完善的城区和地区交通系统, 包括地铁、快速地铁、当地和本地区火车以及电车和汽车。欲知详情, 可与维也纳旅游局联系,电话(0222)211 1401。

购物

大部分精致、昂贵的商店还有艺术画廊和古董店都设在内城

区, 位于 Hofburg, Graben 和 Karntner Strasse 街之间。商店营业时间一般为周一～周五 9:00～18:00,周六 9:00～12:30。

维也纳各区都有集市。但比较特别的集市在周二和周五举办。最著名的集市是 Naschmarkt。在 Naschmarkt 集市旁边, 还有一家每周举办的跳蚤市场, 地址 4 – 5, Wienzeile, Kettenbrückengasse。

参阅书目

Barbara Jelavich 著, 剑桥大学出版社 (Cambridge University Press) 出版的 **Austria, Empire and Republic**。

Lavender Cassels 著, John Murray 出版的 **Clash of Generations**。

J. W. Mason 著, 朗曼公司 (Longman) 出版的 **Dissolution of the Austro – Hungarian Empire**。

L. Valani 著, Knopf 出版的 **The End of Austria – Hungary**。

Edward Crankshaw 著, Penguin 出版的 **The Fall of the House of Habsburgs**。

Arthur J. May. 著, 宾夕法尼亚大学出版社 (University of Pennsylvania) 出版的 **The Hapsburg Monarch**。

Fritz Judtman 著,Harrap 出版的 **Mayerling: The Facts behind the Legend**。

Frederic Morton 著, Little 出版的 **A Nervous Splendour**。

George E. Berkley 著,加利福尼亚大学出版社 (California University Press) 出版的 **Nightmare in Paradise**。

布达佩斯

熟悉环境

布达佩斯人口约为 180 万，10% 的少数民族人口中主要包括塞尔维亚、克罗地亚、斯洛伐克以及罗马尼亚族人。

面积　525 平方公里

语言　匈牙利语

宗教信仰　罗马天主教（占 67%）

国际电话区号　361

货币　匈牙利货币为弗林特（Forint, Ft），用于欧洲支票时，匈牙利货币称为 HUF。1 弗林特为 100 费勒（Filler）。弗林特纸币的面额有 5000、1000、500、100、50 弗林特；20，10 弗林特的纸币极少出现；另外还有 20、10、5、2、1 弗林特的硬币。

匈牙利弗林特在货币市场上比欧洲其他货币便宜，通货膨胀率高达 25%～35%。弗林特经常贬值，不是硬通货币，最好用多少换多少。街头换钱也许汇率较高，但这是非法交易。

旅行支票和信用卡　欧洲支票可以在银行及多数邮局兑换成现金，但最高金额不得超过 5000 弗林特。饭店、餐厅、商店和油站均接受信用卡付账。

抵　达

航　空

许多航空公司都有班机飞抵布达佩斯的 Ferihegy 机场。Malev 是匈牙利国家航空公司，使用 Ferihegy 机场的一号厅，其他全部航空公司的航班使用 Ferihegy 的二号厅。布达佩斯与欧洲所有国家的首都和大城市、几个巴尔干国家、中东城市以及纽约之间均有航班。

Malev 航空公司在世界各地均有办事处，并在布达佩斯主要饭店设有服务台。飞往匈牙利的国际航空公司在布达佩斯市中心有办事处。

从机场到市区最可靠的办法是乘坐小公共汽车（1998 年价格为 1000 弗林特）。小公共汽车在多数大饭店有停靠站，乘客可以下车后再乘坐出租汽车。小公共车也可以将乘客送往机场，但乘客需请饭店前台服务员帮忙或拨打电话 296 8555。提醒注意的是，如乘出租车从机场前往市区，索价过高的可能性很高。

询问到港航班情况，请拨打电话 296 8406；询问出港航班情况，请拨打电话 396 7831。

公　路

来自布达佩斯的旅客可能希望驾车经维也纳抵达布达佩斯，从维也纳出发的 A4 号高速公路几乎一直通到 Hegyeshalom 的交叉路口。越往南这种交叉路口就越多。如果驱车取道奥地利克恩滕前往布达佩斯，你可以抄近路走马里博尔（Maribor）、斯洛文尼亚（Slovenia），然后经莱泰涅（Letenye）抵达目的地。

驾驶人必须具备有效驾照，标明该车来自的国家及持有的有效登记证明和绿色保险卡。

注意：匈牙利禁止酒后驾车，酒精含量的法律限量为 0.0 毫克。匈牙利的规定非常严格，只要你喝了一点儿酒，也会受到严厉的处罚。酒精含量在 0.8 毫克以下的，会处以 30000 弗林特以下的罚金。如酒精含量在 0.8 毫克以上的，就会判刑入狱（外国人也不例外）。

铁　路

乘坐火车前往布达佩斯的旅客通常需要在维也纳的西火车站换车（然后继续乘坐从南火车站 Wien－Süd 始发的列车），火车最后到达布达佩斯的东站。一些长途国际列车挂有直达布达佩斯的旅客车厢，如奥斯滕德（Oostende）—维也纳快车，途经科隆、法兰克福、尼恩贝格（Nürnberg）、帕绍（Passau）和林茨；东方快车，途经巴黎、克尔（Kehl）、斯图加特（Stuttgart）、慕尼黑和萨尔茨堡；另外还有维也纳华尔兹号列车途径巴塞尔、苏黎世、因斯布鲁克和萨尔茨堡。一个车站到另一个车站转车时最少需要半小时，搭乘地铁远比出租车快。欲知火车服务详情，请拨打电话 322 8056。

海　路

匈牙利马哈特公司（The Hungarian Mahart）和奥地利 DDSG－Donaureisen 公司经维也纳和布达佩斯两个城市间（及其他地方）的水翼船和气垫船的水上运输服务。两岸风景如画，但船票价格不菲。当地旅行社可以提供详情，你也可以打电话或写信至 DDSG－Donaureisen 公司，地址：Handelskai 265，A－1021 Vienna，电话 0222 729 2162，也可以与马哈特公司（Mahart）联系，地址：Belgrad rakpart, Budapest V，电话 118 1704，传真：118 77440。

实用指南

紧急号码

医生 下列医院提供全天候服务：Falck SOS Hungary: Budapest, Kapy u. 49/B. 电话：2000100 和 Stomatological Intézet（牙科中心研究院），地址：Ⅷ, Szentkivalyi u. 40. 电话 133 0770。

事故 直升机救援电话 625 3130 或 625 3950。

一旦发生意外事件需立刻向警方报案，即便是微小的碰撞，也填写表格。同时也应马上向匈牙利布达佩斯保险公司报告——即使过错在对方。公司地址：Budapest, Gvadanyi ut 69. 20 9073 0250/1。

药店 几乎所有药力大的药必须凭处方购买。购买药品须付现金。药店营业时间一般为周一至周五8:00~20:00，周六8:00~14:00。

紧急救援 104
急救 104 或 111 666
消防队 105
警察局 107

营业时间

各家商店的营业时间不一，但一般商店营业时间为周一~周五8:00~18:00，周六8:00~13:00，另外有些购物中心周日也营业。博物馆开放时间为周二~周日10:00~18:00，周一不开放。

小费

尽管小费已经包括在价格里，但通常仍要再付账单总额的10%作为小费。

邮政

邮局营业时间为周一~周五8:00~19:00(小城市和村镇除外)，周六为8:00~14:00(最迟)。

布达佩斯火车西站和东站邮局全天24小时营业。位于Budapest V Varoshaz utca 9-11 的邮政总局营业时间为8:00~19:00，电话为118 5398。

电话

匈牙利的公用电话机有3种颜色：黄色和灰色的用于拨打当地电话(5弗林特)和国内长途电话(先拨06)；红色的用于拨打国际长途电话。你需要准备许多5,10或20弗林特的硬币，因此最好是在邮局购买电话卡。

拨打国际长途电话的方法：先拨00，然后等待接通的声音。一些国家地区号：

澳大利亚　　61
加拿大和美国　　1
英国　　44
外语查询(7:00~20:00)：
国际电话查询号　　199
国内电话查询号　　117 2200

旅游咨询

旅游服务中心在匈牙利几乎无处不在，从边境口岸到机场、火车站都设有服务中心。这些服务中心提供各种服务项目，包括订房、兑换外币等，但不一定能提供最新的旅游简介。

如果你住在较高档的饭店，也许饭店的大厅里就设有旅游服务中心。

布达佩斯的旅游服务机构：

Oktogon, VI, Liszt Ferenc tér 9-11，电话：3224098。

Wester(Nyugati) Railway Station Main Hall，电话：3028580。

Buda Várinfo I, Tárnok utca 9-11，电话：4880453。

Downtown, V, Vörösmarty, Square，电话：4388080。

驻外旅游机构

欲在匈牙利以外地区获得有关匈牙利的旅游咨询，可以与专门办理东欧地区旅游的旅行社、IBUSZ旅行社的分社、匈牙利航空公司(Malev)和附近的匈牙利使领馆联系。

匈牙利国家旅游局驻伦敦办事处地址：46 Eaton Place, London SW1 8AL，电话为020 7823-1032，传真为020 7823-1459。

匈牙利国家旅游局驻纽约办事处地址：150 East 58th Street, 33rd floor, New York, NY 10155-3398，电话为(212)355-0240，传真为(212)207-4103。

外国大使馆

英国 1054 Budapest V Harmincad utca 6，电话：266-2888。

美国 1054 Budapest V Szabadsag ter 12，电话：475-4400。下班后若有紧急情况475-4703。

出　游

铁　路

地铁运营时间为4:30~23:00。车票可以在售票机、火车站、香烟、地铁售票处或旅行社购买，另外最好事先买出一些，以备后用。布达佩斯有3条地铁线，所有线路均在佩斯市中心的Déak tér广场的下面交汇。

匈牙利铁路(MAV)经营着广泛的铁路运营线路，但车票价格相对较贵。

MAV顾客服务中心地址：Ⅵ

Andrassy ut 35,电话 342 9150,周一至周五 9:00～17:00 为办公时间。电话:461 5500(国内) 461 5400(国际)。

自驾车

公路系统相当完善,布达佩斯有好几条高速公路。设在 Budapest VI, Andrassy ut 11 的 Utinform 提供路况报告,电话为 322 2238。公路的规定与西欧各国相似,但在匈牙利是绝对禁止酒后驾车(无论是哪种酒)。

租车服务 租车人必须年满 21 岁,而且持有汽车驾驶证和护照,可以使用信用卡租车。

Avis 总部地址:V,Szervita tér 8,电话:318 4240,318 4158。

Budget,I, Krisztina Krt. 41－43,电话/传真:2140420

Europcar Interrent, Vill, Ülloi ut 60－62,电话:477 1080,传真:4771099。机场办事处电话:296 6610。

Hertz World wide,电话:2960999,传真:2960998。

公共交通

公共汽车和电车:在市区汽车和电车的票价与地铁票价相同,运营时间也相同。有些电车和蓝色的汽车在夜间也运营。标有红色数字的路线为只停靠主要交通中转站的快车。

黄色公共汽车为长途汽车,大部分是从 Deaky 广场附近的 Erzsebet ter 发车。有关行车时刻表和价格可打电话 317 1173。

住 宿

索取被推荐的旅馆名单及预订房间,可与 IBUSZ 或设在布达佩斯的国际旅游服务中心 (TOURIFO) 联系。

娱 乐

最好也是最精确的文化活动信息来源是《布达佩斯一周》(Budapest Week),这是一本由匈牙利人和外国人编辑的英文杂志周刊。另外饭店和旅行社也提供一些含有广告的月刊。

观光旅游:游客可乘坐给人带来美好回忆的缆车沿着多瑙河畔到达卡斯特(Cast),缆车开放时间为 7:30～22:00;从布达市西部到布达山之间有齿轨铁路,每日 4:30 至午夜都有车运营,全程 25 分钟;从利贝哥(Libego)到市区东侧有关景点之间有升降椅,每天 9:00～17:00 为运营时间,全程需要 15 分钟。

语 言

匈牙利语属于芬兰—乌戈尔语系,它与欧洲有联系的语言是芬兰语和爱沙尼亚语。

参阅书目

由 Emeric W. Trencsenyi 出版的 **British Travellers in Old Budapest**。

由 Laszlo Cseke 1977 出版的 **The Daube Bend**,这本书的原文是匈牙利文。

T. l. Berend 和 G. Ránki 撰写的 **Hungary: A Century of Economic Development**。

C. A. Macatney 的 **Hungary: A Short History**。

Ferenc Molnár 撰写的 **The Paul Street Boys**。

华沙与克拉科夫

熟悉环境

面积:波兰面积约为 31.3 万平方公里。

人口:波兰人口为 3861 万。

语言:波兰语。

首都:华沙。

宗教信仰:罗马天主教(占 97%)。

时区:GMT＋1。

货币:兹罗提(zl) 1 兹罗提＝100 格罗希。

计量单位:米制。

供电:220 伏特,两相插头。

公共假日:除前文中提到的之外,还有 11 月 11 日的国庆日。

抵 达

航 空

华沙的 Okecie 国际机场在 1992 年又启用了一座新的候机大楼,目的是应付日益增加的航班数量,这些航班有些是 LOT(波兰国家航空公司)的航班,有些是外国航空公司的航班。从纽约和芝加哥都有固定航班直飞华沙。国内航线从华沙飞往全国 11 个城市及乡镇。事实上,所有的欧洲主要航空公司都有航班从各自的城市飞往华沙。

Okecie 国际机场拥有其自己的班车,班车在所有的大饭店都停。6:00～23:00 每隔 20 分钟有一趟班车（在周末和假日每隔30分钟有一趟班车），票在车上购买，其车票价格比一般汽车稍高。

LOT 也经营开往市中心的**豪华汽车服务项目**（Fly & Drive）。乘客也打电话叫车。不要乘坐在Okecie国际机场出租汽车站的出租车。因为机场叫的出租车车费比用电话叫的出租车车费高得多。

华沙国际机场到港航班信息咨询电话：（0220）650 4220，离港航班信息咨询电话：（022）650 3943，846 1700/31，846 5603。

预订及购票电话 （022）846 9645/952/953，公务舱咨询电话：0 - 800 225757。

国内航班咨询电话 （022）650 1750。

海 路

波兰的港口城市希维诺乌伊希切（Swinoujsie）和格丹斯克（Gdansk）与丹麦和瑞典之间有定期轮船客运服务。

铁 路

从伦敦利物浦火车站（Liverpool Street Station）到波兰每天都有定点列车运营。在周六（在有些季节）从利物浦车站出发的列车上还有卧铺包间。从英国到华沙的全程行驶约31小时。欧洲市际火车（EuroCity）柏林与华沙连接起来。乘坐这条线路的旅客可以前往科隆（Cologne）、威斯巴登（Wiesbaden）、卡尔斯鲁厄（Karlsrube）、汉堡（Hamburg）、法兰克福（Frankfurt）和慕尼黑（Munich）。国际列车线上的列车均为快车、直达车。列车上有一等、二等车厢、卧铺车厢、卧铺包厢以及餐车。几乎所有的国际列车都停靠位于华沙市中心的华沙中央车站。

国际及国内列车咨询 9436。
订票 825 6033。

从德国乘火车到波兰，车票价格相对不贵。波兰国内列车的车票相当便宜，对于26岁以下旅客来说都不必去购买那种减价的车内通行证。大多数开往波兹南（Poznan）和华沙的列车都经过柏林、法兰克福和奥得河。在夏季，汉诺威（Hanover）和利瓦（Iiawa）之间还有铁路摩托运输服务。

开往波兰的直达列车：

巴黎——科隆——杜塞尔多夫——汉诺威——柏林——波兹南——华沙，

科隆——汉诺威——莱比锡——弗罗茨瓦夫——华沙，

法兰克福——海因——贝布拉——弗罗茨瓦夫——华沙，

慕尼黑——德累斯顿——弗罗茨瓦夫——卡托维茨，

东西快车： 伦敦——荷兰——柏林——华沙——莫斯科，

肖邦快车： 维也纳——华沙。

欲知详情，请与POLRES联系，地址 Al. Jerozolimskie 4400 - 024 Warsaw，电话 022/827 2588。

公 路

通过波兰的主要欧洲公路有：从德国出发经过布拉格到弗罗茨瓦夫、罗茨、华沙和比亚韦托克的E12号路；从奥地利出发经过捷克到达希维诺乌伊希切，然后继续前往瑞典的E14号路；还有ES号公路，从德国出发经过波兹南、华沙然后继续前往俄罗斯。在波兰与立陶宛间的边境口岸办理出入境手续是令人烦恼的事。

公共汽车 每周从英格兰中部地区发车，经过伦敦、穿越海峡然后到达波兰。这种固定的全年

多数时间里都运营的公共汽车往往是带酒吧和卫生间的豪华空调车，全程约36小时。另外还有经阿姆斯特丹从伦敦开往波兹南和华沙，以及从伦敦或曼彻斯特或伯明翰出发到弗罗茨瓦夫、卡托维兹和克拉科夫的Polski快车。

实用指南

紧急号码

西方游客在波兰任何城市的医疗室都可得到医疗保健治疗。医疗费及住院费必须用现金支付。大多数五星级饭店都设有店医，提供紧急救护。要确认是否办妥所需医疗保险。

急救车 999
消防队 998
警察局 997

丢失信用卡挂失：
美国运通卡（American Express）：电话：（022）6254030
大来卡、欧元卡和维萨卡：电话：（022）5153000 或 513 3150。

营业时间

大多数单位办公时间为周一～周五9：00～18：00。商店营业时间为周一～周五10：00～18：00，周六9：00～14：00，有些食品店6：00就开始营业。总的来说，商店周日不营业，但越来越多的大型商场一周内每天都营业。另外还有很多设在社区的小商店全天24小时营业。

邮 政

在出售明信片的地方就可购买邮票。大城市的大邮局均24小时营业，其他邮局营业时间为周一～周六8：00～20：00。很多饭店都有代发电报的业务。

电 话

最好购买和使用新近发行的

电话卡。这种电话卡（使用前需除掉一个角）在邮局和报摊均有出售。如果你不得不使用那些老式投币电话，你需要买一个或多个代用硬币，代用币分别称为 A 币（1 个单位）和 C 币（6 个单位）。代用币在邮局和报摊出售，电话服务一般来说很好。直到最近，在小城市拨打外地及国外电话仍需通过接线员帮助。目前几乎任何一个地方都有自己的电话区号，邮局可提供各地电话区号的印刷材料。国内电话查询号：913，国际电话查询号：908。

国际电话区号：如从波兰拨打国际长途电话，先拨 00，然后拨该国的区号，如英国 44；如从国外往波兰打电话，请拨 0048。

电报与传真

大饭店及主要的邮政局都办理发送电报及传真业务。在那些最高档的饭店里，还提供电脑和打印机。

任何一家邮局都办理发送电报业务。电报的字数和速度（正常还是加快）决定了电报的价格。

华沙旅游办事处地址

1/13 Plac Zamkowy, Warsar 00 – 297,电话：(022)635 1881。

波兰驻外旅游机构

德国 地址：Polnischs Informationszentrum fr Touristik Waidmarkt 24, 50676 Koln 电话：(0221)230 545,传真：210 465。

荷兰 地址：Pool Informatiebureau voor Toerisme, Leidsestraat 64Amsterdam 1017 D,电话：(020)625 3570,传真：623 0929。

瑞典 地址：Polska Statens Turistbyra Kungsgatan 66, Box 449, S – 10128 Stockholm, 电话：(08) 216 075 或 218 145, 传真：210 465。

英国 地址：Polish Natioanl Tourist Office. 1st floor, Remo House, 310 – 312 Regent Street, London w1R 5AJ,电话：(020) 7580 8811。

美国 地址：polish national Tourist Office 333 N Michigan Avenue, Suite 224 Chicago, Il 60601, 电话：(312) 236 9013, 传真：236 1125。

外国大使馆

澳大利亚 地址：ul. Estooska 3/5, 03 903 Warsar, 电话：617 6081,传真：617756。

加拿大 地址：ul. Matejki 1/5, 00 – 481 Warsar, 电话：629 8051,传真：629 6457。

英国 地址：Al. Rox 1, 00 – 556 Warsar, 电话：628 1001/5, 传真：621 7161。

美国 地址：Al. Ujazdowskie 29/31, 00 – 540 Warsar, 电话：628 3041,传真：628 8298。

出　　游

航　空

从华沙机场出发，几乎任何时候均可搭乘 LOT 航空公司的航班前往格丹斯克、比得哥什（Bydgoszcz）、卡托维兹、科沙林、克拉科夫、波兹南、斯武普斯克（Slupsk）、什切青（Szczecin）、弗罗茨瓦夫和绿山城（Zielona Gora）等城市。机票可在波兰航空公司（LOT）及旅游局的任何一个办事处或在华沙国际机场购买,电话：(022)650 1750。

铁　路

分布广泛的铁路网将全波兰连接起来，全国铁路总长 2.6 万公里。无论搭乘快车还是一般列车均需预订车票。火车不总是准时，往来于华沙——格丹斯克和格丁尼亚（Gydnia）间以及往来于波兹南和克拉科夫之间的直达车很舒适而且设有餐车。Jishi 即使将近来车价上涨的因素考虑进去，在波兰乘坐火车旅行的票价仍然是合理的。旅行者可以在火车站、旅游局或 POLRES 办事处购买火车票。电话：022 – 365055。

有关换车及中转站的具体事宜可直接与火车站联系。

国际、国内列车咨询 9436。

车票预订 825 6033。

海　路

夏季（5 月 1 日～10 月 15 日）海轮旅游线路如下：格丹斯克——索波特（Sopot）——海尔（Hel）；格丁尼亚（Gdania）——贾斯塔尼亚（Jastarnia）；格丁尼亚（Gdania）——海尔索维（Helsowie）；什切青（Szczecin）——什维诺乌伊什切（Swinoujscie）和米德兹德罗哲（Miedzyzdroje）。内陆船运交通包括沿华沙和格丹斯克间的维斯杜拉河（Vistula），经过马祖里湖区（包括文格兹涅 Wegorzewo——吉日茨科（Gizycko）——米科拉哲基（Mikolajki）——尼达（Nida）——鲁西安尼（Ruciane）航行的轮船，以及沿埃尔布隆格（Elblag）——奥斯特鲁达（Ostroda）运河航行的轮船。

公　路

报亭出售公共汽车票。每次换乘公共汽车时要记住将车票打孔记录。乘客也可购买火车与汽车通用票。全国公共汽车网全长 11.8 万公里，运营车辆包括国家公共汽车、城市公共汽车和夜车三种。

有轨电车和无轨电车 在每一个车站和每辆有轨电车及无轨电车上都贴有时刻表和行车路线图。

出租车 空计程车以亮灯为

标志。叫出租车最好的地方是在饭店、火车站或大商场前的出租车站。乘客也可以打电话叫车(具体方法可咨询下榻的饭店),这样车费较低。因为那些不隶属某家公司的个体出租车司机往往多要车费。在晚间叫车或前往偏远的农村,车费一般增加50%。

为解决通货膨胀的问题,出租车计程器上所显示的仅仅是底价。司机根据上级规定的价格乘以所走的里程来计算车费,上级规定的价格表往往是贴在乘客上、下的车门上。出租车一启动,乘客需检查计程器是否开始计价。

娱乐活动

有关音乐会、歌剧以及戏剧演出的时间刊登在旅游咨询中心出版的活动日志上。

旅游观光:自从波兰政体转向后,一些小型及中型的私营旅游服务公司一下子出现了,提供短途及当地旅游观光服务。另外 ORBIS、Mazurkas Travel、PTTK、Air Tours 和 Trakt(华沙及华沙周边地区的旅游)也组织城市旅游和短途旅游,并提供很好的服务。

参阅书目

J. A. Cicki Chro & A. Rottermund 撰写的 **Atlas of Warsar's Architecture**。

Norman Davies 撰写的 **Heart of Europe: A short history of Poland**。

Bogdan Suchodolski 撰写的 **History of Polish Culture**。

Neal Ascherson 撰写的 **The Polish August**。

T. S. Jaroszewski 撰写的 **Book of Warsaw Palaces**。

Jerzy Lileyko 撰写的 **Warsaw: The Royal Way**。

Iech Walesa 撰写的 **A Way of Hope**。

"Aps 出版奖"获奖的"异域风情丛书"中的《波兰和东欧》分册。

布拉格

熟悉环境

面积:497 平方公里。

人口:120 万。

语言:捷克语和斯洛伐克语,商业用语为英语。

宗教信仰:罗马天主教。

时区:10 月~3 月 GMT+1;4 月~9 月 GMT+2。

货币:捷克克朗。

计量单位:米制。

供电:220 伏特,两相插头。

国际电话区号:420(国家号)2(布拉格)。

行程安排

入境规定

捷克海关管制很严格。为避免误会,事先检查自己不能确定的东西。入关时,旅客会得到一份海关规定的说明书。

旅客要注意,50 年以上的文物需得特许才能携带出境,而这种特许不易得到。无商业价值的物品(如不准备零售)不需特许即可携带出境,数量也没有限制。

抵 达

航 空

布拉格新扩建的现代化机场

位于布拉格市的西北 20 公里处。那里有来自大多数欧洲国家首都的直达航班,也有来自纽约、蒙特利尔、多伦多的直达航班。捷克航空公司(CSA)可提供详细航班情况,捷克航空公司在许多大城市设有办事处。

铁 路

从德国斯图加特和慕尼黑有直达列车开往布拉格,全程约 8 小时,从法兰克福至布拉格全程 10 小时,从柏林至布拉格全程 6 小时,从汉堡至布拉格全程 14 小时,从维也纳至布拉格 6 小时。

来自德国南部和奥地利的火车停靠布拉格的 Wilsonova 车站(Hlavni nadrazi)。而从西面来的火车则停靠 Prague – Holesovice 车站,然后再前往 Wilsonova 车站。前往捷克的其他城市可以在布拉格换车。

在布拉格火车总站有英文、法文和德文的火车旅行详细介绍,电话是 2422 3887/4200。

公 路

捷克与德国和奥地利相邻的边境上设有许多正式的边境口岸。但这种边境口岸能对来自其他国家车放行一事仍需等待。

公共汽车 从德国、奥地利和意大利均可乘坐旅游汽车前往捷克,其中包括夜间行驶的旅游公共汽车。

海 路

科隆——杜塞尔多夫线的客轮提供从柏林和汉堡经德累斯顿到布拉格的巡游。该项旅游活动需 3~7 天时间。The Princess of Prussia 号轮从德累斯顿出发的一日游。

欲知详情,请咨询当地旅行社。

实用指南

紧急号码

各城市诊所均设有急救服务。游客如需治疗可有很多选择。美国中心医院位于 Janovskeho 48 Prague，电话：807756 或 807757 或 807756，该医院全天 24 小时提供医疗服务，并可提供家庭医疗服务。所有医生均会说很好的英文。一定要带上医疗保险单，否则就要带上费用，缴费时必须以现金支付，而且非常昂贵。

紧急事故、救护车	155
消防队	150
警察局	158
紧急牙医热线	1097
失物招领	2422 6133

遗失或被窃信用卡挂失：

美国运通卡（American Express）：2421 9978

万事达卡（Master – card）：2442 3135

维萨卡（Visa）、大来俱乐部（Diner's Club）：2412 5353

药店营业时间与一般办公时间相同，药店同时可提供有关紧急服务信息和相关药店地址。

旅游咨询

布拉格信息服务中心在位于布拉格 1 区的老市政厅和老城广场设有办事处。在那里可以得到有关布拉格的情况介绍，还有城市地图和免费的周刊《布拉格文化活动》（Prague Cultural Events），其中有很多有用信息和地址。

营业时间

多数蔬菜店营业时间为周一～周五 7：00～18：00，但某些专营店营业时间为 10：00～18：00。多数小店中午休息两小时。商店周六 12：00～13：00 休息。而大型百货公司则例外，周末营业时间与平时一样。

银行营业时间为周一～周五 8：00～17：00，中间休息一小时为午饭时间。外币换所每天 8：00～19：00 营业，有些营业至 22：00。在大饭店兑换外币的手续费稍高，但全天 24 小时服务。

小 费

一般来说，服务费包括在账单里，但习惯上还要将总额加至整数，其增加部分作为小费。由于该地物价相当低，那些心满意足的外国消费者往往愿意付账单总额的 10% 以上作为小费，但当地的食客不会这么做。

邮 政

凡是出售明信片的地方同时出售邮票。由于邮资不断上涨，当你抵达该地时，最好事先问信件和明信片的邮资。

布拉格到处设有橘黄色和红色的邮筒。大型邮电局营业时间为周一～周五 8：00～19：00，周六 8：00～12：00。小型邮电所营业时间为周一～周五 8：00，下午不超过 17：00。邮政总局位于 Jindrissa 14，全天 24 小时营业。

电 话

在捷克有两种类型的电话机型（如果电话机无故障的话），一种是投 2 和 5 克朗硬币的，另一种是投 10 克朗硬币的电话机，而且只能打当地电话。然而大多数电话机只接受电话卡，邮政局和通讯社都出售电话卡。如果想打国际长途电话，最好是在邮电局或饭店，当然后者要另收话费的 20%～30% 作为服务费。

你可以在大多数饭店找到传真或电传服务。一流的饭店一般都会尽量满足客人的服务要求。

咨询布拉格和捷克的电话，请拨电话 120。

咨询国际电话，请拨电话 0139 或 0149。

外国大使馆

英国 地址：Thunovaska 14，Prague 1，电话：224 510/ 533 370。

美国 地址：Trziste 15，Prague 1，电话：53 66 416。

出 游

航 空

从布拉格可搭乘飞机前往布尔诺（Brno）、布拉迪斯拉发（Bratislava）、卡罗维发利（Karlovy Vary）、科希策（Kosice）、俄斯特拉发（Ostrava）、斯利亚奇（Sliac）、皮埃什佳尼（Piestany）和塔特利—波普拉德（Tatry Poprad）。捷克国家航空公司（CSA）可以提供其他各种相接航线的信息。在英国询问 CSA 航班情况，可拨打电话（020）7255 1898/1366。在美国可拨打电话 212 765 6022/6545。

在布拉格，有关机票、预订和航班信息可以从下列地方得到：V celnici 5，Prague 1，电话：2010 4310/2011 3743。该办事处周一～周五 7：00～18：00 对外服务，周六 7：00～15：00 对外服务。该办事处离 Namesti Republiky 地铁车站不远（若乘坐地铁，可以在 Namesti Republiky 站或 Masarykovo nadrazi 站下车）。

铁 路

有关火车车票价格及列车时刻表事宜可随时拨打布拉格电话 2422 3887/4200。

火车票可在布拉格火车站或位于 Na prikope 18，Prague 1 的 Cedok 办事处购买。但不幸的是，购买车票时需从早上排队一直到中午，而且还要在第二天再次排队取票。

如果你不想经历这些无聊的事情，你可以找当地旅行社去购买车票。

水 路

在旅游旺季（5月1日~10月15日），有从布拉格出发沿伏尔塔瓦河（the Moldau）航行的旅游观光船。拉吉大桥（Palacky Bridge）Rasin 岸边码头和很多旅游公司均可提供有关信息。

公共交通

商店以及布拉格公共交通局的售票亭均出售汽车票，另外在饭店服务台、一些电车站和所有的地铁站也出售车票。无论乘坐汽车还是电车，每换乘一次都要算一次乘车，扣除相应票额。但是乘坐地铁时，则可在 90 分钟内随意换乘，只算一次乘车。儿童和退休人员免费乘车。

公交汽车和地铁衔接市郊和市区，而且还有长途公交线路。

布拉格的地铁十分便捷，你可以利用布拉格的三条地铁线路到达布拉格各主要旅游区，而且换车也十分方便。地铁车站的标志是一个大"M"字样，运营时间为 5：00~24：00。对于旅游者来说，购买"24 小时票"比较合算。

这座城市的电车速度慢而且相当古老，不过其行走线路提供了观赏布拉格的机会（特别是 22路，经由许多名胜古迹）。

午夜以后，除了少数夜间公交车外，出租车是唯一的交通工具。在市中心和大饭店门都有很多等客人的出租车。要确认出租车里程表是否正常，并通过其出租车牌照和车内的运营号码来确

认该车是否为正式的出租车。

布拉格两家有名的出租车公司是 AAA（电话：1080）和 Profit Taxi 公司（电话：1035），这两家公司不仅有讲英语的出租车调度员，而且价格合理。

住 宿

在布拉格寻找饭店住宿正在变得容易，但如果想找一家价格便宜的饭店，有必要事先预订。在旅游旺季，预订布拉格饭店的房间可是一件毫无希望的事情，另一种可选择的方法是通过旅行社代订房间。

还有一种方法是住私人房。许多旅行社出租布拉格市中心的房屋。

娱 乐

布拉格到处都有音乐会，各种各样的介绍册可使你不知参加哪一个音乐会。你也可以在到布拉格之前通过外国旅行社预订大剧院内上演的音乐会或歌剧。

由于代理商可能会抬高票价或收取佣金，如欲购票，建议去订票处预订，这样价格公道。当然，你也可以通过旅游办事处订票，但要准备支付一笔数额不小的佣金。

参阅书目

Jaoslav Hasek 著，Penguin 公司出版的 **The Good Soldier Swejk**。

Ludvik Vaculik 著，Readers International Utz, by Bruce Chatwin. Picador 出版的 **Prague Chronicles**。

Timothy Garton - Ash 著，Granta 公司出版的 **We the People: The revolution of 1989**。

"异域风情丛书"中介绍这一地区的丛书有《东欧》、《捷克与斯洛伐克》、《布拉格》。

意大利

熟悉环境

面积：约 30.1 万平方公里。

首都：罗马。

最高山峰：勃朗峰（高 4760米）。

人口：5700 万。

宗教信仰：罗马天主教。

时区：GMT + 1。

货币：欧元。

计量单位：米制。

供电：220 伏特。

国际电话区号：39。

节日：除了在本书前文中所介绍的节日外，意大利还有如下节假日：

1 月 6 日 主 显 节（Epiphany）

4 月 25 日 解 放 日（Liberation Day）

6 月 2 日 共和日（Republic Day）

6 月 29 日 圣彼得和圣保罗日（Sts Peter and Paul Day）

11 月 4 日 胜利日（Victory Day）

12 月 8 日 圣灵受胎日（Conception Day）

抵 达

航 空

前往意大利的班机有意大利国家航空公司和其他许多国家的班机。从欧洲许多国家的首都及

一些主要城市均有班机飞往罗马和米兰（其中包括从伦敦来的班机，这些班机大部分从伦敦的希索罗机场起飞，也有一些从盖特维克机场起飞），机上服务很好。

铁　路

快捷而经常的火车将意大利与其邻国——法国、瑞士、奥地利及前南斯拉夫连接起来。另外有从欧洲各主要城市来的直达快车，沿途停靠意大利各城市。

公　路

意大利西北邻法国和瑞士，东北接奥地利和前南斯拉夫，欧洲数条公路和高速公路都可通往意大利。

如果计算驱车前往意大利旅行的成本的话，除了公路费之外还要把旅行时的住宿及加油费计算在内。如果想在意大利取道不收公路费的线路，就需带上意大利国家旅游局编制的《旅行者手册》，因为不收费公路均列在该手册中。

从英国乘旅游班车前往意大利的票价比乘飞机前往便宜不了多少。国家欧洲快车从伦敦维多利亚站出发，途经巴黎。勃朗峰，至奥斯塔（Aosta）、都灵（Turin）、热那亚、米兰、威尼斯、波洛尼亚（Bologna）、佛罗伦萨，最后抵达罗马。

水　路

意大利东端的布林迪西（Brindisi）与希腊的帕特雷（Patraus）之间；威尼斯经希腊的比雷埃夫斯（Piraeus）与埃及之间；热那亚与西班牙的马拉加（Malaga）之间均有海上轮船交通运输。

实用指南

紧急号码

警察局　　113

武警电话　　112

急救车电话　　116

公共紧急救助电话　　113

这些电话和服务均为 24 小时服务，在各大城市，电话 113 可用主要的几种外国语言提供服务。

如有非紧急病痛，可前往轮流值班的药店，药店的标志是白圆圈里标有红十字。训练有素的药剂师可针对病情提出建议和开处方，处方药中包括抗生素。药店一般营业时间为 9：00～13：00，16:00~19:00。如在其他时间内前往药店，可在药店的窗上找到离客人所在位置最近的进行紧急救助的值班药店地址。

营业时间

商店营业时间一般为 8：30 或 9:00 至 13：00,15:30 或 16:00 至 19：30 或 20：00。北部地区的商店的营业时间略有不同，中午休息时间较短，晚间停止营业较早。在旅游地，商店营业时间要比上述营业时间长。商店通常是周一（或周一上午）不营业。有些商店周六不营业，几乎所有商店周日都不营业。在度假地和大城市，每周有一次或两次集市。

小费

几乎所有的餐馆都将小费计算在账单里，如果服务好，客人多付小费会使服务员很感动。尽管有一种称为 pane e coperto（座位费和面包费）的费用已经从官方的角度在许多城市被取消，但在餐馆，人们还不愿意马上取消这种费用。

乘出租车要付多于车费的 10% 作为小费。习惯上，在饭店住宿的最后一天要付给房间清洁工和领班小费。旅游点和博物馆的管理员也要付给小费，特别是当他们为你进行某种特殊服务的时候。

邮政

邮局通常的营业时间为 8：00～13：30,但每个城市都有一家邮局全天 24 小时营业。邮局可提供挂号信、快信专送、航空信，以及各种速递业务服务。

在各大城市的主要邮局设有取件服务的窗口，凭证件可领取邮件。邮局还提供极快的速递业务，称做 CAL - Post,邮局在 24～48 小时内将重要文件送达世界各地。

香烟亭也出售邮票，并可查询意大利各地邮政编号。

电话

在意大利到处可见公用电话，特别是在酒吧，但话费比邮局高一倍。在某些酒吧，但主要是在邮局，你可先通话，然后付费（在意大利称为 scatti）。目前大部分公用电话使用电话卡，电话卡在香烟亭和报刊亭均有出售。你也可以买一种代用币（有时商店将这种代用币作为购物时回找的零钱）。你也可以用硬币打电话，但这种使用硬币的电话机在意大利已经很少了。

如果你没有零钱、电话卡或代用币,最好在电话局（PTP）打国际长途电话或对方付费电话。无论是拨打本地或外地电话，都应先拨 0，然后拨地区号（可在查询台询问）。各大城市的区号如下：罗马 06,米兰 02,佛罗伦萨 055,比萨 050,威尼斯 041,都灵 011,那不勒斯 081，科莫 031，巴勒莫 091。如果从意大利境外向上述城市打电话,要去掉开头的 0。

旅游咨询

一般的旅游咨询可向位于 Via Marghera, 2/6 Rome de 意大利国家旅游局（ENIT）询问，电话4971222。ENIT 在纽约设有办事处，地址 15th Floor 630 Fifth Avenue in New York City，电话2122454822，英国伦敦办事处地址：1 Prince Sreet, LondonW1R 8A7，电话：020 7408 1254。

在意大利各城市均有省旅游部门。其地址和电话号码可查阅电话簿或黄色分页的 Enti 条目。各大城市还有称为 Tuttocitto 的旅游指南，这种指南书往往与电话簿在一起。

几乎所有意大利的城市都设有称为旅游俱乐部的办事处，他们提供有关旅游景点的免费资料。办事处的电话号码列在当地电话簿里，俱乐部还可提供地图以及餐饮指南。

省旅游部门情况（EPT）

罗马 地址 Via Parigi, 5，电话：48899253。在 Stazione Termini 设有办事处，电话：06－4871270；另外 Fiumicino 机场也有办事处，电话：06－65956074。周一～周六每天 8：30～13：00 和 14：00～19：00 对外服务。

米兰 地址 Stazione Cebtrale，电话：669－0432/0532，夏季9:00～12:30 和 14:00～18:30 为对外服务时间，冬季则服务至18:00。周日不对外服务。在米兰的 Piazza del Duomo 也有办事处，电话：809662，周一～周六8:00～19:00，周日9:00～12:00 和 13：30～18：00 为对外服务时间。

佛罗伦萨 地址 Via Manzoni 16，电话：23320，对外服务时间周一～周五8：30～13：30，16：00～18：30，周六 8：30～13：00。还有一处更位于市中心的 Azienda Autonoma di Turismo, Provincia Comune di Firenze，尽管该处工作效率高，但只对亲自前往者开放。其地址 Via Cavour, 1 R.，对外服务时间为周一～周六 9：00～14：00。

威尼斯 地址 San Marco, 71F，电话：5226356，对外服务时间为周一～周六9：00～12：30，15：00～19：00，另外在火车站设有办事处，每天8：00～19：00 提供服务，电话：719078。

出 游

航 空

意大利半岛上各大城市间以及与西西里岛和撒丁岛之间都有航班相连。Alitalia、ATI 以及 Aermediterraniea 等三家航空公司提供各条航线。各旅行社代办国内航线班机的预订票业务。Alitalia 航空公司设在罗马的总部电话为 65628246。

铁 路

在意大利，最便宜、最快捷的交通方式是乘坐火车。有关火车的信息可通过从很多火车站领取的 Uffici Informazioni 中获得，另外有关火车的信息也列在电话簿 Ferrovie dello Stato 的条目中。

国营铁路线遍及全国各地和西西里岛，西西里岛与本土通过墨西拿海峡的火车轮渡连接。在撒丁岛上也有火车运营。意大利火车分为5类：快车、直达车、区域车均为停靠多站的慢车；高速火车更快，而急速快车则是最快的列车。

当旅客需长途旅行或需沿主要线路旅行时，乘坐“城市间列车”或“欧洲列车”是最快的方式，这种列车的舒适以及所节约出来的时间完全值得支付较高的车费。Pendolino 是意大利最快、最舒适的火车，但需要支付较高的车费并需预订车票。乘坐 IC/EC 或 Pendolino 时，最好事先购票并预订车座。所有旅游办事处和车站均提供这类服务。

公共交通

意大利各省均拥有自己的市际汽车公司，而且每家公司的车票价格和线路各不相同。乘坐公共汽车比较经济，特别是在前往深山区时搭乘公共汽车比火车快而且便宜。

公路 意大利的高速公路路况条件很好，而且数量多。但高速公路均为收费路，所以要保留票根，驶离高速公路时缴回。意大利各地收费数额和车速限制不一，其根据是各车引擎马力大小。意大利旅游局出版的旅游手册可帮助读者了解、熟悉这些不同的规定。游客可得到汽油优待券，高速公路路费也给予折扣优待，游客在 ENIT 海外办事处及边境口岸办理申请手续。路况咨询电话为 194。

驾驶须知： 意大利汽车俱乐部在所有主要的边境口岸设有办事处，提供紧急故障修理服务。紧急拖吊和修理服务的电话为116。汽车协会成员可从意大利汽车俱乐部获得帮助，俱乐部地址：Via Marsala 8, 1－00185, Rome，电话 49981。

特色活动

所有文化活动的信息都可从 ENIT 和 EPT 以及报纸上获得。在意大利，几乎每个城市均有意大利旅游俱乐部办事处，免费提供当地旅游景点的介绍，电话号码刊登在电话簿上。

购 物

佛罗伦萨的跳蚤市场和街头摊贩是购买廉价物品、讨价还价的好地方。这里可以买到很合算的皮鞋制品、围巾、衣物和其他想买的物品。其他大城市也有类似市场,虽然价格没有佛罗伦萨的便宜。受人欢迎的纪念品包括威尼斯的吹制玻璃器皿,佛罗伦萨的装饰用纸、米兰的高档时装以及意大利各地皮鞋到处可见。携带古董、艺术品以及价值很高的物品出境时需持有出口许可证。

语　言

意大利语为官方语言,但瓦尔达奥斯塔(Val d'Aosta)地区的当地语言为法语,而波尔萨诺(Bolzano)附近的上阿迪杰(Alto Adige)地区的当地语言为德语。方言很难懂,在阿尔卑斯山东部的方言被看成是另外一种语言。在大城市和旅游地,游客会发现很多人讲英语、法语和德语。

熟悉环境

罗马原建筑在7座著名的小山丘上,随后逐渐向两边扩展到目前的1062平方公里面积。罗马人口为350万。在过去2700年的历史中,出现了500座教堂、54座博物馆和画廊及32座古纪念碑。

实用指南

紧急号码

意大利的药店在商店营业期间内也都营业,周末和夜间罗马各区至少一家药店营业。药店轮流值班表贴在每家药店门面上,并刊登在当地报纸上。

紧急电话(火警、急救车、警察局)113

邮政

罗马邮政总局位于 Piazzza San Silvestro, 8:25～14:30 为正常营业时间,但办理紧急业务可延至晚19:40,每天24小时提供电报发送服务,但周六下午营业至13:00。

梵蒂冈有其自己的邮政系统,并且梵蒂冈的邮政被认为比意大利的邮政快,但情况并非总是如此。当游客参观圣彼得大教堂时,为自己的明信片购买梵蒂冈发行的邮票,然后立即寄出。这些邮票只在梵蒂冈城市内蓝色的邮筒有效。邮票上的邮戳可能使信件收件人感兴趣。

电话

想获得意大利的电话号码,请拨12,国际台查询号码176,欧洲大陆国家查询0176。

旅游咨询

旅游局总部位于 Via Parigi 5,电话为488 99253。另外在 Stazione Termini(电话06-4871270) 和 Fiumicino 机场 (电话06-65956074)均设有办事处。周一～周六 8:30～13:00,14:00～19:00 为服务时间。他们可以提供从旅游咨询到资料、简介及地图等方面的服务。

外国大使馆

加拿大 Via Zara 30,电话 445981。

英国 Via Venti Settembre 80,电话 4825441。

美国 Via Vittirio Veneto 121,电话 46741。

抵　达

航　空

罗马有两个国际机场。一个为 Leonardo da Vinci 机场,通常称为 Fiumicino 机场,坐落于市区西

南30公里处。另一个是位于市区东南16公里处的 Ciampino 机场。Fiumicino 机场主要起落定期航班,而 Ciampino 机场则供货运公司使用。

从 Fiumicino 机场到市区有频繁的火车往来运营,每20分钟有一趟火车开往 Stazione Ostiense,每一小时有一趟火车开往 Stazione Termini。而从 Termini 乘出租车到各个旅馆的路程很近,从 Ostiense 乘出租车到旅馆路程稍远。从 Fuimicino 到市中心的出租车车费约为42欧元。

从 Ciampino 到市中心最好的方法是乘坐出租车,但车费要付约35欧元。Fiumicino 机场航班查询电话为65951;Ciampino 机场航班查询电话为794941。

铁　路

大多数国际列车抵达 Terminal Station 火车站,地铁的 A 线和 B 线可将旅客从 Terminal Station 火车站送至市区各处。在火车站前面有一个公家的出租汽车站。旅客千万不要乘坐那些在车站附近游逛,找上门来的出租车司机所提供的非公家出租车。在晚上,火车站及车站附近很乱。

有关列车信息咨询电话号码为147-888088。

22号站台旁的失物招领电话号码为4836682,每天7:00～23:00对外服务。行李寄存处设在1号和22号站台旁,每件行李按12小时为收费段,每天5:00～24:00营业。

公　路

罗马四周被高速公路环绕并通往意大利全国各地。A1号公路向北直通佛罗伦萨;E1号公路向西抵达西海岸和热那亚;AZ号公路向南通往那不勒斯。在高峰时

间，经常会出现交通堵塞。欧洲巴士常年往返于伦敦和罗马之间。

出　游

公共交通

罗马有两条地下铁路线——A线和B线。地铁线路通过罗马大多数最受欢迎的旅游景点。地铁入口标有红色的大"M"标记，在车站出售车票。罗马有遍及全市的公共汽车、电车线路，车次频繁的公共电、汽车一直运营至深夜，另外还有特殊的夜行车服务（Servizo notturno）。各车站均可提供有关详情。每个车站上的站牌用绿、白两色清楚地标明了行车路线、车号及起点站，终点站在车上标明。车票需事先在香烟亭、酒吧或报亭购买。

住　宿

意大利旅游局提供最新的饭店情况介绍，在机场及Termini火车站可得到这方面的信息。尽管旅游局办事处不能为游客预订饭店，但他们确实能提供详细的罗马及周边地区旅馆的清单。

另外在Stazione Termini火车站10号站台对面设有饭店预订服务中心。该处免费办理罗马及其他城市的饭店预订服务，时间为每天7:00～22:00。

特色活动

娱乐

欲了解有关在罗马上映的节目之较详细的情况，可查阅每周三出版的小册子（Romac'e），该书在报亭出售，上边有意大利文的介绍，另外还有相应的英文简译。Time Out Rome是一本意大利文的月刊，并有简洁的英文说明，该期刊上除了载有节目情况外还有文章、评论等。

在罗马旅游局（EPT）和大饭店都可以找到Roma Paginaa Gialle，这是一本有5种语言文本的书籍，上边列出了所有游客可能想要知道的信息。Carnet di Roma是EPT免费提供、介绍当月娱乐节目的书籍。

你也可以从很多渠道雇到英语导游和翻译，如从旅游局主要办事处、饭店、旅行社。位于12 Rampa Mignanelli的导游中心可为你提供此类服务，而且电话簿黄色页张的Traduzione栏中以及当地报纸的广告栏目中都可刊登这方面的信息。在主要的风景区附近也可找到英文导游和翻译，另外景点还出租有英文介绍的便携式录音机。

夜生活

作为首都，罗马的夜生活算是极少的，最通常的习惯是在那些数不清的露天餐馆用餐直至午夜，与此同时还可欣赏到游吟诗人的表演和吉他手的演奏。Trastevere区有一些虽小但价格公道的餐馆和酒店，这是与当地人接触的最好去处，但目前Testaccio区正在很快地成为更可选择的地方。在Via Veneto街附近的Ludovisi区有很多大饭店、有名的咖啡馆、夜总会和餐馆，但这里的价格都非常昂贵。这座城市还有一些迪斯科舞厅，而且并不是都收门票，通常很拥挤，而且饮料总是很贵。一切较大的公共场所有舞池和歌舞表演，有些饭店的大堂里有舞会。

罗马的每日新闻报（Rome's Daily News）刊登Trastevere区Pasquino电影院上映的英文电影的信息广告。

在卡拉卡拉大浴场（Caracalla）的废墟上，几乎每晚都有露天歌剧，从市中心搭乘公共汽车或出租车前往十分方便。在Forum和罗马郊外的Trvoli也有

同样受欢迎的流行音乐和轻歌剧演出。夏日游览观赏特雷维喷泉（Trevi Fountain）和西班牙之阶（Spenish Steps）的人群会一直持续到深夜。

购　物

Via del Corso区和Piazza di Spagna Via del Babuino区是购买高档商品的地区。在这里，顾客可以买到各种各样的东西，从特制的牛仔裤、手工制作的珠宝首饰到古董家具。附近的Via della Croce和Via del Corso则出售价格可以接受的时装。

Piazza Nzvona、Pantheon及Campo de'Fiori附近的街道上出售不寻常的手工艺术品和小装饰品。Campo de'Fiori则是手工艺人、艺术品修复家和商店生意人居住的地方，这个传统意义上的劳动人民的混合阶层目前已经从时髦的Trastevere区很快的消失。

出售古董、艺术品及绘画作品的商店主要集中在Via del Babuino，Via Margutta，Via Giulia，Via dei Coronari和Via del Pellegrino。

Via Nazionale这一地区并不出名，但该处商店里的商品价格相对不贵，有很多基本服装出售。Via Cola di Rienzo街两边都是小型装饰品商店，出售各种各样的商品。这条街将梵蒂冈与Tiber（河对面的Piazza del Polopo）连接起来。

连接梵蒂冈和Castel Sant'Angelo的街道称为Via della Conciliazione，该街上出售各种宗教手工制品，其中包括梵蒂冈硬币、小塑像、邮票、宗教书籍以及纪念品。在梵蒂冈周围的街道上以及Pantheon Largo Argentina街道Via dei Cestari上也有此类商品出售。

Via del Governo Vecchio是购

买款式新颖的二手服装的好去处，二手服装也可以在 Porta Portese 和 Via Sannio 街购买。

参阅书目

The Italians Luigi Barzini 著,纽约 Bantam Books 公司出版。

Four Wonders of Italy: Roma, Florence, Venice Naples 由 Allan & Unwin 公司出版。

Italian Hilltowns Norman F Carver 著, Documan Press 公司出版。

Art Treasures of Italy Bernard Denvir 著, Orbis Publicaationas 公司出版。

Italian Journey Johann W. von Goethe 著, North Point Press 公司出版。

Italian Hours Henry James 著,Greennwood Press 公司出版。

Twilight in Italy, Sea and Sardinia, Etruscan Places D. H. Lawrence 著, Viking Press 公司出版。

The Land and People of Italy Frances Winwar 著,Harper & Row 公司出版。

克罗地亚

熟悉环境

概况：克罗地亚位于亚德里亚海面向意大利的东岸上,处于塞尔维亚和波斯尼亚 – 黑塞哥维那之间。

面积：5.65 万平方公里。

海岸线：1780 公里。

岛屿：1185 个。

人口：500 万。

语言：塞尔维亚 – 克罗地亚语。

首都：萨格勒布 (人口约 100 万)。

宗教信仰：罗马天主教（占 75%）和东正教（占 10%）。

货币：库纳 (kuna),1 美元约合 8 库纳。

时区：欧洲中部时间。

供电：220 伏特,欧式插头。

国际长途电话区号：385 1(萨格勒布),20(杜布罗尼克)。

抵 达

航空

克罗地亚本国的航空公司 Croatia Airlines 运营定期从伦敦飞往萨格勒布、斯普利特和杜布罗尼克的直达航班。从伦敦希斯罗机场起飞大约需要 2 小时。克罗地亚航空公司也经营从欧洲其他国家首都或主要城市飞往本国的航空,但没有直达航线到美国。也有比较便宜的飞往海边城市的航班。

铁路

从奥地利、德国、匈牙利、意大利、罗马尼亚和南斯拉夫都可以乘火车前往克罗地亚的里耶卡和萨格勒布。最东边也是最方便的线路是从意大利的里雅斯特经科佩尔市(斯洛文尼亚)前往克罗地区。

公路

从意大利前往克罗地亚,大约要通过 30 多个站点。它们是在克罗地亚和斯洛文尼亚之间和克罗地亚与其他国家之间的边境检查站。从意大利的里雅斯特 (Trieste) 有定期发往克罗地亚的公共汽车。

从公路进入克罗地亚,你需要一种绿色的保险卡。从西欧通向克罗地亚的主要道路是 E70 号公路。

大轿车 每周有一趟由 Eurolines 公司运营的大轿车从伦敦的维多利亚火车站直达萨格勒布,还有一趟从意大利的里雅斯特出发;而开往杜布罗尼克的大班车差不多每天都有。此外,还有一些私营公司也提供国际线路的班车服务,它们的线路包括克罗地亚与奥地利、瑞士、法国、德国和斯洛文尼亚之间的连接。

水路

意大利、希腊与克罗地亚之间有定期客船往来。从意大利可以乘轮船抵达达尔马提亚海岸。整个夏季,克罗地亚的国家船运公司 Jadrolinija 都提供定期的从意大利安科纳 (Ancona) 到克罗地亚斯普利特以及从意大利巴里到杜布罗尼克的船运服务。另外一家克罗地亚公司 SEM 和总部设在威尼斯的意大利公司 Adriatica 也运营安科纳至斯普利特之间的航线。轮渡常年都有,但冬季要少一些。

实用指南

紧急号码

警察：92

火警：93

公共紧急事件,包括医疗救助：94

医疗服务

看医生需要付费,无论是私人医生还是政府的医生。建议办理一份旅行保险。

营业时间

营业时间一般为 8：00～19：00，周六下午至 14：00，周日休息。亚德里亚海岸的商店一般中午休息 1～2 小时。

电话

若需接线员协助，请拨 T901。可使用电话卡拨打公用电话，电话卡一般从邮局和小报摊购买。

旅游信息咨询

在萨格勒布、斯普利特和杜布罗尼克都没有旅游信息咨询处，也可以从网页上查询，网址为：www.htz.hr。

出　游

克罗地亚航空公司提供前往萨格勒布机场的定期班车，每 30 分钟发一次车。在斯普利特和杜布罗尼克需要提前 90 分钟前往机场。

公共汽车：公共汽车是在亚德里亚海岸旅行最便捷的交通工具，可从较大的车站预订座位。克罗地亚国内各个部分都有发达的公路网络，无论是大城市之间，还是到最小、最偏僻的村庄。夏天公共汽车会很繁忙，有些线路可能会比较慢，比较使人疲劳。

租车：在绝大多数度假区都有跨国公司经营租车服务，但当地公司一般价格会优惠一些。

出租汽车：一些主要城市和旅游度假区都有稳定的出租车服务。与欧洲其他国家的情况相同，司机按表计向乘客收费。

住　宿

请与你所在地的克罗地亚国家旅游办事处联络获取住宿的信息。

气　候

克罗地亚属于地中海气候，夏天热而干燥，春天和秋天的气候适中，冬天冷而潮湿。克罗地亚的旅游季节为 4 月～10 月。最好的季节是 4 月、5 月和 9 月，这时可以远足；而 10 月里的乡村是最为色彩斑斓的，而且气温也不高。从 5 月中旬开始直到 10 月初，海水都比较温暖，可以游泳。如果你想寻找生动的夜生活，参加文化节或在沙滩聚会，那么最好 8 月来。但记住最好别在夏天和旅游旺季的时候来克罗地亚。那时无论是坐车还是坐轮渡都要排好几个小时的队，而且酒店被预订一空。

希腊

熟悉环境

地理

希腊半岛面积约为 13.2 万平方公里，人口 1070 万，其中99.8% 为希腊东正教徒。希腊是由希腊本土（包括由阿提卡、伯罗奔尼撒半岛、中希腊、色萨利、伊庇鲁斯、马其顿、色雷斯）和一些岛屿组成。

气候

希腊属地中海型气候，1 月～2 月的温度最低，此时内陆地区天气寒冷；7 月～8 月的温度最高。降雨仅在冬季，而且希腊境内没有一处的年日照时间会低于2000 个小时。雅典 1 月的平均最高温度为 13℃，7 月～8 月的平均最高温度为 33℃。

货币

希腊为欧元货币区国家，使用欧元。

希腊的水可以安全饮用，尽管有的岛上的水有些发灰，山中的泉水与世界各地一样都可以喝。

不能随便与乡下无人喂养的狗挑逗、嬉戏，因为几乎 50% 这样的狗带有包虫和黑热病和由跳蚤引起的血液原生病。在希腊的一些地区有讨厌的蚊子，但药物驱蚊剂可以买到。

在这些岛屿上，春季和夏季的小毒蛇和蝎子是一个问题，但在不受到打扰时，它们是不会向人发起攻击的。不要将脚和手放在没有检查过的地方。如果在海里游泳，要注意海蜇，虽然它们的刺通常无害，但被蜇后会肿胀、疼痛数日。在海滩上要穿上拖鞋躲避海胆（这是一种岩石上的垫状物，它们会将刺刺进不穿鞋的脚）。

抵　达

航　空

希腊国家航空公司——奥林匹克航空公司和许多主要的国际航空公司都有航班往来于希腊与五大洲之间。希腊的主要国际机场是赫勒尼肯（Hellinikon）东、西机场，赫勒尼肯机场离雅典市中心 10 公里。西赫勒尼肯机场包揽了奥林匹克航空公司所有的国内外航班（电话为 969 9111）；而东机场则供其他所有国际航空公司的航班使用（电话为 969 4111）。斯巴达（Spata）的新机场在 2004年举办雅典奥运会时投入使用。

奥林匹克航空公司同时经营直达班车服务，每天 3：30～

20:30,直达班每半小时一班往返于西赫勒尼肯机场与奥林匹克航空公司市内航空客运站,该站位于 96 Syngrou。东赫勒尼肯机场与市区航空客运站间也有直达班车,市区航空客运站地址 4 Amalias Avenue。

铁　路

塞萨洛尼基(Thessaloniki)和雅典与欧洲各主要城市间均有火车运行,有的城市则需换车。连接布鲁塞尔、杜塞尔多夫(Dusseldorf)、科隆、法兰克福(Frankfurt)、斯图加特(Stutgart)以及斯洛文尼亚的卢布尔雅那(Ljubljana)的火车设有卧铺车厢,并可运载汽车。从法国米兰(Milan)经意大利的布林迪西(Brindisi)而后到达希腊帕特雷(Patras)之间也有运载汽车的火车。

公　路

希腊北部与前南斯拉夫、保加利亚接壤,东北部与土耳其为邻,标有"E"标志的多条欧洲公路均通往希腊。西部与阿尔巴尼亚相接的边境是关闭的。

水　路

希腊与意大利之间夏季有许多轮船往返,很多轮船特别是短途客轮常年运行。威尼斯、安科纳(Anona)、布林迪西(Brindisi)和巴里(Baei)是意大利的港口城市;科孚(Corfu)、伊古迈尼察(Igoume-nitas)和帕特雷(Patras)是希腊的港口。最短的航线是从布林迪西到科孚全程约 9 小时,还有就是从布林迪西到帕特雷,全程行驶 16~18 小时,后者到帕特雷后可继续搭乘公共汽车前往雅典。

实用指南

紧急号码

药店营业时间与一般商店营业时间相同,但是很多药店 24 小时营业。当地报纸和药店橱窗上都公布有药店轮流值班表,也可拨 107 电话咨询。红十字医院提供免费急诊治疗,《雅典一周》这个刊物上登有操英语的医生和牙医的广告。

营业时间

所有银行周一~周四 8:00~14:00 营业,周五营业至 13:30。闹市区银行会在下午晚些时候开门营业数小时,另外在周六上午也会开门营业办理兑换外币业务。

商店的营业时间比较复杂,依经营内容和周几而有所不同。主要要记住一般的营业时间是 8:30 开始,周一、周三和周六 14:30 结束,周二、周四和周五一般是 13:30 结束,然后 17:00~20:00。

小费

饭店、饭馆、夜总会的账单中已经包括了 15% 的小费,但一般仍要再增加少许小费。在圣诞节和复活节期间小费会涨到消费数额的 20%。

银行

大多数地区邮局营业时间为周一~周五 7:30~14:00。位于雅典市中心(靠近 Omónia 广场的 Enólou 街和 Mitropóleos 街拐弯处的 Syndagma 广场)的大型邮电局的营业时间为周一~周五 7:30~20:00,周六 7:30~14:00,周日 7:30~13:00。

邮资变化相当频繁,因此最好询问邮局。邮票在邮局、报亭、饭店均有出售,报亭和饭店出售邮票时要收取邮资的 15% 作为佣金。因为报亭老板可能不知道现行的国际邮资费用,顾客要确认邮资的金额。要知道邮寄信封大小的明信片的邮资与信的邮资一样。

电话

拨打电话最容易的方式是购买电话卡后在电话亭打电话。电话卡有 3 种类型,分别为 100 个单位、500 单位和 1000 单位,而最大单位最合算。

任何一个电话亭都有长途电话业务,而且有计价器。这里的价格要用电话卡或新型的称为 coin-op counter 的电话机便宜得多。在饭店客房里打电话时,其话费要比正常花费高出一倍。

旅游咨询

希腊国家旅游局(GNTO)在悉尼、蒙特利尔、东京、伦敦、纽约、洛杉矶、芝加哥以及欧洲主要城市均设有分支机构。国家旅游局总部设在雅典的 2 Amerikas,电话(01)3310561,并在东赫勒尼肯机场设有问询处。希腊各旅游点及边境口岸均设有旅游办事处。希腊旅游警察部门也可提供旅游有关信息。

希腊驻外旅游机构

澳大利亚 51-57 Pitt Street, Sydney NSW 2000, 电话 9241 16663/4。

英国 4 Conduit Street, London W1R ODJ, 电话 (020) 7734 5997。

美国 645 Fifth Avenue Olympic Tower, New York, NY 10022, 电话(212)421 5777。

出　游

航　空

奥林匹克航空公司一直具有

非常密集的国内航空网，这些航线多数是将雅典与其他城镇及岛屿连起来，个别一两条是塞萨洛尼基与克里特岛、罗得岛（Rhodes）间的航线。雅典与塞萨洛尼基之间每天有 8 次航班，假日高峰期间航班则更多。Air Greece 是一家较小的航空公司，提供国内航线服务。

铁 路

希腊铁路线不多，而且乘坐火车旅行速度慢，但费用低。希腊主要的一条铁路线是从雅典到塞萨洛尼基，然后分成 3 路：一路继续前往前南斯拉夫，一路前往保加利亚，另一路则前往伊斯坦布尔；还有一条铁路线是从雅典和比雷埃夫斯（Piraeus）出发，经科林思（Corinth）抵达伯罗奔尼撒半岛。火车由希腊铁路局（OSE）经营，其主要办事处设在雅典的 Karolou 街 1-3 号，电话 5240601。欲知雅典火车情况及票务咨询请拨电话 3131376，地址 31a, Venizelou St.。火车时刻语音播报台电话为 145（国内列车），147（国际列车）。

公 路

称为 KTEL 的公共交通线路网遍及全希腊。KTEL 是众多公共汽车公司的联合企业，该企业经营的公共汽车车票便宜，而且汽车一般比较准时。只要是车轮可以到达的地方，KTEL 经营的运营线路几乎无处不到。在希腊，乘坐 KTEL 出行很流行，因此旅客会碰到很好的同行者。在比较有特点的地区及线路行驶的 KTEL 公司车辆，均可提供不同的个性化服务。许多司机将其车辆装饰起来，而且用心保养。司机为汽车本身及他们驾驶的技术感到自豪。

注意 在大城市里前往不同地点的 KTEL 的公共汽车是从不同的地点发车。比如，从塞萨洛尼基到哈勒金赫克（Halkidhikí）的汽车从一个起点站发车，而到卢安尼那（Loánnina）则从另一个起点站出发。雅典有两个汽车起点站，克里特群岛的伊拉基斯（Irálion）岛有 3 个汽车起点站。

水 路

希腊的水路航运网密集，并由于经常更改时刻表而复杂化，但主航道上的客轮比较稳妥可靠。船运由许多家公司经营，手册上印的票价不包括税金，税金约为票价的 10%。所有的大轮船均可运载汽车，事先预订是完全必要的，除非旅客较少的冬季。要注意在 8 月的前两周时当地称为 meltemia 的风出现时，海面浪大。另外当 8 月 15 日圣母升天节前后，船舶非常拥挤，因为届时很多朝圣者到提诺斯（Tinos）岛朝圣。

雅典和比雷埃夫斯的各旅行社和航运公司均可提供有关详情并办理预订船票业务。出发时需再次确认出发时间。

另外还有定期水翼船驶往其他岛屿，这种水翼船的服务项目在过去几年内有很大发展，这是前往岛屿最有效的方式。水翼船的速度比一般轮船快一倍，而船票价格比一般轮船价贵一倍。

行车提示

希腊两条主要高速公路征收费用，一条为雅典与卡特里尼（Katerini）之间，另一条为雅典与帕特雷之间。

在希腊驾车需具备国际驾照（国际驾照只有通过汽车俱乐部在旅客自己的国家办理，希腊的汽车与旅行俱乐部 ELPA 已经停止办理这类驾照）。现实中，并不一定要求出示国际驾照，也不要求希腊的保险单。希腊汽车与旅行俱乐部（ELPA）可为提供咨询和援助，并在主要路线上设有巡逻车。ELPA 在雅典、拉里萨（Larissa）、帕特雷和塞萨洛尼基方圆 60 公里内供救援服务，电话 104。

特色活动

希腊国家旅游局（GNTO）各办事处提供各种文化活动信息，游客也可参考在报摊和饭店找到两种期刊，一是《雅典人》（The Athenian）月刊，另一个是《雅典一周》（This Week in Athens）周刊。

夜生活

希腊夜生活是指雅典和塞萨洛尼基的夜生活，希腊夜生活可粗略分为酒吧、现场音乐演奏俱乐部、迪斯科舞厅、酒馆和酒店，还有现场演奏希腊音乐的夜总会。

购 物

希腊工艺品质量一般都很高。棉质服装款式时髦而舒适，值得一买。刺绣品、手工制珠宝及耐用的生皮革制品也颇受人们喜爱。在购买价格昂贵的物品时，要尽量讨价还价。

语 言

英语是希腊最常用的外语。在雅典很多人讲法语，而在伊奥尼亚群岛伊庇鲁斯很多人讲意大利语。

雅典

实用指南

医疗服务

希腊的药品制作拥有国际水

平。为确保全市各区任何时候都有药店营业，希腊药店采用轮流值班制。查询请拨107，或查看药店的值班表来找到距离最近的值班店。市区药店的多数药剂师可讲英语，而且希腊的药剂师在治疗腹泻、感冒或晒伤一类小病时可提供帮助。

理想的旅行保险是含包括到北欧旅行时的空中旅行保险。如果你在希腊真的生了病，你可以通过下榻的饭店或贵国大使馆来找一位有名望的私人医生。英国和美国使馆均可提供普通内科医生或专科医生的名单，如需要，他们也可提供牙医名单。药剂师轮流值班电话为105，但一般只能用希腊语与药剂师通话。

医院

最好的私立医院和儿童医院位于希尔顿饭店北侧的 Ambelokipi 和 Maroussi 一带，具体地址列在下面。全市的公立医院名单可向观光警察索要，电话171。

KAT 医院 Nikiss 2, Kifissia，急救电话801 4411。

儿童医院 Agia Sofia, Thivon and Mikras Assias Streets，电话777 – 1811。

另一家儿童医院 Aglaia Kyriakou Thivon and Levadias Streets，电话777 – 5610。

紧急救援

雅典报警电话 100
观光警察电话 171
急救车服务电话 161
海岸巡逻警电话 108

旅游局

希腊国家旅游局（GNTO）的总部设在 2 Amerikas，电话（01）3310561/2。旅游局在东赫勒尼肯机场和 1 Karageorgi Servias 街设有咨询台。

希腊各旅游区及各边境口岸均设有旅游办事处。

大使馆、领事馆

所有大使馆和领事馆对外办公时间为周一～周五 8:00～14:00。

澳大利亚 37 Dimitris Soutsou Street，电话 644 – 7303。

加拿大 4 Gennadiou Street，电话 723 – 9511。

爱尔兰 7 Vasiliou Constantinou，电话 723 – 2771。

新西兰 Xenias 24 Ambelokipi，电话 710112。

英国 1 Ploutarchou Street，电话 723 – 6211。

美国 91 Vasilissis Sophias Avenue，电话 721 – 2951。

出 游

铁 路

如果是为旅行观光，搭乘希腊火车可谓一件乐事，但如赶时间，那这种旅行就不可取。位于 Sina Street 街 6 号和 Karalou Street 街 1 号的 OSE 办事处出售火车时刻表和车票，电话分别为 5240601/5 和 5240646/8。雅典有两个火车站，一个是前往伯罗奔尼撒岛方向火车的停靠站，另一个是前往北方各地方向的火车停靠站。

地铁 希腊地铁扩展工程到 2004 年奥运会前夕才完工。比雷埃夫斯与基非夏（Kifissia）间的地铁干净、舒适、可靠，这条地铁线将比雷埃夫斯与莫纳斯蒂拉基（Monastriaki）、欧莫尼亚（Omonia）连接起来。市区地铁停靠站有 Thisseion、Monastriaki 和 Omonia。地铁票与公共汽车和电车票不相同，且只在各车站出售。

海 路

1997 年希腊国家旅游局

GNTO 最终作出了制定综合性的、精确的船运时刻表（称为 Greek Travel Routes）的尝试，时刻表可以在车票预订处和旅游局办事处索要。尽管目前还不能确定他们是否会继续使用这种时刻表，但这一时刻表要比以前在雅典大书店购买的 Greek Travel Pages 要好得多，因为这本由私人公司出版的书中没有列出那些未做广告的船运公司。

另外，旅游咨询办事处还提供每周的轮船航期。大多数办事处将轮船航期贴在非常显著的地方，因此，即使停止营业，旅客仍可查询时间，但是这种时刻表并不完全精确。

总的说来，取得最完整、最新的各港口船运信息的最好来源是称为 limenarhiode 的港口警察（在比雷埃夫斯和大多数其他港口）。

要注意，当旅客向旅游办事处咨询有关信息时，他们往往提供与其有关的船运公司的情况。

水翼船 飞豚水翼船提供快捷的服务，票价比轮船票价贵，且稍有强风就取消船期。这种原本用于伏尔加（Volga）河上旅游休闲往返的、形如昆虫的船现已成为前往萨罗尼科斯湾（Saronic Gulf）上诸岛令人愉快的交通工具，特别是在定为"无烟区"的"尖端部"或夏季在有甲板的船尾旅行更是别有一番风味。最可靠且经营时间最长的公司有 Ceres Flying Dolphins，地址为 8 Aktí Themistokléous, Piraeus，电话 01/42 – 80 – 001 或传真 01/42 – 83 526；另一家公司为 Dodecanese Hydrofoils Platía Kyprou Mandhraki Harbor, Rhoddes，电话 02 41/42 24 – 000。

公 路

在雅典，交通高峰时驾车是

危险的。交通堵塞和空气污染严重，以至于出台了这样的法律制度：在一个月的单日只有单号车牌的车辆可以在市中心行驶，而双日里只有双号车牌的车辆可在市中心行驶，但这种办法几乎并未改变雅典的现状。

出租车　上了出租车首先要确认计程器是否正常启动，凌晨0:00~5:00时起价为2，其余时间为1。如果司机在十字路口招揽其他乘客，你也不必担心，因为在希腊，出租司机在保证乘客舒适的情况下，招揽更多的乘客是完全合法的，而且分别收费。所有出租车内贴有收费规定和叫车费的最低限额。

从机场、码头、火车站和公共汽车总站叫车时，需多收若干车费，并收取少量行李费。

近年来，在雅典和大多数其他大城市内出现了无线电预订出租车的服务。客人拨打了预订中心电话之后，出租车可以在短时间内到达客人所指定的地点。预订出租车需多付费，但如果客人带有行李或要赶飞机或车船，那么多花一些钱还是值得的。

公共汽车　搭乘雅典定时的蓝色公共汽车是一件令人痛苦不堪的事情。汽车内又挤又热，而且即便是久居雅典的人也搞不清楚雅典迷宫一样的公共汽车线路。车费合理，每张车票价格低于100德拉克马。公共汽车车票对公共电车也有效。在一些指定的报摊和一些汽车、地铁的售票处出售十张为一本的车票，另外全市一些小地方也有售。大多数公共汽车运营至午夜。

另外还有单独的线路通往机场和码头，这类公共汽车非常有用。蓝黄相间的双层快车定时往返于两个机场和 Syntagma 广场（位于 Amalias Avenue）之间，公共汽车站旁的售票亭内出售此种车

票。040 号绿色公共汽车从 Filellinon 街（Syntagma 广场附近）开往比雷埃夫斯，该车全天24 小时服务，每隔 20 分钟一班（凌晨 1:00 以后每 1 小时一班）。橘黄色的公共汽车从 14 Mavromateon Street，Areos Park 出发，大约每 1.5 小时一班车。

电车　电车比公共汽车更舒适、迅速，而且黄色电号车和 9 号车经过考古博物馆；而 7 号车围着市中心绕三角形圈。

特色活动

每周六晚发行的《希腊新闻周刊》是一份有趣且能提供信息的周刊，上面有一个固定栏目"What's on"公布每周的演出信息。另外，英文月刊《雅典人》刊登了涉及政治、有趣话题及艺术的文章。小型杂志《雅典一周》是一本希腊国家旅游局多年来一直出版的刊物，可在旅游局各办事处索取。

参阅书目

Greek Unorthodox, 由 Elizabeth Boleman – Herring 撰写，Foundation Publishing 出版。

Greek Without Columns: The Making of the Modern Greeks, 由 David Holden 撰写，J. B. Lippincott Co. 出版。

A Foreign Wife, 由 Gillian Bouras 撰写，McPhee Gribble/Penguin Books 出版。

A Literary Companion to Travel in Greece, 由 Richard Stoneman（ed）撰写，Penguin Books Ltd 出版。

Roumeli: Travels in Noethern Greece, 由 Patrick LeighFermor 撰写，Penguin Books Ltd. 出版。

Unknown Athens: Wandering in Plaka and Elsewhere, 由 LizaMicheli 撰写，Dromena 出版。

西班牙

熟悉环境

地理

西班牙位于欧洲大陆西南端，占据了伊比利亚半岛（Iberian Peninsula）85% 的面积，西边邻国葡萄牙则占据着伊比利亚半岛剩下的 15% 面积。法国与西班牙共同管理的安道尔公国和比利牛斯山（Pyreness Mountains）将西班牙与法国隔开。西班牙国土面积约为 50.5 万平方公里，人口约为 3920 万，大多数人为罗马天主教徒。

气候

西班牙夏季极其干热但冬季温和，只是中部高原地带有几周天气很冷。马德里 12 月和 1 月平均温度为 9℃，马拉加（Malaga）12 月到次年 2 月平均温度为 13℃，8 月平均温度为 30℃。

货币

西班牙是欧元货币区国家，使用欧元。

节日

西班牙天主教徒占全国人口绝大多数的特点反映在假日上，除了在本书"综述"一节中所述假日之外，西班牙的假日还包括：

主显节　（Epiphany，1 月 6 日）

圣·约瑟夫节（St. Joseph's

Day 3 月 19 日）

受难节 （Good Fridy, 复活节前的星期五）

圣体节 （Corpus Christi Day）

圣·詹姆斯节 （St. Jame's Day, 7 月 25 日）

圣母升天节 （Feast of the Assumption, 8 月 15 日）

哥伦布节 （Columbus Day, 10 月 12 日）

圣灵受胎节 （Conception Day 12 月 8 日）

另外，各个地区还有各种各样的圣徒节。

抵 达

航 空

西班牙国家航空公司——伊比利亚（Iberia）和阿维亚科（Aviaco）航空公司以及许多欧洲的航空公司都经营通往西班牙30 多个国际机场的定期航班。另外许多外国航空租货公司也可安排前往西班牙的定期航班业务。

伊比利亚航空公司是一家经营西班牙国内外所有定期航班的航空公司，总部设在马德里的 Calle Velazquez 130 号。伊比利亚航空公司的子公司阿维亚科航空公司和 Viva Air 航空公司也经营西班牙国内航线，阿维亚科的总部在马德里 Maudes 51，Viva Air 的总部在马德里 Zurbano 41。

伊比利亚咨询及订票处：Serviberia 电话(91)400 500。伊比利亚航空公司的机票比其他公司的机票价格贵，因此，购买机票时要多看几处，多比几家。Halcó Viajes 是一家旅游连锁公司，这家公司比较有名而且价格很有竞争力。乘客可以拨打电话 91 300600 询问离乘客最近的该公司办事处。另外一家 Viajes Marsans 的旅行社也很好并提供特殊价格，该旅行社电话 91 115

947。

铁 路

西班牙主要城市均有直达车开往法国和瑞士。另外从巴黎开往巴塞罗那和马德里也有三班夜行车。巴塞罗那与日内瓦之间也有类似日行车，途经里昂（Lyon）阿维尼翁（Avignon）、蒙彼利埃（Montepllier）和佩皮尼昂（Perrpignan）。此外，还有火车将西班牙与西法边境、葡萄牙、意大利直接连接起来。

公 路

西班牙北邻法国和安道尔公国，西邻葡萄牙，许多欧洲高速公路和其他公路均通往西班牙。定期的轮渡使开车人能从摩洛哥（Morocco）进入西班牙南端和由英国进入桑坦德（Santander）。主要的高速公路有 N－I（马德里——伊伦 Irun）；N－II（马德里——巴塞罗那）；N－III（马德里——巴伦西亚 Valencia）；N－IV（马德里—安达卢西亚 Andalusia）；N－V 马德里——埃斯特雷马杜拉 Extremadura）和 N－VI（马德里——拉科鲁尼亚 La Coruńa）。

公共汽车 位于 Calle Canarias 17 号的 The Estaci del Sue de Autobuses 是马德里最主要的汽车终点站，经营长途客运的主要公共汽车公司都使用该站。

海 路

各种外国轮船公司经营着50 余条定期航线，将客人送到西班牙。旅行社可提供详情。

实用指南

紧急号码

西班牙有数不清的药店，其

标志是大大的白色牌子，上面有闪亮的绿十字。工作时间一般为周一～周五9:30～13:30,17:00～20:00,周六9:00～13:30。

国家警察局 091

市警察局 092

紧急医疗救护 061

火警 080

红十字救援 （091）522 2222(马德里)

营业时间

商店营业时间一般为 9:30 或 10:00～13:30 或 14:00，然后 16:30 或 17:00～20:00，夏季有时会营业至更晚。大多数商店在周六下午及周日全天休息。但大型百货公司往往每周 6 天从 10:00～21:00 营业，周日也经常开门营业。

银行：各银行营业时间不同。大多数银行周一～周五8:30 或 9:00～14:00 营业，周六9:00～12:30(13:00)营业。所有银行周日和假日不营业。有些银行设在金融商业区的分行往往下午营业至 16:30。

小费

原则上，通常要付小费的地方是酒吧、咖啡馆和餐厅（消费额的 8%～10%）、出租车（车费的5%）、电影院和剧院的领座员和饭店行李员，视服务情况而定。

邮政

少数地方邮局营业时间为周一～周五9:00～14:00,周六9:00～13:00,周日休息。主要邮局营业时间为 9:00～14:00,16:00～19:00 办理一般邮政业务。银色的邮筒分为两部分：标有 Ciudad 部分为本地信件，标有 provincias y extranjero 的部分为外地和国际信件。邮票可在任何一个香烟摊购买。

电话

投币式和插卡式电话在西班牙到处可见。

拨打国际长途电话，最好到西班牙电话公司的各营业处或私营电话亭。在那里，你可以先通话后付费，并且不必为你是否有足够的硬币担心（如果在饭店客房里打，费用比打公用电话高得多）。

打国际直拨电话时，先拨07，然后在听到接通的信号后拨国家和城市地区号。8：00以前和22：00以后的电话费比较低，但在周末没有其余更多的折扣。

如果你需要咨询或请接线员接通，或对打方付费电话时，拨打008可接往欧洲各地，如打至世界其他国家和地区时，先拨005。

下列电话号码也许很有用，尽管在有些情况下，您需要会讲流利的西班牙语。

西班牙各地查询电话 003

旅游咨询

旅游信息咨询处位于马德里市长广场（Plaza Mayor）3号，可提供旅游信息，电话(91)566 5477。

驻外旅游机构

加拿大 2 Bloor Street West, 34th floor, Toronto Ontario M4W3E2, 电话(416)961 3131。

英国 22－3 Manchester Square, London W1M 5AP, 电话(020)7486 8077。

美国 665 Fifth Avenue, New York City, NY 10103 电话(212)759 8822/28。

845 N. Michigan Avenue, Suite 915, Chicago, Illinois 60611, 电话(312)944 0215/16。

8383 Wilshire Boulevard, Suite 960, 90211 Beverly Hill, California, 电话(323)658 7188/93。

驻西班牙大使馆

澳大利亚 Plaza Descubridor Diego de Ordás, 3, 电话（91）441 9300；

加拿大 Núñez de Balboa, 35. 电话(91)431 4300；

英国 Fernando el Santo, 16, 电话(91)319 0200；

美国 Calle Serrano, 75, 电话(91)577 4000。

出 游

航 空

伊比利亚（Iberia）和阿维亚科（Aviaco）航空公司在西班牙境内有着密集的航线网，这些航线将西班牙各大城市连接起来。

伊比利亚航空公司主要办事处地址：Calle Vel zquez 130, 28006 Madrid, 购票地址 Calle Vel zquez 130。有关航班信息及预订机票：Servibería(91)400500。伊比利亚航空公司在 Calle Vel zquez 130 有售票处。另外你也可通过任何一个旅行社购票。

阿维亚科（Aviaco）是伊比利亚的子公司，主要经营国内航线，而 Viva Air.航空公司经营国际航线。这些公司的飞机型号较老，较小，飞经一些航班较少的航线。阿维亚科航空公司位于 Maudes 51, Madrid, 电话 554 3600；Viva Air 航空公司位于 Zurbano 41, 电话 349 0600。因为伊比利亚航空公司的票价较高，建议多询问几家航空公司。

铁 路

西班牙国家铁路公司（Red Nacional de los Frrocarriles Espanoles 简称 RENFE）提供西班牙国内四通八达的铁路服务。西班牙的火车种类很多，如 Talgo、城内火车（Inter－city）、ELT(电气化快车)、TER(内燃机车)、普通直快和区域火车。所有快车的价格要高一些。乘坐快车的旅客需事先订座或在上车前将其车票在车站背书。

RENFE 咨询电话 328 9020。

公共交通

西班牙具有很好的公共汽车线路网，车票比火车价格也便宜，且汽车车次比火车车次多。但乘坐主要干线上汽车或在假期乘车时，需提前 1～2 天购票。

驾 车

将近 14.4 万公里长的高速公路和公路连接着西班牙各都市、城镇和地区。如果走较小的支路，路面可能凹凸不平。收费公路正在逐渐增多，特别是在北部和东部地区以及马德里附近。

驾驶须知 路旁 SOS 求救电话是直通最近的警察局，他们会立即派出排障车带来急救设备，只需支付少许费用和零件费。西班牙汽车俱乐部有 Real Automovil Club de Espana (RACE) 和 Touring Club de Eapana(TCE)。有用的地址及电话号码如下：

Real Automovil Clubde Espana

Jose Abascal 10, Madrid, 电话 593 3333。

Real Automovil Club de Catalunya

Santalo 8, Barcelona, 电话 200 3311。

Touring Club de Espana

Modesto Lafuente, Madrid, 电话 233 1004。

汽车出故障时请拨电话 754 3344(马德里)、(93)209 5737(巴塞罗那)、(96) 333 2805(巴伦西亚)、(94)2239435(桑坦德)。

住 宿

在复活节期间发行完整的饭店及旅馆目录，由国家旅游局各办事处提供。在西班牙住宿需提前预订饭店房间，特别是在假日或夏季前往旅游景点。大一些的城市有一种官方的机构帮助代订饭店，称为 Brujula offices。这种机构在车站、机场以及通往城市的主要公路上设有办事处，请他们代订房间需支付少许服务费。

特色活动

国家旅游局各级分支机构和当地旅游办事处均可提供文化娱乐活动的信息。

购 物

西班牙有名的纪念品包括镶饰珠宝，托利多的刀、剑，托利多、巴伦西亚和塞维尔的陶瓷，哥多华（Cordoba）的银丝制品，皮酒袋（Botas），用硬木或象牙制的音板，西班牙洋娃娃以及斗牛海报。

语 言

西班牙的官方语言是西班牙语（卡斯提尔语），这是过去西班牙北部卡斯提尔王国使用的语言。另外还使用 3 种语言：东北部使用加泰隆尼亚语（Catalan）；西北端使用的加利西亚语（Galician）与法国接壤的比利牛斯山西部使用的巴斯克语（Basque），其中只有巴斯克语与西班牙语毫无关系。旅游地人们的英语流利程度各异，西班牙北部地区的很多人讲法语。

马德里

抵 达

航 空

大多数国际航空公司都有航班抵达马德里。Barajas 机场离市中心 26 公里。从机场到市区有定时班车开往位于科隆广场（Plaza Colon）的地下公共汽车总站，机场班车运营间隔依一天中的具体时间而定。这种 Aeropuerto Colon 机场班车运营时间为 4：45 至次日凌晨 1：30。4：45～5：45 每小时一班车；5：45～7：00 每 15 分钟一班车；7：00～22：00 每 10 分钟或 11 分钟一班车；然后至次日凌晨 1：30 每 15 分钟一班车。欲知详情，请拨电话 431 6192。

如果乘坐出租车从机场进入市区时，请避免乘坐"黑车"。正式的马德里出租车是门上喷有红色横道的白车。

铁 路

马德里主要的火车站是 Chamartin Station 火车站、Principe Pio（Norte）Station 火车站和 Atocha Station 火车站。西班牙国家铁路公司（RENFE）咨询和预订电话 563 0202，订票电话 328 9020。

每晚有两班车从巴黎出发前往西班牙，一班是带有本世纪风味装饰、老式的 Expreso Puerta del Sol，该车设有坐卧两用车厢和行李车厢，另外一种叫 Talgo Camas/couchette，该车有坐卧两用车厢，该车比较现代化而且舒适也设有床位。这两班列车都抵达马德里的 Chamartin Station 火车站，从那里可以搭乘地铁或出租车前往市中心。

RENFE 火车信息查询电话：（91）328 9020。

公共汽车

马德里有两个主要汽车站。一是 Estacion Sur de Autobuses，电话 468 4511/4200；另一个是 Auto Res.，电话 551 7200。无线电预订出租车电话 547 8200；电话叫车服务 445 9008。有关马德里地铁的咨询电话 522 5909。

自驾车

从伦敦以及欧洲北部驾车前往马德里，至少需要 24 小时才能到达（行车速度要快，且夜间不能睡觉休息）。从西班牙的边境城市伊伦（Ilun）驾车到马德里需 6 小时。布尔戈斯（Burgos）是途中休息的好地方，在这里可以参观宏伟壮丽的天主教堂，并且可以品味这里的美味佳肴。驾车时，需要随时携带绿卡、路线图和保释保证书，另外最好带国际驾照。

有关路况咨询可拨电话：900 123 505。

实用指南

紧急号码

绿十字或红十字代表药店。如果在正常商店营业时间以外，可以前往值班药店购药，值班表往往贴在药店门窗上或刊登在报纸上。

如需医疗急救，可前往大医院的急诊室或 24 小时服务的当地急救站（医院地址可在药店门窗上或报纸上找到）。英美联合医院（Angli–American Medical Unit）位于 Calle Conde de Aranda 1，电话 4351823，24 小时提供英语和西班牙语服务。牙医协会开办了一所一周七天，24 小时对外服务的牙科诊所，可提供牙科紧急治疗。这家诊所位于 Calle Padilla 68.5D，电话 402 6421 或 402 6422。

营业时间

商店营业时间9：30或10：00～13：30或14：00，然后16：30或17：00～20：00，夏季晚上关门会更晚些。多数商店周六下午及周日不营业。但有些大型百货商店如 El Corte Ingles 和 Galerias Preciados 一周六天营业，时间为10：00～21：00。尽管小商店持不同意见，但大型百货商店经常在周日也营业。

邮政

邮局的营业时间为周一～周五9：00～14：00，周六至13：00。邮票在香烟亭也有售，更方便。信筒分为黄、红色两种，红色为快信邮筒。邮局设有发送电报业务，电话 522 2000 为发送电报专用电话。装饰华丽的中心邮局位于 Cibeles 喷泉对面的 Calle Alcala，8：30～22：00 营业，可提供比其他邮局速度更快的服务。多数饭店设有代发传真业务。

电话

打电话可以在电话亭（有英文指示，但电话机经常有故障，不能使用）、酒吧（通话费较高，但由于不需硬币，心情可以放松）、旅馆（通话费为一般通话费的四倍），位于 Gran Via 30 Puerta de Recoletos 41 的公共电话营业所也提供这类服务。大多数主要常见的信用卡可在马德里打电话时使用，打完电话后再付费。如果在马德里使用美国电话卡，请先拨该电话公司的代码，然后拨01，然后拨国家号。美国电话公司代码为 Sprint：900990013；AT&T：900 99 0011；MCI：900 99 0014。

旅游咨询办事处

Torre de Madrid, Plaza de Espana, 电话 364 1876；

Chamartin railway station, 电话 325 9976；

Baragjas Airport（国际到达航班咨询），电话 305 8656。

出游

公共交通

市内最便捷的交通工具是地铁，地铁运营时间为6：00至次日凌晨1：30。具有 120 个车站的 10 条地铁线路以号码、颜色和终点站区分。一次购买 10 张车票最多可省 50% 的车费，售票处有地铁线路图。

地铁咨询电话为5225909。

公共汽车

公共汽车共有 150 条线路，公共汽车为红、黄色空调车，运营时间为 6：00 至午夜。红、黄公共汽车票都是固定的。香烟摊和报亭出售一次购买十张就可减价的车票。夜班车每个准点从 Plaza Cibeles 发车。由各种各样私人公司经营的开往郊区的线路起点站一般是在 Estacion Sur de Autobuses 汽车站，该汽车站位于 Calle Mendez Alvaro espquin Calle Retama。咨询电话 468 4511/4200。

公共汽车运营时间为 6：00 至午夜。市属公共汽车咨询电话 401 9900。

出租汽车

在各主要交通要道的出租汽车站上相对比较容易叫到出租车。出租车站的标记是深蓝色底上一个白色的"T"字形。另外也可通过电话叫出租车。Radio - Telefono Taxi，电话 547 8200；Radio - Taxi Independiente，电话 405 1213 或 405 5500；Teletaxi，电话 371 2131；Radio Taxi Asociacion Gremial，电话(91) 447 5180。

特色活动

也许了解马德里最好的方式是对这座城市进行一次走马观花式的城市旅游。马德里当地的旅行社都组织这种旅游，另外马德里市议会旅游局有时也会组织漫步马德里的旅游项目或是组织郊外短途旅游。欲知详情，可与位于市长广场（Plaza Mayor）3 号的马德里旅游局 （Madrid Tourist Office）联系，电话 566 5477。

有关介绍西班牙的英文杂志有 3 种，其中 Look out 和 In Spain 是月刊。而 Guidepost 是一本提供演出活动的周刊。

另外马德里旅游局可提供文化活动的有关信息。

购买戏剧、音乐会、电影、斗牛以及足球比赛门票的售票地址是 Galicia, Plaza del Carmen 7 号，电话 531 2732 或 531 9131。除此之外，斗牛和足球赛票只能在 Calle Victoria 街上的小商店、小商摊上买到，这是一条离太阳门（Puerta del Sol）不远的小马路。

购物

西班牙各地特产都可在马德里买到。位于 Velazquez 140、Hermosilla 14、Ramon de la Cruz 33 和马德里城北的 La Vaguada 购物中心的国营艺术品商店出售各种手工艺品、皮制品。百货公司和旅游商店往往集中在太阳门（Puerta del Sol）和 Plaza Callao 两个广场间的中心地区及 Gran Via 大街。精品店和国际时装首饰店都设在 Calle Serrano 街和旁边的 Salamanca 区的街道上。服装设计师开的商店集中在 Calle Almirante 街，离 Paseo de Recoletos 不远。直通 Almirante 街西区的街道会将人带进马德里的犯罪区。

参阅书目

L. Lee 著，Penguin 出版的 **As I Walked Out One Midsummer Morning**；

L. Lee 著，Penguin 出版的 **A**

Rose for Winter；

Lan Gibson 著，Penguin 出版的 **The Assassination of Federico Garcia Lorca**；

Lan Gibson 著，Faber & Faber 出版的 **Federico Garcia Lorca: A Life**；

R. Hughes 著，Simon & Schuster 出版的 **Barcelona**；

Gerald 著，Brenan 出版的 **South from Granada**；

John Hooper 著，Penguin 出版的 **The Spaniards: A Portrait of the New Spain**；

Washington Irving 著，Miguel-Sanchez 出版的 **Tales of the Alhambra**。

熟悉环境

地理

葡萄牙位于欧洲西南部，东部、北部与西班牙接壤，南部、西部面临大西洋。全国面积约为 9.2 万平方公里。首都里斯本位于特茹河（Tejo River）或称加斯河（Tagus）北岸，该河位于海岸线南端的出海口附近。对北部地区的人来说，里斯本已经是处于葡萄牙南部了。

人口

1000 万。

宗教信仰

罗马天主教（97%）。

货币

葡萄牙是欧元货币区国家，使用欧元。

节日

除前文中所列假日之外，葡萄牙还有以下假日：

革命纪念日　4 月 25 日
国际劳动节　5 月 1 日
葡萄牙及卡蒙斯节　6 月 10 日
圣·安东尼节（里斯本）　6 月 13 日
圣·约翰节（特别是在波尔图）　6 月 24 日
圣母升天节　8 月 15 日
共和国日　10 月 5 日
万圣节　11 月 1 日
光复日　12 月 1 日
圣母受胎节　12 月 8 日

抵　　达

航　空

TAP Air Portugal 是葡萄牙国家航空公司，经营着广泛的国际航线。很多航空司都有从欧洲首都城市及其他各大洲直接飞往里斯本的航班。另外从其他一些国家也可直飞葡萄牙北部城市波尔图利南部城市法鲁（Faro）。里斯本与伦敦之间的航班最好。从纽约和波士顿一周有几个航班飞往葡萄牙。

铁　路

超高速的火车系统网目前在葡萄牙没有。但无论是国际火车线路还是国内火车线路都比较繁忙。从巴黎到里斯本，巴黎到波尔图每天都有一班火车。马德里与里斯本之间通常一天有两班车，

全程行驶约 10 小时。另外从西班牙北部的加利西亚（Calicia）和西班牙南部的塞维利亚（Sevelle）都有火车开往葡萄牙。但这些火车速度慢，很费时间。

欲知有关火车信息，可在里斯本的任何一个火车站索取（有关全国铁路信息），电话（01）888 4025。

公　路

葡萄牙有很好的公路与其邻国西班牙相接，而且公路的边境口岸很多。抵达里斯本的东西向线路有从塞维利亚出发经贝雅（Beja）抵达里斯本；从巴达霍斯（Badajos）出发经埃尔瓦什（Elvas）抵达里斯本和从萨拉曼卡（Salamanca）出发经维塞乌（VIseu）抵达里斯本。从英国出发经海峡隧道到达葡萄牙需 3 天，如经普利茅斯（Plymouth）、桑坦德（Santander）到葡萄牙或经朴次茅斯（Portsmounth）、毕尔巴鄂（Bilbao）到葡萄牙需要两天时间。

实用指南

营业时间

大多数商店营业时间为周一～周五 9:00～13:00,然后大约 15:00～19:00;周六 9:00～13:00,周日和节假日不营业。大银行营业时间为周一～周五 8:00～15:00。周六、周目和节假日不营业。

小费

在餐厅就餐或搭乘出租车时，要多付账单或车资的 10% 作为小费，理发店或美发店的小费与此相同或略少一些。

邮政

邮局营业时间为周一～周五 9:00～18:00，小一些的支局为

12：30~14：30，午饭时间不营业。周一~周五均有递送邮件服务，城市的主要商业区，一天递送两次邮件。

购买邮票在标有 selos 柜台办理，邮寄或领取包裹在标有 encomendas 的柜台办理。

电话

所有地区都设有可拨打国际电话的电话机，可以使用硬币、电话卡和信用卡打电话。尽管使用硬币的老式电话机正在逐渐消失。电话使用说明书用英文和其他主要语言书写。

你也可以在邮局打国际长途或本地电话，先到柜台请营业员安排电话间，然后在打完电话后付费。在里斯本的 Rossio 也设有服务处，营业时间为 9：00~23：00。在波尔图的 Praca da Liberdade 也有电话服务处，营业时间是 9：00~23：00。

许多村庄的商店和酒吧也设有计时付费电话。你可以先打电话再付费。但要有支付比邮局和一般电话亭较高的话费的准备。从饭店打电话的费用更高。

如果寻找讲英语的国际电话接线员，请拨打098（国际线路）或099（欧洲线路）。打电话至美国和加拿大时，先拨097-1，然后是地区号，最后拨电话号码；打电话至其他国家时，先拨00，然后是国家地区号，再拨电话号，要去掉开头的零，拨号要慢。

葡萄牙电话经常变化，令人烦恼。如查询新改的电话号码，可打118，但要注意该电话号码也能变。

电报与传真

你可以利用电话号码10发电报或到邮局发，但发电报比较慢。葡萄牙各主要邮电局内都提供发传真的服务项目。

出 游
航 空

TAP 航空公司每天有一次航班往返于里斯本和波尔图、法鲁（Faro）和科维良（Covih）之间、里斯本和布拉干萨（Braganca）、里斯本和波蒂芒（Portimào）之间每周有几个航班。

铁 路

葡萄牙的火车有各种类型，从舒适、快速的 rápidos，到速度极慢的 regionais。一般来说，最快捷的线路是里斯本——科英布拉（Coimbra）—波尔图（Porto）间和里斯本——阿尔加维（Algarve）间的铁路快车线。有些快车（如 rápido）只有头等车厢，但有些快车除了头等车厢之外还有舒适的二等车厢。

还有一种称为直快（directos）的火车，这种停靠很多站的火车有头等和二等车厢，但速度很慢，而且这种二等车厢比快车的二等车厢稍差。最后就是这种直快（directos）特别是那种速度极慢的 regionais 似乎走几步路就要靠站停车，其速度之慢、耗时之长使人不可相信。

查阅铁路服务有关信息，请拨电话（01）888 4025。

公 路

公共汽车公司均为私营公司，但许多地方仍然沿用过去国家公路公司的名称，如在葡萄牙最北部的一家主要的汽车公司的名字就为 Rodovi-ria Entre Douro e Minho。只有阿尔加维（Algarve）的汽车公司没有沿袭国家公路公司的名称，而是去掉了第一字 Rodoviária，这家公司称为伊娃交通公司（Eva Transportes）。

在大城市之间旅行，而又不是沿主要公路旅行时，搭乘汽车比乘火车要快，因为公共汽车线路比火车线路要多得多，当然公共汽车所到之处比火车所到之处也要多得多。尤其在阿尔加维和阿连特如（Alentejo）地区及北部的小城市之间更是如此。

许多私营公司试图专门经营某些特定的线路或某个特定的地区线路。许多旅行社可代订私营公司车票，有些旅行社甚至自己经营这些线路。

公共交通

波尔图的公共交通工具只有公共汽车和电车，而且电车也正逐渐减少，科英布拉只有电气化汽车。这两处的公共交通系统的管理系统与里斯本的公共交通系统一样，你可以付给司机一次性固定的车费，也可购买事先付款的乘车券，然后根据所乘行程的长短来减少票券的有效期。波尔图和科英布拉的汽车公司售票处出售乘车券并且提供有关信息。

特色活动

在葡萄牙，夜生活对不同的人来说意味着不同含义。对有些人来说，生活就是一杯酒外加或听、或看、或跳一夜的葡萄牙民间舞蹈；而对一些人来说，夜生活则是五光十色的迪斯科舞厅，还有些人则愿意到附近的咖啡馆喝咖啡聊天。

如果想了解城市中以及大一些的城镇里进行的一切活动，你不妨参考 Agenda de Lisboa 一书。即使你不懂葡萄牙语，你也看得懂其中所列出的活动。

购 物

葡萄牙手工艺品种类繁多，

从手工雕刻的牙签、牙签筒到柳条家具，从毛毯到地毯。葡萄牙最著名的手工艺品包括在瓷砖、陶器、阿拉约洛斯（Arraiolos）地毯、刺绣及蕾丝花边制品。

语　言

如果你能讲西班牙语，那么你就能读懂葡文，并听懂大部分。葡文与法文的书面语也有类似之处。在旅游地区，所有的饭店以及部分餐馆里，你会发现主要的几种欧洲语言在这里被人们熟练而流利地应用。

里斯本

抵　达

航　空

里斯本的波特拉（Portela）机场位于市郊，从机场到市中心的租车票价约为 8～10 欧元。

在葡萄牙的所有城市里有很多出租车，车费也很便宜。在市区出租车收取标准的里程费，不能增加乘客（一般一辆车最多可乘坐 4 人）。如出城，司机会按每公里用计程器记价或按固定的价格计算车费，并且要收取回程费（即使你并不坐车回城）。同时，乘客还要付车费的 10% 作为小费。

公交车往返于机场和车站之间，车站位于市中心的商业广场（Praca do Comércio），往返于机场的公共汽车有 44、45 和 83 路车，91 路快车直接从机场到 Santa Apolónia 火车站，该火车站位于市中心的商业广场旁。

铁　路

里斯本迄今为止未与超高速

的 TGV 火车线路网相连。但这里仍有频繁的国际和国内列车。从欧洲开来的列车一般都停靠 Santa Apolónia 火车站。

实用指南

紧急号码

在里斯本，任何时候都会有一家药店在开门营业。如找不到，可拨打电话 118 询问（也可请别人代劳）。葡萄牙的医院几乎全部为大医院，而且总是人满为患。这里的医务人员过度工作，但工资却相对较低。许多外国游客前往位于 49 Rua Saraiva de Carvalhode 的英国医院（British Hospital）就医，该医院电话 395 50 67。

如要报警、叫救护车或消防队时，可拨电话 112。

营业时间

大多数商店的营业时间为周一至周六 9：00～13：00，15：00～19：00。周六只有上午营业。机关办公时间常常会比商店营业时间晚些开始，而早些结束。大银行营业时间为周　～周五 8：30～15：00。里斯本机场的银行、邮局 24 小时营业。位于 Restauradores 的里斯本中央邮局营业时间为 8：00～22：00。

邮政

大多数邮局营业时间为 8：00～18：00。位于 Restauradores 的中央邮局 8：00～22：00 营业。设在机场的邮局 24 小时营业。邮票在标有 selos 的柜台出售，但要注意邮票背后的胶条是否仍在。

电话

国际电话的代号是 00，然后再拨该国地区号：澳大利亚区号为 61；加拿大区号为 1；英国为 44；美国为 1。如果你使用美国电

话信用卡打电话，请先拨该公司号码：AT&T 为 05017－1288；MCI 为 05017－1234；Spring 为 05017－1877。如遇问题，欧洲国际电话咨询号码为 009；其余各大洲国际电话咨询号码为 098；里斯本当地电话咨询为 090。从国外打电话至葡萄牙时，先拨当地国际电话代号，然后再拨 351，接下来拨里斯本的区号 1。在葡萄牙境内，里斯本的区号为 01。

旅游咨询

旅游局地址：Central Palcio Foz, Praca dos Restauradores. 8：30～15：00。里斯本机场银行 24 小时营业，机场邮政电话 346 3643.

大使馆、领事馆

英国　Rua de São Bernardo, 33, 电话：21 3924000。

美国　Avenida das Forcas Armadas 16, 电话：7273300。

所有大使馆电话均列入里斯本的电话条目中。

出　游

铁　路

铁路包括火车和地铁。Santa Apolonia 是里斯本国内列车和国际列车的主要枢纽站，而 Rossio 火车站则是来往于基卢兹（Queluz）和辛特拉（Sintra）的必经之地。海边的 Cais do Sodré 和 Cascais 之间有电气化火车来来往往。里斯本的地铁共有 24 个车站，以 Rossio 火车站为起点，里斯本的地铁形状类似 W 形呈放射状。地面上的地铁站标志是大大的"M"。任何线路的地铁票都可以在售票处购买，也可以在售票机上购买（机器上有英文、法文和葡文使用说明）。乘客也可以一次购买装订成本的多张车票。另外在斗牛场附近有 Campo Pequeno

车站。如要前往动物园，最近的火车站是 Sete Rios。欲知详情，可拨电话 3558547。

公　路

里斯本有数不清的黑绿相间的出租车提供优质服务，价格便宜。出租车在市内以里程表计价，但到了市外则不用里程表。

汽车/电车：尽管里斯本交通拥挤，然而除了在交通高峰时期外。公共汽车和电车却可以以令人吃惊的极快速度行驶（要注意避让公交车）。乘客可以在 Baixa 区的 Santa Justa Elevador 后面的窗口购买装订成本的多张车票，也许还能得到一张线路图（但也可能得不到）。乘客也可以购买"旅游周票"，用这种票可以乘坐该地所有的公共汽车、电车、升降车和电缆车。在 Praca Marquês de Pombal 广场公园旁边停有很多提供里斯本及周边景点一日游项目的大公共汽车。夏季在 Praca do Comércio 广场还可以乘古香古色的电车进行 2 小时的观光旅游。

汽车：在里斯本开车不是愉快的事。在里斯本机场和市区各地都有很多租车公司，备有车辆供出城旅游的客人租用。例如 Avis 公司在位于自由大路（Avenida da Liberdade）的蒂沃利饭店（Hotel Tivoli）的汽车库有办事处，非常方便。葡萄牙租车费比大多数欧洲国家便宜，然而汽油价格则比大多数欧洲国家的油价贵。

水　路

对于住在特茹河南岸成千上万的通勤乘客来说，过河是件至关重要的事。在 Praca do Comêrcio 和 Cais do Sodré 两处全天都有轮渡船。在河下游的 Belém 也有渡船前往小巷 Porto Brandáo。有些人把搭乘渡船视为一种出外郊游，他们常常到对岸吃饭、游玩。

参阅书目

Marion Kaplan 著，Penguin 公司出版的 **The Portuguese: The Land and the People**。

Rose Macaulay 著，Penguin 公司出版的 **They Went to Portugal**。

图 片 致 谢

Peter Adams 111, 170, 177, 179, 357, 358, 364, 384
AKG London 184T
Emanuel Ammon 199
Ping Amranand 26, 27, 55, 67
Archiv Gümpel 38
Archives for Art & History 31R
Apa Archive 146
Tony Arruza 61, 294T, 372/373, 374/375, 376, 380, 381, 383, 385, 386, 387, 388, 389, 390, 391
Anzenberger/Sattleberger 229
David Baltzer 46, 57
Gaetano Barone 50
David Beatty 329
Lisa Beebe 345, 349
Yann Arthus-Bertrand/Altitude 91L
Bildarchiv Preussischer Kulturbesitz 43
Bodo Bondzio 2B, 4/5, 112, 112T, 113L, 130, 135, 153, 169, 186, 256
The Bridgeman Art Library 36, 95T, 278
Marcus Brooke 304, 305, 306
Sigfried Bucher 183
Douglas Corrance 63, 115
Pierre Couteau 72/73
Jerry Dennis/Apa 17, 134, 137, 245, 246, 246T
John Decopoulos 25
Pete Didlsheim 52
Annabel Elston/Apa front flap bottom, back flap top, 90L, 91R, 91T, 92T, 94T, 132T, 136T, 228T, 232, 286T, 287, 352T
Piero Fantini 262
Lee Foster 64
Klaus D. Francke/Bilderberg 330
Ann Frank Stichting 150T
French Tourist Office 20/21
Wolfgang Fritz 126, 173
Guglielmo Galvin/Apa 149, 151, 156T, 388T

G. Galvin & G. Taylor/Apa 291T, 292T
Glyn Genin/Apa 296R, 296T, 297, 330T, 331L
Patrizia Giancotti 267
Michael Von Graffenried 209R
Frances Gransden/Apa back cover left, front flap top, 264T, 266T, 268T, 270, 274, 276T
F. Gransden/M. Read/Apa 169T, 270, 264T, 274
Albano Guatti 70/71
Manfred Hamm 95, 392
Blaine Harrington 54, 224, 359
Herb Hartmann 170T
Han Hartzuiker 138/139
Harald Hauswald 158/159
D & J Heaton 80/81
K. Heinz & S. Kraemer 167
Christoph Henning/Fotoarchiv 65
Albert Heras/Prisma 355
Michel Hetier 97, 103
Hans Höffer 220, 252/253, 292
Heidelberg Tourist Office/Loosen Foto 172
Houserstock 171, 298/299, 300, 304T
Imagen 59
A.P. Interpress 45
Michael Jenner 5B, 110L/R, 212/213, 224T, 285, 346, 348
Caroline Jones spine bottom, back cover center left, 4B, 107, 358T
Jon Jones/Sygma 47
János Kalmár 2/3, 10/11
Catherine Karnow 53, 62, 89, 90R, 101, 113R, 121
R. Kiedrowski 14
Ingeborg Knigge 133
Kodia Photo 302, 303
Bob Krist 3B
Wolfgang Kunz/Bilderberg 312
Dennis Lane 281
Robin Laurence/Apa 187, 187T

Lyle Lawson 15, 29, 33, 39, 58L, 100, 102, 294T
Lelli & Massasotti/Scala 48/49
Till Lesser/Bilderberg 160/161, 185
Magnum Picture Library 58R
Deiter Maler 214
Bildverlag Merten 8/9
Ros Miller/Apa back flap bottom, 282T, 283
Jean Mohr 200
Ingrid Morató 353
Kai Ulrich Müller 166
Museu Nacional de Arte Atiga 32
Museum of Cycladic Art 24
Ben Nakayama 291, 293, 295
Christine Osborne 152
Jurgens Ost/Europa Photo 236/237, 244
P.A. Interpress 45
Erhard Pansegrau 184
Photo Bibiotheque Nationale 37, 105T, 250T
Alexander Van Phillips/Apa 78/79, 108, 131
Eddy Posthuma de Boer 156
US Press 210/211
Mark Read/Apa back cover center right, 170, 174, 174T, 175L, 175R, 176, 221, 223, 249, 250T, 366T, 367, 368T, 369, 386T
G.P. Reichelt 162
Andrej Reiser/Bilderberg 6/7, 94
Dirk Renckhoff 176T
Paul Van Riel 92, 96, 155, 266R
Salzburg Tourist Office 232R
Othmar Seehauser 68/69
Tim Sharman 238, 247
Jeroen Snijders/Apa 104L/R, 104T, 360, 361, 362, 363
Tony Souter 240, 241, 243, 266/267

Jon Spall/Apa 227, 231, 232T, 233
Spectrum Colour Library 16
Achim Sperber/Bilderberg 222
Stone 12/13, 18/19, 74, 88, 105, 109, 188/189, 122/123, 124/125, 190/191, 194, 198, 265, 277, 284, 286, 290, 308/309, 310/311, 316, 319, 322, 323, 324, 331R, 334/335, 336/337, 356, 365
Storto 209L
Jeremy Sutton-Hibbert 307
George Taylor/Apa 120, 120T
Topham Picturepoint 31L, 42, 66, 147, 201T
Transglobe 230
Alberto Venzago 192/193
Rolf Verres 180
Karel Vlcek 234/235
Joseph F. Viesti 338, 344
Hanna Wagner 60
Bill Wassman 19, 93, 114T, 157, 181, 200T, 208, 225, 226, 228, 254/255, 263, 264, 266L, 268L/R, 269, 271, 275, 279, 282, 288, 289L/R, 296L, 347, 354, 368
Bill Wassman/Apa back cover right & bottom, 115T, 116, 116T, 117, 117T, 118, 118T, 119, 142, 150, 154, 154T, 201, 202, 202T, 203, 204, 204T, 205, 206, 207, 208T, 208, 317, 318T, 320R, 320T, 321
Stephan Weiner 136
Roger Williams 351, 352, 362T
Phil Wood/Apa 181T, 182, 182T, 242T, 294, 320L, 325, 328, 382T
Adam Woolfit 82
George Wright 140/141

图片分布

Pages 98/99: *Top row left to right:* RMN/Herve Lewandowski, Lauros/Giraudon, Lauros/Giraudon, Leimdorfer/Rea/Katz. *Centre row left to right:* Lauros/Giraudon, Lauros/Giraudon. *Bottom row all by:* Lauros/Giraudon.
Pages 188/189: *Top row left to right:* Phil Wood, Wolfgang Fritz, Marton Radkai, AKG London. *Center row left to right:* Marton Radkai, Wolfgang Fritz, AKG London. *Bottom row left to right:* Marton Radkai, Verkehsverein Landshut, Wolfgang Fritz.
Pages 272/273: *Top row left to right:* Blaine Harrington, AKG London, AKG London, Blaine Harrington, Scala, Blaine Harrington, AKG/Erich Lessing, AKG/Erich Lessing, AKG London.
Pages 332/333: *Top row left to right:* Terry Harris/Just Greece, Steve Outram, Terry Harris/Just Greece, B&E Anderson. *Centre row left to right:* Steve Outram. *Bottom row left to right:* G. Sfikas/Ideal Photo SA, G. Sfikas/Ideal Photo SA, Steve Outram, Terry Harris/Just Greece.
Pages 370/371: *Top row left to right:* Imagen MAS, AISA, Andrea Pistolesi, Imagen MAS. *Centre row left to right:* JD Dallet, Imagen MAS. *Bottom row left to right:* Imagen MAS, Imagen MAS, AISA.

地图制作
Keith Brook
©2002 Apa Publications GmbH & Co.
Verlag KG Singapore Branch, Singapore

制片编辑 **Zoë Goodwin**
设计顾问
Carlotta Junger, Graham Mitchener
图片收集
Hilary Genin, Britta Jaschinski

出 版 后 记

APA 公司出版的英文版"异域风情丛书"是 Insight Guides 与 Discovery Channel 两家世界著名资讯提供商的联袂之作，是世界上最畅销的旅游图书。它的品种多达数百种，其内容涵盖了全世界几乎每一个角落，对所有重要的大洲、国家、地区、城市和旅游胜地都出版有单行本。它以英、德、法、西、意、泰、俄、荷等多种文字同时出版，全球发行，一版再版。它以优美、流畅的文笔，简明扼要地叙述了一个国家或地区的**地理环境、政治经济、历史沿革、文化艺术**。它以大量富有艺术感染力的彩色照片，生动形象地展示了这个国家或地区最具特色的**名胜古迹、风土人情和自然风光**。它以系统而详尽的旅游信息包括各种大小地图，全面介绍了相应国家或地区的**旅游景点、旅游诀窍**和**注意事项**。这套丛书图文并茂、信息丰富、全彩印刷、制作精美，堪称旅游文化类读物中的上乘之作。

中国水利水电出版社自 1999 年起与 APA 公司合作，为中国读者打开了一扇通往世界的大门。继成功引进翻译第一辑、第二辑和第三辑"异域风情丛书"后，现在又根据 APA 公司提供的新版本对第一辑进行了**全面修订**，对信息进行了**全面更新**。

如果您去海外某个地方**旅游观光、从事商务或学术活动**，请别忘了带上该地的"异域风情丛书"分册。一册在手，凡衣食住行、求衣购物、猎奇采风、兑汇换证等等，样样都可以按图索骥，让您旅行起来得心应手。即使您不能出游，这套丛书也值得您阅读、收藏，它是全方位了解世界各国基本情况，最具可读性和观赏性的重要图书之一。

出版者

2004 年 12 月

北京市版权局著作权合同登记号：图字 01－1999－1234

图书在版编目(CIP)数据

欧洲大陆：第2版/新加坡 APA 出版有限公司编；刘列励，尤舒译.—北京：中国水利水电出版社，2004
(异域风情丛书)
书名原文：Insight Guides Continental Europe
ISBN 7－5084－2428－X

Ⅰ.欧…　Ⅱ.①新…　②刘…　③尤…　Ⅲ.欧洲—概况　Ⅳ.K95
中国版本图书馆 CIP 数据核字(2004)第108293号

First Edition 1984; Fifth Edition 2000; Updated 2003

书　　名	**欧洲大陆**（第二版）
原　　著	APA Publications
译　　者	刘列励　尤舒
出版 发行	中国水利水电出版社(北京市三里河路6号　100044) 网址：www. waterpub. com. cn E-mail：sales@waterpub. com. cn 电话：(010)63202266(总机)、68331835(营销中心)
经　　售	全国各地新华书店和相关出版物销售网点
排　　版	海天计算机技术开发有限公司
印　　刷	涿州市星河印刷有限公司
规　　格	965mm×1270mm　32开本　14.375印张　736千字
版　　次	2001年1月第1版 2004年12月第2版　2004年12月第5次印刷
印　　数	20301—25400册
定　　价	**68.00**元